Projeto

LUMIRÁ

MATEMÁTICA 2

Organizadora: Editora Ática S.A.

Obra coletiva concebida pela Editora Ática S.A.

Editora responsável: Heloisa Pimentel

Material de apoio deste volume:

- Cartonados
- Caderno de Atividades

editora ática

editora ática

Diretoria editorial
Lidiane Vivaldini Olo
Gerência editorial
Luiz Tonolli
Editora responsável
Heloisa Pimentel
Coordenação da edição
Ronaldo Rocha
Edição
Pamela Hellebrekers Seravalli e Letícia Mancini Martins
Gerência de produção editorial
Ricardo de Gan Braga
Arte
Andréa Dellamagna (coord. de criação),
Talita Guedes (progr. visual de capa e miolo),
André Gomes Vitale (coord.),
Claudemir Camargo Barbosa (edição)
e Casa de Tipos (diagram.)
Revisão
Hélia de Jesus Gonsaga (ger.), Rosângela Muricy (coord.),
Ana Curci, Ana Paula Chabaribery Malfa,
Gabriela Macedo de Andrade e Luís Maurício Boa Nova;
Brenda Morais e Gabriela Miragaia (estagiárias)
Iconografia
Sílvio Kligin (superv.), Denise Durand Kremer (coord.),
Carlos Luvizari e Evelyn Torrecilla (pesquisa),
Cesar Wolf e Fernanda Crevin (tratamento de imagem)
Ilustrações
Estúdio Icarus CI – Criação de Imagem (capa),
Al Stefano, AMJ Estúdio, Ampla Arena,
Dam d'Souza, Estúdio 22, Estúdio Kiwi,
Giz de cera, Ilustra Cartoon e Simone Ziasch (miolo),
Dam d'Souza e Ilustra Cartoon (Caderno de Atividades),
Dam d'Souza e Estúdio Kiwi (Cartonados)

Direitos desta edição cedidos à Editora Ática S.A.
Avenida das Nações Unidas, 7221, 3º andar, Setor A
Pinheiros – São Paulo – SP – CEP 05425-902
Tel.: 4003-3061
www.atica.com.br / editora@atica.com.br

Dados Internacionais de Catalogação na Publicação (CIP)
(Câmara Brasileira do Livro, SP, Brasil)

Projeto Lumirá : matemática : ensino fundamental I / obra coletiva concebida pela Editora Ática ; editor responsável Heloisa Pimentel. – 2. ed. – São Paulo : Ática, 2016.

Obra em 4 v. para alunos do 1º ao 5º ano.

1. Matemática (Ensino fundamental) I. Pimentel, Heloisa.

16-00040 CDD-372.7

Índices para catálogo sistemático:
1. Matemática : Ensino fundamental 372.7

2017

ISBN 978 85 08 17886 5 (AL)
ISBN 978 85 08 17887 2 (PR)

Cód. da obra CL 739162

CAE 565 993 (AL) / 565 994 (PR)

2ª edição
3ª impressão

Impressão e acabamento
A.R. Fernandez

Elaboração dos originais

Lígia Baptista Gomes

Licenciada em Matemática pelo Centro Universitário Fundação Santo André (SP)

Marianka Gonçalves Santa Bárbara

Licenciada em Letras pela Universidade Federal de Campina Grande (UFCG-PB)

Mestra em Linguística Aplicada pela Pontifícia Universidade Católica de São Paulo (PUC-SP)

Professora da Cogeae-PUC-SP

Sonia Maria Pereira Vidigal

Pedagoga, mestra e doutoranda pela Faculdade de Educação da Universidade de São Paulo (USP)

Especialista em Relações Interpessoais (Unifran) e em Administração de Empresas (FGV-SP)

Lecionou na Educação Básica da Educação Infantil ao Ensino Médio

Atualmente leciona em curso de graduação e pós-graduação e de formação de professores nas áreas de Matemática e Psicologia do Desenvolvimento Humano com ênfase no desenvolvimento moral

Projeto LUMIRÁ

ESTE É O SEU LIVRO DE **MATEMÁTICA DO 2º ANO**.

ESCREVA AQUI O SEU NOME:

....

....

ESCREVA AQUI A SUA IDADE:

....

ESTE LIVRO VAI AJUDAR VOCÊ A PENSAR SOBRE
O QUE JÁ SABE, A INVESTIGAR O MUNDO,
A QUESTIONAR O QUE VAI APRENDER
E A DESCOBRIR MUITO MAIS SOBRE A MATEMÁTICA.

BOM ESTUDO!

CARO ALUNO

VOCÊ ESTÁ COMEÇANDO SEU ANO ESCOLAR. AO LONGO DESSE TEMPO, VOCÊ VAI APRENDER COISAS NOVAS E IMPORTANTES PARA O SEU DIA A DIA E PARA O FUTURO, COMO:

- LER E ESCREVER, RECONHECENDO PALAVRAS, SONS E TEXTOS;
- IDENTIFICAR NÚMEROS, OPERAÇÕES E FIGURAS;
- CONHECER O CORPO HUMANO, OS ANIMAIS E A NATUREZA;
- DESVENDAR O LUGAR EM QUE VIVEMOS;
- ENTENDER A HISTÓRIA DAS PESSOAS E DAS CIDADES.

O **PROJETO LUMIRÁ** VAI SER SEU COMPANHEIRO. NELE VOCÊ VAI ENCONTRAR TEXTOS, ATIVIDADES, JOGOS, ILUSTRAÇÕES E FOTOGRAFIAS MUITO INTERESSANTES. VOCÊ VAI APRENDER, PARTICIPAR DAS DESCOBERTAS E SE DIVERTIR MUITO.

BOM ESTUDO!

COMO É O MEU LIVRO?

ESTE LIVRO TEM 4 UNIDADES, CADA UMA DELAS COM 3 CAPÍTULOS. NO FINAL, NA SEÇÃO **PARA SABER MAIS**, HÁ INDICAÇÕES DE LIVROS, VÍDEOS E *SITES* PARA COMPLEMENTAR SEU ESTUDO.

ABERTURA DE UNIDADE

VOCÊ OBSERVA A IMAGEM, RESPONDE ÀS QUESTÕES E TROCA IDEIAS COM OS COLEGAS E O PROFESSOR SOBRE O QUE VAI ESTUDAR.

CAPÍTULOS

TEXTOS, FOTOGRAFIAS, ILUSTRAÇÕES E ATIVIDADES VÃO MOTIVAR VOCÊ A PENSAR, QUESTIONAR E APRENDER.

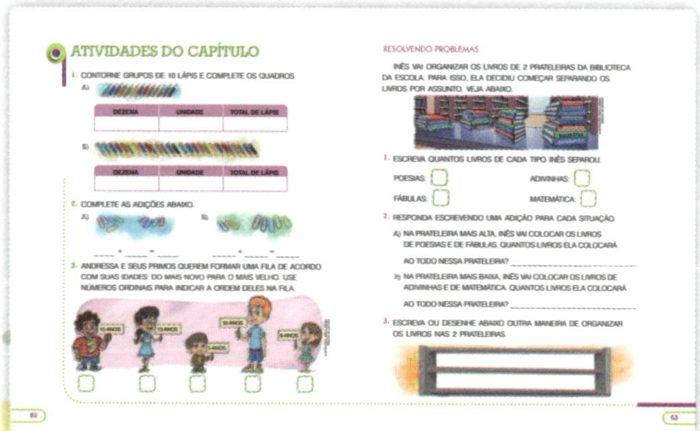

ATIVIDADES DO CAPÍTULO

VOCÊ ENCONTRA ESTA SEÇÃO NO FINAL DE CADA CAPÍTULO. ELA TRAZ MAIS ATIVIDADES PARA COMPLETAR SEU ESTUDO, ACOMPANHADAS DE UM PROGRAMA DE **RESOLUÇÃO DE PROBLEMAS**.

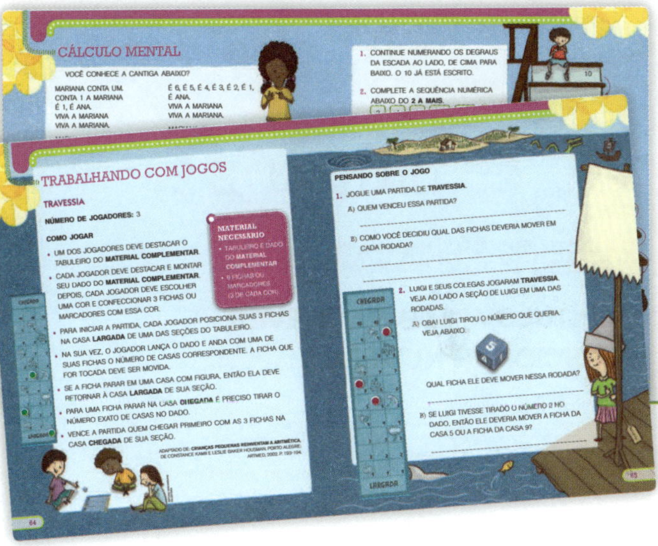

TRABALHANDO COM JOGOS E CÁLCULO MENTAL

JOGOS E CÁLCULOS MENTAIS VÃO LEVAR VOCÊ A USAR A MATEMÁTICA PARA ENTENDER E TRANSFORMAR O MUNDO.

ÍCONE

🔊 ATIVIDADE ORAL

LEITURA DE IMAGEM

AQUI VOCÊ VAI FAZER UM TRABALHO COM IMAGENS QUE VÃO AJUDAR VOCÊ A REFLETIR SOBRE OS TEMAS ESTUDADOS: O QUE É PARECIDO COM SEU DIA A DIA, O QUE É DIFERENTE.

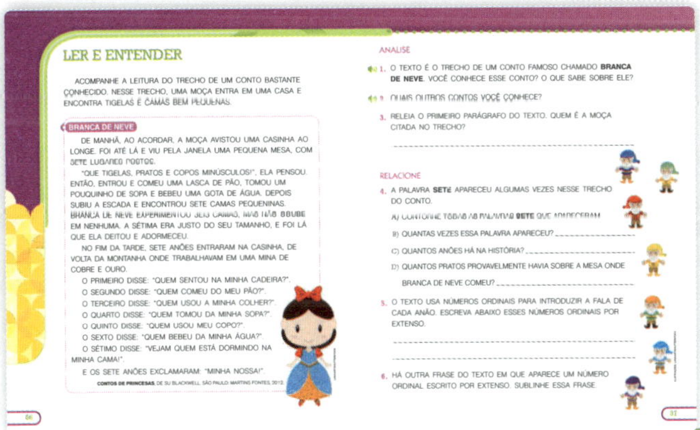

LER E ENTENDER

NESTA SEÇÃO VOCÊ VAI LER DIFERENTES TEXTOS. UM ROTEIRO DE PERGUNTAS VAI AJUDAR VOCÊ A LER CADA VEZ MELHOR E A RELACIONAR O QUE LEU AOS CONTEÚDOS ESTUDADOS.

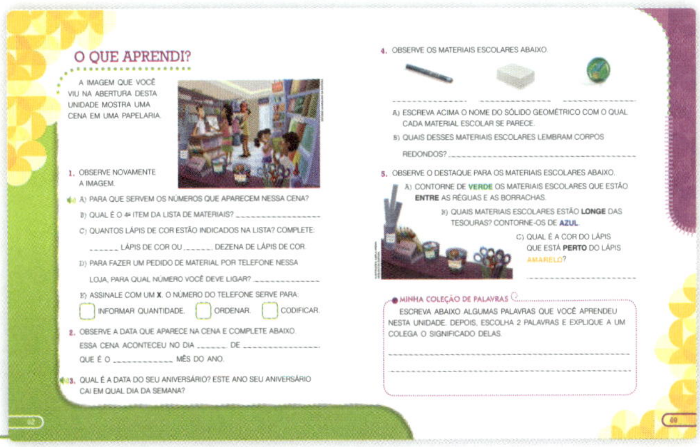

O QUE APRENDI?

AQUI VOCÊ ENCONTRA ATIVIDADES PARA PENSAR NO QUE APRENDEU, MOSTRAR O QUE JÁ SABE E REFLETIR SOBRE O QUE PRECISA MELHORAR.

SUMÁRIO

UNIDADE 1

UNIDADE 2

UNIDADE 3

UNIDADE 4

UNIDADE 1

NÚMEROS NO DIA A DIA

ESTÚDIO 22/ARQUIVO DA EDITORA

- ONDE SE PASSA ESTA CENA? VOCÊ JÁ ESTEVE EM UM LUGAR PARECIDO?
- QUAIS NÚMEROS VOCÊ IDENTIFICA NESTA CENA?

CAPÍTULO 1

NÚMEROS PARA CONTAR, LOCALIZAÇÃO E FORMAS

CANTAR E ESCREVER NÚMEROS

VOCÊ CONHECE A CANTIGA ABAIXO?

INDIOZINHOS

1, 2, 3 INDIOZINHOS
4, 5, 6 INDIOZINHOS
7, 8, 9 INDIOZINHOS
10 NUM PEQUENO BOTE.

VINHAM NAVEGANDO RIO ABAIXO
QUANDO UM JACARÉ SE APROXIMOU
E O PEQUENO BOTE DOS INDIOZINHOS
QUASE, QUASE VIROU.
MAS NÃO VIROU!

CANTIGA POPULAR.

AL STEFANO/ARQUIVO DA EDITORA

1 CONTORNE OS NÚMEROS QUE APARECEM NESTA CANTIGA.

2 VOCÊ CONHECE OUTRAS CANTIGAS OU PARLENDAS QUE FALEM DE NÚMEROS? SE CONHECE, CANTE-AS PARA OS COLEGAS.

3 ESCREVA ABAIXO O NÚMERO DE INDIOZINHOS EM CADA BARCO. COMECE SEMPRE PELO PONTO E SIGA AS SETAS.

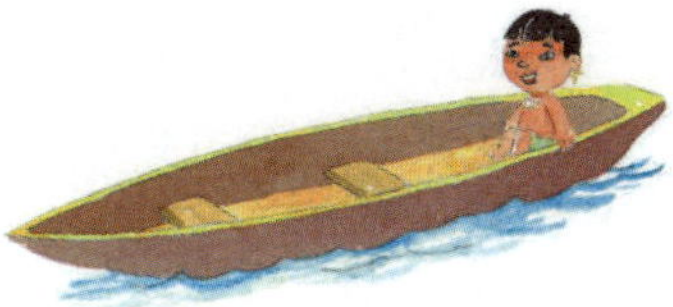

1 1 1 1 1 1

2 2 2 2 2 2

ILUSTRAÇÕES: AL STEFANO/ ARQUIVO DA EDITORA

3 3 3 3 3 3

4 4 4 4 4 4

5 5 5 5 5 5

4 CONTINUE A ESCREVER OS NÚMEROS ABAIXO.

6 6 6 6 6 6

7 7 7 7 7 7

8 8 8 8 8 8

9 9 9 9 9 9

10 10 10 10 10 10

MAIS INDIOZINHOS

1 VAMOS DESENHAR MAIS INDIOZINHOS?

A) DESENHE ABAIXO 1 BOTE COM 6 INDIOZINHOS.

B) COMPLETE: SE VOCÊ DESENHAR MAIS 5 INDIOZINHOS NO BOTE ACIMA, ENTÃO ELE FICARÁ COM ______ INDIOZINHOS.

C) DESENHE ABAIXO ESSES INDIOZINHOS. PRIMEIRO, DESENHE 1 BOTE COM 6 INDIOZINHOS. DEPOIS, DESENHE MAIS 5 INDIOZINHOS E CONFIRA SUA RESPOSTA.

2 IMAGINE QUE A CANTIGA FALASSE DE 2 BOTES, COM 10 INDIOZINHOS EM CADA BOTE.

A) COMPLETE ABAIXO A CONTAGEM DE INDIOZINHOS.

ILUSTRAÇÕES: AL STEFANO/ ARQUIVO DA EDITORA

11, ______, ______ INDIOZINHOS

14, ______, ______ INDIOZINHOS

______, ______, ______ INDIOZINHOS

______ INDIOZINHOS NOS 2 BOTES.

B) QUANTOS INDIOZINHOS HAVERIA AO TODO NOS 2 BOTES?

____

3 AGORA, IMAGINE QUE A CANTIGA FALASSE DE 3 BOTES COM 10 INDIOZINHOS EM CADA BOTE. QUANTOS INDIOZINHOS HAVERIA AO TODO NOS 3 BOTES? ______________

QUANTAS PESSOAS? QUANTOS OBJETOS?

1 ANA, SEU IRMÃO PEDRO E SUA MÃE ROBERTA ESTÃO COMPRANDO MATERIAL ESCOLAR. VEJA AO LADO A CENA.

DAM D'SOUZA/ARQUIVO DA EDITORA

A) QUANTAS PESSOAS APARECEM NESTA CENA? ______

B) QUANTOS OBJETOS ESCOLARES APARECEM SOBRE A MESA? CONTE OS OBJETOS E COMPLETE ABAIXO.

______ ESTOJOS ______ LÁPIS

______ CADERNOS ______ BORRACHAS

C) QUANTOS OBJETOS ESCOLARES APARECEM AO TODO SOBRE A MESA? ______

D) ROBERTA VAI COMPRAR ESSES OBJETOS ESCOLARES E DIVIDIR IGUALMENTE ENTRE ANA E PEDRO. QUANTOS OBJETOS CADA UM DELES VAI RECEBER? COMPLETE ABAIXO.

OBJETOS ESCOLARES PARA ANA

______ ESTOJO

______ CADERNOS

______ LÁPIS

______ BORRACHA

OBJETOS ESCOLARES PARA PEDRO

______ ESTOJO

______ CADERNOS

______ LÁPIS

______ BORRACHA

2 NO PRIMEIRO DIA DE AULA, ANA CONHECEU COLEGAS NOVOS. VEJA ABAIXO TODOS OS ALUNOS DA TURMA DE ANA.

DAM D'SOUZA/ARQUIVO DA EDITORA

A) QUANTOS ALUNOS HÁ NA TURMA DE ANA? CONTORNE ABAIXO O NÚMERO QUE INDICA ESSA QUANTIDADE.

42 15 24 29 14

B) QUANTOS ALUNOS ESTÃO COM CAMISETA BRANCA NA CENA ACIMA? ________________

C) E QUANTOS ALUNOS ESTÃO COM CAMISETA **VERDE**?

____

D) QUANTOS ALUNOS HÁ NA SUA TURMA?

____

E) HÁ MAIS ALUNOS NA SUA TURMA OU NA TURMA DE ANA?

____

LOCALIZAÇÃO ESPACIAL

1 CLARICE COSTUMA IR AO PARQUE COM SUA IRMÃ. ELAS GOSTAM MUITO DE JOGAR BOLA. OBSERVE A CENA ABAIXO.

DAM D'SOUZA/ARQUIVO DA EDITORA

A) QUANTAS CRIANÇAS HÁ NESTA CENA? ______

B) QUANTAS ÁRVORES APARECEM NA CENA? ______

C) CONTORNE DE **VERMELHO** O CACHORRO QUE ESTÁ MAIS **PERTO** DO ESCORREGADOR.

D) QUAL CRIANÇA DA QUADRA ESTÁ MAIS **LONGE** DA BOLA? CONTORNE-A DE **VERDE**.

E) CONTORNE DE **AZUL** O GATO QUE ESTÁ **EM CIMA** DO BANCO.

F) QUANTOS ADULTOS ESTÃO **EMBAIXO** DO GUARDA-SOL?

______

G) É POSSÍVEL SABER QUANTAS CRIANÇAS TÊM 7 ANOS?

2 MARIA E 4 AMIGOS ESTÃO UM **AO LADO** DO OUTRO E COM AS MÃOS DADAS. VEJA ABAIXO.

A) QUEM ESTÁ **ENTRE** ANDRÉ E MARIA? ______

B) QUEM ESTÁ **ENTRE** PAULA E RAFAEL? ______

C) PAULA ESTÁ **ENTRE** MARIA E FÁBIO? ______

D) COMO PODEMOS FAZER PARA QUE FÁBIO FIQUE **ENTRE** DUAS CRIANÇAS SEM SOLTAR A MÃO DE RAFAEL? ESCREVA OU DESENHE ABAIXO UMA SOLUÇÃO.

E) VEJA A RESPOSTA QUE ALGUNS COLEGAS DERAM AO ITEM **D**. TODOS OS ALUNOS TIVERAM A MESMA IDEIA? ASSINALE ABAIXO COM UM **X**.

☐ SIM ☐ NÃO

3 DESTAQUE AS FIGURAS DE CASAS DO **MATERIAL COMPLEMENTAR** E OBSERVE-AS ATENTAMENTE. DEPOIS, COLE AS FIGURAS NA RUA ABAIXO SEGUINDO AS DICAS.

- HÁ 2 CASAS DE CADA LADO DA CASA DE CARLOS. CARLOS ESTÁ ESPIANDO PELA PORTA.
- **ATRÁS** DA CASA DE DONA MARTA HÁ UMA ÁRVORE. DONA MARTA ESTÁ NA FRENTE DA PORTA DE SUA CASA.
- A CASA **VERDE** DE RICARDO FICA AO LADO DA CASA DE DONA MARTA.
- A CASA DE CAIO FICA ENTRE A CASA DE CARLOS E A CASA **AMARELA** DE ROSE.

DAM D'SOUZA/ARQUIVO DA EDITORA

AS IMAGENS DESTA PÁGINA NÃO ESTÃO REPRESENTADAS EM PROPORÇÃO.

4 QUEM SOU EU? LEIA AS DICAS E CONTORNE A PESSOA SECRETA NA IMAGEM ABAIXO.

CAMILA DE GODOY/ARQUIVO DA EDITORA

- EU NÃO ESTOU DE MÃO LEVANTADA.
- ATRÁS DE MIM NÃO HÁ NINGUÉM.
- **NA MINHA FRENTE** HÁ UM ALUNO DE CAMISETA **AMARELA**.
- AO MEU LADO HÁ UM ALUNO COM CAMISETA **VERMELHA**.

5 VOCÊ ESTUDOU MUITA COISA SOBRE LOCALIZAÇÃO. AGORA É A VEZ DE TESTAR SEUS CONHECIMENTOS.
OBSERVE A FIGURA ABAIXO E DESENHE O QUE SE PEDE.

- UM GATO EMBAIXO DA MESA.
- UM CACHORRO LONGE DO GATO.
- UM GAROTO PERTO DA MENINA.
- UMA MAÇÃ EM CIMA DA MESA.
- UMA BOLA ENTRE O GATO E O CACHORRO.

6 VOCÊ TEVE DIFICULDADE PARA REALIZAR A ATIVIDADE **5**?

7 OBSERVE A FILA ABAIXO.

ILUSTRAÇÕES: ILUSTRA CARTOON/ ARQUIVO DA EDITORA

A) DESCREVA A POSIÇÃO DO CAIXA.

B) DESCREVA A POSIÇÃO DO CADEIRANTE.

C) POR QUE O CADEIRANTE E A SENHORA IDOSA ESTÃO NOS 2 PRIMEIROS LUGARES DESSA FILA?

ESCREVER NÚMEROS

VAMOS RELEMBRAR A CANTIGA **INDIOZINHOS**!

1 COMPLETE OS ESPAÇOS ABAIXO ESCREVENDO OS NÚMEROS POR EXTENSO.

INDIOZINHOS

__________, __________, __________ INDIOZINHOS

__________, __________, __________ INDIOZINHOS

__________, __________, __________ INDIOZINHOS

__________ NUM PEQUENO BOTE.

VINHAM NAVEGANDO RIO ABAIXO
QUANDO UM JACARÉ SE APROXIMOU
E O PEQUENO BOTE DOS INDIOZINHOS
QUASE, QUASE VIROU.
MAS NÃO VIROU!

CANTIGA POPULAR.

AL STEFANO/ARQUIVO DA EDITORA

2 NESSA CANTIGA APARECEM OS NÚMEROS DE 1 A 10.
COMPLETE OS ESPAÇOS ABAIXO COM OS PRÓXIMOS NÚMEROS DA SEQUÊNCIA NUMÉRICA E SUA ESCRITA POR EXTENSO.

11 – Onze

____ – __________

____ – __________

____ – __________

____ – __________

____ – __________

____ – __________

____ – __________

____ – __________

____ – __________

3 OBSERVE O BARCO AO LADO.

A) QUANTOS INDIOZINHOS HÁ NESSE BARCO? ____________

B) ESCREVA ESSE NÚMERO POR EXTENSO. ____________

AL STEFANO/ARQUIVO DA EDITORA

4 PREENCHA OS ESPAÇOS ABAIXO COM UM NÚMERO E SUA ESCRITA POR EXTENSO.

A) UM NÚMERO MAIOR DO QUE O 30:

________ – ______________________________

B) UM NÚMERO MENOR DO QUE O 60:

________ – ______________________________

5 OBSERVE OS NÚMEROS QUE ALGUNS COLEGAS ESCREVERAM NA ATIVIDADE **4**. COMPARE COM OS NÚMEROS QUE VOCÊ ESCREVEU.

A) QUEM ESCREVEU O MAIOR NÚMERO NO ITEM **A**? ____________

B) QUEM ESCREVEU O MENOR NÚMERO NO ITEM **B**? ____________

6 ESCREVA O MAIOR NÚMERO QUE VOCÊ SABE LER: ____________

7 VAMOS FAZER UM DITADO DE NÚMEROS? VOCÊ VAI FALAR 3 NÚMEROS PARA UM COLEGA. EM SEGUIDA, ELE REGISTRA ABAIXO OS NÚMEROS E SUA ESCRITA POR EXTENSO.

________ – ______________________________

________ – ______________________________

________ – ______________________________

FORMAS ARREDONDADAS E FORMAS NÃO ARREDONDADAS

VEJA ABAIXO QUANTOS OBJETOS HÁ NO QUARTO DE JOÃO.

DAM D'SOUZA/ARQUIVO DA EDITORA

1 OBSERVE A FORMA DOS SÓLIDOS GEOMÉTRICOS A SEGUIR. DEPOIS, ESCREVA O NOME DOS OBJETOS DA CENA ACIMA QUE TÊM A FORMA PARECIDA COM CADA SÓLIDO GEOMÉTRICO.

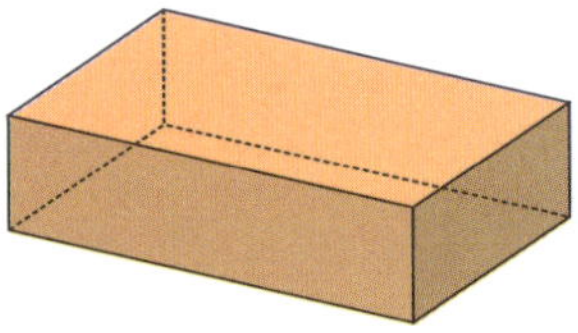 PARALELEPÍPEDO	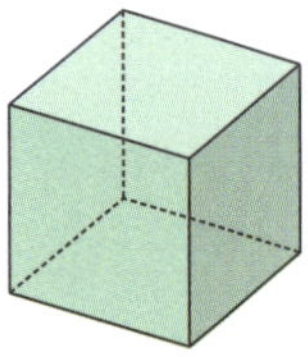 CUBO	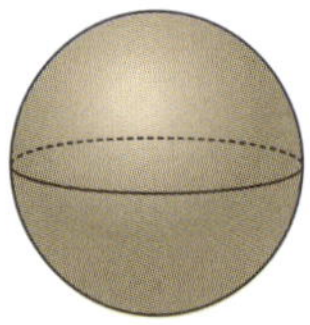 ESFERA	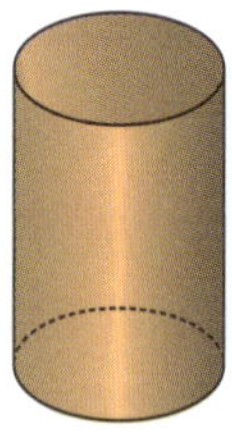 CILINDRO

2 OBSERVE OS OBJETOS DE SUA SALA DE AULA. QUAIS OBJETOS TÊM A FORMA PARECIDA COM OS SÓLIDOS GEOMÉTRICOS DA ATIVIDADE **1**?

---

3 EM QUE O PARALELEPÍPEDO E O CUBO SÃO DIFERENTES DA ESFERA E DO CILINDRO?

OS SÓLIDOS GEOMÉTRICOS QUE TÊM FORMAS ARREDONDADAS SÃO CHAMADOS DE **CORPOS REDONDOS**.

GLOBO TERRESTRE

SERG64/SHUTTERSTOCK/GLOW IMAGES

4 VAMOS ORGANIZAR UMA EXPOSIÇÃO DE FOTOGRAFIAS? RECORTE, DE REVISTAS OU FOLHETOS, FOTOGRAFIAS DE OBJETOS QUE LEMBRAM A FORMA DE CORPOS REDONDOS. DEPOIS, COM OS COLEGAS E O PROFESSOR, MONTE UMA EXPOSIÇÃO COM TODAS AS FOTOGRAFIAS.

AS IMAGENS DESTAS PÁGINAS NÃO ESTÃO REPRESENTADAS EM PROPORÇÃO.

EVERYTHING/SHUTTERSTOCK

ANEST/SHUTTERSTOCK

MAIS NÚMEROS

PODEMOS FAZER MUITOS JOGOS E ATIVIDADES DIVERTIDAS USANDO A MATEMÁTICA!

1 VEJA ABAIXO UM JOGO DE AMARELINHA CHAMADO **CARACOL**. TERMINE DE NUMERAR AS CASAS DE 1 EM 1.

> VOCÊ PODE COMBINAR COM OS COLEGAS E O PROFESSOR E FAZER UM CARACOL COMO ESSE NO CHÃO DO PÁTIO DE SUA ESCOLA.

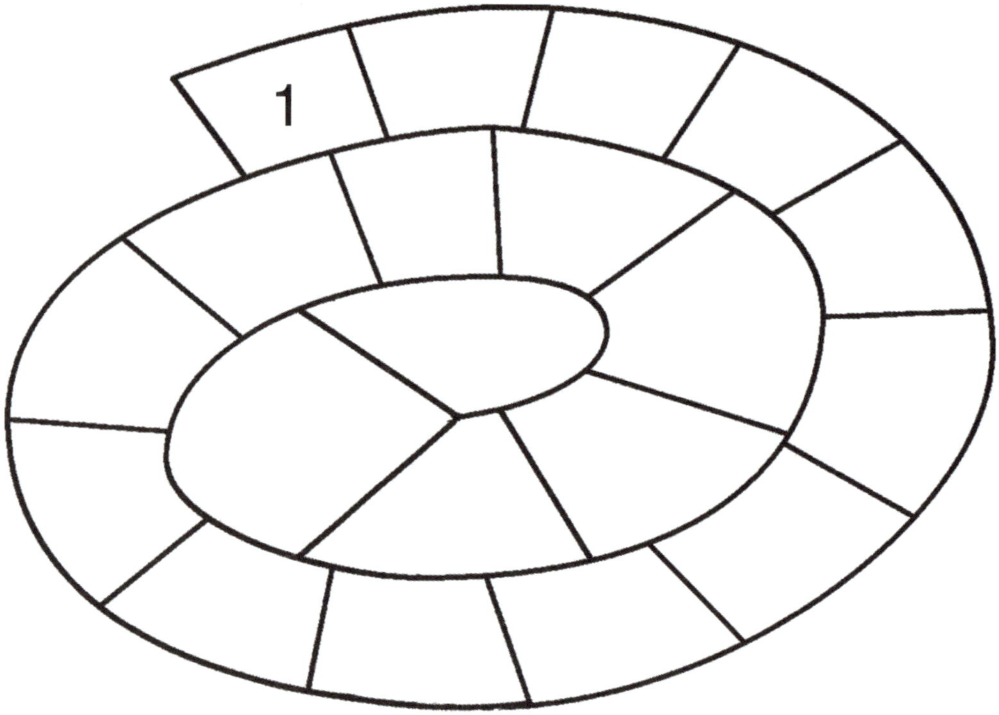

ILUSTRAÇÕES: ILUSTRA CARTOON/ ARQUIVO DA EDITORA

2 LIGUE OS PONTOS DE 1 A 40 PARA DESCOBRIR A FIGURA. DEPOIS, PINTE A FIGURA.

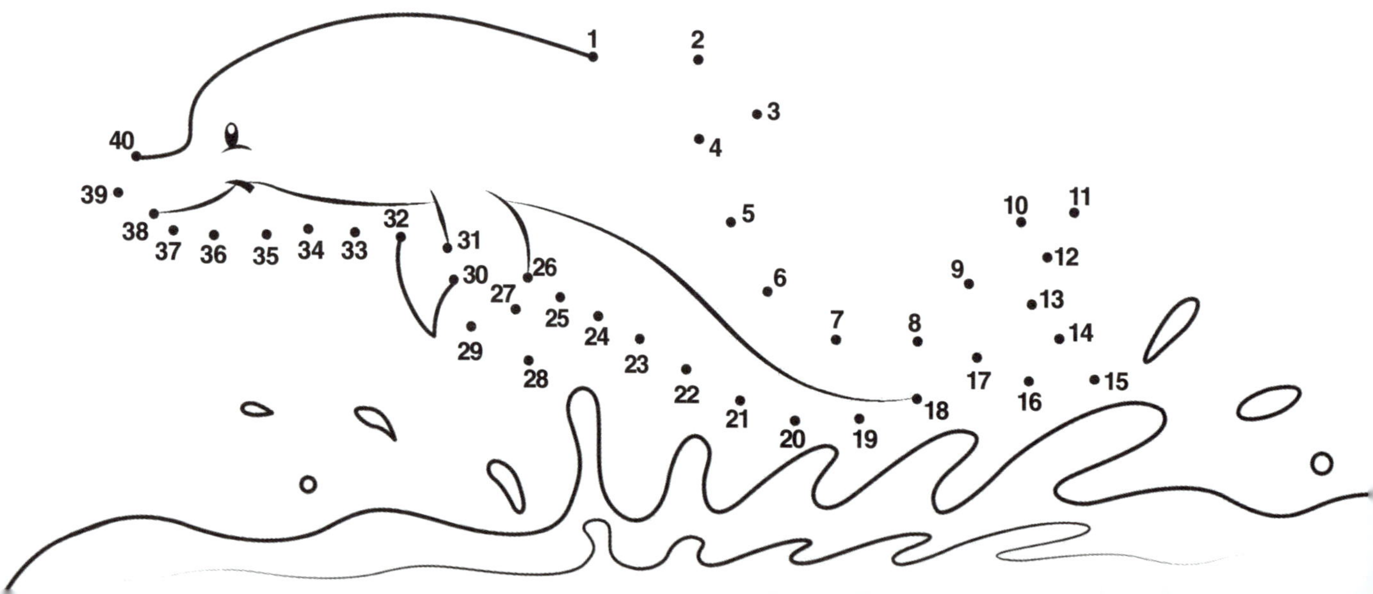

3 OBSERVE O LIGA-PONTOS.

A) QUE FIGURA VOCÊ FORMOU? ______

B) QUAL É O MAIOR NÚMERO DESSE LIGA-PONTOS? ______

C) QUAL NÚMERO VEM IMEDIATAMENTE ANTES DO 40? ______

D) QUAL NÚMERO VEM IMEDIATAMENTE DEPOIS DO 39? ______

E) ENCONTRE NO LIGA-PONTOS UM NÚMERO QUE SEJA MAIOR DO QUE O 20 E MENOR DO QUE O 26. ______

4 RENATA E ISABELA COLECIONAM LÁPIS COM DESENHOS DE JOANINHAS. VEJA ABAIXO A COLEÇÃO DE CADA UMA DELAS.

LÁPIS DE RENATA

LÁPIS DE ISABELA

A) QUEM TEM MAIS LÁPIS? ______

B) QUANTOS LÁPIS RENATA PRECISA GANHAR PARA TER A MESMA QUANTIDADE DE LÁPIS QUE ISABELA? ______

C) COMPLETE: RENATA TINHA 12 LÁPIS. ELA GANHOU 3 LÁPIS E AGORA TEM ______ LÁPIS.

ATIVIDADES DO CAPÍTULO

1. ESCREVA NO QUADRINHO O NÚMERO QUE CORRESPONDE À QUANTIDADE DE CADERNOS EM CADA ITEM.

A) ☐

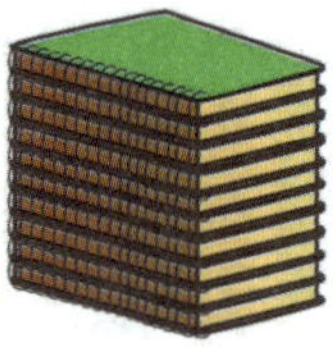

B) ☐

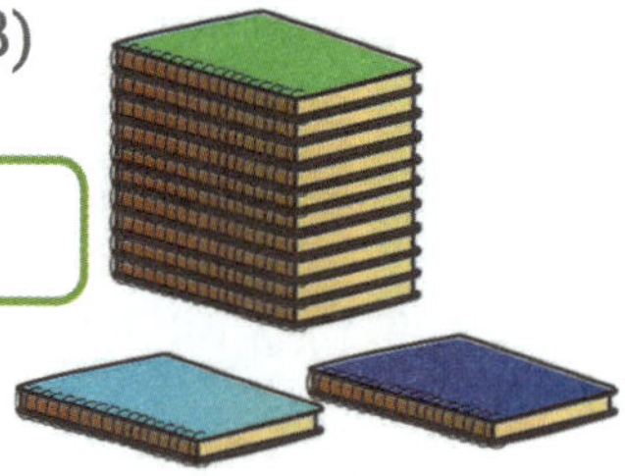

C) ☐

DAM D'SOUZA/ ARQUIVO DA EDITORA

2. CADA PILHA DE CADERNOS ACIMA LEMBRA QUAL SÓLIDO GEOMÉTRICO? ______________________

AS IMAGENS DESTAS PÁGINAS NÃO ESTÃO REPRESENTADAS EM PROPORÇÃO.

3. VEJA AO LADO O QUADRO QUE ARNALDO PINTOU DE SEUS CACHORROS.

A) QUAL CACHORRO ESTÁ ENTRE BINGO E MILI NESTE QUADRO?

____

B) QUAL CACHORRO ESTÁ MAIS PERTO DE TITO?

____

C) QUAL CACHORRO ESTÁ MAIS LONGE DE BINGO? ______________________

4. COMPLETE A SEQUÊNCIA NUMÉRICA ABAIXO DE 1 EM 1.

		33	34					39	

RESOLVENDO PROBLEMAS

1. OBSERVE ABAIXO A TURMA DA PROFESSORA ROSANA.

ILUSTRAÇÕES: DAM D'SOUZA/ARQUIVO DA EDITORA

A) QUANTOS ALUNOS HÁ NESSA TURMA? ______________________

B) REGISTRE NOS QUADRINHOS ABAIXO O NÚMERO DE ALUNOS QUE ESTÃO USANDO CAMISETA NAS CORES INDICADAS.

AZUL ☐ VERMELHA ☐ BRANCA ☐

C) AO TODO, QUANTOS ALUNOS ESTÃO USANDO CAMISETAS BRANCAS OU VERMELHAS? ______________________

2. A PROFESSORA ROSANA LEVOU ALGUNS LIVROS PARA DAR AOS SEUS 22 ALUNOS. VEJA AO LADO ESSES LIVROS.

A) A PROFESSORA PODE DAR 1 LIVRO PARA CADA ALUNO DA TURMA? POR QUÊ?

B) VOCÊ TEM ALGUMA SUGESTÃO PARA AJUDAR A PROFESSORA A CONSEGUIR 1 LIVRO PARA CADA ALUNO DA TURMA?

TRABALHANDO COM JOGOS

CORRIDA

MATERIAL NECESSÁRIO

- DADO E TABULEIRO DO **MATERIAL COMPLEMENTAR**
- 1 MARCADOR PARA CADA JOGADOR (PODE SER TAMPINHA, BORRACHA, ETC.)

NÚMERO DE JOGADORES: 2 ou 3

COMO JOGAR

- CADA JOGADOR DEVE DESTACAR E MONTAR SEU DADO DO **MATERIAL COMPLEMENTAR**.
- UM DOS JOGADORES DEVE DESTACAR O TABULEIRO DO **MATERIAL COMPLEMENTAR**.
- PARA INICIAR A PARTIDA, CADA JOGADOR POSICIONA SEU MARCADOR NA CASA **LARGADA** DO TABULEIRO.
- A CADA RODADA, OS JOGADORES LANÇAM OS DADOS AO MESMO TEMPO. QUEM TIRAR A MAIOR PONTUAÇÃO EM SEU DADO DEVE ANDAR COM SEU MARCADOR O NÚMERO DE CASAS CORRESPONDENTE. OS DEMAIS JOGADORES NÃO MOVIMENTAM SEUS MARCADORES.
- SE MAIS DE UM JOGADOR TIRAR A MAIOR PONTUAÇÃO NO DADO, ENTÃO ELES AVANÇAM O NÚMERO DE CASAS CORRESPONDENTE, CADA UM COM SEU MARCADOR.
- VENCE A PARTIDA QUEM DER A VOLTA COMPLETA NA PISTA DE CORRIDA E CHEGAR PRIMEIRO NA CASA **CHEGADA**.

ADAPTADO DE: **CRIANÇAS PEQUENAS REINVENTAM A ARITMÉTICA**, DE CONSTANCE KAMII E LESLIE BAKER HOUSMAN, PORTO ALEGRE: ARTMED, 2002. P. 191-192.

ESTÚDIO KIWI/ARQUIVO DA EDITORA

PENSANDO SOBRE O JOGO

MARINA, CARLOS E VITÓRIA JOGARAM **CORRIDA**.

1. VEJA AO LADO AS PONTUAÇÕES OBTIDAS NOS DADOS NA PRIMEIRA RODADA.
MARINA TIROU A MAIOR PONTUAÇÃO NESSA RODADA.
QUANTAS CASAS ELA DEVE ANDAR COM SEU MARCADOR?

____

2. CARLOS TEVE A MAIOR PONTUAÇÃO NA SEGUNDA RODADA. OS DADOS AO LADO MOSTRAM A PONTUAÇÃO DE MARINA E DE VITÓRIA. ENTÃO, QUANTOS PONTOS CARLOS PODE TER TIRADO EM SEU DADO? ______________________________

3. DEPOIS DE ALGUMAS RODADAS, A PARTIDA ESTAVA COMO MOSTRA A IMAGEM AO LADO.

- (marcador verde) → MARINA
- (marcador marrom) → CARLOS
- (marcador laranja) → VITÓRIA

A) QUEM ESTÁ MAIS PRÓXIMO DA CASA **CHEGADA**? ______________

B) QUANTAS CASAS CARLOS PRECISA ANDAR PARA ULTRAPASSAR O MARCADOR DE VITÓRIA? ______________

C) E QUANTAS CASAS MARINA PRECISA ANDAR PARA ULTRAPASSAR O MARCADOR DE VITÓRIA? ______________

4. EM CERTO MOMENTO DA PARTIDA, MARINA ESTAVA NA CASA 25 E TIROU 6 PONTOS NO DADO. NEM CARLOS NEM VITÓRIA TIRARAM 6 PONTOS NO DADO. ENTÃO, MARINA VENCEU A PARTIDA?

____

CAPÍTULO 2

NÚMEROS PARA CONTAR, NÚMEROS PARA MEDIR E FIGURAS GEOMÉTRICAS

QUANTAS LETRAS? QUANTOS GRUPOS?

A PROFESSORA LETÍCIA DIVIDIU OS ALUNOS DE SUA TURMA EM 2 GRUPOS. CADA GRUPO VAI PREENCHER UMA TABELA COM O NOME DE SEUS INTEGRANTES E A QUANTIDADE DE LETRAS DESSES NOMES.

VEJA ABAIXO A TABELA QUE O GRUPO DE BIA ESTÁ PREENCHENDO.

AMPLA ARENA/ARQUIVO DA EDITORA

BIA

ALUNOS DO GRUPO A

NOME	QUANTIDADE DE LETRAS DO NOME
BIA	3
DAVID	
DIEGO	
FELIPE	
GIOVANA	
MARCELO	
MIRIAM	
NAOMI	

TABELA ELABORADA PARA FINS DIDÁTICOS.

1 COMPLETE ESTA TABELA.

2 RESPONDA.

A) QUAIS NOMES DO GRUPO DE BIA TÊM O MAIOR NÚMERO DE LETRAS? ______________________

B) E QUANTAS LETRAS TEM O SEU NOME? ______________________

3 ALGUNS ALUNOS ESTÃO BRINCANDO NA QUADRA. NESSA BRINCADEIRA A PROFESSORA CONTA DE 1 A 3 E FAZ UM PEDIDO.

A) CONTORNE OS ALUNOS PARA FORMAR OS GRUPOS DE ACORDO COM AS SOLICITAÇÕES DA PROFESSORA.

ILUSTRAÇÕES: AMPLA ARENA/ARQUIVO DA EDITORA

B) QUANTOS GRUPOS DE 2 ALUNOS VOCÊ CONTORNOU? ______________

C) E QUANTOS GRUPOS DE 4 ALUNOS VOCÊ CONTORNOU? ______________

D) E SE A PROFESSORA PEDIR PARA FORMAR GRUPOS DE 5 ALUNOS, ENTÃO QUANTOS GRUPOS SERÃO FORMADOS?

____

QUADRO NUMÉRICO E CONTAGEM

OBSERVE ABAIXO O QUADRO NUMÉRICO DE 0 A 99. OS NÚMEROS DE ALGUMAS COLUNAS E LINHAS ESTÃO DESTACADOS.

0	1	2	3	4	5	6	7	8	9
10	11	12	13	14	15	16	17	18	19
20	21	22	23	24	25	26	27	28	29
30	31	32	33	34	35	36	37	38	39
40	41	42	43	44	45	46	47	48	49
50	51	52	53	54	55	56	57	58	59
60	61	62	63	64	65	66	67	68	69
70	71	72	73	74	75	76	77	78	79
80	81	82	83	84	85	86	87	88	89
90	91	92	93	94	95	96	97	98	99

1 O QUE HÁ EM COMUM ENTRE OS NÚMEROS DA COLUNA PINTADA DE **VERDE**? ______________________________

2 EM QUE OS NÚMEROS DA COLUNA PINTADA DE **LILÁS** SÃO DIFERENTES DOS NÚMEROS DA LINHA PINTADA DE **AMARELO**?

3 VEJA ABAIXO O MODELO. DEPOIS, COMPLETE OS OUTROS QUADRINHOS COM OS NÚMEROS QUE FALTAM.

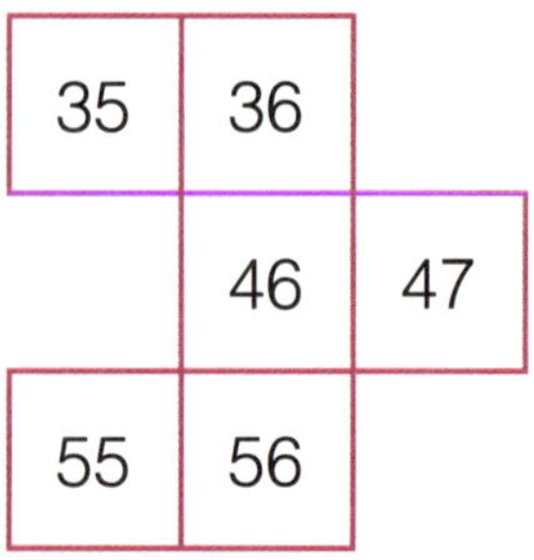

A)

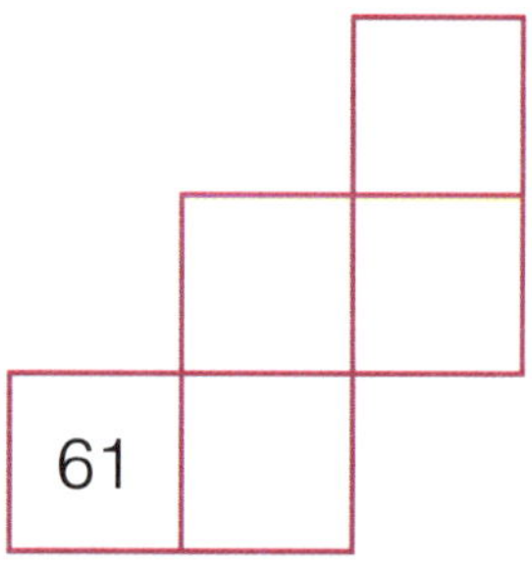

B)

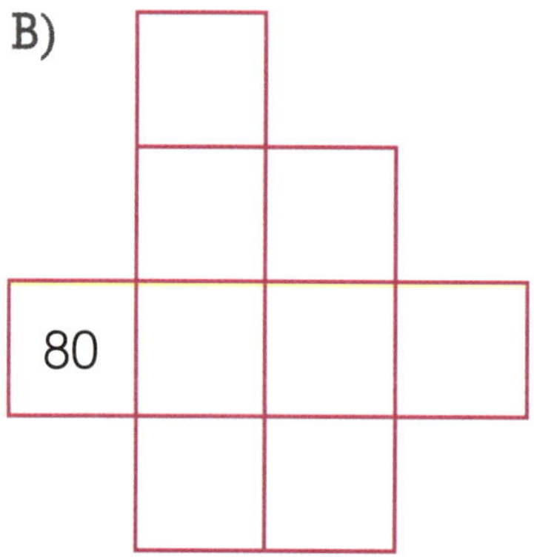

C)

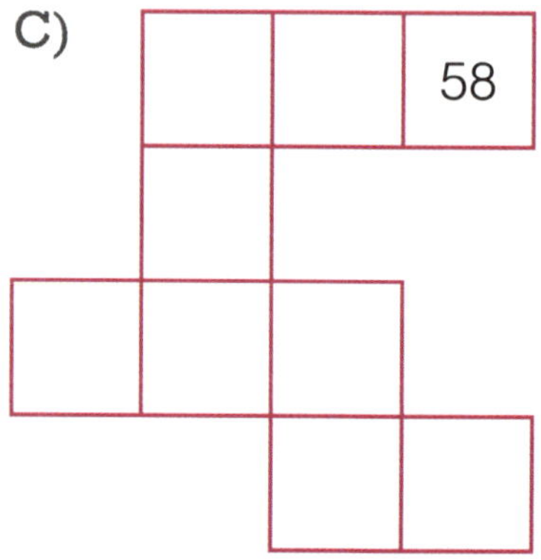

4 TATIANA E SEUS AMIGOS VÃO ALMOÇAR NO REFEITÓRIO DA ESCOLA. OBSERVE A CENA ABAIXO.

ILUSTRAÇÕES: AMPLA ARENA/ARQUIVO DA EDITORA

A) QUANTOS ALUNOS APARECEM NESTA CENA? ____________________

B) CONTE OS PRATOS, OS GARFOS, AS FACAS E OS COPOS QUE APARECEM NESTA CENA. REGISTRE OS NÚMEROS CORRESPONDENTES NOS QUADRINHOS ABAIXO.

AS IMAGENS DESTA PÁGINA NÃO ESTÃO REPRESENTADAS EM PROPORÇÃO.

C) A QUANTIDADE DE COPOS É SUFICIENTE PARA TODOS OS ALUNOS? POR QUÊ?

____

D) HÁ PRATOS PARA TODOS OS ALUNOS? ____________________

E) O QUE HÁ MAIS: GARFOS OU FACAS? QUANTOS A MAIS?

____

CALENDÁRIO

O CALENDÁRIO É UTILIZADO PARA REGISTRAR O ANO, OS MESES, OS DIAS DO MÊS E OS DIAS DA SEMANA.

VEJA AO LADO O CALENDÁRIO DE 2020.

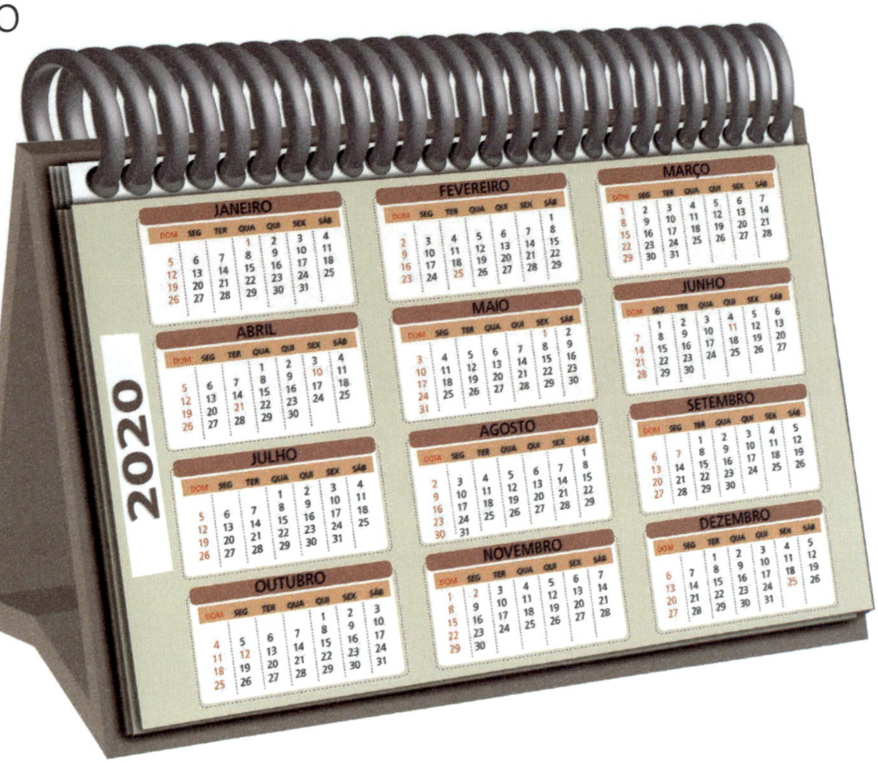

AMPLA ARENA/ARQUIVO DA EDITORA

1 OBSERVE OS MESES DO CALENDÁRIO ACIMA.

A) QUANTOS MESES TEM O ANO? ______________________

B) QUAL É O PRIMEIRO MÊS DO ANO? ______________________

C) QUAL É O ÚLTIMO MÊS DO ANO? ______________________

2 COMPLETE ABAIXO COM O NOME DOS MESES DO ANO.

JANEIRO	FEVEREIRO	
ABRIL		
		SETEMBRO
		DEZEMBRO

3 VAMOS DESCOBRIR OS ANIVERSARIANTES DE SUA TURMA EM CADA MÊS DO ANO?

A) EM QUE MÊS VOCÊ FAZ ANIVERSÁRIO? ______________________

B) COM A AJUDA DO PROFESSOR, COMPLETE O QUADRO ABAIXO COM O NOME DE TODOS OS ANIVERSARIANTES DA TURMA EM CADA MÊS.

ANIVERSARIANTES DA TURMA			
JANEIRO	FEVEREIRO	MARÇO	ABRIL
MAIO	JUNHO	JULHO	AGOSTO
SETEMBRO	OUTUBRO	NOVEMBRO	DEZEMBRO

C) CONTORNE EM **AZUL** O NOME DO MÊS EM QUE HÁ MAIS ANIVERSARIANTES.

D) CONTORNE EM **VERDE** O NOME DO MÊS EM QUE HÁ MENOS ANIVERSARIANTES.

E) QUANTOS ALUNOS FAZEM ANIVERSÁRIO NO MESMO MÊS QUE VOCÊ? ______________________

4 AGORA, VEJA ABAIXO O DESTAQUE PARA O CALENDÁRIO DO MÊS DE ABRIL DE 2020.

AMPLA ARENA/ARQUIVO DA EDITORA

A) OS NOMES DOS DIAS DA SEMANA ESTÃO ABREVIADOS NESSE CALENDÁRIO. ESCREVA ESSES NOMES POR EXTENSO.

DOM – ______________________________

SEG – ______________________________

TER – ______________________________

QUA – ______________________________

QUI – ______________________________

SEX – ______________________________

SÁB – ______________________________

B) POR QUE O MÊS DE ABRIL ESTÁ COMEÇANDO EM UMA QUARTA-FEIRA?

____

C) POR QUE O DIA 21 ESTÁ PINTADO DE VERMELHO?

____

5 OBSERVE NOVAMENTE O CALENDÁRIO DO MÊS DE ABRIL DE 2020. VAMOS CONSTRUIR O CALENDÁRIO DO MÊS DE MAIO DE 2020?

A) QUANTOS DIAS TEM O MÊS DE MAIO? ____________________

B) EM QUE DIA DA SEMANA COMEÇARÁ O MÊS DE MAIO DE 2020?

____

DAM D'SOUZA/ARQUIVO DA EDITORA

C) PREENCHA O CALENDÁRIO AO LADO COM OS DIAS DO MÊS DE MAIO DE 2020.

D) EM QUE DIA DA SEMANA SERÁ O ÚLTIMO DIA DESSE MÊS? ____________________

E) HÁ ALGUM FERIADO NESSE MÊS? SE TIVER, CONTORNE-O DE **VERMELHO** NO CALENDÁRIO.

F) O ANIVERSÁRIO DE RITA DESSE ANO SERÁ NO SEGUNDO DOMINGO DE MAIO. EM QUE DIA ELA FAZ ANIVERSÁRIO? __________

G) VOCÊ CONHECE ALGUÉM QUE FAZ ANIVERSÁRIO EM MAIO? SE CONHECE, O DIA DO ANIVERSÁRIO DESSA PESSOA SERÁ EM QUAL DIA DA SEMANA EM 2020?

____

6 VOCÊ JÁ SABE QUANDO SERÃO SUAS FÉRIAS ESCOLARES DO MEIO DO ANO? PESQUISE E DEPOIS COMPLETE AS FRASES ABAIXO COM O DIA DO MÊS E O DIA DA SEMANA.

- MINHAS FÉRIAS ESCOLARES DO MEIO DO ANO VÃO COMEÇAR EM: ____________________
- ESSAS FÉRIAS VÃO TERMINAR EM: ____________________

ESTIMATIVA E CONTAGEM

ANANDA ORGANIZOU ALGUNS BRINQUEDOS DE MINIATURAS DE ANIMAIS EM 2 FAZENDAS. VEJA ABAIXO COMO OS ANIMAIS ESTÃO ORGANIZADOS.

AMPLA ARENA/ARQUIVO DA EDITORA

1 FAÇA UMA ESTIMATIVA DO NÚMERO DE ANIMAIS EM CADA FAZENDA E REGISTRE ABAIXO.

FAZENDA BÁRBARA: ____________ FAZENDA LUZIA: ____________

2 AGORA, CONTE OS ANIMAIS DE CADA FAZENDA E REGISTRE ABAIXO.

FAZENDA BÁRBARA: ____________ FAZENDA LUZIA: ____________

3 EXPLIQUE PARA OS COLEGAS E O PROFESSOR COMO VOCÊ FEZ PARA CONTAR OS ANIMAIS DE CADA FAZENDA.

4 FOI MAIS FÁCIL CONTAR OS ANIMAIS DA FAZENDA BÁRBARA OU DA FAZENDA LUZIA? POR QUÊ?

____

____

5 OBSERVE A CENA ABAIXO.

ILUSTRAÇÕES: AMPLA ARENA/ARQUIVO DA EDITORA

A) FAÇA ESTIMATIVAS E COMPLETE ABAIXO.

NESSA CENA APARECEM ______ PESSOAS

E HÁ ______ COPOS SOBRE A MESA.

B) AGORA, FAÇA CONTAGENS E COMPLETE ABAIXO.

NESSA CENA APARECEM ______ PESSOAS

E HÁ ______ COPOS SOBRE A MESA.

AS IMAGENS DESTAS PÁGINAS NÃO ESTÃO REPRESENTADAS EM PROPORÇÃO.

6 VEJA ABAIXO AS COLEÇÕES DE JÚLIA E DE SEUS IRMÃOS.

JÚLIA

AMANDA

HENRIQUE

A) FAÇA UMA ESTIMATIVA E RESPONDA: QUAL DAS CRIANÇAS TEM MAIS OBJETOS? ______

B) CONVERSE COM OS COLEGAS E VEJA SE ELES CONCORDAM COM VOCÊ.

CLASSIFICAÇÃO DE FIGURAS GEOMÉTRICAS ESPACIAIS

1 DESTAQUE OS MOLDES E AS MINIATURAS DOS SÓLIDOS GEOMÉTRICOS DO **MATERIAL COMPLEMENTAR**. EM SEGUIDA, MONTE OS MOLDES E OBSERVE O NOME DADO A CADA SÓLIDO GEOMÉTRICO.

2 REÚNA-SE COM 3 COLEGAS E, JUNTOS, PENSEM EM UMA MANEIRA DE SEPARAR OS SÓLIDOS GEOMÉTRICOS QUE VOCÊS MONTARAM.

EM SEGUIDA, COLE ABAIXO AS MINIATURAS DOS SÓLIDOS GEOMÉTRICOS PARA REPRESENTAR OS GRUPOS QUE VOCÊS FORMARAM. DÊ UM NOME PARA CADA GRUPO.

3 OBSERVE COMO OS OUTROS ALUNOS DA TURMA MONTARAM SEUS GRUPOS DE SÓLIDOS GEOMÉTRICOS.

A) TODOS OS GRUPOS DE SÓLIDOS GEOMÉTRICOS SÃO IGUAIS?

B) COMO SERÁ QUE ESSES ALUNOS PENSARAM PARA ORGANIZAR OS GRUPOS DELES?

4 VEJA ABAIXO COMO CAMILA E SEUS COLEGAS SEPARARAM OS SÓLIDOS GEOMÉTRICOS.

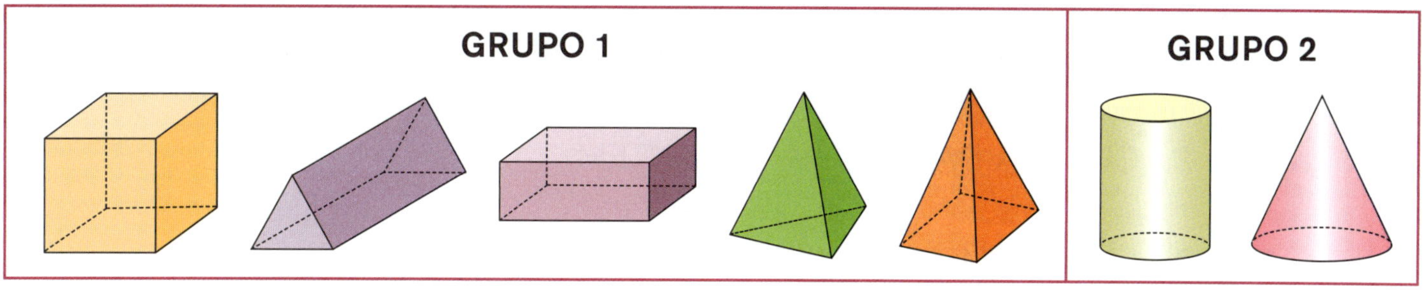

A) COMO VOCÊ ACHA QUE ELES PENSARAM PARA ORGANIZAR ESSES GRUPOS?

____

____

B) DÊ UM NOME PARA CADA UM DESSES GRUPOS DE SÓLIDOS GEOMÉTRICOS.

- GRUPO **1**: ______________________________
- GRUPO **2**: ______________________________

OS **POLIEDROS** SÃO SÓLIDOS GEOMÉTRICOS QUE TÊM FORMAS NÃO ARREDONDADAS.

E VOCÊ JÁ SABE: OS SÓLIDOS GEOMÉTRICOS QUE TÊM FORMAS ARREDONDADAS SÃO CHAMADOS DE **CORPOS REDONDOS**.

5 OBSERVE OS GRUPOS ABAIXO. DEPOIS, CONTORNE EM CADA GRUPO A FIGURA INTRUSA, OU SEJA, A FIGURA QUE TEM A FORMA DIFERENTE DAS DEMAIS.

AS IMAGENS DESTA PÁGINA NÃO ESTÃO REPRESENTADAS EM PROPORÇÃO.

A) 

B) 

C) 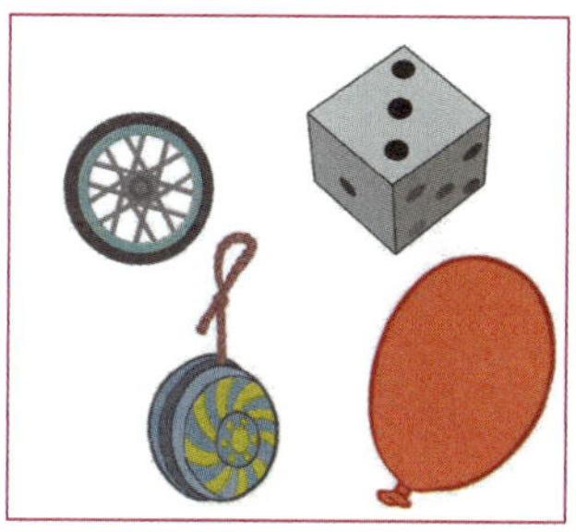

ILUSTRAÇÕES: AMPLA ARENA/ ARQUIVO DA EDITORA

ATIVIDADES DO CAPÍTULO

1. QUE DIA DA SEMANA É HOJE? ______________________________

2. QUE DIA DA SEMANA FOI ONTEM? ______________________________

3. EM QUE MÊS ESTAMOS? ______________________________

4. OBSERVE OS OBJETOS ABAIXO E CONTORNE OS OBJETOS QUE NÃO TÊM FORMA ARREDONDADA.

AS IMAGENS DESTA PÁGINA NÃO ESTÃO REPRESENTADAS EM PROPORÇÃO.

ILUSTRAÇÕES: AMPLA ARENA/ARQUIVO DA EDITORA

5. COM SUA COR PREFERIDA, PINTE OS QUADRINHOS ABAIXO COM NÚMEROS QUE COMEÇAM OU TERMINAM COM 3.

0	1	2	3	4	5	6	7	8	9
10	11	12	13	14	15	16	17	18	19
20	21	22	23	24	25	26	27	28	29
30	31	32	33	34	35	36	37	38	39

RESOLVENDO PROBLEMAS

FRANCISCO VAI COMPLETAR 7 ANOS E CONVIDOU ALGUNS AMIGOS PARA SUA FESTA DE ANIVERSÁRIO. A MÃE DELE COMPROU LEMBRANCINHAS PARA DISTRIBUIR AOS CONVIDADOS: 12 CHAVEIROS, 8 CARRINHOS, 11 BONECOS E 9 ADESIVOS.

1. PREENCHA NA TABELA ABAIXO A QUANTIDADE DE LEMBRANCINHAS COMPRADAS.

LEMBRANCINHAS COMPRADAS

TIPO DE LEMBRANCINHA	QUANTIDADE DE LEMBRANCINHAS
CHAVEIRO	
CARRINHO	
BONECO	
ADESIVO	

TABELA ELABORADA PARA FINS DIDÁTICOS

2. FRANCISCO GUARDOU OS CHAVEIROS E OS CARRINHOS EM UMA CAIXA. QUANTAS LEMBRANCINHAS ELE COLOCOU AO TODO NA CAIXA?

____

3. FRANCISCO COLOCOU OS BONECOS E OS ADESIVOS EM OUTRA CAIXA. QUANTAS DESSAS LEMBRANCINHAS FICARAM AO TODO NESSA CAIXA?

____

4. NA SUA OPINIÃO, O QUE É O MAIS IMPORTANTE EM UMA FESTA DE ANIVERSÁRIO?

CÁLCULO MENTAL

VOCÊ CONHECE A CANTIGA ABAIXO?

MARIANA CONTA UM.
CONTA 1 A MARIANA
É 1, É ANA.
VIVA A MARIANA
VIVA A MARIANA.

MARIANA CONTA DOIS.
CONTA 2 A MARIANA
É 2, É 1, É ANA.
VIVA A MARIANA
VIVA A MARIANA.

MARIANA CONTA TRÊS.
CONTA 3 A MARIANA
É 3, É 2, É 1, É ANA.
VIVA A MARIANA
VIVA A MARIANA.

MARIANA CONTA QUATRO.
CONTA 4 A MARIANA
É 4, É 3, É 2, É 1, É ANA.
VIVA A MARIANA
VIVA A MARIANA.

MARIANA CONTA CINCO.
CONTA 5 A MARIANA
É 5, É 4, É 3, É 2, É 1, É ANA.
VIVA A MARIANA
VIVA A MARIANA.

MARIANA CONTA SEIS.
CONTA 6 A MARIANA
É 6, É 5, É 4, É 3, É 2, É 1,
É ANA.
VIVA A MARIANA
VIVA A MARIANA.

MARIANA CONTA SETE.
CONTA 7 A MARIANA
É 7, É 6, É 5, É 4, É 3,
É 2, É 1, É ANA.
VIVA A MARIANA
VIVA A MARIANA.

MARIANA CONTA OITO.
CONTA 8 A MARIANA
É 8, É 7, É 6, É 5, É 4, É 3, É 2,
É 1, É ANA.
VIVA A MARIANA
VIVA A MARIANA.

MARIANA CONTA NOVE.
CONTA 9 A MARIANA
É 9, É 8, É 7, É 6, É 5, É 4, É 3,
É 2, É 1, É ANA.
VIVA A MARIANA
VIVA A MARIANA.

MARIANA CONTA DEZ.
CONTA 10 A MARIANA
É 10, É 9, É 8, É 7, É 6, É 5,
É 4, É 3, É 2, É 1, É ANA.
VIVA A MARIANA
VIVA A MARIANA.

CANTIGA POPULAR.

ESTÚDIO KIWI/ARQUIVO DA EDITORA

1. CONTINUE NUMERANDO OS DEGRAUS DA ESCADA AO LADO, DE CIMA PARA BAIXO. O 10 JÁ ESTÁ ESCRITO.

2. COMPLETE A SEQUÊNCIA NUMÉRICA ABAIXO DO **2 A MAIS**.

2, 4, 6, ____, ____, ____, ____, ____, ____, ____.

3. AGORA, COMPLETE A SEQUÊNCIA NUMÉRICA ABAIXO DO **2 A MENOS**.

40, 38, 36, ____, ____, ____, ____, ____, ____, ____, ____.

4. AGORA, ESCOLHA UM NÚMERO PARA COMEÇAR E MONTE UMA SEQUÊNCIA NUMÉRICA DO **3 A MAIS**.

____

5. COMECE DO NÚMERO 15 E MONTE UMA SEQUÊNCIA NUMÉRICA DO **3 A MENOS**. ESCREVA 5 NÚMEROS NESSA SEQUÊNCIA.

____

MINHAS DICAS

ANOTE ALGO QUE VOCÊ APRENDEU NESTAS ATIVIDADES E QUE PODE AJUDAR A FAZER CÁLCULOS MAIS RAPIDAMENTE.

____

____

CAPÍTULO 3

NÚMEROS PARA ORDENAR

FORMANDO GRUPOS

ÉRICA E MILENA GOSTAM DE FAZER PULSEIRAS COM MIÇANGAS. ELAS QUEREM SABER QUANTAS MIÇANGAS HÁ NO POTINHO QUE GANHARAM.

VEJA COMO ÉRICA COMEÇOU A CONTAR AS MIÇANGAS.

ILUSTRAÇÕES: ILUSTRA CARTOON/ARQUIVO DA EDITORA

AS IMAGENS DESTAS PÁGINAS NÃO ESTÃO REPRESENTADAS EM PROPORÇÃO.

1 AJUDE AS MENINAS A CONTAR AS MIÇANGAS ABAIXO.

A) CONTORNE GRUPOS COM 10 MIÇANGAS.

B) QUANTOS GRUPOS VOCÊ FORMOU?

____

C) QUANTAS MIÇANGAS SOBRARAM?

____

D) QUANTAS MIÇANGAS HÁ AO TODO?

____

2 VOCÊ ACHOU MAIS FÁCIL CONTAR AS MIÇANGAS DEPOIS DE AGRUPÁ-LAS?

UMA LOJA VENDE BOLINHAS PULA-PULA EM PACOTES COM 10 BOLINHAS. VEJA AO LADO 1 PACOTE.

ILUSTRAÇÕES: ILUSTRA CARTOON/ARQUIVO DA EDITORA

3 QUANTOS PACOTES COM 10 BOLINHAS PODEMOS FORMAR COM AS BOLINHAS AO LADO?

____

4 HUGO FOI A ESSA LOJA E COMPROU 16 BOLINHAS PULA-PULA.

A) DESENHE ABAIXO ESSAS BOLINHAS.

B) QUANTOS PACOTES DE 10 BOLINHAS HUGO CONSEGUE FORMAR COM ESSAS BOLINHAS? ____________

C) QUANTAS BOLINHAS ELE PRECISA COMPRAR A MAIS PARA CONSEGUIR FORMAR MAIS 1 PACOTE? ____________

5 ESCREVA QUANTAS BOLINHAS HÁ EM CADA ITEM ABAIXO.

A) 1 PACOTE

____

B) 1 PACOTE E 4 BOLINHAS

____

C) 2 PACOTES

____

AMPLA ARENA/ ARQUIVO DA EDITORA

UNIDADE E DEZENA

QUANDO FORMAMOS UM GRUPO COM **10** OBJETOS, DIZEMOS QUE TEMOS **1 DEZENA** DE OBJETOS. VEJA ABAIXO ALGUNS EXEMPLOS.

10 MOCHILAS OU
1 DEZENA DE MOCHILAS.

10 ESTOJOS OU
1 DEZENA DE ESTOJOS.

1 DEZENA É FORMADA POR UM AGRUPAMENTO DE **10 UNIDADES**.

SÃO 12 UNIDADES DE PASTAS OU 1 DEZENA E 2 UNIDADES DE PASTAS.

AS IMAGENS DESTAS PÁGINAS NÃO ESTÃO REPRESENTADAS EM PROPORÇÃO.

SÃO 23 UNIDADES DE CANETAS OU 2 DEZENAS E 3 UNIDADES DE CANETAS.

ILUSTRAÇÕES: AMPLA ARENA/ ARQUIVO DA EDITORA

1 OBSERVE AS IMAGENS ABAIXO E COMPLETE.

A) 

ILUSTRAÇÕES: AMPLA ARENA/ ARQUIVO DA EDITORA

SÃO ________ UNIDADES DE LÁPIS OU ________ DEZENA E ________ UNIDADES DE LÁPIS.

B) SÃO ________ UNIDADES DE LÁPIS OU ________ DEZENAS E ________ UNIDADES DE LÁPIS.

C) 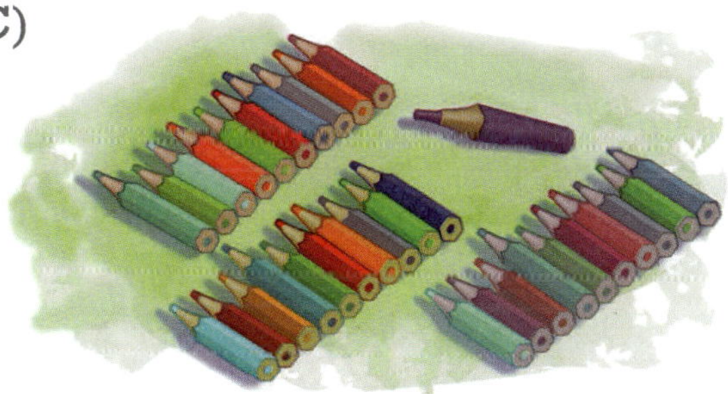

SÃO ________ UNIDADES DE LÁPIS OU ________ DEZENAS E ________ UNIDADE DE LÁPIS.

2 REPRESENTE COM DESENHOS AS QUANTIDADES ABAIXO.

A) 1 DEZENA E 7 UNIDADES.

B) 1 DEZENA E 9 UNIDADES.

C) 2 DEZENAS E 2 UNIDADES.

ADIÇÃO

AS IMAGENS DESTAS PÁGINAS NÃO ESTÃO REPRESENTADAS EM PROPORÇÃO.

1 ALAN SEMPRE LEVA SEUS 2 CACHORROS PARA PASSEAR NA PRACINHA. ONTEM, QUANDO CHEGOU À PRACINHA, ALAN ENCONTROU OUTROS 2 CACHORROS PASSEANDO COM O DONO. QUANTOS CACHORROS HÁ NESSA HISTÓRIA?

____

2 VEJA AO LADO O PLACAR FINAL DE UMA PARTIDA DE FUTEBOL.
QUANTOS GOLS FORAM MARCADOS AO TODO NESSA PARTIDA?

____

3 CAROLINA TIROU 6 LÁPIS DE COR E 2 LÁPIS PRETOS DE SEU ESTOJO. QUANTOS LÁPIS ELA TIROU AO TODO DO ESTOJO?

ILUSTRAÇÕES: AMPLA ARENA/ARQUIVO DA EDITORA

____

PARA RESOLVER OS PROBLEMAS DA PÁGINA ANTERIOR VOCÊ ADICIONOU QUANTIDADES.

EM MATEMÁTICA USAMOS O SÍMBOLO + PARA INDICAR UMA ADIÇÃO. LEMOS ASSIM: MAIS.

ASSIM, CAROLINA TIROU DE SEU ESTOJO 6 LÁPIS **MAIS** 2 LÁPIS, QUE **É IGUAL A** 8 LÁPIS.

VEJA COMO ESCREVEMOS ESSA ADIÇÃO USANDO SÍMBOLOS:

$$6 + 2 = 8$$

4 CONTE OS OBJETOS AO LADO E COMPLETE.

A) 7 APONTADORES **MAIS** 2 APONTADORES **É IGUAL A** ______ APONTADORES.

7 + 2 = ______

B) 5 RÉGUAS **MAIS** 3 RÉGUAS **É IGUAL A** ______ RÉGUAS.

______ + ______ = ______

5 OBSERVE AS IMAGENS ABAIXO E COMPLETE AS ADIÇÕES. A PRIMEIRA ADIÇÃO JÁ ESTÁ FEITA.

6 + 3 = 9

4 + 2 = ______

______ + ______ = ______

ILUSTRAÇÕES: AMPLA ARENA/ARQUIVO DA EDITORA

NÚMEROS ORDINAIS

ATÉ AGORA VOCÊ FEZ MUITAS ATIVIDADES EM QUE USOU NÚMEROS. VOCÊ CONTOU OBJETOS E ESCREVEU NÚMEROS, USOU NÚMEROS NO CALENDÁRIO E RESOLVEU PROBLEMAS.

1 FOLHEIE AS PÁGINAS DESTE LIVRO E RELEMBRE OUTRAS ATIVIDADES EM QUE USOU NÚMEROS. ANOTE ABAIXO A ATIVIDADE QUE ACHOU MAIS FÁCIL DE FAZER E A ATIVIDADE QUE ACHOU MAIS DIFÍCIL.

A) ACHEI MAIS FÁCIL: ______________________________

B) ACHEI MAIS DIFÍCIL: ______________________________

EXISTEM NÚMEROS QUE NÃO SÃO USADOS PARA CONTAR OU PARA REGISTRAR O TEMPO. POR EXEMPLO, OS **NÚMEROS ORDINAIS**. VOCÊ JÁ DEVE TER USADO ESSES NÚMEROS ORDINAIS MUITAS VEZES. QUER VER UM EXEMPLO?

LIA CHEGOU EM **1º** LUGAR NA CORRIDA, ALEXANDRE CHEGOU EM **2º** LUGAR, E MAIARA CHEGOU EM **3º** LUGAR.

AMPLA ARENA/ARQUIVO DA EDITORA

VEJA ABAIXO COMO LEMOS ALGUNS NÚMEROS ORDINAIS.

1º — PRIMEIRO	**1ª** — PRIMEIRA
2º — SEGUNDO	**2ª** — SEGUNDA
3º — TERCEIRO	**3ª** — TERCEIRA

2 EM QUE OUTRA SITUAÇÃO VOCÊ JÁ USOU NÚMEROS ORDINAIS?

3 OBSERVE A CENA AO LADO E LEIA AS DICAS PARA DESCOBRIR O NOME DE CADA CRIANÇA DA FILA.

ILUSTRAÇÕES: AMPLA ARENA/ARQUIVO DA EDITORA

- ELIAS NÃO ESTÁ USANDO BONÉ.
- JOANA ESTÁ LOGO DEPOIS DE ELIAS.
- NOELI É A ÚLTIMA DA FILA.
- MARCOS É O 1º DA FILA.
- VÍTOR ESTÁ NA FRENTE DE ELIAS.

ESCREVA ABAIXO O NOME DAS CRIANÇAS DE ACORDO COM A ORDEM DA FILA. COMECE PELO NOME DA 1ª CRIANÇA DA FILA.

____

4 HEITOR GANHOU UM AVIÃOZINHO DE ANIVERSÁRIO. ELE ABRIU A CAIXA E LEU AS INSTRUÇÕES PARA MONTAR SEU BRINQUEDO.

4º — QUARTO
4ª — QUARTA
5º — QUINTO
5ª — QUINTA

VOCÊ ACHA IMPORTANTE AS INSTRUÇÕES DE MONTAGEM DO AVIÃOZINHO SEREM ORGANIZADAS POR NÚMEROS ORDINAIS? POR QUÊ?

5 CADA SEMANA TEM 7 DIAS. SABENDO QUE O 1º DIA DA SEMANA É O DOMINGO, COMPLETE AS FRASES ABAIXO.

A) SEGUNDA-FEIRA É O ________ DIA DA SEMANA.

B) ______________________________ É O 3º DIA DA SEMANA.

C) QUARTA-FEIRA É O ________ DIA DA SEMANA.

D) QUINTA-FEIRA É O ________ DIA DA SEMANA.

E) ______________________________ É O 6º DIA DA SEMANA.

F) ______________________________ É O 7º DIA DA SEMANA.

6º — SEXTO	**7º** — SÉTIMO
6ª — SEXTA	**7ª** — SÉTIMA

6 OBSERVE OS QUADRINHOS AO LADO E USE OS NÚMEROS ORDINAIS 1º, 2º, 3º E 4º PARA MOSTRAR A ORDEM EM QUE RAQUEL FEZ O DESENHO.

AMPLA ARENA/ARQUIVO DA EDITORA

7 ESTE ANO VOCÊ ESTÁ

NO ________ ANO.
NO PRÓXIMO ANO VOCÊ ESTARÁ NO

________ ANO.

8 A PRIMEIRA COISA QUE A PROFESSORA ALICE ESCREVE NA LOUSA É O QUE VAI ACONTECER NAS AULAS DO DIA. VEJA ABAIXO O QUE ALICE ESCREVEU EM UMA SEXTA-FEIRA.

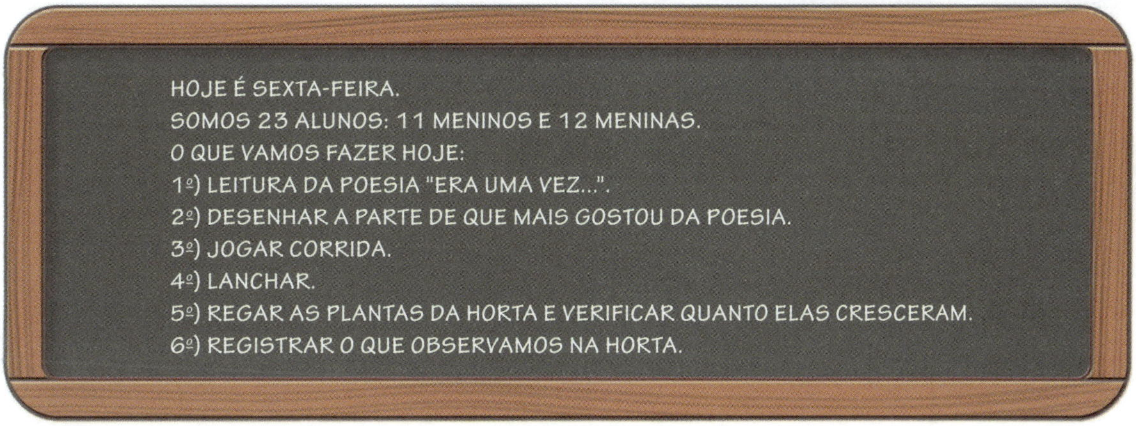

ILUSTRAÇÕES: AMPLA ARENA/ARQUIVO DA EDITORA

COM O PROFESSOR, LISTE AS COISAS QUE VOCÊS FARÃO OU JÁ FIZERAM NA AULA DE HOJE.

____

____

____

____

____

9 VEJA ABAIXO A FILA QUE ALGUNS ALUNOS DA PROFESSORA ALICE FORMARAM. ESCREVA O NÚMERO ORDINAL QUE INDICA O LUGAR DE CADA CRIANÇA NESSA FILA.

8º — OITAVO
8ª — OITAVA

DESLOCAMENTO E LOCALIZAÇÃO ESPACIAL

NELI E JOSÉ ESCONDERAM UM TESOURO. PARA NÃO ESQUECER ONDE O TESOURO ESTAVA, FIZERAM UM DESENHO COM O TRAJETO ATÉ ELE. VEJA À ESQUERDA O DESENHO **A**.

ILUSTRAÇÕES: AMPLA ARENA/ARQUIVO DA EDITORA

1 USE SETAS E INDIQUE NO DESENHO **A** OUTRO CAMINHO QUE TAMBÉM LEVA AO TESOURO.

2 QUAL É O CAMINHO MAIS CURTO PARA CHEGAR AO TESOURO: O CAMINHO QUE VOCÊ DESENHOU OU O CAMINHO DE NELI E JOSÉ?

____

3 USE SETAS E INDIQUE NO DESENHO **B** UM CAMINHO QUE PASSE PELA CASINHA DO CACHORRO. QUANTAS SETAS VOCÊ USOU?

____

4 O PROFESSOR DANIEL LEVOU A TURMA DE CARLA E PEDRO PARA FAZER UMA PESQUISA NA BIBLIOTECA DO BAIRRO. VEJA ABAIXO O PERCURSO QUE ELES FIZERAM AO SAIR DA ESCOLA.

AMPLA ARENA/ARQUIVO DA EDITORA

A) QUANTAS QUADRAS O PROFESSOR E OS ALUNOS ANDARAM DA ESCOLA ATÉ A BIBLIOTECA? ______________________

B) COMPLETE AS FRASES ABAIXO COM AS EXPRESSÕES: EM FRENTE, ATRÁS, AO LADO, PERTO OU ENTRE. USE CADA EXPRESSÃO 1 ÚNICA VEZ.

- A CASA DE CARLA FICA ______________________ DA PADARIA.
- PEDRO MORA ______________________ À PRACINHA.
- A ESCOLA FICA ______________________ DO HOSPITAL.
- ______________________ DA CASA DE PEDRO HÁ UM PRÉDIO.

5 PENSE NOS LOCAIS QUE EXISTEM NAS PROXIMIDADES DE SUA ESCOLA.

A) O QUE HÁ EM FRENTE À SUA ESCOLA? ______________________

B) O QUE HÁ AO LADO DE SUA ESCOLA? ______________________

C) E O QUE HÁ ATRÁS DE SUA ESCOLA? ______________________

TABELA E GRÁFICO

OS ALUNOS DE UMA TURMA FIZERAM UMA PESQUISA PARA SABER O DIA DA SEMANA EM QUE CADA ALUNO NASCEU. VEJA ABAIXO COMO ELES ANOTARAM OS DADOS EM UMA TABELA.

DIA DA SEMANA EM QUE OS ALUNOS NASCERAM

DIA DA SEMANA	DOMINGO	SEGUNDA-FEIRA	TERÇA-FEIRA	QUARTA-FEIRA	QUINTA-FEIRA	SEXTA-FEIRA	SÁBADO
QUANTIDADE DE ALUNOS	4	5	3	1	6	0	4

TABELA ELABORADA PARA FINS DIDÁTICOS.

DEPOIS, A PROFESSORA REGISTROU OS DADOS DESSA TABELA NO GRÁFICO ABAIXO. CADA QUADRADINHO DO GRÁFICO REPRESENTA 1 ALUNO DA TURMA.

DIA DA SEMANA EM QUE OS ALUNOS NASCERAM

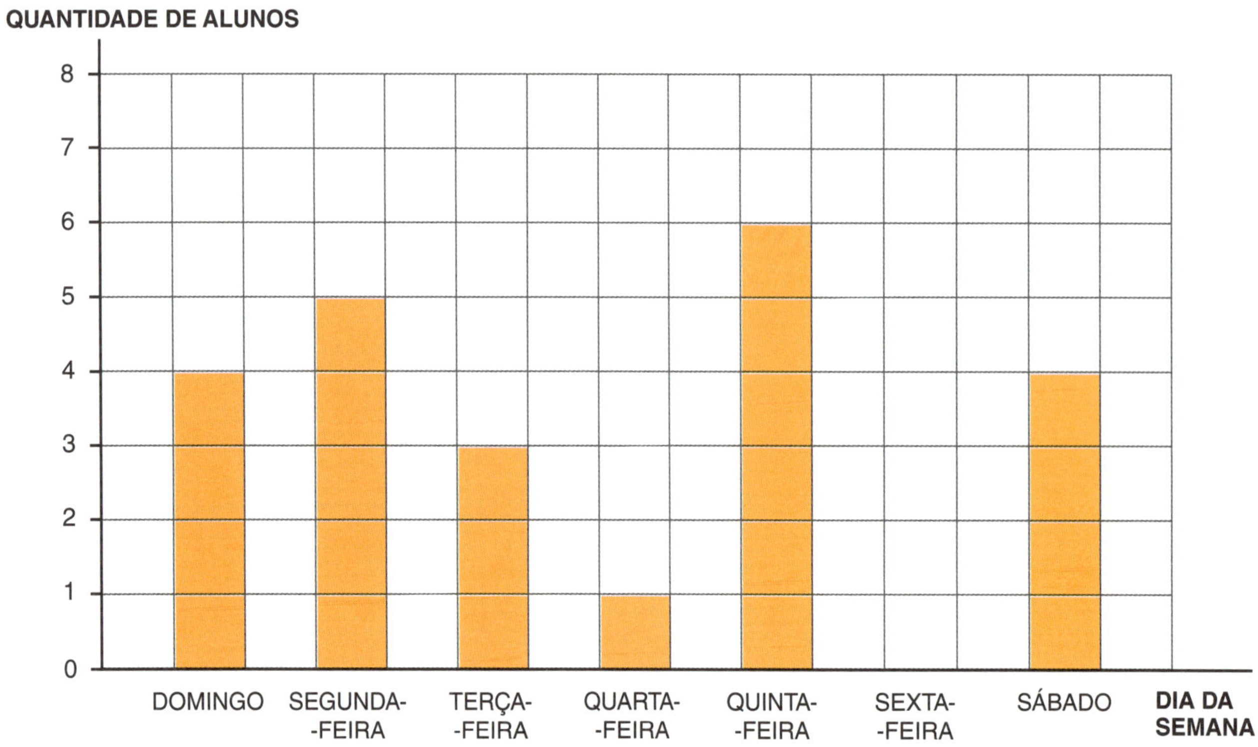

GRÁFICO ELABORADO PARA FINS DIDÁTICOS.

1 OBSERVE O GRÁFICO E RESPONDA.

A) EM QUAL DIA DA SEMANA NASCERAM MAIS ALUNOS?

____

B) POR QUE NÃO HÁ QUADRADINHO PINTADO NA SEXTA-FEIRA?

2 NO CAPÍTULO ANTERIOR, VOCÊ E SEUS COLEGAS ANOTARAM EM UM QUADRO O NOME DE TODOS OS ANIVERSARIANTES DA TURMA EM CADA MÊS. CONSULTE NOVAMENTE ESSE QUADRO.

A) COMPLETE A TABELA ABAIXO COM A QUANTIDADE DE ANIVERSARIANTES DA TURMA EM CADA MÊS.

ANIVERSARIANTES DA TURMA

MÊS	JAN.	FEV.	MAR.	ABR.	MAIO	JUN.	JUL.	AGO.	SET.	OUT.	NOV.	DEZ.
QUANTIDADE DE ALUNOS												

TABELA ELABORADA PARA FINS DIDÁTICOS.

B) AGORA, REGISTRE OS DADOS DESSA TABELA NO GRÁFICO ABAIXO. PINTE 1 QUADRADINHO PARA CADA ALUNO DA TURMA.

ANIVERSARIANTES DA TURMA

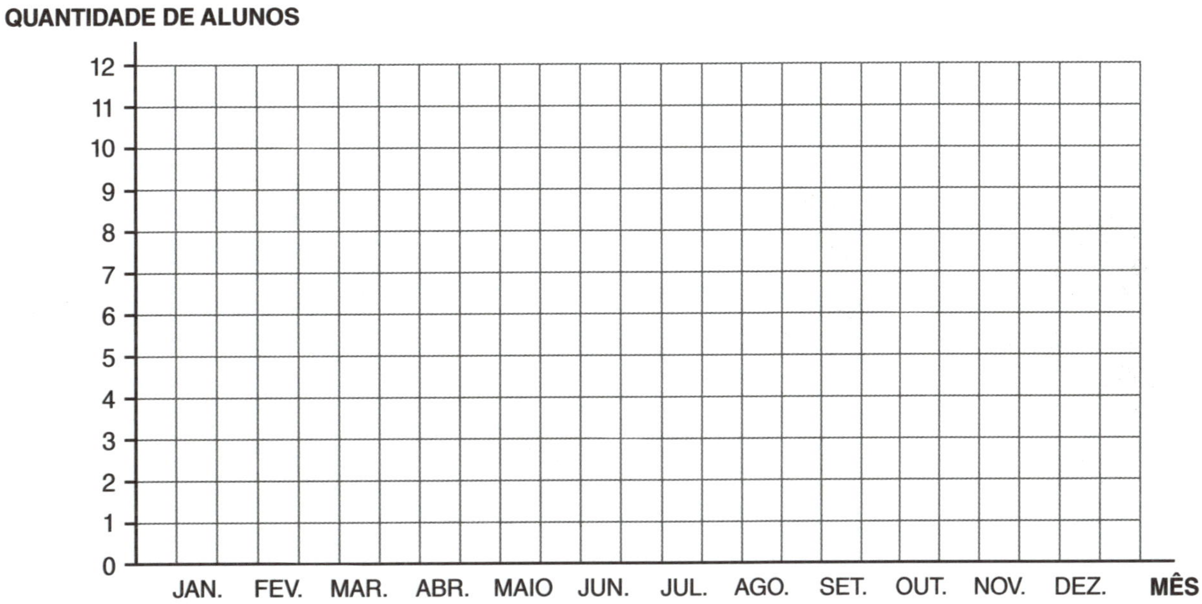

GRÁFICO ELABORADO PARA FINS DIDÁTICOS.

ATIVIDADES DO CAPÍTULO

1. CONTORNE GRUPOS DE 10 LÁPIS E COMPLETE OS QUADROS.

A) 

DEZENA	UNIDADE	TOTAL DE LÁPIS

B) 

DEZENA	UNIDADE	TOTAL DE LÁPIS

2. COMPLETE AS ADIÇÕES ABAIXO.

A) 

_____ + _____ = _____

B) 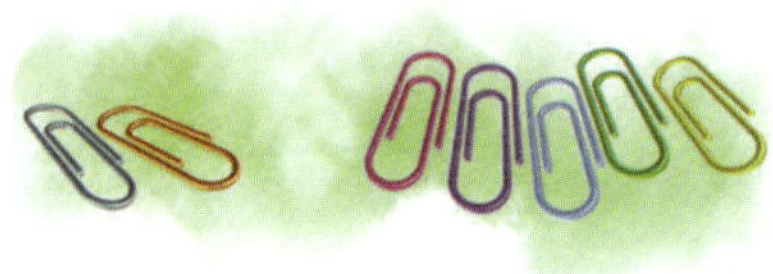

_____ + _____ = _____

3. ANDRESSA E SEUS PRIMOS QUEREM FORMAR UMA FILA DE ACORDO COM SUAS IDADES: DO MAIS NOVO PARA O MAIS VELHO. USE NÚMEROS ORDINAIS PARA INDICAR A ORDEM DELES NA FILA.

ILUSTRAÇÕES: AMPLA ARENA/ ARQUIVO DA EDITORA

RESOLVENDO PROBLEMAS

INÊS VAI ORGANIZAR OS LIVROS DE 2 PRATELEIRAS DA BIBLIOTECA DA ESCOLA. PARA ISSO, ELA DECIDIU COMEÇAR SEPARANDO OS LIVROS POR ASSUNTO. VEJA ABAIXO.

ILUSTRAÇÕES: AMPLA ARENA/ ARQUIVO DA EDITORA

1. ESCREVA QUANTOS LIVROS DE CADA TIPO INÊS SEPAROU.

POESIAS: ☐ ADIVINHAS: ☐

FÁBULAS: ☐ MATEMÁTICA: ☐

2. RESPONDA ESCREVENDO UMA ADIÇÃO PARA CADA SITUAÇÃO.

A) NA PRATELEIRA MAIS ALTA, INÊS VAI COLOCAR OS LIVROS DE POESIAS E DE FÁBULAS. QUANTOS LIVROS ELA COLOCARÁ AO TODO NESSA PRATELEIRA? ______________________

B) NA PRATELEIRA MAIS BAIXA, INÊS VAI COLOCAR OS LIVROS DE ADIVINHAS E DE MATEMÁTICA. QUANTOS LIVROS ELA COLOCARÁ AO TODO NESSA PRATELEIRA? ______________________

3. ESCREVA OU DESENHE ABAIXO OUTRA MANEIRA DE ORGANIZAR OS LIVROS NAS 2 PRATELEIRAS.

TRABALHANDO COM JOGOS

TRAVESSIA

NÚMERO DE JOGADORES: 3

COMO JOGAR

- UM DOS JOGADORES DEVE DESTACAR O TABULEIRO DO **MATERIAL COMPLEMENTAR**.
- CADA JOGADOR DEVE DESTACAR E MONTAR SEU DADO DO **MATERIAL COMPLEMENTAR**. DEPOIS, CADA JOGADOR DEVE ESCOLHER UMA COR E CONFECCIONAR 3 FICHAS OU MARCADORES COM ESSA COR.

MATERIAL NECESSÁRIO

- TABULEIRO E DADO DO **MATERIAL COMPLEMENTAR**
- 9 FICHAS OU MARCADORES (3 DE CADA COR)

- PARA INICIAR A PARTIDA, CADA JOGADOR POSICIONA SUAS 3 FICHAS NA CASA **LARGADA** DE UMA DAS SEÇÕES DO TABULEIRO.
- NA SUA VEZ, O JOGADOR LANÇA O DADO E ANDA COM UMA DE SUAS FICHAS O NÚMERO DE CASAS CORRESPONDENTE. A FICHA QUE FOR TOCADA DEVE SER MOVIDA.
- SE A FICHA PARAR EM UMA CASA COM FIGURA, ENTÃO ELA DEVE RETORNAR À CASA **LARGADA** DE SUA SEÇÃO.
- PARA UMA FICHA PARAR NA CASA **CHEGADA** É PRECISO TIRAR O NÚMERO EXATO DE CASAS NO DADO.
- VENCE A PARTIDA QUEM CHEGAR PRIMEIRO COM AS 3 FICHAS NA CASA **CHEGADA** DE SUA SEÇÃO.

ADAPTADO DE: **CRIANÇAS PEQUENAS REINVENTAM A ARITMÉTICA**, DE CONSTANCE KAMII E LESLIE BAKER HOUSMAN. PORTO ALEGRE: ARTMED, 2002. P. 193-194.

ESTÚDIO KIWI/ARQUIVO DA EDITORA

PENSANDO SOBRE O JOGO

1. JOGUE UMA PARTIDA DE **TRAVESSIA**.

A) QUEM VENCEU ESSA PARTIDA?

____

B) COMO VOCÊ DECIDIU QUAL DAS FICHAS DEVERIA MOVER EM CADA RODADA?

____

____

2. LUIGI E SEUS COLEGAS JOGARAM **TRAVESSIA**. VEJA AO LADO A SEÇÃO DE LUIGI EM UMA DAS RODADAS.

A) OBA! LUIGI TIROU O NÚMERO QUE QUERIA. VEJA ABAIXO.

QUAL FICHA ELE DEVE MOVER NESSA RODADA?

____

B) SE LUIGI TIVESSE TIRADO O NÚMERO 2 NO DADO, ENTÃO ELE DEVERIA MOVER A FICHA DA CASA 5 OU A FICHA DA CASA 9?

____

LER E ENTENDER

ACOMPANHE A LEITURA DO TRECHO DE UM CONTO BASTANTE CONHECIDO. NESSE TRECHO, UMA MOÇA ENTRA EM UMA CASA E ENCONTRA TIGELAS E CAMAS BEM PEQUENAS.

BRANCA DE NEVE

DE MANHÃ, AO ACORDAR, A MOÇA AVISTOU UMA CASINHA AO LONGE. FOI ATÉ LÁ E VIU PELA JANELA UMA PEQUENA MESA, COM SETE LUGARES POSTOS.

"QUE TIGELAS, PRATOS E COPOS MINÚSCULOS!", ELA PENSOU. ENTÃO, ENTROU E COMEU UMA LASCA DE PÃO, TOMOU UM POUQUINHO DE SOPA E BEBEU UMA GOTA DE ÁGUA. DEPOIS SUBIU A ESCADA E ENCONTROU SETE CAMAS PEQUENINAS. BRANCA DE NEVE EXPERIMENTOU SEIS CAMAS, MAS NÃO COUBE EM NENHUMA. A SÉTIMA ERA JUSTO DO SEU TAMANHO, E FOI LÁ QUE ELA DEITOU E ADORMECEU.

NO FIM DA TARDE, SETE ANÕES ENTRARAM NA CASINHA, DE VOLTA DA MONTANHA ONDE TRABALHAVAM EM UMA MINA DE COBRE E OURO.

O PRIMEIRO DISSE: "QUEM SENTOU NA MINHA CADEIRA?".

O SEGUNDO DISSE: "QUEM COMEU DO MEU PÃO?".

O TERCEIRO DISSE: "QUEM USOU A MINHA COLHER?".

O QUARTO DISSE: "QUEM TOMOU DA MINHA SOPA?".

O QUINTO DISSE: "QUEM USOU MEU COPO?".

O SEXTO DISSE: "QUEM BEBEU DA MINHA ÁGUA?".

O SÉTIMO DISSE: "VEJAM QUEM ESTÁ DORMINDO NA MINHA CAMA!".

E OS SETE ANÕES EXCLAMARAM: "MINHA NOSSA!".

CONTOS DE PRINCESAS, DE SU BLACKWELL. SÃO PAULO: MARTINS FONTES, 2012.

ANALISE

1. O TEXTO É O TRECHO DE UM CONTO FAMOSO CHAMADO **BRANCA DE NEVE**. VOCÊ CONHECE ESSE CONTO? O QUE SABE SOBRE ELE?

2. QUAIS OUTROS CONTOS VOCÊ CONHECE?

3. RELEIA O PRIMEIRO PARÁGRAFO DO TEXTO. QUEM É A MOÇA CITADA NO TRECHO?

____

RELACIONE

4. A PALAVRA **SETE** APARECEU ALGUMAS VEZES NESSE TRECHO DO CONTO.

A) CONTORNE TODAS AS PALAVRAS **SETE** QUE APARECERAM.

B) QUANTAS VEZES ESSA PALAVRA APARECEU? ______________

C) QUANTOS ANÕES HÁ NA HISTÓRIA? ______________

D) QUANTOS PRATOS PROVAVELMENTE HAVIA SOBRE A MESA ONDE BRANCA DE NEVE COMEU? ______________

5. O TEXTO USA NÚMEROS ORDINAIS PARA INTRODUZIR A FALA DE CADA ANÃO. ESCREVA ABAIXO ESSES NÚMEROS ORDINAIS POR EXTENSO.

____

____

ILUSTRAÇÕES: LANAART/SHUTTERSTOCK

6. HÁ OUTRA FRASE DO TEXTO EM QUE APARECE UM NÚMERO ORDINAL ESCRITO POR EXTENSO. SUBLINHE ESSA FRASE.

O QUE APRENDI?

A IMAGEM QUE VOCÊ VIU NA ABERTURA DESTA UNIDADE MOSTRA UMA CENA EM UMA PAPELARIA.

ESTÚDIO 22/ARQUIVO DA EDITORA

1. OBSERVE NOVAMENTE A IMAGEM.

A) PARA QUE SERVEM OS NÚMEROS QUE APARECEM NESSA CENA?

B) QUAL É O 4º ITEM DA LISTA DE MATERIAIS? ______________________

C) QUANTOS LÁPIS DE COR ESTÃO INDICADOS NA LISTA? COMPLETE:

________ LÁPIS DE COR OU ________ DEZENA DE LÁPIS DE COR.

D) PARA FAZER UM PEDIDO DE MATERIAL POR TELEFONE NESSA LOJA, PARA QUAL NÚMERO VOCÊ DEVE LIGAR? __________________

E) ASSINALE COM UM **X**. O NÚMERO DO TELEFONE SERVE PARA:

☐ INFORMAR QUANTIDADE. ☐ ORDENAR. ☐ CODIFICAR.

2. OBSERVE A DATA QUE APARECE NA CENA E COMPLETE ABAIXO.

ESSA CENA ACONTECEU NO DIA ________ DE ________________,

QUE É O ________________ MÊS DO ANO.

3. QUAL É A DATA DO SEU ANIVERSÁRIO? ESTE ANO SEU ANIVERSÁRIO CAI EM QUAL DIA DA SEMANA?

4. OBSERVE OS MATERIAIS ESCOLARES ABAIXO.

_______________ _______________ _______________

A) ESCREVA ACIMA O NOME DO SÓLIDO GEOMÉTRICO COM O QUAL CADA MATERIAL ESCOLAR SE PARECE.

B) QUAIS DESSES MATERIAIS ESCOLARES LEMBRAM CORPOS REDONDOS? _______________

5. OBSERVE O DESTAQUE PARA OS MATERIAIS ESCOLARES ABAIXO.

ILUSTRAÇÕES: AMPLA ARENA/ ARQUIVO DA EDITORA

A) CONTORNE DE **VERDE** OS MATERIAIS ESCOLARES QUE ESTÃO **ENTRE** AS RÉGUAS E AS BORRACHAS.

B) QUAIS MATERIAIS ESCOLARES ESTÃO **LONGE** DAS TESOURAS? CONTORNE-OS DE **AZUL**.

C) QUAL É A COR DO LÁPIS QUE ESTÁ **PERTO** DO LÁPIS **AMARELO**?

____

MINHA COLEÇÃO DE PALAVRAS

ESCREVA ABAIXO ALGUMAS PALAVRAS QUE VOCÊ APRENDEU NESTA UNIDADE. DEPOIS, ESCOLHA 2 PALAVRAS E EXPLIQUE A UM COLEGA O SIGNIFICADO DELAS.

____

____

____

UNIDADE

2 PASSEIOS E BRINCADEIRAS

Reprodução/Coleção particular de Ricardo Ferrari

Da série **Memórias de infância**, de Ricardo Ferrari, 2012. Óleo sobre tela. 70 cm × 120 cm. Coleção particular do artista.

- Qual paisagem você observa nesta obra?
- Quais brinquedos ou brincadeiras você identifica na imagem?
- Com qual deles você já brincou?

CAPÍTULO 4

LER, ESCREVER E ADICIONAR NÚMEROS

NÚMEROS

A professora Denise levou seus alunos ao Zoológico.

Simone Ziasch/Arquivo da editora

1 Quantos alunos a professora Denise levou ao Zoológico?

____

2 Os alunos, a professora e o motorista ocuparam todos os lugares do ônibus. Quantos lugares há nesse ônibus? ____________________

3 Complete a placa do ônibus com os números que você quiser.

4 As crianças entraram no Zoológico e foram ver os macacos. O cuidador de animais estava alimentando os macacos.

a) Na cena abaixo, pinte as bananas de **amarelo** e os macacos da cor que você preferir.

Ilustrações: Ilustra Cartoon/Arquivo da editora

AS IMAGENS DESTAS PÁGINAS NÃO ESTÃO REPRESENTADAS EM PROPORÇÃO.

b) O que há mais nessa cena: macacos ou bananas?

____

5 Que animal vai aparecer? Ligue os pontos abaixo em ordem crescente e descubra o animal. Depois, pinte-o.

LOCALIZAÇÃO ESPACIAL: DIREITA E ESQUERDA

Renata e seus amigos estão brincando de **Corre cutia**. Você conhece essa brincadeira?

Uma criança é a corredora, e as outras crianças ficam sentadas em roda. Enquanto a corredora anda em volta da roda, com um lenço na mão, todas as crianças cantam a cantiga abaixo.

Ilustra Cartoon/Arquivo da editora

Corre cutia

Corre cutia
Na casa da tia
Corre cipó
Na casa da vó
Lencinho na mão
Caiu no chão
Moça bonita do meu coração
Corredor: — Pode jogar?
Todos: — Sim!
Corredor: — Ninguém vai olhar?
Todos: — Não!

Cantiga popular.

Ao dizer "Não!", todas as crianças da roda devem abaixar a cabeça, tampando os olhos. Então, a criança corredora coloca o lenço atrás de uma criança da roda e continua andando.

A criança que ganhou o lenço levanta e tenta pegar a corredora, por fora da roda. Para fugir, a corredora tenta sentar no local da criança que ganhou o lenço.

A brincadeira recomeça com a criança que ficou de pé ou com a mesma criança corredora, caso ela tenha sido pega.

1 Nessa rodada, Renata é a corredora. Ela colocou o lenço atrás de Rafael. Rafael está à esquerda de Maria na roda.

a) Quantas crianças estão brincando de **Corre cutia**?

____

b) Qual é o nome da criança que está à direita de Maria na roda?

____

c) Qual é o nome da criança que está à direita de Gustavo?

____

d) Qual é o nome da criança que está à direita de Laura?

____

e) Quem está à direita de Caio? ______________________

f) E quem está à direita de Rafael? ______________________

g) Vamos girar para o outro lado? Qual é o nome da criança que está à esquerda de Rafael na roda? ______________________

2 Se em cada rodada 1 criança diferente for a corredora, então quantas rodadas serão necessárias para que cada criança seja corredora exatamente 2 vezes? ______________________

RETA NUMERADA

Na sala de aula de Sérgio há um varal de números. Cada folha do varal tem um número e sua escrita por extenso. Veja abaixo parte desse varal.

1 Ajude Sérgio a fazer as próximas folhas do varal, escrevendo os números que faltam nos espaços correspondentes.

Ilustrações: Amj Estúdio/Arquivo da editora

Na sala de aula de Sérgio também há uma reta numerada. Veja:

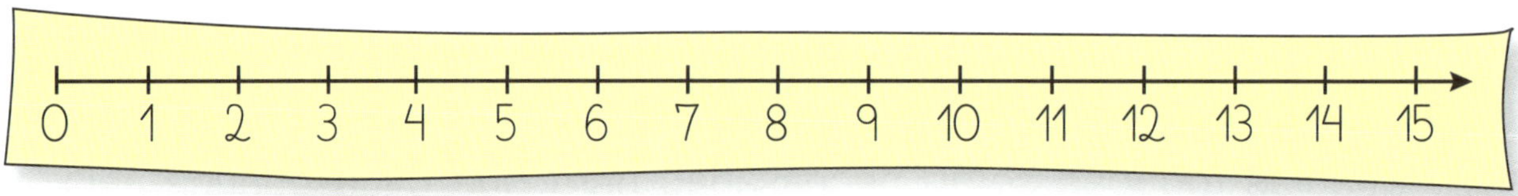

A reta numerada representa os números em ordem crescente, da esquerda para a direita.

2 Escreva abaixo os números que são maiores do que 11 e menores do que 19.

____

O número 11 tem 1 unidade a mais do que o número 10. Na reta numerada, o número 11 vem depois do número 10. Veja abaixo.

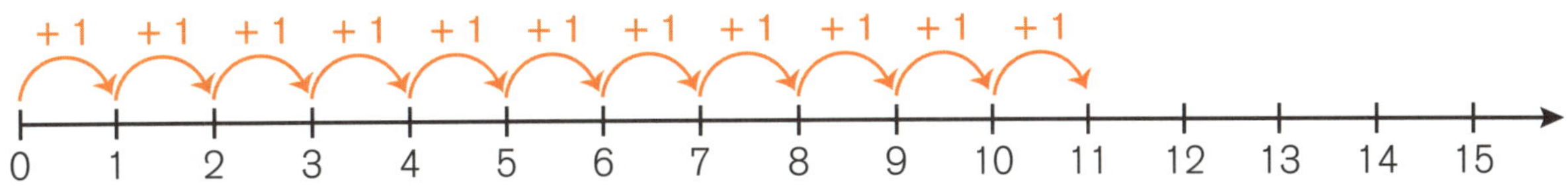

3 Analise a reta numerada acima.

a) Escreva no quadro abaixo o número que é 1 unidade maior do que o número da coluna da esquerda.

+1

4	
7	
9	
2	
11	
13	
14	

Ilustra Cartoon/Arquivo da editora

b) Escreva abaixo os números que estão entre o 5 e o 12.

____

c) Escreva quais serão os próximos 7 números da reta numerada acima.

____

ADIÇÃO NA RETA NUMERADA

Você conhece a canção abaixo?

SOMAR É LEGAL

Dois mais um: três
Somar é muito fácil
Eu vou mostrar pra vocês

Somar, contar, saber quanto vai dar
Juntar e botar tudo no mesmo lugar
Três mais dois: cinco
Com a mão eu brinco de somar
Somar é legal!!!

Dois usam peruca
Cinco usam topete
Somando essa turma
nós teremos sete
Sete mais um: oito
Oito mais dois: dez
Então seremos vinte
se contar os dedos dos pés

Eu tinha seis amigos e agora
conheci mais três
(Ao todo nove amigos)
Serei um dedo tão feliz
ao lado de vocês
(Seremos dez)
Seis mais três: nove
Nove mais um: dez
Três mais quatro: sete
Somar é uma delícia,
a gente se diverte

Somar, contar, saber
quanto vai dar
Juntar e botar: tudo no mesmo lugar
Somar é tão fácil
Você vai se deliciar
Somar é legal!!!

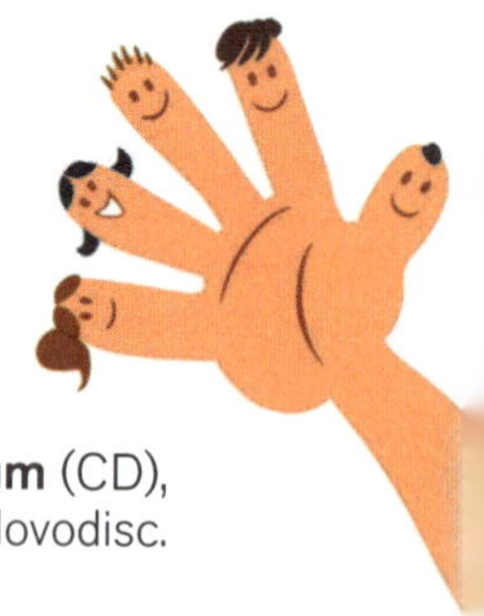

Somar é legal. **Castelo Rá-Tim-Bum** (CD), de Fernando Salém, Velas Novodisc.

Ilustra Cartoon/Arquivo da editora

1 Nessa canção aparecem muitas adições. Use números para completar a adição que corresponde a cada verso abaixo.

a) Dois mais um: três

_______ + _______ = _______

b) Três mais dois: cinco

_______ + _______ = _______

c) Oito mais dois: dez

_______ + _______ = _______

d) Seis mais três: nove

_______ + _______ = _______

As adições também podem ser representadas na reta numerada. Veja abaixo um exemplo:

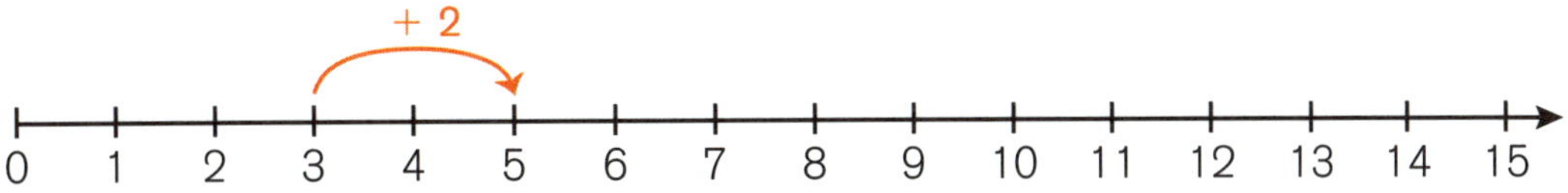

3 + 2 = 5

2 Observe as retas numeradas abaixo e complete as adições correspondentes.

a) 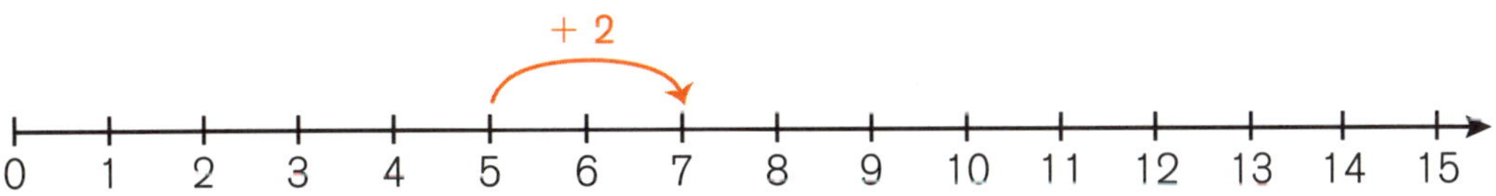

_______ + _______ = _______

b) 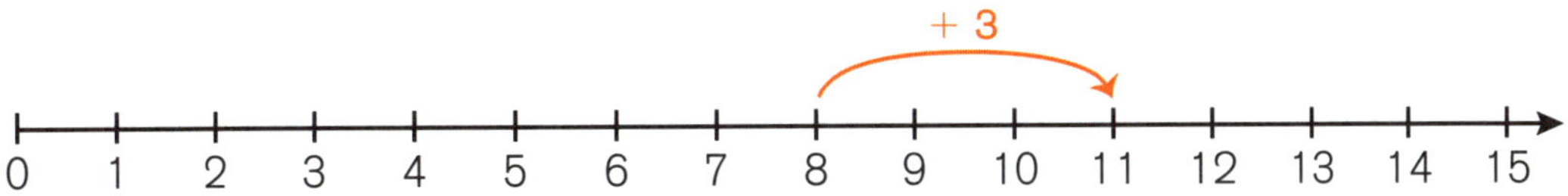

_______ + _______ = _______

c) 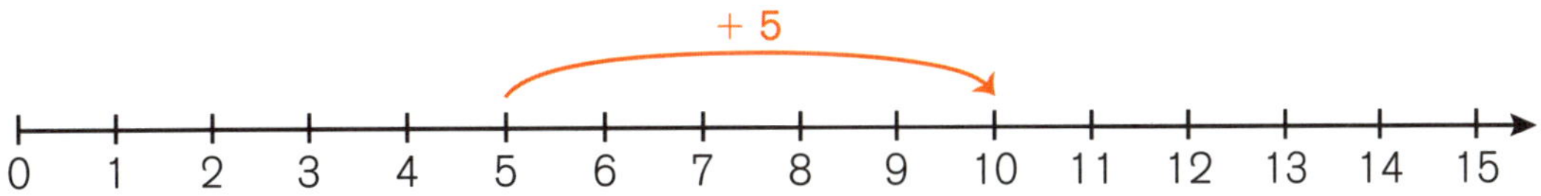

_______ + _______ = _______

d) 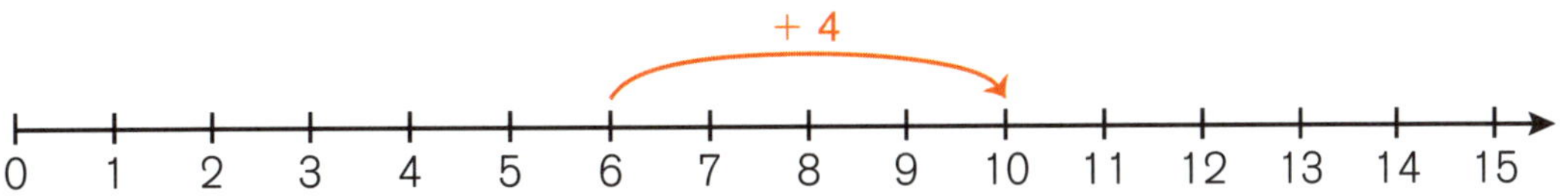

_______ + _______ = _______

QUADRO NUMÉRICO DE 0 A 99

Veja abaixo parte do quadro numérico de 0 a 99.

0	1	2	3	4	5	6	7	8	9
10	11		13		15		17	18	19
20	21		23	24	25		27	28	
30	31	32	33	34	35	36	37	38	39
40	41	42	43	44	45	46	47	48	49
	51	52	53	54	55	56	57	58	59
	61	62	63	64	65	66	67	68	69
70	71	72		74	75	76	77	78	79
80		82	83	84	85	86		88	89
90	91	92	93	94	95	96	97	98	

1 Complete o quadro com os números que estão faltando.

2 Pinte de **verde** os quadrinhos dos números que terminam em 8.

3 Escreva o que se pede abaixo.

a) O número que vem imediatamente depois do 0 no quadro, ou seja, o **sucessor** de 0: ________

b) O número que vem imediatamente antes do 1 no quadro, ou seja, o **antecessor** de 1: ________

4 Continue escrevendo o que se pede.

a) O sucessor de 59: ________

b) O antecessor de 59: ________

c) O antecessor de 99: ________

d) O sucessor de 99: ________

5 Encontre o número 11 no quadro. Conte 10 a mais do que 11.

a) A qual número você chegou? ________

b) Observe a coluna e a linha desse número no quadro. O que você pode dizer delas em relação à linha e à coluna do número 11?

____

____

Ilustra Cartoon/Arquivo da editora

6 Encontre o número 25 no quadro. Conte 10 a mais do que 25.

a) A qual número você chegou? ________

b) Observe a coluna e a linha desse número no quadro. O que você pode dizer delas em relação à linha e à coluna do número 25?

7 Sem fazer contas, responda:

a) Se você contar 10 a mais do que o número 87, então a qual número vai chegar? ________

b) Qual será a coluna e a linha desse número no quadro?

____

8 Você conhece o personagem **Do Contra**, da Turma da Mônica? Esse personagem é famoso por sempre querer experimentar as coisas de outro modo.

a) A qual número você vai chegar se contar 10 a menos do que 87? ________

b) Qual será a coluna e a linha desse número no quadro?

____

9 Descubra uma regra e complete cada sequência numérica abaixo.

a) 18, 19, ________, ________, ________, 23

b) 28, 29, ________, ________, ________, 33

c) 22, 21, ________, ________, ________, 17

CALENDÁRIO

Você já sabe que cada dia da semana recebe um nome.

1 Copie os dias da semana na ordem correta.

Amj Estúdio/Arquivo da editora

____

____

____

____

____

____

____

2 Com o professor, preencha abaixo o calendário deste mês. Depois, pinte nele o dia de hoje.

Dam d'Souza/Arquivo da editora

Mês ______________________

Domingo	Segunda-feira	Terça-feira	Quarta-feira	Quinta-feira	Sexta-feira	Sábado

3 Observe o calendário acima e responda.

a) Que dia da semana é hoje? ______________________

b) Quantos dias tem este mês? ______________________

c) Quantos dias faltam para o próximo sábado? ______________________

4 Mauro tem aula de violão às terças-feiras e às quintas-feiras.

a) Quantas aulas ele já teve neste mês? ______________________

b) E quantas aulas ele vai ter até o fim do mês? ________________

c) Mauro vai fazer uma apresentação para seus pais na última aula deste mês. Em que dia da semana será essa apresentação?

____

5 Faça uma pesquisa sobre o clima na região onde você mora. Pergunte às pessoas de sua família sobre os meses em que mais chove e os meses em que menos chove. Depois, pinte esses meses no quadro abaixo seguindo a legenda.

Legenda

- (azul) Meses do ano em que mais chove.
- (vermelho) Meses do ano em que menos chove.

Janeiro	Fevereiro	Março	Abril
Maio	Junho	Julho	Agosto
Setembro	Outubro	Novembro	Dezembro

6 Complete o quadro abaixo.

Mês que vem antes do meu aniversário	Mês do meu aniversário	Mês que vem depois do meu aniversário

ATIVIDADES DO CAPÍTULO

1. Quem é quem? Leia as dicas abaixo e contorne Pedro e Helena.

Dam d'Souza/Arquivo da editora

- Helena está na frente de uma criança de camiseta verde.
- Do lado esquerdo de Helena está uma menina de camiseta roxa e do lado direito está um menino de camiseta azul.
- Pedro está entre uma criança de camiseta verde e uma criança de camiseta branca.
- Atrás de Pedro há uma criança de camiseta roxa.

2. Veja as retas numeradas abaixo e complete as adições.

a)

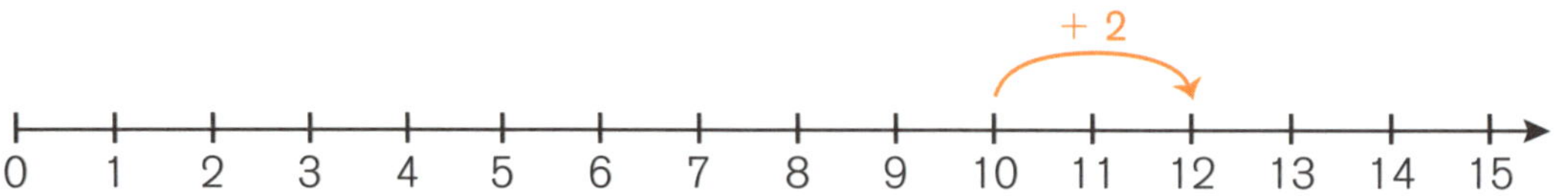

______ + ______ = ______

b)

______ + ______ = ______

3. Contorne abaixo o sucessor de 39 e sublinhe o antecessor de 70.

49 71 36 69 38 41 70 40

RESOLVENDO PROBLEMAS

1. Leia as frases abaixo.

Quantos animais há ao todo nessas 2 áreas do Zoológico? ☐

Em uma das áreas do Zoológico há 2 girafas e 1 filhote. ☐

Em outra área há 4 elefantes e 3 hipopótamos. ☐

a) Numere as frases na ordem correta para formar um problema. Use números ordinais.

b) Resolva o problema que você montou ao numerar as frases na ordem correta.

____

2. Escreva um problema sobre as cenas apresentadas abaixo. Depois, dê para um colega resolver o problema.

Anderson está indo para a escola.

Ilustrações: Ilustra Cartoon/Arquivo da editora

Agora, ele está chegando em casa.

____

____

____

TRABALHANDO COM JOGOS

SAFÁRI

Número de jogadores: 2 ou 3

MATERIAL NECESSÁRIO

- Tabuleiro e 2 dados do **Material Complementar**
- 1 marcador para cada jogador

Como jogar

- Cada jogador deve destacar e montar seu dado do **Material Complementar**.
- Um dos jogadores deve destacar o tabuleiro do **Material Complementar**.
- Para iniciar a partida, cada jogador coloca seu marcador no tabuleiro, na casa ao lado da placa **BEM-VINDO AO SAFÁRI**.
- Um a um, todos os jogadores lançam os 2 dados e adicionam os números obtidos. Quem tirar o maior total inicia a partida.
- A cada rodada, o jogador pode escolher lançar 1 ou 2 dados. Se escolher lançar os 2 dados, então deve adicionar os números obtidos e andar o número de casas correspondente ao total.
- Vence a partida quem chegar primeiro ao final da trilha.

Pensando sobre o jogo

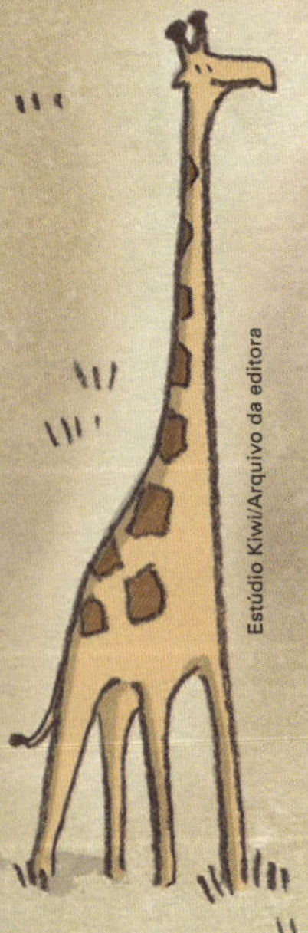

Estúdio Kiwi/Arquivo da editora

1. Lucas e Mariana estão jogando **Safári**.

a) Lucas lançou os 2 dados e tirou 4 em um dado e 6 no outro dado.

Quantas casas ele deve andar no tabuleiro? ______________________

b) Mariana também lançou os 2 dados, tirou 5 em um dado e andou 7 casas ao todo. Que número Mariana tirou no outro dado? __________

c) Lucas estava na casa 20. Ele lançou 1 dado e andou até a casa 26.

Que número Lucas tirou no dado? __________

2. Lucas e Mariana jogam outra partida. Lucas está na casa 30. Em cada situação abaixo, escreva o total de pontos dos dados e a casa em que Lucas deve colocar seu marcador. Não se esqueça de verificar no tabuleiro se há a instrução de avanço ou recuo de casas.

a)  Total de pontos dos dados: ________.

Ele deve ir para a casa: ________.

b)  Total de pontos dos dados: ________.

Ele deve ir para a casa: ________.

c)  Total de pontos dos dados: ________.

Ele deve ir para a casa: ________.

d)  Total de pontos dos dados: ________.

Ele deve ir para a casa: ________.

e)  Total de pontos dos dados: ________.

Ele deve ir para a casa: ________

3. Ângela, Marco e Camila também estão jogando **Safári**.

a) Ângela quer andar 12 casas em uma única jogada. Se ela tirar o número 6 em um dado, então quanto precisará tirar no outro dado? ________

b) Na sua vez, Marco tirou 6 em um dado e 2 no outro dado. Em seguida, Camila tirou 4 em um dado e 5 no outro dado. Quem andou mais casas nessas jogadas? ____________________

CAPÍTULO 5

AGRUPAR E SUBTRAIR NÚMEROS

AGRUPAMENTOS DE NÚMEROS ATÉ 50

Camila tem um álbum de figurinhas. No final do álbum há um quadro com o número de todas as figurinhas. Cada vez que Camila cola uma figurinha no álbum, ela pinta de laranja o quadrinho correspondente ao número da figurinha.

1	2	3	4	5	6	7	8	9	10
11	12	13	14	15	16	17	18	19	20
21	22	23	24	25	26	27	28	29	30
31	32	33	34	35	36	37	38	39	40
41	42	43	44	45	46	47	48	49	50

1 Observe o quadro acima.

a) Quantas figurinhas cabem no álbum de Camila?

____

b) Quantas figurinhas ela já colou?

____

c) Quais figurinhas Camila precisa colar para pintar e completar a 1ª linha do quadro?

____

d) Quais são as figurinhas da 3ª coluna do quadro?

____

2 Camila comprou um pacote com 3 figurinhas. Leia cada dica abaixo e descubra quais são os números das figurinhas que vieram no pacote. Depois, pinte esses números no quadro da página anterior.

a) A primeira figurinha é a de número vinte e três. ______

b) O número da segunda figurinha é maior do que 41 e menor do que 43. ______

c) O número da terceira figurinha é o menor número do quadro que termina com 8 e que Camila ainda não tinha. ______

3 Veja abaixo as figurinhas repetidas que Camila tem.

Ilustrações: Dam d'Souza/Arquivo da editora

a) Forme grupos de 10 figurinhas para descobrir quantas figurinhas são.

b) Quantos grupos de 10 figurinhas você formou? ______

c) Quantas figurinhas sobraram? ______

d) Camila tem quantas figurinhas repetidas? ______

e) O que Camila pode fazer com as figurinhas repetidas?

Lembre-se: um grupo de 10 unidades corresponde a **1 dezena**.

4 Anderson tem um álbum de figurinhas igual ao álbum de Camila. Veja abaixo as figurinhas repetidas que Anderson tem.

Ilustrações: Dam d'Souza/Arquivo da editora

a) Forme grupos de 10 figurinhas para descobrir quantas figurinhas repetidas Anderson tem.

b) Complete abaixo as três maneiras de dizer quantas figurinhas você contou.

- São ________ grupos de 10 figurinhas e mais ______ figurinhas.
- São ________ dezenas e ________ unidades de figurinhas.
- São ________ figurinhas no total.

5 Anderson ganhou alguns pacotes com 3 figurinhas. Veja abaixo as figurinhas que ele ganhou.

Conte as figurinhas e responda: quantos pacotes de figurinhas Anderson ganhou? ________________________

6 Agrupe as figuras abaixo de 10 em 10 e complete os quadros com a quantidade de dezenas e a quantidade de unidades. Escreva também os números por extenso.

a) 

Dezenas	Unidades	Total	Número por extenso

b) 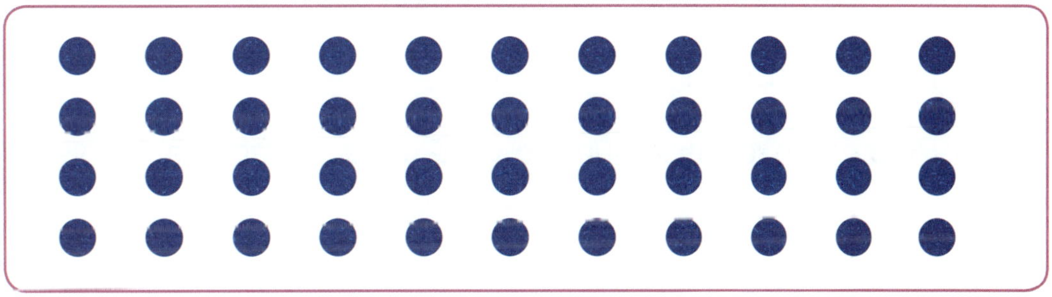

Dezenas	Unidades	Total	Número por extenso

c) 

Dezenas	Unidades	Total	Número por extenso

ALGARISMOS

Vivian e Samuel estão jogando **O maior leva**. Nesse jogo, cada jogador sorteia 2 cartas e tenta formar o maior número com elas. Ganha a partida o jogador que formar o maior número.

Veja abaixo uma das partidas de Vivian e Samuel.

Ilustra Cartoon/Arquivo da editora

1 Quem ganhou essa partida? ______________________

2 Observe o número que Vivian formou.

a) Escreva esse número ao lado. ________

b) Para escrever esse número você usou 2 símbolos. Quais são esses símbolos? ____________

3 Com as cartas que Vivian sorteou, ela também poderia formar outro número.

a) Qual outro número Vivian poderia formar? ________

b) Quais símbolos você usou para escrever esse número? ________

4 Agora, observe o número que Samuel formou.

a) Escreva esse número ao lado. ________

b) Para escrever esse número você usou o mesmo símbolo 2 vezes. Qual é esse símbolo? ________

Os símbolos usados para escrever os números são chamados **algarismos**.

5 Observe novamente o quadro numérico da página **80**. Escreva abaixo os 10 algarismos que foram usados para escrever os números desse quadro.

6 Amélia agrupou os carrinhos de seu irmão de 10 em 10.

Ilustra Cartoon/Arquivo da editora

a) Você já sabe fazer isso! Complete abaixo as três maneiras de registrar a quantidade de carrinhos.

- ________ grupos de 10 carrinhos e mais ________ carrinhos.
- ________ dezenas e ________ unidades de carrinhos.
- ________ carrinhos no total.

b) Escreva o número de carrinhos do irmão de Amélia. ________

c) Quais algarismos você usou para registrar esse número?

____

d) Qual desses algarismos representa as dezenas desse número?

____

e) E qual desses algarismos representa as unidades desse número?

____

7 Pense na escrita dos números e responda.

a) Quantos algarismos tem o número que indica o ano em que estamos?

____

b) Qual é o algarismo das dezenas no número 81? _______

c) E qual é o algarismo das dezenas no número 18? _______

d) Você acha que a ordem em que escrevemos os algarismos em um número é importante? Por quê?

8 Quando Carla e Ícaro foram com sua turma e o professor Tadeo à biblioteca do bairro, Carla se interessou por um livro. Apesar de esse livro ser de história, ele falava sobre os algarismos.

Ilustra Cartoon/Arquivo da editora

Povo e época	Forma dos algarismos
Indiano (século 9)	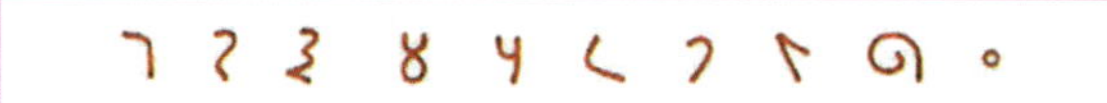
Árabe ocidental (século 11)	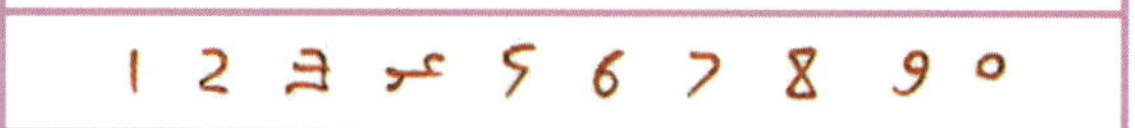
Europeu (século 15)	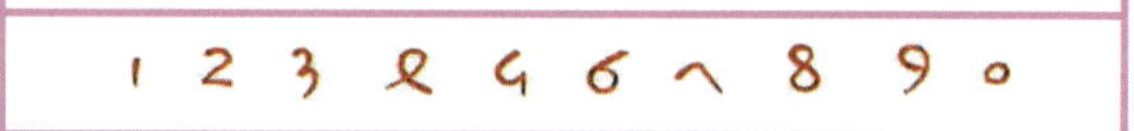
Atual	1 2 3 4 5 6 7 8 9 0

Fonte de consulta: **Enciclopédia Britânica**. Disponível em: <www.britannica.com/topic/Hindu-Arabic-numerals/images-videos/Evolution-of-Hindu-Arabic-numerals/85041>. Acesso em: 22 set. 2015.

Observe acima a forma dos algarismos nas diferentes épocas.

a) Quais dos algarismos tiveram formas de escrita mais diferentes?

____

b) E quais algarismos tiveram sempre a forma parecida com a atual?

____

9 O antigo povo egípcio usava símbolos para escrever as palavras. Veja na imagem abaixo alguns desses símbolos, chamados hieróglifos.

Lizzie Shepherd/Robert Harding World Imagery/Getty Images

Escrita do antigo Egito gravada em pedra. Essa peça está localizada no Templo de Hórus, no Egito.

Os egípcios também usavam símbolos para escrever os números. Porém, os símbolos que eles usavam eram diferentes dos nossos algarismos. Veja abaixo alguns símbolos que os egípcios usavam.

I	II	III	IIII	IIIII	IIIIII	IIIIIII	IIII IIII	IIII IIIII	∩
1	2	3	4	5	6	7	8	9	10

Observe o exemplo abaixo e siga escrevendo os números com símbolos egípcios.

11 ∩I ou I∩, pois a ordem dos símbolos egípcios não era importante na escrita dos números.

a) 16 ______________________________

b) 20 ______________________________

c) 22 ______________________________

SUBTRAÇÃO

Pegue novamente o tabuleiro do jogo **Safári** e reveja as regras.

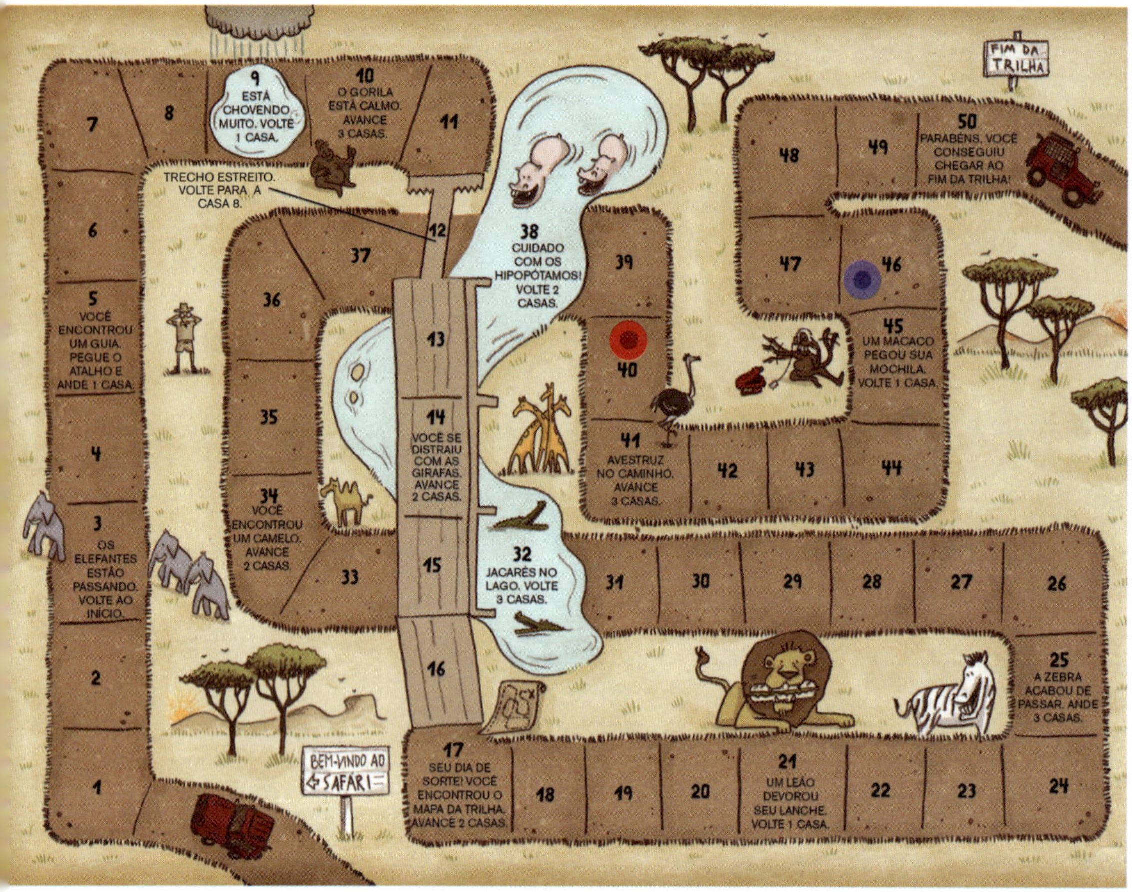

Estúdio Kiwi/Arquivo da editora

1 No tabuleiro ao lado há 2 peões: o peão vermelho é de Davi, e o peão azul é de Bruna.

a) Quem está mais próximo do fim da trilha nesse momento? ____________

b) Quantas casas Bruna está na frente de Davi? ____________

c) É a vez de Davi jogar. Que números ele precisa tirar nos dados para alcançar a casa onde a Bruna está?

____

d) Após algumas jogadas, Davi está na casa 43, e Bruna está na casa 47. Em sua opinião, quem vai ganhar essa partida? Por quê?

2 Depois da aula, um ônibus escolar leva 12 crianças para suas casas. Na primeira parada do ônibus descem 4 crianças.

a) Quantas crianças estavam no ônibus inicialmente? ____________

b) Quantas crianças permaneceram no ônibus depois da primeira parada? ____________

3 Júlio e seus amigos foram jogar boliche. Veja abaixo os pinos que eles vão tentar derrubar em cada jogada.

Ilustrações: Ilustra Cartoon/Arquivo da editora

a) Quantos pinos há ao todo? ______________________

b) Observe abaixo quantos pinos cada criança derrubou e desenhe os pinos que restaram em pé.

- Júlio derrubou 8 pinos.

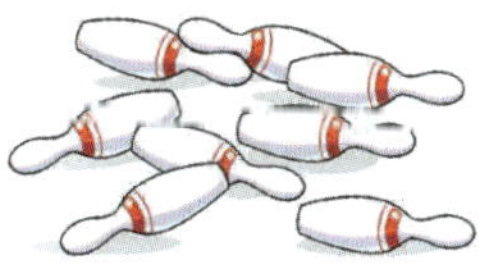

- Beatriz derrubou 10 pinos.

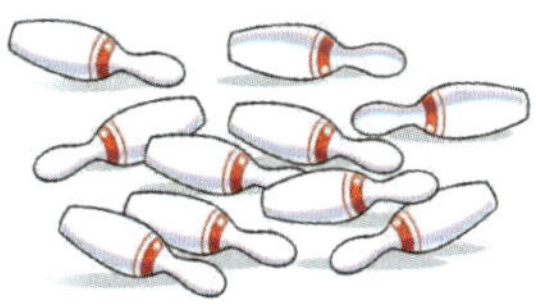

- Clara derrubou 6 pinos.

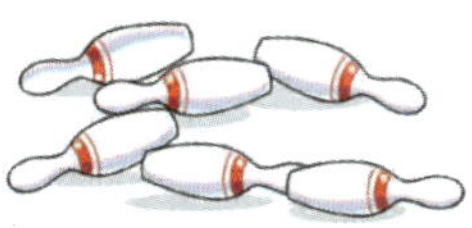

- Fabrício derrubou 0 pino.

Ilustra Cartoon/Arquivo da editora

Reveja a atividade **2** da página **96**.

Eram 12 crianças no ônibus. Desceram 4 crianças na primeira parada e ficaram 8 crianças no ônibus.

Em Matemática usamos o símbolo – para indicar uma **subtração**. Lemos assim: **menos**.

Então, podemos escrever:

12 **menos** 4 **é igual a** 8.

Usando símbolos, temos:

$$12 - 4 = 8$$

4 Analise a situação abaixo e complete.

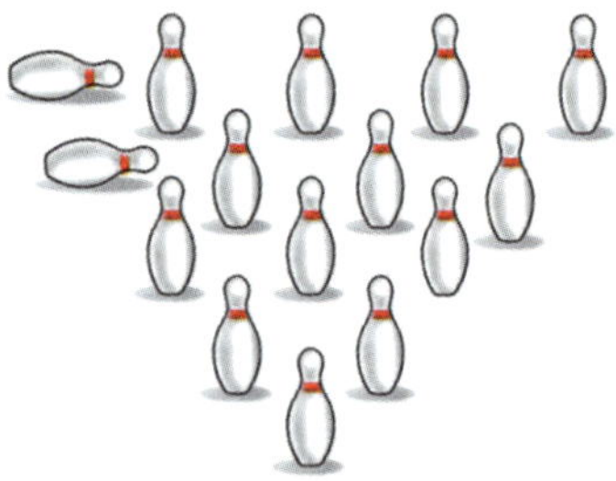
Amj Estúdio/Arquivo da editora

15 pinos **menos** 2 pinos derrubados **é igual a** 13 pinos.

15 – ________ = ________

5 Desenhe os pinos em pé e os pinos derrubados para representar cada subtração abaixo.

a) 15 – 9 = 6

b) 15 – 12 = 3

Você já representou algumas adições na reta numerada, lembra?

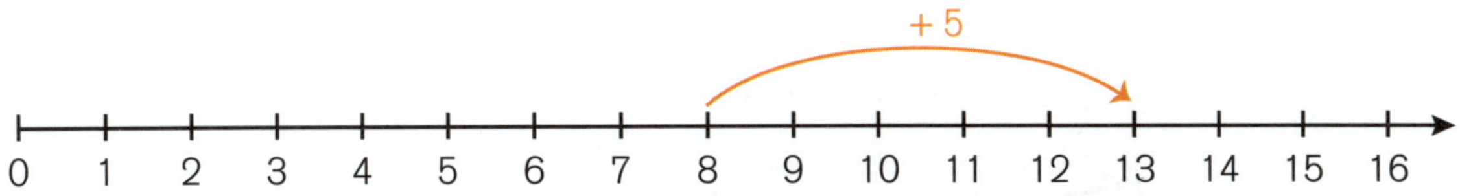

8 + 5 = 13

Agora você vai representar subtrações na reta numerada. Veja abaixo um exemplo.

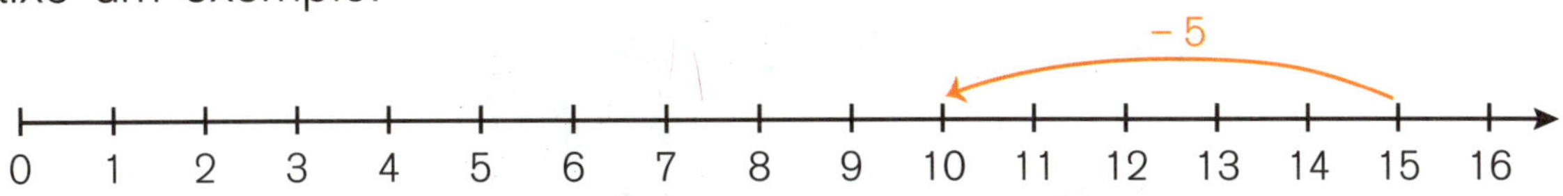

15 – 5 = 10

6 Observe as retas numeradas abaixo e complete as subtrações correspondentes.

a)

________ ________ = ________

b)

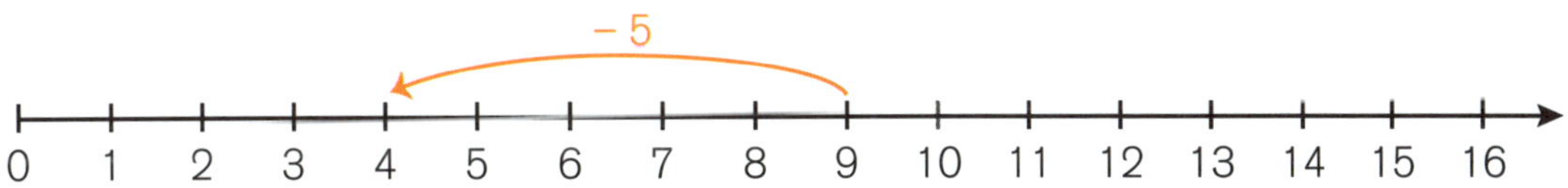

________ – ________ = ________

7 Agora, represente as subtrações nas retas numeradas abaixo e complete o resultado.

a) 8 – 3 = ________

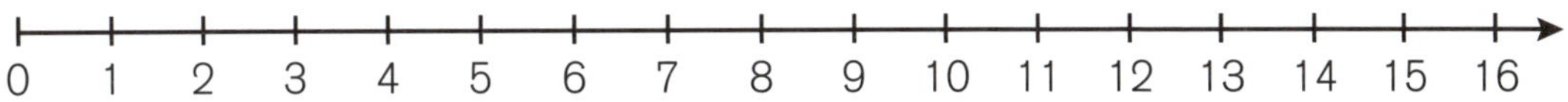

b) 7 – 3 = ________

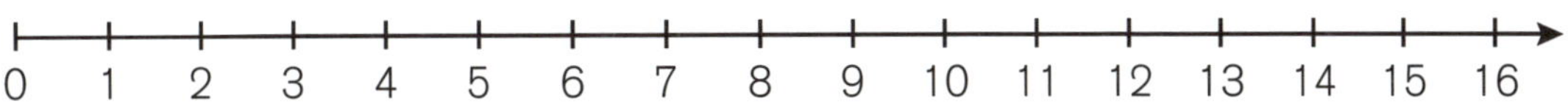

IDENTIFICAR FIGURAS GEOMÉTRICAS PLANAS

Veja abaixo a obra de uma artista carioca.

Sem título, de Silvia de Léon Chalreo, 1973. Serigrafia sobre papel. 32 cm × 32 cm. Galeria Jacques Ardies.

1 Descreva essa obra para um colega.

2 Observe a legenda com as informações sobre essa obra.

a) Qual é o nome da artista? ______________________________

b) Em que ano ela fez essa obra? __________

c) Por que você acha que a artista não deu nome para essa obra?

____

d) Qual nome você daria para a obra?

____

3 A artista usou uma figura geométrica plana como base para fazer essa obra.

a) Qual é essa figura geométrica? ______________________________

b) Quantas dessas figuras a artista usou na obra?

____

4 Usando figuras geométricas planas, faça abaixo um desenho do lugar onde você vive ou das ruas por onde você passa no caminho até a escola. Pinte seu trabalho da maneira que preferir. Depois, dê um título ao desenho, coloque seu nome e a data de hoje.

NÚMEROS DOS MESES DO ANO

Ilustrações: Ilustra Cartoon/Arquivo da editora

1 Veja ao lado que a professora usou o número 3 para indicar o mês de março. Você sabe explicar por que ela fez isso?

2 Podemos escrever datas colocando o número que corresponde ao mês do ano. Complete os quadros abaixo com o número do mês correspondente.

Mês	Janeiro	Fevereiro	Março	Abril	Maio	Junho
Número	1					

Mês	Julho	Agosto	Setembro	Outubro	Novembro	Dezembro
Número						

3 Escreva a data do seu aniversário em um dos balões abaixo. Nos outros balões, escreva as datas de aniversário de 2 colegas.

Ilustrações: Ilustra Cartoon/Arquivo da editora

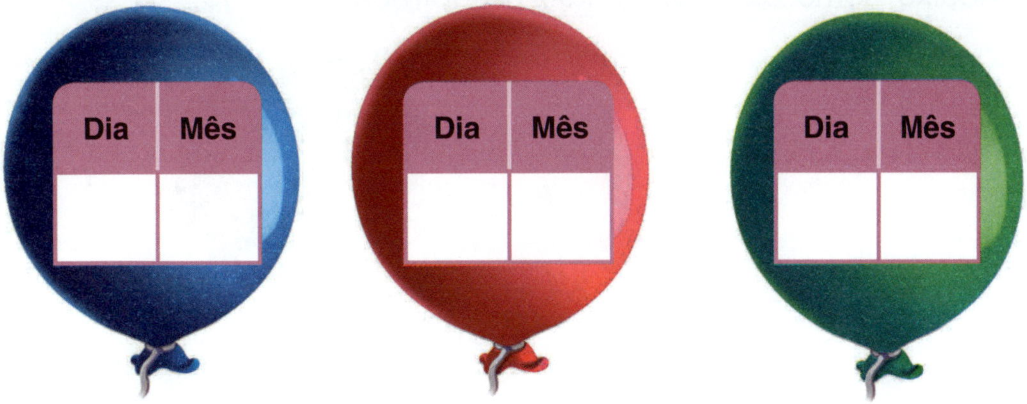

4 Vilma nasceu no dia 19 de junho de 2009. Ela anota sua data de nascimento assim:

19/6/2009

Escreva as datas abaixo da mesma maneira usada por Vilma.

a) 25 de dezembro de 2016 ⟶ ________________________

b) 12 de outubro de 2003 ⟶ ________________________

c) 1º de abril de 1998 ⟶ ________________________

5 Consulte novamente o calendário da página **36** e responda usando os números dos meses.

a) Quais meses do ano têm exatamente 30 dias?

____

b) Quais meses do ano têm 31 dias?

____

6 Márcia faz aniversário no dia 29 do mês 4. A irmã dela faz aniversário 5 dias depois. Qual é a data do aniversário da irmã de Márcia?

____

ADIÇÃO E SUBTRAÇÃO

Júlio usou desenhos de palitinhos para representar uma subtração. Veja abaixo como ele representou a subtração 10 − 3 = 7.

Ilustra Cartoon/Arquivo da editora

1 Faça como Júlio e complete as subtrações abaixo.

Ilustrações: Amj Estúdio/Arquivo da editora

a) 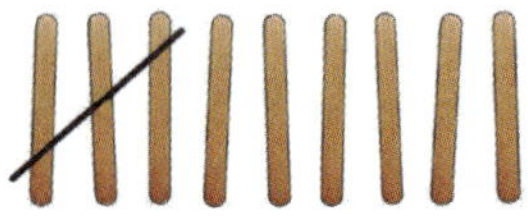 9 − _______ = _______

b) 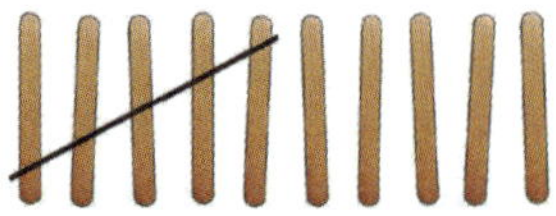 10 − _______ = _______

c) 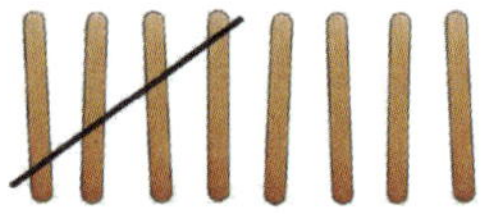 8 − _______ = _______

d) 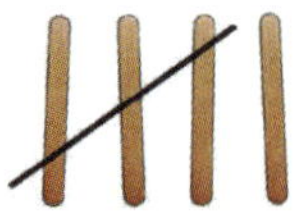 _______ − _______ = _______

e) 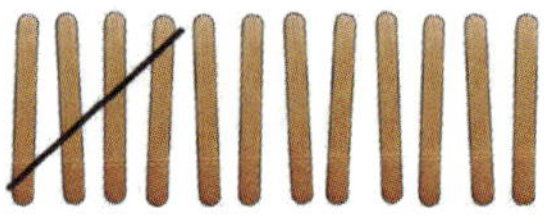 _______ − _______ = _______

f) 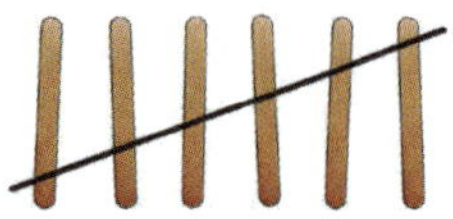 _______ − _______ = _______

2 Camila e Marcela estavam brincando no quintal quando ouviram a campainha tocar.

Ilustrações: Ilustra Cartoon/Arquivo da editora

a) Agora quantas crianças há ao todo? ____________________

b) Na casa ao lado moram trigêmeas. As 3 meninas ouviram as crianças brincando na casa de Camila e Marcela e foram para lá também. E agora, quantas crianças estão brincando no quintal?

____

c) A campainha tocou novamente. Desta vez era o tio Carlos, que veio buscar os 5 primos de Camila e Marcela. Quantas crianças vão ficar quando o tio Carlos e os primos forem embora?

____

3 Leia o problema abaixo e escreva a subtração que pode resolvê-lo. Depois, escreva a resposta do problema.

Ilustrações: Ilustra Cartoon/Arquivo da editora

Lúcia é confeiteira. Ela comprou uma caixa com 12 ovos e usou 5 ovos para fazer um bolo de chocolate. Quantos ovos sobraram na caixa?

______ – ______ = ______ Resposta: ______________

4 Agora, leia o problema abaixo e marque um **X** na adição ou na subtração que pode resolvê-lo. Depois, escreva a resposta do problema.

Ao todo, Lúcia fez 7 bolos de chocolate e vendeu 4 bolos. Quantos bolos de chocolate ela ainda tem para vender?

☐ 7 – 4 = 3 ☐ 7 + 4 = 11 Resposta: ______________

Agora, você vai conhecer o jogo **Distribuindo pedrinhas**.

Você pode fazer o tabuleiro com parte de 1 caixa de ovos vazia e com os números mostrados abaixo.

MATERIAL

- 1 tabuleiro para cada jogador, com 1 número escrito em cada casa
- 100 pedrinhas ou sementes para cada jogador
- 2 dados de números

Modo de jogar

- A cada rodada, o jogador lança os 2 dados e pega a quantidade de pedrinhas correspondente ao total de pontos obtidos nos 2 dados.
- Em seguida, o jogador distribui as pedrinhas de acordo com o número indicado em cada casa do tabuleiro, até atingir esse número.
- Cada casa com sua quantidade de pedrinhas completa vale 2 pontos.

5 Sofia e Breno estão jogando **Distribuindo pedrinhas**. Veja abaixo o tabuleiro de Sofia em um momento da partida e os dados que ela lançou.

Ilustrações: Ilustra Cartoon/Arquivo da editora

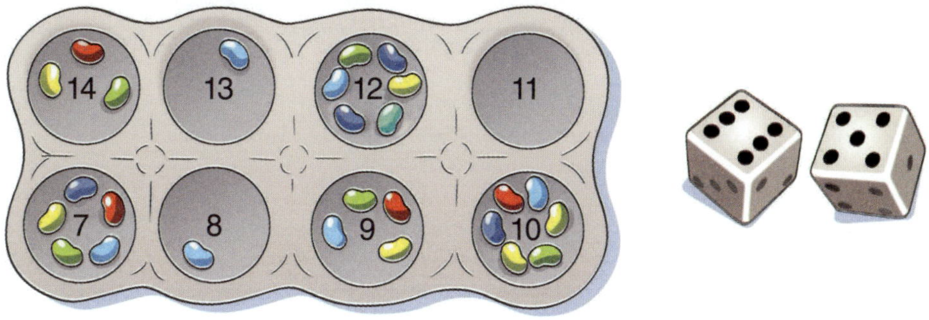

Distribua no tabuleiro a quantidade de pedrinhas correspondente ao total de pontos dos dados. Tente completar o maior número de casas com as pedrinhas.

6 Leda e Iago também estão jogando. Veja abaixo o tabuleiro de Iago no início da partida e os pontos obtidos no primeiro lançamento dos dados.

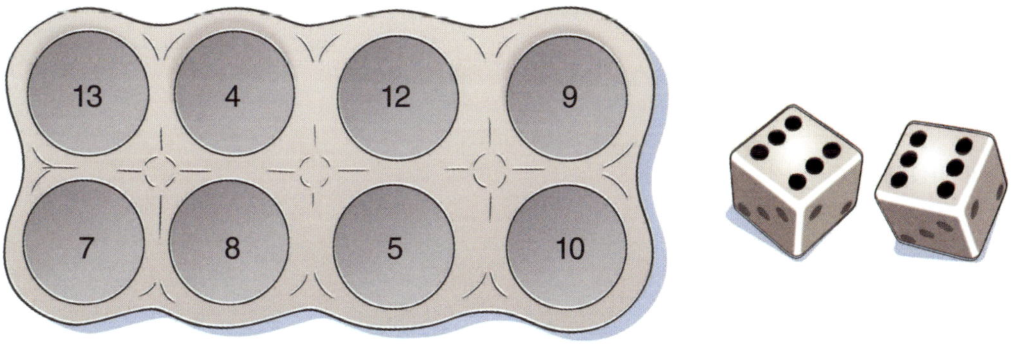

a) Iago decidiu colocar todas as pedrinhas na casa 12. Você acha que foi uma boa jogada? Justifique sua resposta.

b) Se Iago tivesse tirado 8 pontos ao todo nos dados, então qual seria a melhor maneira de distribuir as pedrinhas no tabuleiro?

ATIVIDADES DO CAPÍTULO

1. Complete cada item abaixo com o número correspondente.

a) 1 dezena e 4 unidades: ________ unidades.

b) 2 dezenas: ________ unidades.

c) 2 dezenas e 6 unidades: ________ unidades.

d) 3 dezenas e 5 unidades: ________ unidades.

2. Observe as sequências numéricas abaixo e complete-as.

a) (+2, +2)

2	4	6							

b) (−5, −5)

50	45	40							

3. Ligue as datas correspondentes.

1º de outubro de 2014	2/11/2000
24 de julho de 2018	31/8/2020
12 de janeiro de 2005	1º/10/2014
16 de abril de 1999	16/4/1999
2 de novembro de 2000	12/1/2005
31 de agosto de 2020	24/7/2018

RESOLVENDO PROBLEMAS

1. Paulo é vendedor de amendoim torrado no Jardim Botânico de Curitiba, no Paraná. Veja abaixo os pacotinhos que ele tinha e o que aconteceu após a chegada de um grupo.

Ilustrações: Dam d'Souza/Arquivo da editora

a) Quantos pacotinhos de amendoim Paulo tinha? ____________________

b) Quantos pacotinhos de amendoim sobraram? ____________________

c) Quantos pacotinhos de amendoim Paulo vendeu? Escreva abaixo a adição ou a subtração correspondente e a resposta do problema.

______ ☐ ______ ☐ ______ Resposta: ____________________

2. Observe as cenas abaixo e, em uma folha à parte, escreva um problema que explique a situação apresentada. Depois, resolva o problema.

Ilustrações: Ilustra Cartoon/Arquivo da editora

CÁLCULO MENTAL

1. Complete as adições abaixo.

a) 1 + 1 = ________
b) 2 + 2 = ________
c) 3 + 3 = ________
d) 4 + 4 = ________
e) 5 + 5 = ________
f) 6 + 6 = ________
g) 7 + 7 = ________
h) 8 + 8 = ________
i) 9 + 9 = ________
j) 10 + 10 = ________

2. Saber algumas adições ajuda a resolver outras.
Veja o exemplo e depois complete as adições abaixo.

2 + 2 = 4, então 2 + 3 = 5.

a) 3 + 3 = ________, então 3 + 4 = ________.
b) 4 + 4 = ________, então 4 + 5 = ________.
c) 5 + 5 = ________, então 5 + 6 = ________.
d) 6 + 6 = ________, então 6 + 7 = ________.

3. Observe as retas numeradas abaixo e complete as adições.

a)
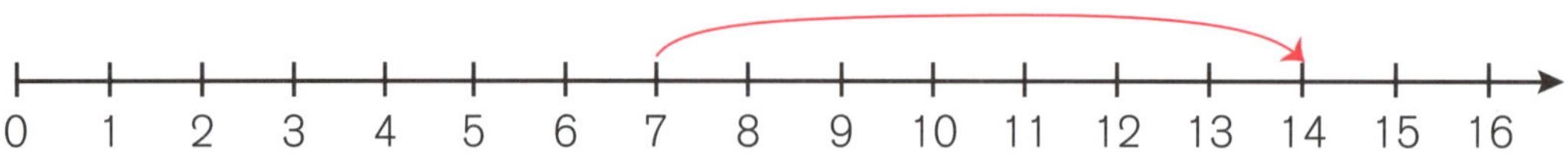

7 + ________ = ________

b)
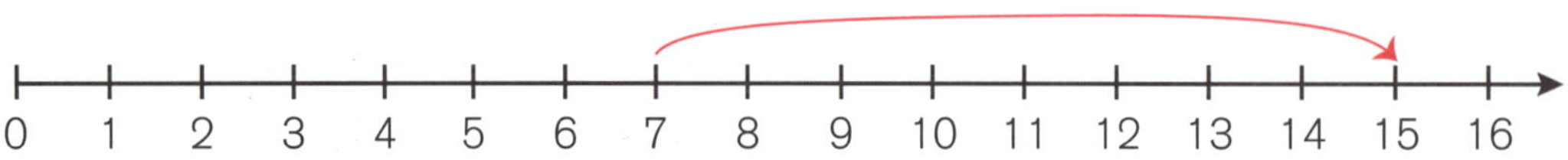

7 + ________ = ________

c)
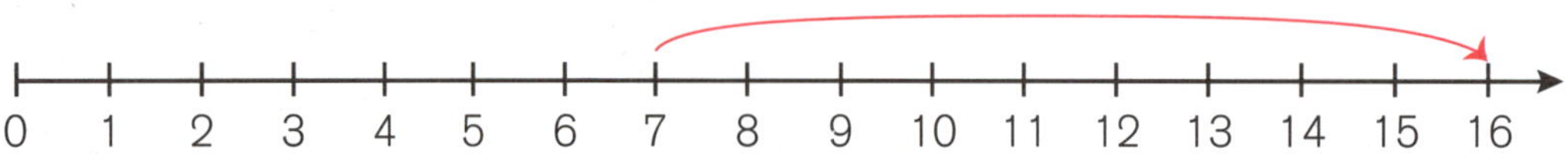

7 + ________ = ________

Estúdio Kiwi/Arquivo da editora

4. Marlene gosta de fazer contas. Ela pensa em um número e tenta descobrir algumas adições que tenham esse número como resultado. Veja abaixo alguns exemplos para o número 8.

8 = 4 + 4 ou 8 = 3 + 5 ou 8 = 6 + 2 ou 8 = 1 + 7

Agora, ajude Marlene a descobrir diferentes adições para os números abaixo.

a) Número 9: ________ = 9 ou ________ = 9 ou ________ = 9

b) Número 12: ________ = 12 ou ________ = 12 ou ________ = 12

5. Desta vez, Marlene pensou no número 10. Complete abaixo todas as adições que ela pode formar.

0 + ______ = 10
1 + ______ = 10
2 + ______ = 10
3 + ______ = 10
4 + ______ = 10
5 + ______ = 10
6 + ______ = 10
7 + ______ = 10
8 + ______ = 10
9 + ______ = 10
10 + ______ = 10

MINHAS DICAS

Anote algo que você aprendeu nestas atividades e que pode ajudar a realizar cálculos mais rapidamente.

____

____

____

LEITURA DE IMAGEM

BRINCADEIRAS PELO MUNDO

As brincadeiras estão presentes no dia a dia de crianças de todo o mundo. Podem não ser iguais, porque surgiram em lugares diferentes, mas todas as brincadeiras são importantes para o aprendizado.

OBSERVE

Margaret Courtney-Clarke/Corbis

Crianças de Gana, um país africano, jogando Mancala. Esse jogo é muito parecido com **Distribuindo pedrinhas**, trabalhado nas páginas **106** e **107**.

Mancala: jogo em que sementes devem ser distribuídas nas cavidades do tabuleiro seguindo regras.

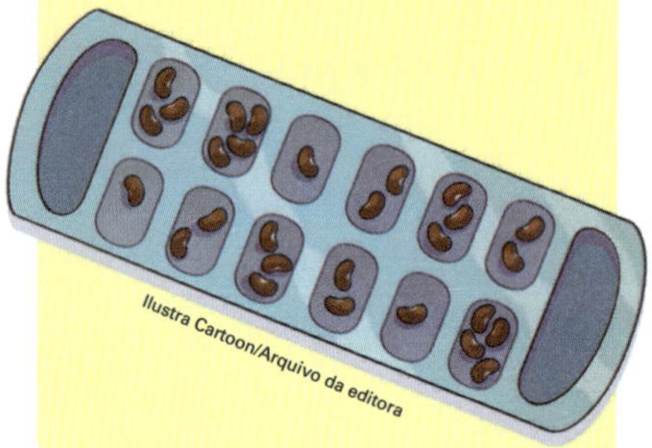

Ilustra Cartoon/Arquivo da editora

Lucas Lima/Folhapress

Jogo de amarelinha.

1. Você conhece as brincadeiras apresentadas nas imagens da página anterior? Qual é a sua brincadeira predileta?

2. Para que a Matemática está sendo usada em cada imagem?

ANALISE

3. A forma das amarelinhas pode variar. Algumas têm forma de caracol. Observe a amarelinha de caracol abaixo e complete de 1 em 1 até o número 20.

AS IMAGENS DESTAS PÁGINAS NÃO ESTÃO REPRESENTADAS EM PROPORÇÃO.

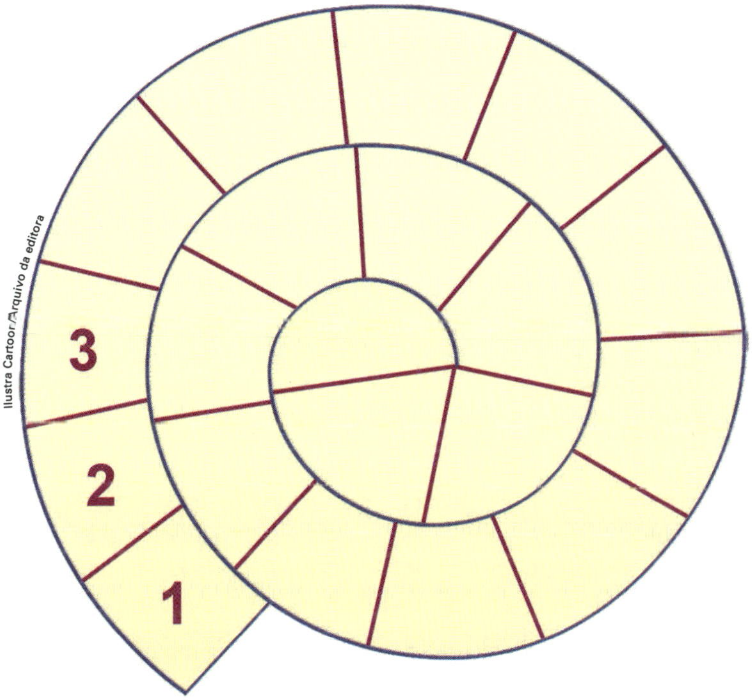

Ilustra Cartoon/Arquivo da editora

Caracol: nome popular de um animal da família dos moluscos. Ele tem corpo mole protegido por uma concha resistente, em forma de espiral.

Kletr/Shutterstock/Glow Images

Caracol *Helix Pomatia*.

4. Rodrigo está pulando a amarelinha de caracol que vai até 20. Ele está na casa 11. Quantas casas ele tem de pular para chegar na casa do 20?

____

RELACIONE

5. Existem muitas outras brincadeiras que envolvem números e cálculos. Em grupo, faça com os colegas uma lista das brincadeiras que vocês conhecem e que usam números. Depois, escolham uma para brincar.

CAPÍTULO

6 NÚMEROS ATÉ 109

QUADRO NUMÉRICO

Você já explorou o quadro numérico até 99. Vamos ampliá-lo até 109?

0	1	2	3	4	5	6	7	8	9
10	11	12	13	14	15	16	17	18	19
20	21	22	23	24	25	26	27	28	29
30	31	32	33	34	35	36	37	38	39
40	41	42	43	44	45	46	47	48	49
50	51	52	53	54	55	56	57	58	59
	61	62	63	64	65	66	67	68	69
	71	72	73	74	75	76	77	78	79
	81	82	83	84	85	86	87	88	89
	91	92	93	94	95	96	97	98	99
									109

1 Vamos começar pela primeira coluna do quadro.

a) Complete essa coluna até 100.

b) Observe como são escritos os números dessa coluna.

Qual algarismo aparece em todos esses números? ______

c) Como podemos relacionar os números de cada linha dessa coluna?

2 Complete a última linha do quadro com os números de 100 a 108.

3 Escreva o sucessor de cada número abaixo.

a) 59, ______ c) 79, ______ e) 99, ______

b) 69, ______ d) 89, ______ f) 109, ______

4 Complete as sequências numéricas abaixo aumentando de 10 em 10.

a) 3, 13, 23, ____, ____, ____, ____, ____, ____, ____, 103

b) 7, 17, 27, ____, ____, ____, ____, ____, ____, ____, 107

c) 9, 19, 29, ____, ____, ____, ____, ____, ____, ____, 109

5 Pinte no quadro numérico da página anterior todos os números de 2 algarismos iguais.

6 Complete a sequência numérica abaixo aumentando de 11 em 11.

11, 22, ____, ____, ____, ____, ____, ____, 99

7 Complete as sequências numéricas abaixo de 5 em 5.

a) 3, 8, 13, ____, ____, ____, ____, ____, ____, ____, ____, 58

b) 4, 9, 14, ____, ____, ____, ____, ____, ____, ____, ____, 59

c) 1, 6, 11, ____, ____, ____, ____, ____, ____, ____, ____, 56

8 Observe os números de cada sequência numérica de 5 em 5 que você escreveu. Há algum padrão entre esses números? Comente com os colegas o que você observou.

9 Observando a posição dos números no quadro da página anterior, complete os quadrinhos abaixo com os números "vizinhos".

a)

	26	

b)

	62	

c)

	91	

10 Agora, invente uma sequência com números até 109 e escreva abaixo os 3 primeiros números. Depois, dê para um colega completar a sequência numérica.

____, ____, ____, ____, ____, ____, ____, ____, ____, ____.

ADIÇÃO E SUBTRAÇÃO

1 Hélio coleciona carimbos de animais. Ele guardou seus carimbos em 2 caixas: em uma caixa há 15 carimbos e na outra caixa há 10 carimbos.
Quantos carimbos Hélio tem ao todo?

Resposta: ______________________________

2 Vânia, irmã de Hélio, coleciona carrinhos. Ela tinha 20 carrinhos e ganhou 5 carrinhos em seu aniversário. Quantos carrinhos ela tem agora?

Resposta: ______________________________

3 Vinícius e Leonarda colecionam chaveiros. Veja abaixo as coleções.

Ilustrações: Amj Estúdio/Arquivo da editora

Vinícius

Leonarda

a) Quem tem mais chaveiros em sua coleção? ______________

b) Quantos chaveiros a mais? ______________

4 Taís também coleciona objetos. Ela já tem 24 lápis de cores diferentes e comprou mais 12 lápis de cor. Sua coleção ficou com quantos lápis de cor?

Amj Estúdio/Arquivo da editora

Resposta: ______________________________

5 Complete a trilha das adições com alguns números do quadro abaixo.

1	2	3	4	5	6	7	8	9

Ilustra Cartoon/Arquivo da editora

6 Luana e seus amigos estão brincando em uma amarelinha de caracol. Veja abaixo.

Ilustra Cartoon/Arquivo da editora

a) Luana foi a última a entrar na brincadeira. Quantas casas ela já andou?

____

b) Afonso foi o segundo a entrar na brincadeira. Em qual casa ele está?

____

c) Quantas casas faltam para Luana alcançar Afonso?

____

d) Andreia está quase chegando à casa 20. Em qual casa ela está?

____

e) Quantas casas faltam para Andreia chegar à casa 20?

____

f) Qual das crianças está mais perto da casa 15?

____

7 As crianças da cena ao lado se reuniram para fazer um painel. Cada criança vai precisar de 1 pincel. Quantos pincéis estão faltando?

____

Ilustrações: Ilustra Cartoon/Arquivo da editora

8 A professora Telma entregou a cada aluno um desenho como o da lousa abaixo e fez uma pergunta. Veja o que ela disse.

Veja a solução dada por Susana e a solução dada por Gabriel.

a) Qual das soluções você achou melhor?

____

b) Explique para os colegas a sua escolha.

O QUADRO NUMÉRICO E AS DEZENAS

Olívia tem um álbum de 100 figurinhas. Para saber quantas figurinhas Olívia já colou no álbum, ela está escrevendo os números de 1 a 100 em um quadro.

1	2	3	4	5	6	7	8	9	10
11									
21									
31									
41									
51									
61									
71									80
81									
91									100

1 Complete o quadro acima com os números que estão faltando.

2 Leia as dicas abaixo e faça as pinturas.

- Olívia já tem todas as figurinhas da linha do número 41. Pinte os quadrinhos dessa linha de **amarelo**.
- Uma de suas figurinhas tem o número maior do que 50 e menor do que 60. O último algarismo desse número é o 6. Pinte de **laranja** o quadrinho com o número dessa figurinha.
- Ela também tem todas as figurinhas da coluna do número 9. Pinte de **verde** os quadrinhos dessa coluna que ainda não estão pintados.
- Ela tem todas as figurinhas com os números da linha do número 17. Pinte de **rosa** os quadrinhos dessa linha que ainda não estão pintados.

3 Agora, observe o quadro.

a) Quantas figurinhas Olívia já tem? ______

b) Quais figurinhas faltam para Olívia completar a linha do número 71?

______

c) Quantas dezenas cada um desses números tem? ______

d) Quantas dezenas cada número da linha do número 31 tem?

______

4 A professora Luísa propôs a brincadeira ao lado.

A professora disse 45 e os alunos escreveram:

46, 47, 48, 49, 50.

O número 45 tem 4 dezenas e o número 50 tem 5 dezenas.

Ilustra Cartoon/ Arquivo da editora

a) A professora falou 53. Quais números os alunos escreveram?

______

b) Complete:

O número 53 tem ______ dezenas e o número 60 tem ______ dezenas.

c) A professora falou 62. Quais números os alunos escreveram?

______

d) Complete:

O número 62 tem ______ dezenas e o número 70 tem ______ dezenas.

CALCULAR COM DEZENAS E UNIDADES

Você quer conhecer um boliche diferente?

No boliche abaixo, cada pino amarelo vale 10 pontos, ou seja, 1 dezena de pontos, e cada pino branco vale 1 ponto, ou seja, 1 unidade.

Ilustra Cartoon/Arquivo da editora

1 Veja na tabela abaixo quantos pinos cada jogador derrubou ao todo em uma partida, de 2 jogadas.

Pinos derrubados

Pino / Jogador	**Amarelo** (dezena)	**Branco** (unidade)
Anderson	4	0
Laura	3	9
Giovana	4	1
Enzo	5	0

Tabela elaborada para fins didáticos.

a) Qual jogador fez mais pontos? ______

b) Qual jogador fez menos pontos? ______

c) Para ganhar uma partida desse jogo, é melhor derrubar pinos brancos ou pinos amarelos? Por quê?

______

______

2 Em uma partida de boliche como o da página anterior, Letícia e Pedro fizeram 2 jogadas.

- Na 1ª jogada, Letícia derrubou 3 pinos amarelos e 5 pinos brancos. Na 2ª jogada, ela derrubou apenas 2 pinos amarelos.
- Pedro derrubou apenas 4 pinos amarelos na 1ª jogada. Na 2ª jogada, ele derrubou 1 pino amarelo e 5 pinos brancos.

a) Complete as tabelas abaixo.

Pinos derrubados na 1ª jogada

Pino / Jogador	Amarelo (dezena)	Branco (unidade)
Letícia		
Pedro		

Pinos derrubados na 2ª jogada

Pino / Jogador	Amarelo (dezena)	Branco (unidade)
Letícia		
Pedro		

Tabelas elaboradas para fins didáticos.

b) Quantos pontos eles fizeram ao todo? Complete:

Letícia fez ________ pontos, e Pedro fez ________ pontos.

c) Quem ganhou a partida? ____________________

3 Faça de conta que você está jogando com Letícia e Pedro. Para ganhar deles nessa partida, quantos pinos de cada cor você teria de derrubar na 1ª jogada e na 2ª jogada?

____

____

____

____

____

4 Miguel e Manuela criaram uma tabela para registrar os pinos que eles derrubaram em uma partida de boliche. Veja abaixo como ficou a tabela após a 1ª jogada.

Pinos derrubados na 1ª jogada

Jogador \ Pino	Dezena	Unidade
Miguel	4	3
Manuela	3	4

Ilustrações: Ilustra Cartoon/ Arquivo da editora

Tabela elaborada para fins didáticos.

a) Quem fez mais pontos nessa jogada? ______

b) Quantos pontos a mais? ______

5 Na jogada seguinte, Miguel derrubou 3 pinos amarelos, e Manuela fez 11 pontos a mais do que ele. Marque na tabela abaixo quantos pinos cada um derrubou.

Pinos derrubados na 2ª jogada

Jogador \ Pino	Dezena	Unidade
Miguel		
Manuela		

Tabela elaborada para fins didáticos.

6 Após a 3ª jogada, Miguel ficou com 89 pontos ao todo, e Manuela ficou com 98 pontos. Faça um **X** na afirmação correta.

- ☐ Manuela derrubou ao todo 9 pinos amarelos.
- ☐ Miguel derrubou ao todo 9 pinos amarelos.
- ☐ Manuela derrubou ao todo 7 pinos brancos.
- ☐ Miguel derrubou ao todo 7 pinos brancos.

MAIS ADIÇÕES E SUBTRAÇÕES

1 Ana Maria começou a colecionar sementes do Brasil para fazer colares. Ontem ela conseguiu 12 sementes e, hoje, mais 25 sementes.

Sergio Ranalli/Pulsar Imagens

Colares feitos com sementes.

a) Quantas sementes Ana Maria já tem?

Resposta: ______________________________

b) Quantas sementes você acha que são necessárias para fazer um colar? Desenhe abaixo um colar para mostrar.

2 Oscar joga futebol todos os dias da semana, menos às quartas-feiras e aos domingos. O mês de janeiro tem 31 dias, e o mês de janeiro de 2016 teve 4 quartas-feiras e 5 domingos. Quantos dias Oscar jogou futebol em janeiro de 2016?

Resposta: ______________________________

MEDIR COMPRIMENTOS

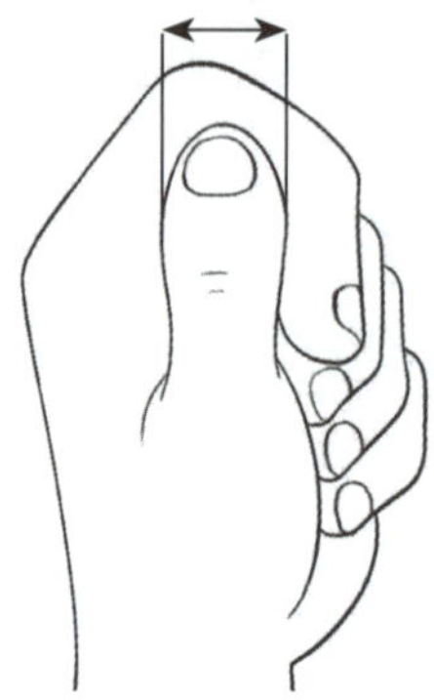

Ilustra Cartoon/Arquivo da editora

Podemos usar o polegar para fazer medições. Cada **polegada** corresponde à largura do polegar.

1 Meça o comprimento de cada lápis abaixo usando seu polegar e anote as medidas.

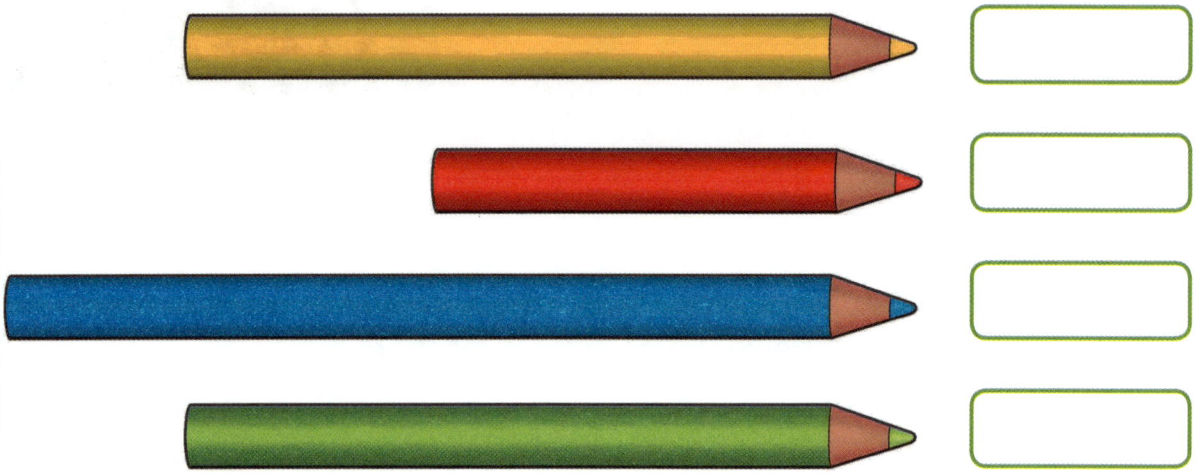

Ilustrações: Amj Estúdio/Arquivo da editora

2 Observe as medidas que você obteve acima.

a) Qual é a cor do maior lápis?

____

b) Qual lápis é maior: o amarelo ou o verde?

____

c) Reúna-se com um colega e veja quantas polegadas ele obteve ao medir cada lápis. Esse número foi igual ao seu? Como você explica isso?

____

____

____

Veja abaixo como Fátima mediu alguns objetos usando seu palmo.

Ilustrações: Dam d'Souza/Arquivo da editora

AS IMAGENS DESTAS PÁGINAS NÃO ESTÃO REPRESENTADAS EM PROPORÇÃO.

Depois, Fátima organizou essas medidas no **pictograma** abaixo.

Medida dos objetos em palmos

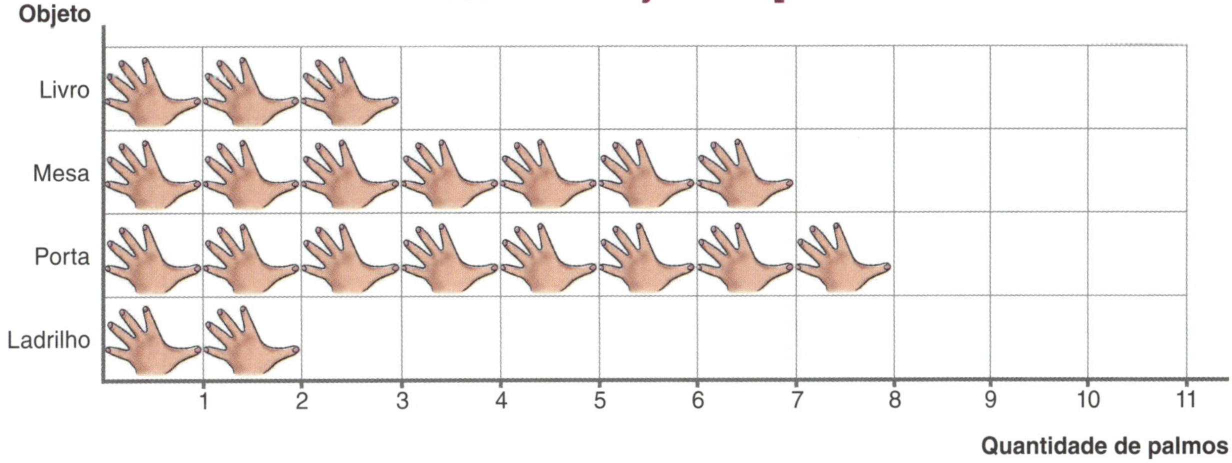

Gráfico elaborado para fins didáticos.

3 Escreva abaixo quantos palmos de Fátima cada objeto mede.

a) Livro: ______________________

b) Mesa: ______________________

c) Porta: ______________________

d) Ladrilho: ______________________

FIGURAS GEOMÉTRICAS PLANAS

Para fazer a dobradura de um barco você precisa de uma folha de papel que tenha a forma de um retângulo. Pode ser papel sulfite.

Veja o significado de alguns sinais que aparecem nas dobraduras. Depois, acompanhe as etapas da dobradura de um barco.

------ Dobrar

Direção da dobra

1

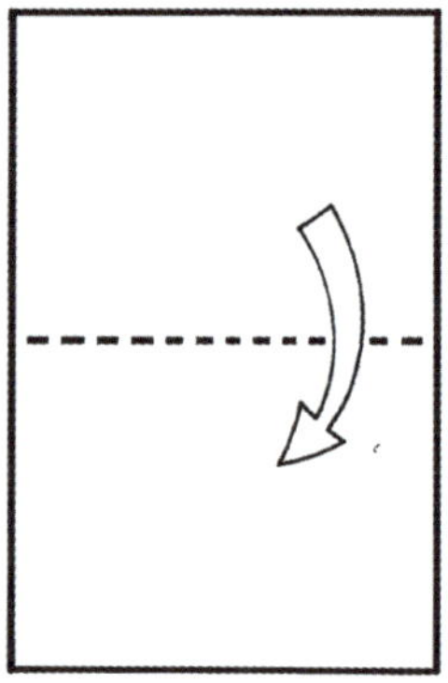

2 Dobre e desdobre.

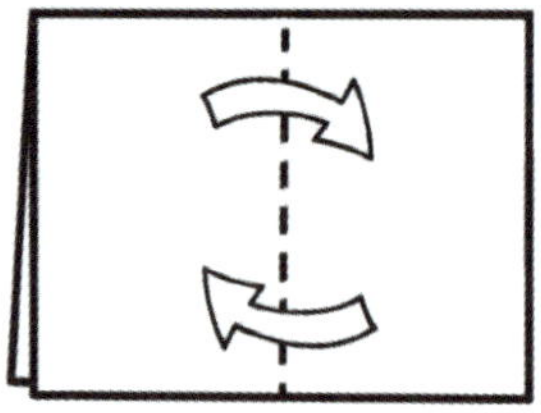

3

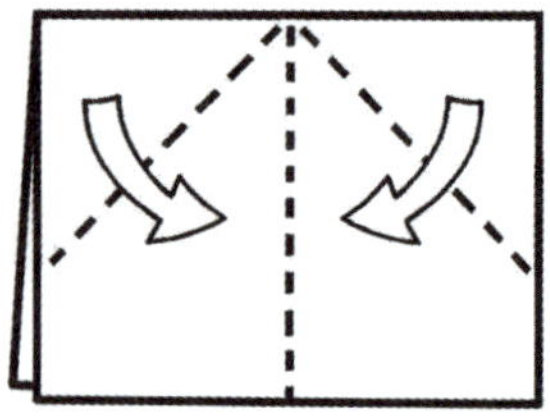

4 Dobre para a frente.

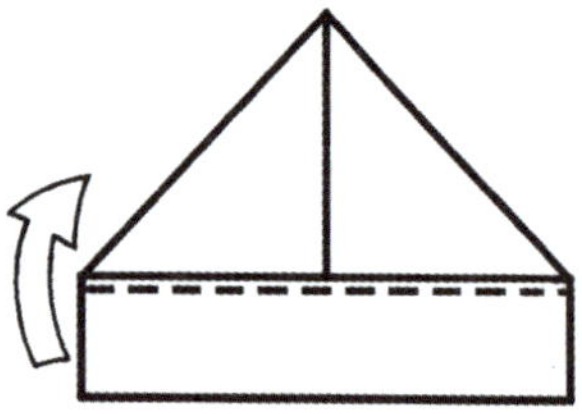

5 Dobre para trás.

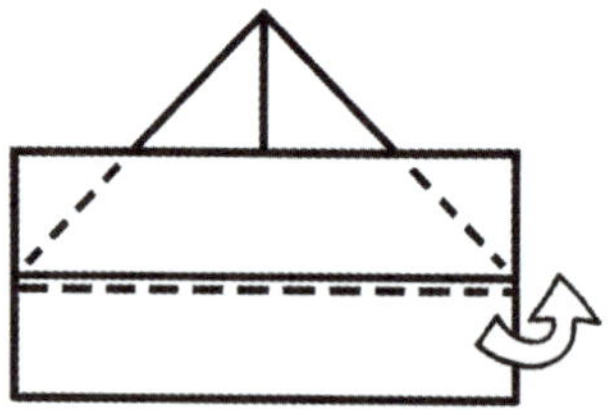

6

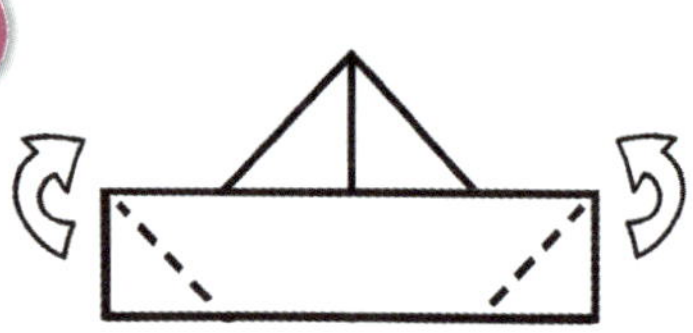

7 Coloque o dedo por dentro da dobradura para abrir o barco.

1 Para fazer a dobradura do barco, você usou uma folha com a forma de um retângulo.
Na etapa 1 da dobradura, você dobrou essa folha ao meio. A folha ficou com a forma de qual figura geométrica plana?

____

2 Desenhe abaixo outras figuras geométricas planas que você consegue identificar na dobradura pronta do barco.

Observe as figuras abaixo.

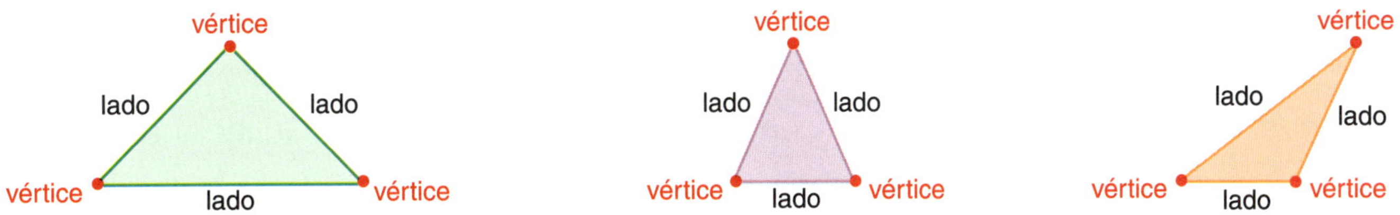

Um **triângulo** tem 3 lados e 3 vértices.

3 O pato da figura ao lado foi montado com as peças de um quebra-cabeça chamado **Tangram**. Pinte todas as peças dessa figura que têm a forma de triângulo.

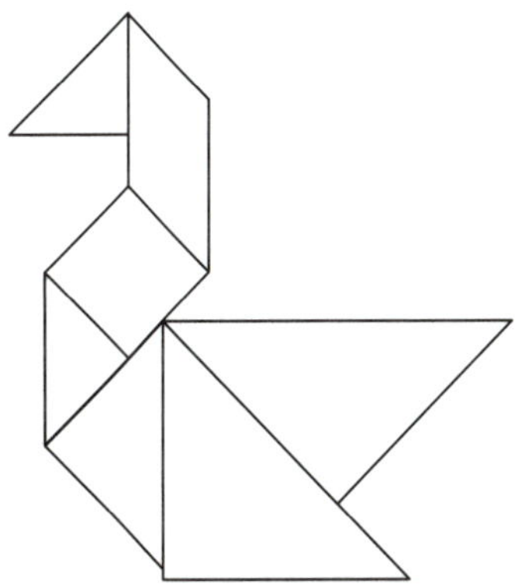

ATIVIDADES DO CAPÍTULO

1. Encontre no diagrama abaixo a escrita por extenso de mais 7 números.

V	B	D	E	Z	I	E	C	Q	M	S	E	O
I	J	C	H	G	N	A	J	U	N	E	Q	I
N	D	M	F	V	O	F	V	A	D	S	Y	T
T	G	B	C	I	V	C	H	R	B	S	K	E
E	H	F	L	N	E	I	G	E	C	E	B	N
W	S	E	T	E	N	T	A	N	I	N	T	T
P	E	D	Q	E	T	Q	O	T	F	T	Z	A
T	R	I	N	T	A	U	E	A	B	A	L	F

2. Danilo pintou alguns quadrinhos do quadro numérico de 0 até 69. Veja abaixo como ficou o quadro numérico.

0	1	2	3		5	6	7	8	9
10	11	12	13		15	16	17		
20	21	22	23		25	26	27		
					35	36	37	38	39
40								48	49
50		52	53					58	59
60		62	63				67	68	69

Em seguida, Danilo propôs um desafio para seu colega Guilherme. Vamos ajudar Guilherme a descobrir os números desse quadro?

a) Complete os quadrinhos que estão em branco com os números corretos.

b) Quais foram os números que Danilo pintou na 4ª linha?

____

c) E quais foram os números que ele pintou na 6ª linha?

____

RESOLVENDO PROBLEMAS

Complete cada problema abaixo escrevendo nele os números do quadro. Depois, resolva os problemas.

1. Tiago comprou um pacote com ________ castanhas. Ele comeu ________ delas.

7	22

Quantas castanhas sobraram no pacote? ____________________

2. Júlia tem ________ anos e está ajudando a mãe a organizar uma festa. Elas vão comemorar o aniversário de ________ anos de Júlia e o aniversário de sua irmã Carolina, que é ________ anos mais nova do que ela. As meninas convidaram ________ amigos.

2	11	12	24

a) Quantos anos a irmã de Júlia vai fazer?

____

b) Cada convidado vai receber 1 lembrancinha após a festa. Júlia e Carolina já prepararam 15 lembrancinhas. Quantas lembrancinhas elas ainda precisam preparar?

____

c) Elas também vão colocar um bilhete em cada lembrancinha para agradecer a presença dos amigos em sua festa. Ajude-as a criar um bilhete escrevendo o texto em uma folha à parte. Use as palavras **amizade** e **obrigada**.

TRABALHANDO COM JOGOS

TABULEIRO DAS FICHAS

Número de jogadores: 4

MATERIAL NECESSÁRIO

- Tabuleiro e fichas numeradas do **Material Complementar**

Como jogar

- Um dos jogadores deve destacar o tabuleiro e as fichas do **Material Complementar**. Depois, ele deve colocar todas as fichas na mesa, com os números virados para baixo.
- Para iniciar a partida, cada jogador pega 8 fichas. Em seguida, um dos jogadores pega uma das fichas sobre a mesa e a coloca na posição correta do tabuleiro.
- Na sua vez, cada jogador só pode colocar 1 de suas fichas no tabuleiro. Essa ficha deve ter o número que seja 1 unidade ou 1 dezena a mais ou a menos do que uma das fichas que já estão no tabuleiro. Por exemplo, se a ficha com o número 20 estiver no tabuleiro, então o jogador pode colocar a ficha com um dos seguintes números: 10, 19, 21 ou 30.

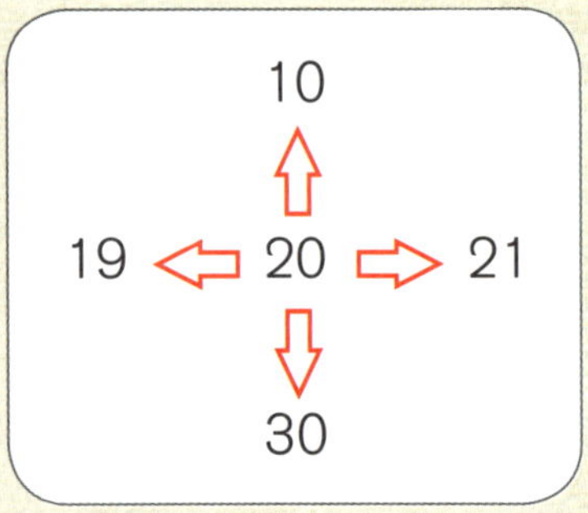

- Se o jogador não tiver fichas para colocar no tabuleiro, então pode pegar 1 ficha da mesa e tentar colocá-la. Se ele não conseguir colocar a nova ficha, então ele deve passar a vez.
- Vence a partida quem colocar primeiro todas as suas fichas no tabuleiro.

Adaptado de: **Aritmética:** novas perspectivas – implicações da teoria de Piaget, de Constance Kamii e Linda Leslie Joseph. Campinas: Papirus, 1992.

Estúdio Kiwi/Arquivo da editora

Pensando sobre o jogo

1. Jogue uma partida do **Tabuleiro das Fichas** com os colegas. Como você organizou suas fichas enquanto jogava?

2. Veja ao lado como Lucas organizou suas fichas em uma partida. Explique como Lucas pode ter pensado para organizar essas fichas.

3. Lucas, André, Sandra e Simone vão jogar **Tabuleiro das Fichas**. Veja abaixo a primeira ficha que eles colocaram no tabuleiro.

0	1	2	3	4	5	6	7	8	9
									19
									29
									39
					45				49
									59
									69
									79
									89
									99

Quais fichas o primeiro jogador pode colocar no tabuleiro?

____

4. Em outra partida, a primeira ficha que foi colocada no tabuleiro tinha o número 97. Quais fichas o primeiro jogador pode colocar no tabuleiro?

____

LER E ENTENDER

Algumas pessoas escrevem um diário, em cadernos ou no computador, para anotar o que acontece em seu dia a dia. Você tem um diário?

Leia abaixo o trecho de um diário.

Querido diário

Querido esconderijo,

Não, nada disso! Nada de tristeza! Hoje é dia de comemorar!

Tanto é que eu trouxe para vocês verem, bem embrulhadinho, bem escondidinho, o cachecol do seu Nonô. Olhem só!

[...]

Falei para o pessoal que ia levar para casa — e vou mesmo — para fazer um embrulho bem lindo, que combine com o jeito do cachecol.

Só falta decidir agora — e isso vai ser feito em uma reunião, lá na casa da dona Idalina — quando a gente vai dar o presente adiantado. Sim, porque adiantado ele vai ser dado. Ainda mais com o frio que está fazendo!

Talvez no dia 12 de junho, quatro meses antes do aniversário dele e um dia antes do meu, talvez no dia 21 de junho, começo oficial do inverno...

O que vocês acham?

O diário escondido da Serafina, de Cristina Porto. São Paulo: Ática, 1999.

Michele Iacocca/Editora Ática

ANALISE

1. Esse trecho que você acabou de ler faz parte do livro **O diário escondido da Serafina**.

Quem vai ganhar o cachecol?

Reprodução/Editora Ática

2. Para que Serafina quer levar o cachecol para casa?

RELACIONE

3. Você é capaz de descobrir qual é o dia do aniversário de seu Nonô?

4. E qual é o dia do aniversário de Serafina?

5. O inverno no Brasil começa oficialmente em 21 de junho. Observe o calendário deste ano e diga em qual dia da semana cai essa data.

6. Por que Serafina resolveu dar o presente adiantado, em junho?

O QUE APRENDI?

A imagem que você viu na abertura desta Unidade é uma obra do artista plástico Ricardo Ferrari.

Da série **Memórias de infância**, de Ricardo Ferrari, 2012. Óleo sobre tela. 70 cm × 120 cm. Coleção particular do artista.

1. Observe as crianças e os animais dessa obra.

a) Há quantas crianças ao todo nessa obra? ______________________

b) Há quantos animais ao todo? ______________________

c) Há mais crianças ou animais? ______________________

d) Quantas crianças e animais há ao todo? Complete a operação abaixo.

_______ + _______ = _______

e) Represente essa operação na reta numerada abaixo.

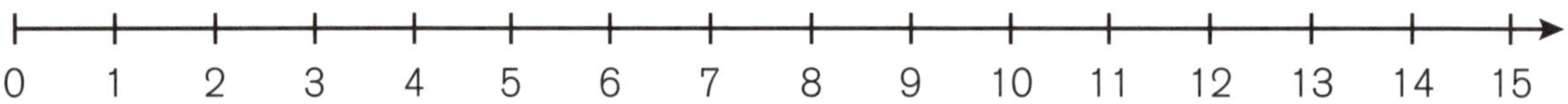

2. As férias escolares de Diana começaram na sexta-feira, dia 1º/7/2016. No dia 10 desse mês, Diana e sua família fizeram juntos um passeio.

a) Observe a data em que Diana saiu de férias. Represente a data do passeio de Diana com sua família da mesma maneira. ______________________

b) Essa data aconteceu em qual dia da semana? ______________________

c) Quantos dias tem o mês de julho? ______________________

3. Desenhe abaixo um triângulo. Depois, pinte de verde seus lados e marque de vermelho seus vértices.

4. O artista Ricardo Ferrari tem outras obras com temáticas de crianças, brincadeiras, cidades e sonhos. Veja ao lado outra obra dele.

Quadrinhos, da série **Sonhos**, de Ricardo Ferrari, 2008. Óleo sobre tela. 160 cm × 160 cm. Coleção particular do artista.

a) Por que você acha que essa obra se chama **Quadrinhos**?

b) Complete a frase abaixo com o número de quadrinhos dessa obra.

Nessa obra há ________ quadrinhos.

c) Quais algarismos você usou para escrever esse número? ____________

d) Esse número é maior ou menor do que 1 dezena? ____________

MINHA COLEÇÃO DE PALAVRAS

Escreva abaixo algumas palavras que você aprendeu nesta Unidade. Depois, escolha 2 palavras e explique a um colega o significado delas.

____

____

____

UNIDADE 3

MATEMÁTICA E JOGOS

Ilustra Cartoon/Arquivo da editora

- Que tipo de jogo você vê nesta imagem?
- O que as crianças estão fazendo?
- Você já brincou com algum jogo parecido com esse? Converse com um colega.

CAPÍTULO 7

NÚMEROS E VALORES

NOSSO DINHEIRO

As imagens destas páginas não estão representadas em proporção.

O dinheiro usado no Brasil é o Real. Veja abaixo a reprodução das cédulas e das moedas do Real.

Fotos: Reprodução/Casa da Moeda do Brasil/Ministério da Fazenda

1 Escreva exemplos de produtos que podem ser comprados com cada quantia abaixo.

a) 

____

____

b) 

____

____

c) 

____

____

d) 

____

____

2 Destaque as moedas e as cédulas do **Material Complementar**.

a) Juntando as moedas de 1 real, quantos reais são? ______________

b) Separe 2 cédulas de 5 reais. Quantos reais são? ______________

c) Juntando 3 cédulas de 2 reais, você tem mais ou menos dinheiro do que com as 2 cédulas de 5 reais? Justifique sua resposta.

____

d) De quantas moedas de 1 real você precisa para ter o mesmo valor de 1 cédula de 10 reais? ______________

3 Desenhe abaixo as cédulas e as moedas de que você precisa para pagar cada brinquedo.

a)

Ilustrações: Ampla Arena Estúdio/Arquivo da editora

Bola de futebol

b)

Jogo de tabuleiro

c)

Casinha de boneca

4 Fernando viu os brinquedos acima na vitrine da loja. Ele pediu a seu pai para comprar o brinquedo mais caro. O pai convenceu Fernando a escolher o brinquedo mais barato. O que você acha que o pai disse a Fernando?

PROBLEMAS ENVOLVENDO NOSSO DINHEIRO

1 Veja abaixo as cédulas e as moedas que foram usadas para pagar cada brinquedo. Qual é o preço de cada brinquedo?

As imagens destas páginas não estão representadas em proporção.

Ilustrações: Ampla Arena Estúdio/Arquivo da editora

Fotos: Reprodução/Casa da Moeda do Brasil/ Ministério da Fazenda

a) 

____

b) 

____

c) 

____

2 Observe os preços que você registrou acima.

a) Qual é o brinquedo mais caro? Escreva o preço por extenso.

____

b) E qual é o brinquedo mais barato? Escreva o preço por extenso.

____

c) Marli também comprou a boneca, mas usou apenas 2 cédulas do Real para pagá-la. Desenhe abaixo as cédulas que ela usou.

Uma loja de brinquedos está fazendo uma grande promoção. Veja o anúncio abaixo.

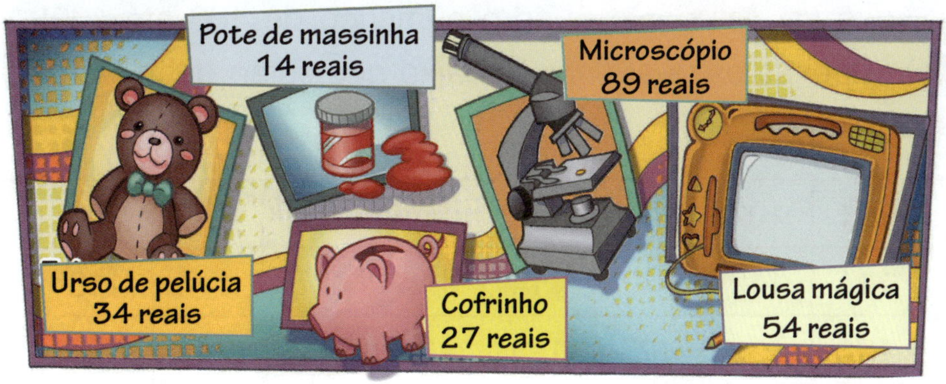

Ilustrações: Ampla Arena Estúdio/Arquivo da editora

3 Mônica tem as cédulas ao lado. Essa quantia é suficiente para comprar o cofrinho na promoção dessa loja? Se não for suficiente, então quantos reais faltam?

Fotos: Reprodução/Casa da Moeda do Brasil/Ministério da Fazenda

____

4 Tarciane e Hélcio querem comprar o microscópio nessa loja. Veja abaixo a quantia que cada um tem.

Quem tem dinheiro suficiente para comprar o microscópio?

____

5 Míriam tem 50 reais e quer comprar 2 brinquedos nessa loja para dar de presente. Quais brinquedos ela pode escolher?

____

____

AMPLIANDO O QUADRO NUMÉRICO

1 Agora, você vai estudar o quadro numérico de 100 até 199! Complete apenas os quadrinhos abaixo que estão destacados em **laranja**.

100	101	102	103	104	105	106	107	108	109
110	111	112	113	114	115	116	117	118	119
	121	122	123	124	125		127	128	129

2 Escolha 5 números desse quadro numérico e escreva-os abaixo por extenso.

3 Complete as frases abaixo com **maior** ou **menor**.

a) 134 é ______ do que 137.

b) 187 é ______ do que 178.

Todos os dias, a professora Eduarda pede a um aluno que atualize o calendário da sala de aula.

É o dia de Luís. Ele vai tirar a folhinha do dia 22 e deixar a do dia 23 aparecer. Luís vai fazer isso porque o dia 23 é o sucessor do dia 22.

Ampla Arena Estúdio/Arquivo da editora

4 Escreva o sucessor de cada número abaixo.

a) 117, ______
b) 128, ______
c) 149, ______
d) 158, ______
e) 169, ______
f) 199, ______

O número 118 é **1 a mais** do que 117. Por isso, dizemos que 118 é o **sucessor** de 117.

O número 168 é **1 a menos** do que 169. Por isso, dizemos que 168 é o **antecessor** de 169.

5 Agora, escreva o antecessor de cada número abaixo.

a) ______, 100
b) ______, 110
c) ______, 143
d) ______, 158
e) ______, 169
f) ______, 199

6 Complete as sequências numéricas abaixo de 1 em 1.

a) 176, 177, ______, ______, ______, ______, ______

b) 133, 132, ______, ______, ______, ______, ______

7 Agora, volte ao quadro numérico da página anterior e complete todos os quadrinhos.

FIGURAS PLANAS SIMÉTRICAS

Luciana pegou uma folha de papel e dobrou-a ao meio. Ela abriu a folha e fez um desenho com tinta em apenas um dos lados.

Ilustrações: Ampla Arena Estúdio/Arquivo da editora

Em seguida, antes de a tinta secar, Luciana dobrou a folha ao meio novamente e pressionou sua pintura sobre a outra parte da folha de papel.

1 O que você acha que Luciana observou quando abriu a folha novamente?

2 Pegue uma folha de papel e faça um desenho com tinta em apenas um dos lados, como Luciana fez. Dobre a folha e pressione. Depois, veja se sua pintura ficou bem carimbada na outra parte do papel. Se não ficou, então pinte-a novamente para que fique nítida.

3 Veja ao lado como Bruno deixou sua pintura bem carimbada na outra parte da folha. O carimbo e o desenho que ele fez ficaram **simétricos** em relação à dobra da folha.

Você sabe o que é **simetria**? Conte aos colegas e ao professor.

Ilustrações: Ampla Arena Estúdio/Arquivo da editora

4 Observe os pares de desenhos a seguir. Faça um **X** nos desenhos que parecem simétricos em relação à linha tracejada.

As imagens destas páginas não estão representadas em proporção.

a)  ☐

b)  ☐

c)  ☐

d) 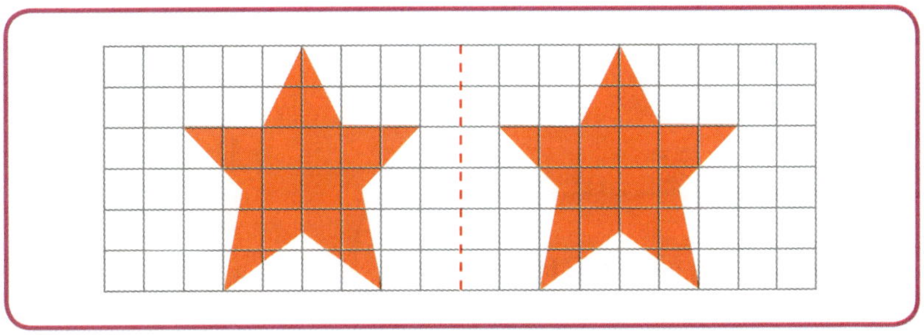 ☐

O MATERIAL DOURADO E OS NÚMEROS

Veja abaixo o desenho de algumas peças do material dourado.

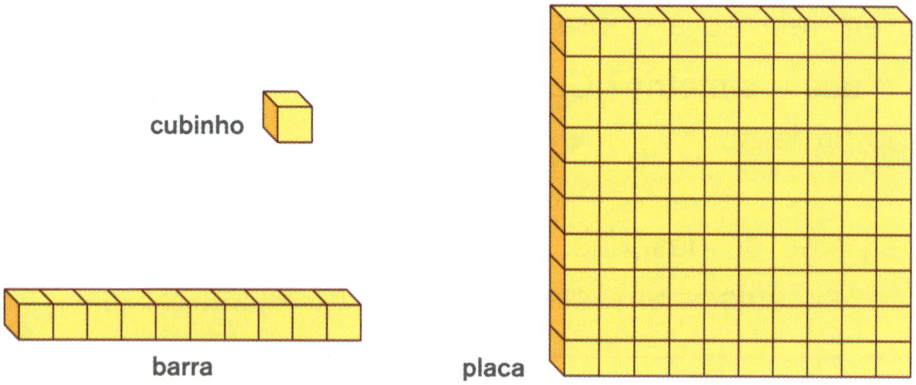

1 Destaque as peças do material dourado do **Material Complementar** e observe-as.

a) Quantos cubinhos formam 1 barra? ____________________

b) Quantas barras formam 1 placa? ____________________

2 Observando as peças das barras do seu material dourado e os desenhos das barras a seguir, complete.

a) 2 barras são formadas por ________ cubinhos.

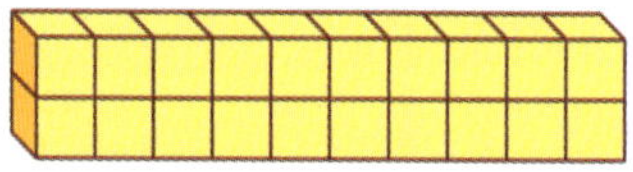

b) 3 barras são formadas por ________ cubinhos.

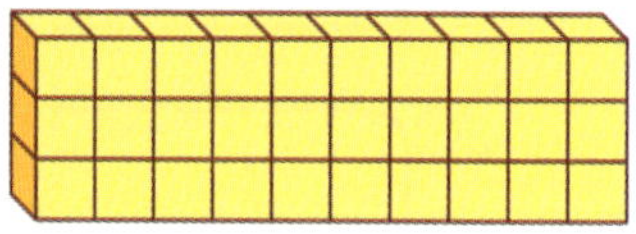

c) 4 barras são formadas por ________ cubinhos.

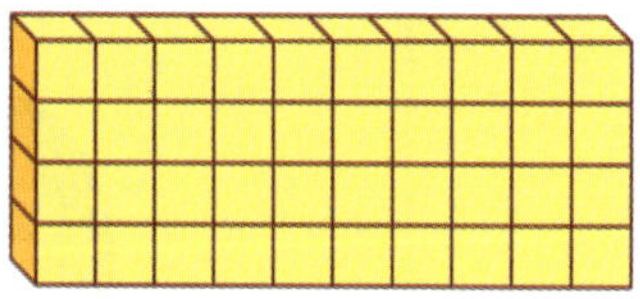

d) 10 barras são formadas por ________ cubinhos.

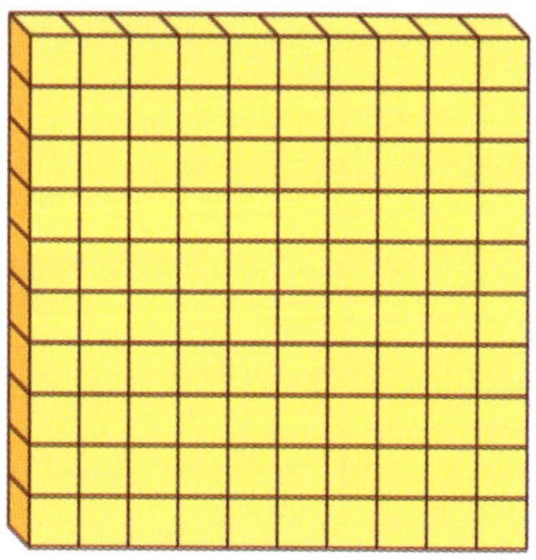

1 placa é formada por **100 cubinhos**.

A professora Adriana levou peças do material dourado para a sala de aula.

Ilustrações: Ampla Arena Estúdio/Arquivo da editora

3 Veja abaixo como Fábio e Lia representaram o número 15 com peças do material dourado.

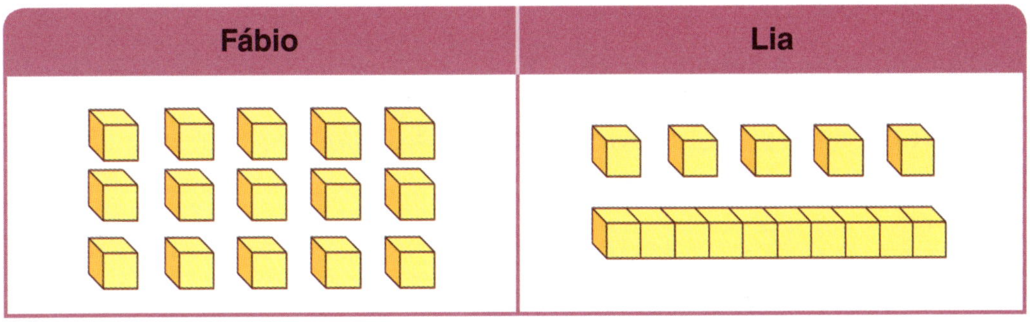

a) Contorne 10 cubinhos nas peças de Fábio.

b) Por qual peça Fábio pode trocar seus 10 cubinhos e continuar representando o número 15?

QUADRO DE VALOR POSICIONAL

Veja abaixo o número 134 representado em um **quadro de valor posicional**.

C	D	U
CENTENA	DEZENA	UNIDADE
1	3	4

1 Diga aos colegas e ao professor quais palavras do quadro de valor posicional acima você já conhece e o que elas significam.

1 centena é igual a **10 dezenas** ou **100 unidades**.

2 Complete as frases abaixo mostrando como podemos representar os números com o dinheiro ou com as peças do material dourado.

As imagens destas páginas não estão representadas em proporção.

Fotos: Reprodução/Casa da Moeda do Brasil/Ministério da Fazenda

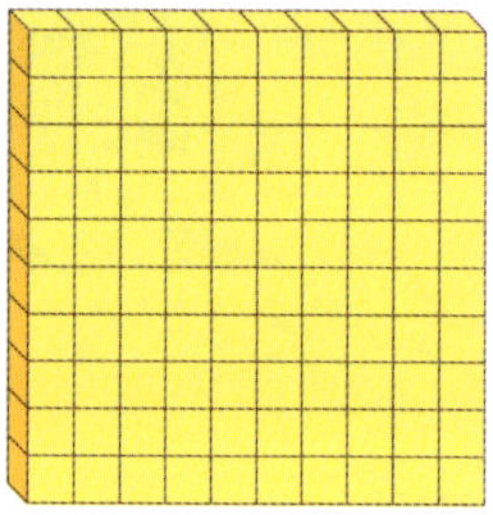

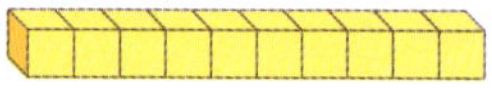

a) Para representar 1 unidade usando dinheiro, usamos

______________________.

b) Para representar 1 unidade usando as peças do material dourado, usamos ________________.

c) 1 cédula de ________________ representa 1 dezena ou 10 unidades.

d) 1 ________________ do material dourado representa 1 dezena ou 10 unidades.

e) 1 ________________ do material dourado representa 1 centena ou 100 unidades.

3 Veja abaixo as peças do material dourado e escreva os números correspondentes no quadro de valor posicional. Veja o exemplo:

23

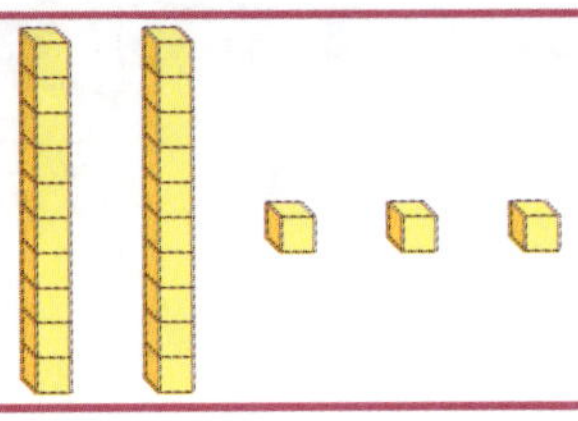

D	U
DEZENA	UNIDADE
2	3

a) 29

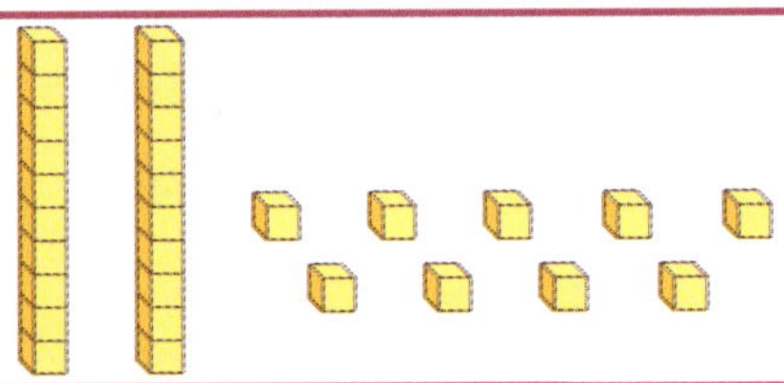

D	U
DEZENA	UNIDADE

b) 32

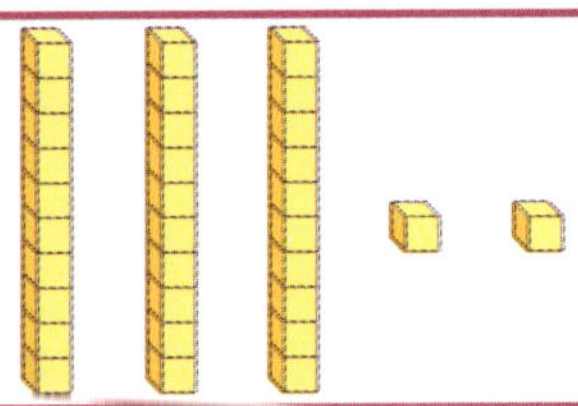

D	U
DEZENA	UNIDADE

c) 45

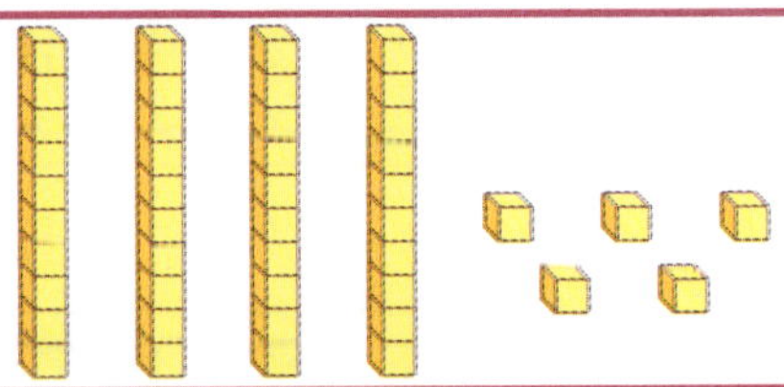

D	U
DEZENA	UNIDADE

d) 40

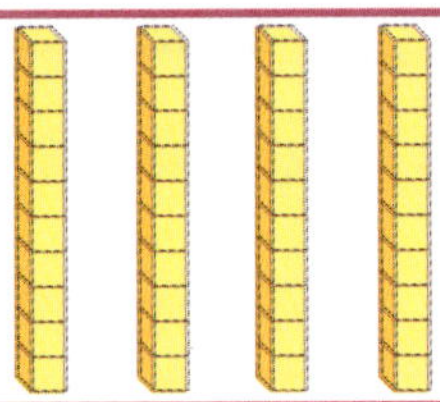

D	U
DEZENA	UNIDADE

e) 134

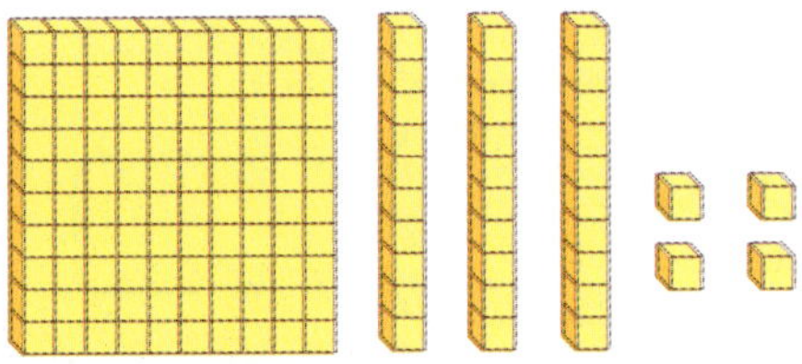

C	D	U
CENTENA	DEZENA	UNIDADE

f) 107

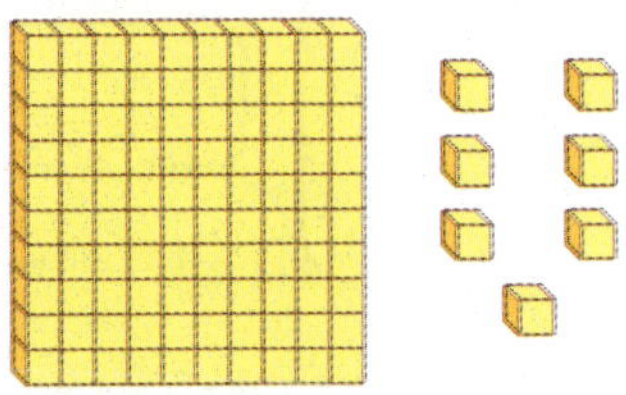

C	D	U
CENTENA	DEZENA	UNIDADE

ATIVIDADES DO CAPÍTULO

Fotos: Reprodução/Casa da Moeda do Brasil/Ministério da Fazenda

1. Veja ao lado a quantia que Ana tinha em sua carteira quando foi à padaria comprar um lanche.

a) Quantos reais Ana levou para a padaria? ____________________

b) Ana comprou 1 suco, 1 sanduíche e 1 doce e gastou 11 reais. Com quais cédulas Ana pode pagar a compra? Ela receberá troco?

____

____

____

2. Complete os quadros com o antecessor e o sucessor de cada número.

a)

	134	

b)

	155	

c)

	180	

d)

	162	

e)

	127	

f)

	194	

3. Em cada item abaixo, veja as peças do material dourado e escreva ao lado o número correspondente.

a) 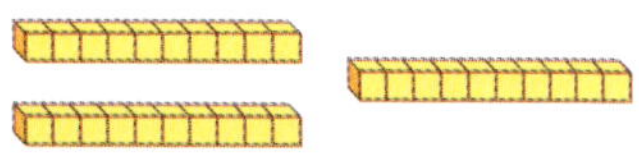 ☐

b) 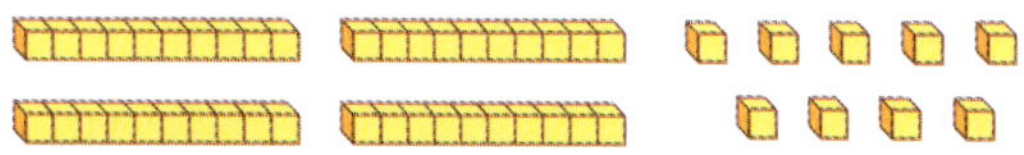 ☐

c) 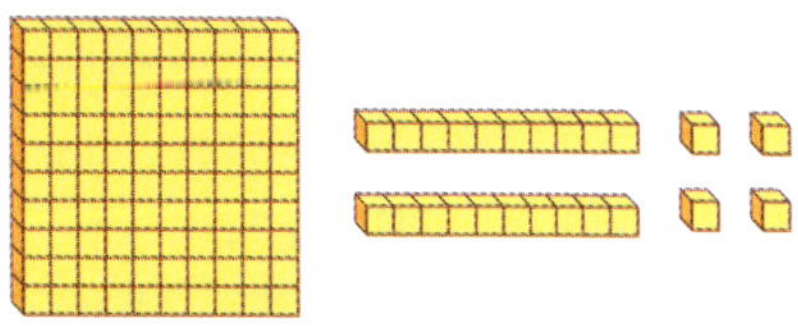 ☐

RESOLVENDO PROBLEMAS

1. Pedro ganhou 40 reais de presente. Com esse dinheiro ele comprou um dos brinquedos abaixo e ainda sobraram 2 reais.

As imagens destas páginas não estão representadas em proporção.

a) Qual desses brinquedos Pedro comprou?

____

b) Se você fosse Pedro, o que faria com os 2 reais que sobraram?

2. Suélen e Daniela têm 3 bolas de plástico: 1 bola branca, 1 bola rosa e 1 bola azul. Hoje elas foram juntas ao parque e cada uma levou 1 bola.

Siga as pistas e descubra qual bola cada menina levou.

- Às sextas-feiras Suélen sempre leva sua bola predileta, que é a rosa.
- Daniela não usa a bola branca, pois não gosta da cor.
- Quando Suélen leva sua bola branca, ela não sai com Daniela.
- Hoje é sexta-feira.

Suélen: ______________________

Daniela: ______________________

Ilustrações: Ampla Arena Estúdio/Arquivo da editora

TRABALHANDO COM JOGOS

JUNTANDO PARA TROCAR

Número de jogadores: 3

MATERIAL NECESSÁRIO

- 2 dados
- Peças do material dourado do **Material Complementar**

Como jogar

- O grupo decide quem inicia a partida e a ordem dos outros jogadores.
- Na sua vez, o jogador lança os 2 dados e conta quantos pontos fez. Em seguida, pega a quantidade de peças de cubinhos do material dourado correspondente aos pontos obtidos nos dados. Essas peças devem ser juntadas às peças obtidas nas jogadas anteriores. 
- Toda vez que um jogador juntar 10 peças de cubinhos, deve trocá-las por 1 peça de barra e ganha o direito de jogar novamente. 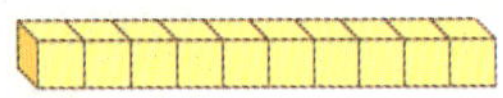
- O jogador que conseguir juntar 10 peças de barras, deve trocá-las por 1 peça de placa e ganha a partida.

Estúdio Kiwi/Arquivo da editora

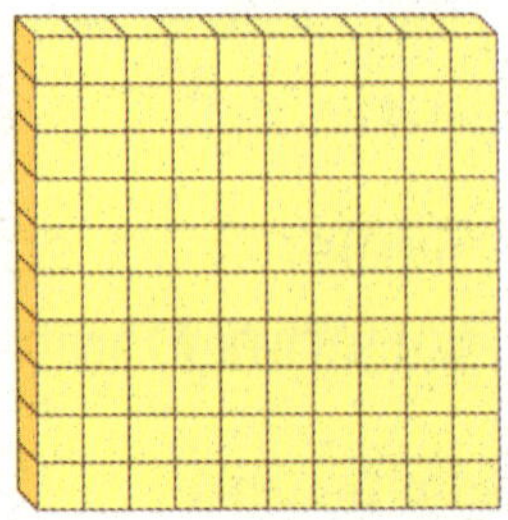

Adaptado de: Classes de aceleração. **Aprender pra valer!** São Paulo: SEE/SP, FDE, 1996. v. 1.

Pensando sobre o jogo

- Márcio e seus colegas jogaram algumas vezes o **Juntando para trocar**. Cada jogador registrou suas jogadas em um quadro.

Dica: Faça desenhos simples para representar as peças.

cubinho → □

barra → ▭

a) Complete o quadro abaixo com a pontuação de Márcio.

Pontuação de Márcio

Jogada	Pontos dos dados	Quantidade de peças de cubinhos para pegar na jogada	Desenho do total de peças do material dourado
1ª jogada		9	
2ª jogada			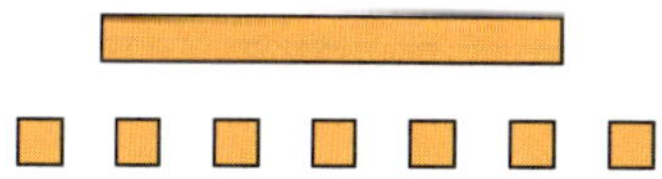
3ª jogada	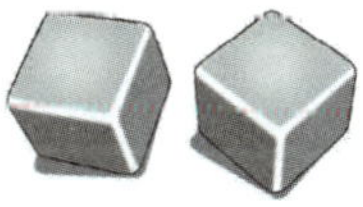	2	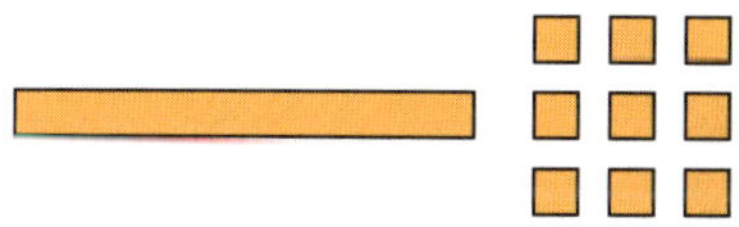
4ª jogada			
5ª jogada		6	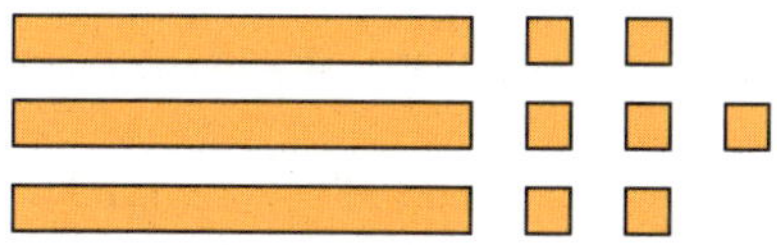
6ª jogada			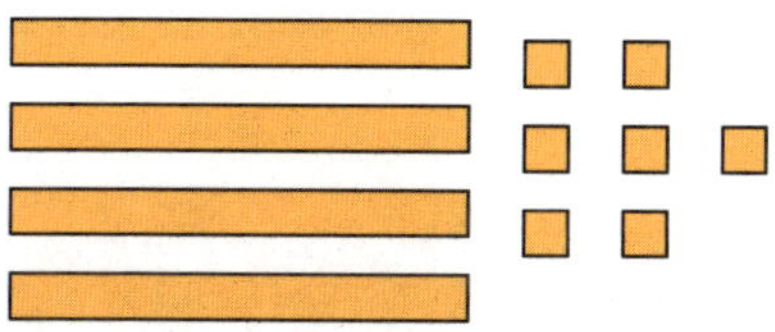

b) Quantos pontos ele precisa tirar nos dados na 7ª jogada para ficar com exatamente 5 peças de barras e 0 peça de cubinho? __________

CAPÍTULO

8 FORMANDO GRUPOS

IDEIA DE PAR E ÍMPAR

Veja abaixo a proposta da professora Cecília.

1 Vamos ajudar os alunos da professora Cecília a se organizarem em duplas.

a) Quantos alunos há ao todo? ____________

b) Contorne duplas de alunos.

c) Quantas duplas foram formadas? ____________

d) Todos os alunos formaram par? ____________

> Quando agrupamos uma quantidade de 2 em 2:
>
> - se não sobrar elemento, então o número que representa essa quantidade é **par**.
> - se sobrar 1 elemento, então o número que representa essa quantidade é **ímpar**.

2 Veja abaixo como Ana e Alex decidiram quem iniciaria um jogo.

Ilustrações: Ampla Arena Estúdio/Arquivo da editora

Quem ganhou no **Par ou ímpar**? ____________

3 Escreva se cada número abaixo é par ou ímpar. Depois justifique oralmente sua resposta.

a) O número 8 é par ou ímpar? ______________________

b) O número 9 é par ou ímpar? ______________________

4 Contorne as crianças da imagem abaixo formando pares.

O número de crianças é par ou ímpar? ____________________

As imagens destas páginas não estão representadas em proporção.

Ilustrações: Ampla Arena Estúdio/ Arquivo da editora

5 O resultado do jogo **Par ou ímpar** em cada item abaixo é par ou ímpar?

a)

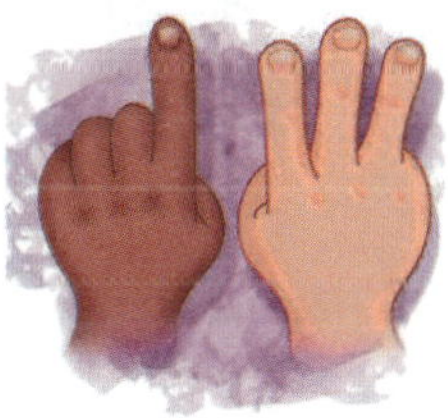

____

b)

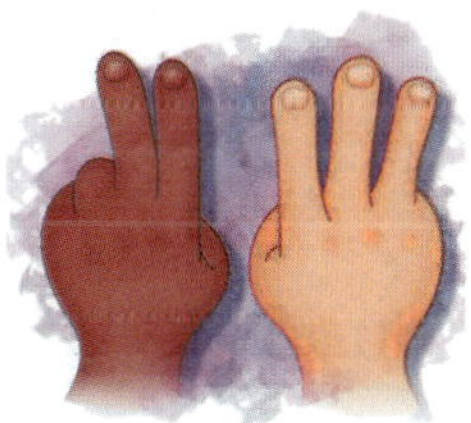

____

c)

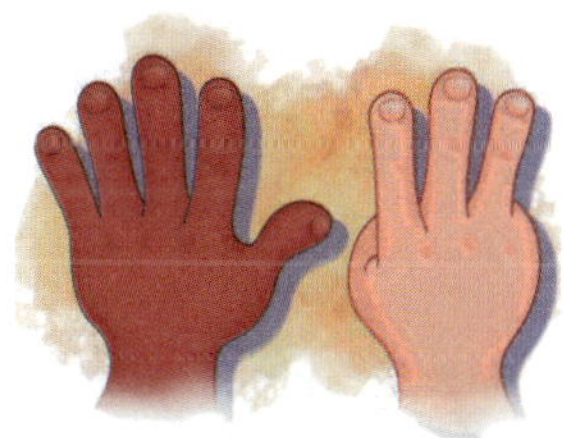

____

6 Jogue **Par ou ímpar** comigo. Minha escolha e meus dedos já estão colocados abaixo. Você desenha seus dedos ao lado dos meus.

Eu escolho ímpar.	Eu escolho ímpar.	Eu escolho par.
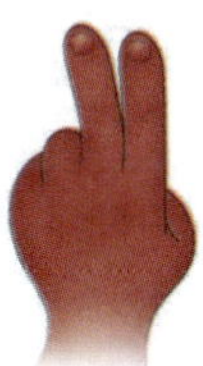		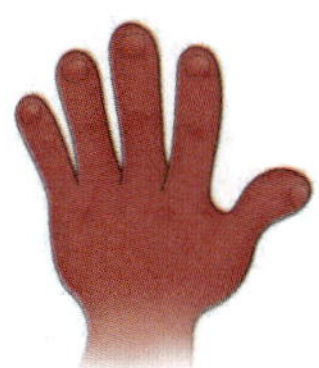

IDEIA DE DÚZIA

Veja abaixo Célia e Ronaldo fazendo compras em uma feira.

Ampla Arena Estúdio/Arquivo da editora

1 Os ovos que Célia comprou estão guardados em uma embalagem como a embalagem ao lado. Quantos ovos Célia comprou?

As imagens destas páginas não estão representadas em proporção.

Tenten10/Shutterstock/Glow Images

____

Mirrormere/Shutterstock/Glow Images

2 Ronaldo pediu 1 dúzia de bananas.

Quantas bananas Ronaldo comprou? _______________

1 dúzia são **12 unidades**.

Meia dúzia é a metade de uma dúzia, ou seja, 6 unidades.

3 Na banca de Hugo, as laranjas são vendidas em bacias com 1 dúzia de laranjas. Quantas bacias podem ser formadas com as laranjas ao lado? Contorne as laranjas formando dúzias.

____

Lan 2010/Shutterstock/Glow Images

4 Escreva quantos brinquedos faltam em cada grupo abaixo para completar 1 dúzia de brinquedos.

a) Aviões

b) Bolas

c) Ursos de pelúcia

Ilustrações: Ampla Arena Estúdio/Arquivo da editora

5 Na caixa abaixo há meia dúzia de lápis. Complete com desenhos para que ela fique com 1 dúzia de lápis.

6 Veja abaixo as quantidades e as peças do material dourado. Depois, escreva os números correspondentes.

Quantidade	Peças do material dourado	Número
1 dúzia		
2 dúzias	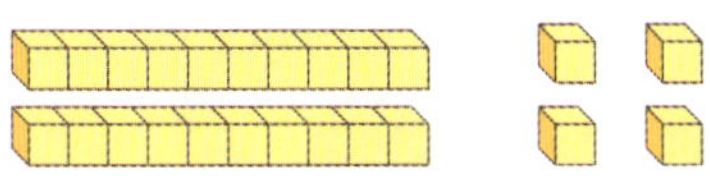	
	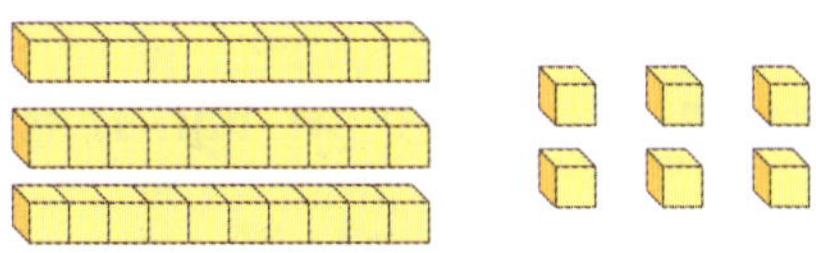	

ADIÇÃO DE PARCELAS IGUAIS: MULTIPLICAÇÃO

Miguel e Carol montam bicicletas. Para saber de quantas rodas precisam para montar as bicicletas, eles querem fazer uma tabela.

1 Vamos ajudar o Miguel e a Carol!

a) Complete a tabela abaixo com a quantidade de rodas necessária para montar cada quantidade de bicicletas.

Montagem das bicicletas

Bicicletas	Rodas
	2 rodas

Ilustrações: Ampla Arena Estúdio/Arquivo da editora

Tabela elaborada para fins didáticos.

b) Complete: São necessárias ________ rodas para montar 5 bicicletas.

Para calcular quantas rodas são necessárias para montar várias bicicletas juntas podemos usar uma **adição** ou uma **multiplicação**. Veja:

2 bicicletas

Adição: $2 + 2 = 4$

ou

Multiplicação: $2 \times 2 = 4$

3 bicicletas

Adição: $2 + 2 + 2 = 6$

ou

Multiplicação: $3 \times 2 = 6$

Em Matemática, usamos o símbolo × para indicar uma **multiplicação**. Lemos assim: **vezes**.

Assim, 3 bicicletas **vezes** 2 rodas **é igual a** 6 rodas.

$$3 \times 2 = 6$$

Ilustrações: Ampla Arena Estúdio/Arquivo da editora

2 Agora é sua vez! Escreva a adição e a multiplicação para calcular quantas rodas são necessárias para montar as bicicletas abaixo.

a) 

____

ou

____

b) 

____

ou

____

3 Junte-se com um colega para calcular quantas cenouras há ao todo em cada item abaixo. Um de vocês resolve usando a adição, e o outro resolve usando a multiplicação. Depois, comparem os resultados.

1 bacia: 5 cenouras.

a) 

As imagens destas páginas não estão representadas em proporção.

- Usando a adição: ____________________
- Usando a multiplicação: ____________________

b) 

- Usando a adição: ____________________
- Usando a multiplicação: ____________________

c) 

- Usando a adição: ____________________
- Usando a multiplicação: ____________________

FIGURAS GEOMÉTRICAS ESPACIAIS E CONSTRUÇÕES

O Castelo de Vitré, mostrado na fotografia abaixo, começou a ser construído mais de 1 000 anos atrás. Por ter sido construído em uma região alta, funcionou como uma fortaleza de pedra durante as batalhas. Do castelo, era possível ver o inimigo se aproximando e se defender dos ataques. Era comum os arqueiros ficarem nas torres altas.

Miguel Medina/Agência France-Presse

Vista panorâmica da entrada do Castelo de Vitré, na França. Foto de 2014.

1 Observe com atenção as formas que aparecem nesta fotografia. Que figuras geométricas espaciais você percebe?

____

____

2 Alessandra adorou ver a fotografia do Castelo de Vitré. Inspirada nessa fotografia, ela montou um castelo de brinquedo com peças de madeira. Veja abaixo esse castelo.

Ampla Arena Estúdio/Arquivo da editora

a) Desenhe abaixo uma peça de madeira desse castelo que tenha a forma arredondada.

b) Agora, desenhe abaixo uma peça que não tenha a forma arredondada.

DIVISÃO POR 2: METADE

Laís foi a um aniversário e ganhou um saquinho cheio de brinquedos de miniaturas de animais. Ela dividiu os brinquedos com sua irmã Camila. Veja ao lado.

Ampla Arena Estúdio/Arquivo da editora

1 Em sua opinião, por que Laís resolveu dividir com Camila os brinquedos que ela ganhou?

2 Veja abaixo as miniaturas que Laís ganhou.

As imagens desta página não estão representadas em proporção.

Ilustrações: Ampla Arena Estúdio/Arquivo da editora

a) Vamos ajudar as irmãs a dividir pela metade a quantidade de brinquedos? Contorne de azul as miniaturas que ficarão para Laís e contorne de vermelho as que ficarão para Camila.

b) O que você nota comparando as quantidades de animais dos grupos que você formou?

3 Você percebeu que, para dividir a quantidade de brinquedos pela metade, foi preciso formar 2 grupos com a mesma quantidade de brinquedos em cada um? Continue contornando grupos com metade da quantidade de cada item abaixo.

a)

b)

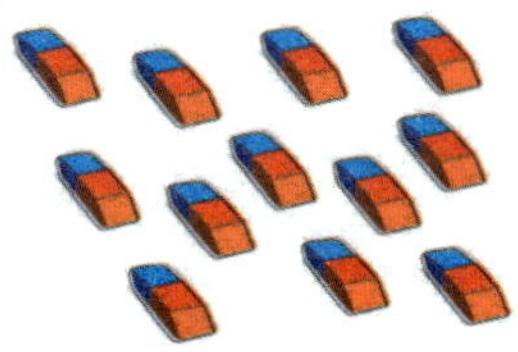

c)

Ilustrações: Ilustra Cartoon/Arquivo da editora

Para dividir pela metade a quantidade de brinquedos, frutas ou outros elementos, ou seja, para dividi-los em 2 grupos com a mesma quantidade de elementos, precisamos fazer uma **divisão**.

> Em Matemática, usamos o símbolo ÷ para indicar uma **divisão**. Lemos assim: **dividido por**.

Por exemplo, 12 brinquedos **dividido por** 2 irmãs **é igual a** 6 brinquedos para cada uma.

$$12 \div 2 = 6$$

4 Divida as peças de material dourado de cada item abaixo em 2 grupos com a mesma quantidade em cada um. Depois, complete as divisões.

a) 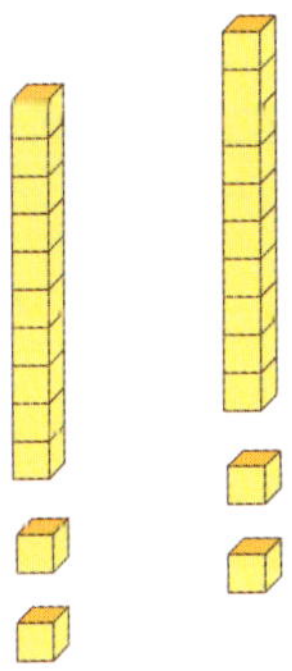

_____ ÷ _____ = _____

c) 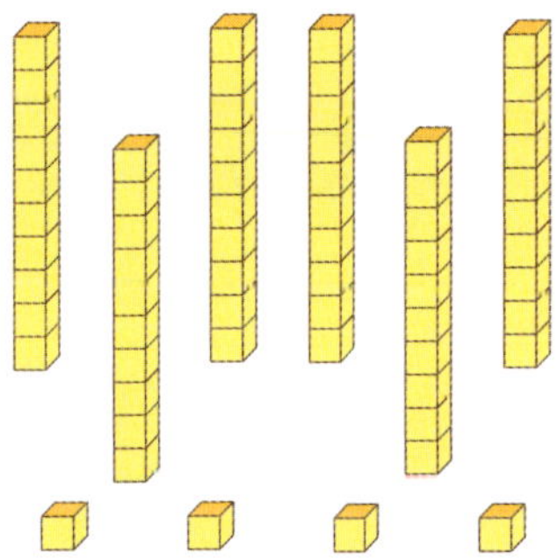

_____ ÷ _____ = _____

b) 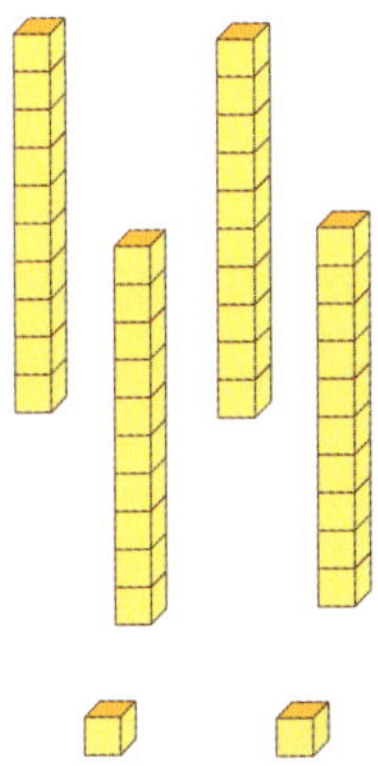

_____ ÷ _____ = _____

d) 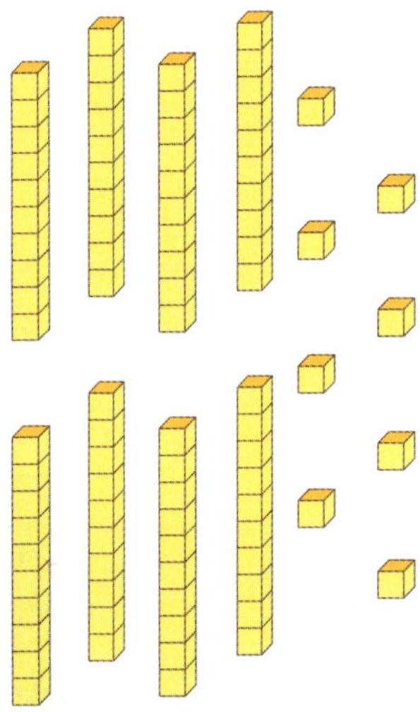

_____ ÷ _____ = _____

FIGURA PLANA SIMÉTRICA

Observe abaixo as figuras que Diogo recortou em uma folha de cartolina.

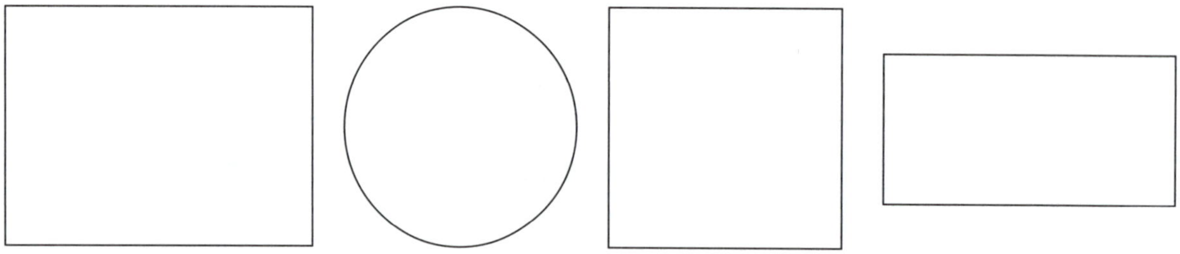

Em seguida, Diogo recortou as figuras na metade.

1 Veja abaixo as metades que Diogo obteve. Encontre as metades de cada figura e pinte-as da mesma cor.

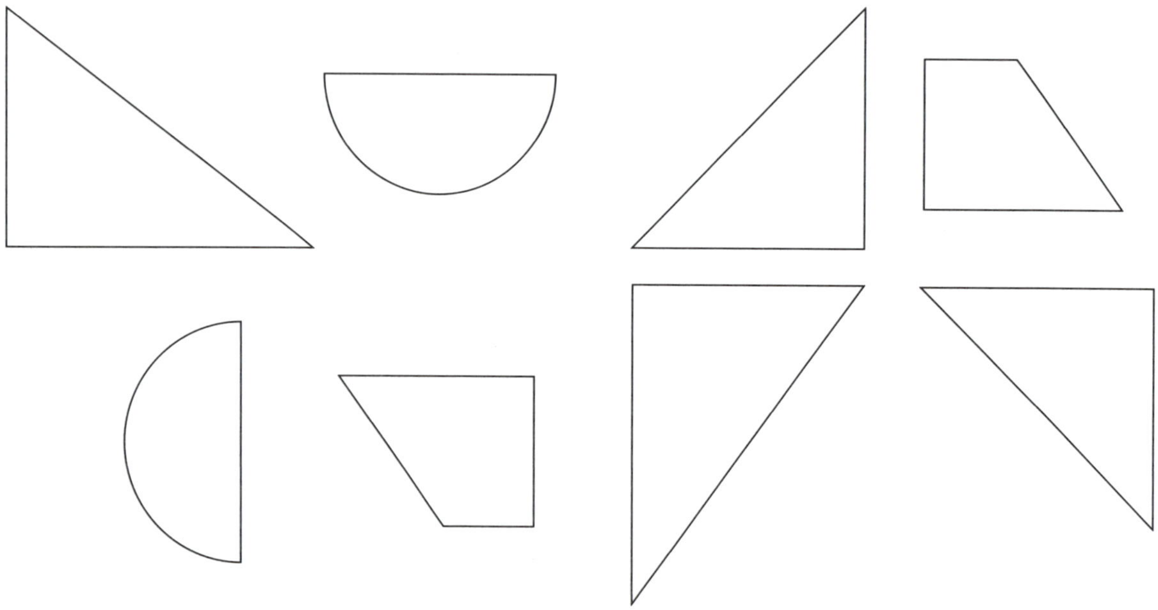

Observe agora as figuras abaixo em uma malha quadriculada. A linha vermelha divide cada figura na metade.

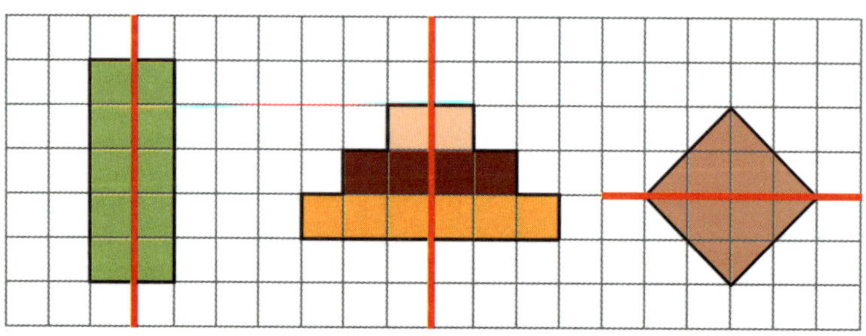

2 Destaque os moldes dessas figuras do **Material Complementar** e dobre as figuras na linha vermelha. O que você percebeu?

____

____

Quando uma figura plana é dividida na metade dessa maneira, dizemos que ela é uma **figura plana simétrica** em relação à linha vermelha.

3 Pinte a outra metade de cada figura abaixo formando uma figura plana simétrica em relação à linha vermelha.

a)

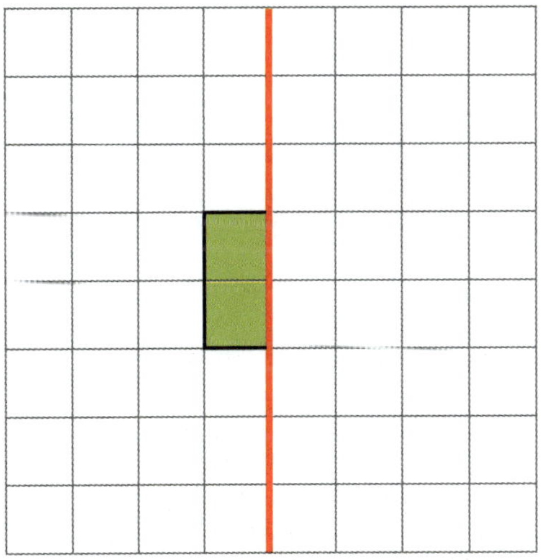

b)

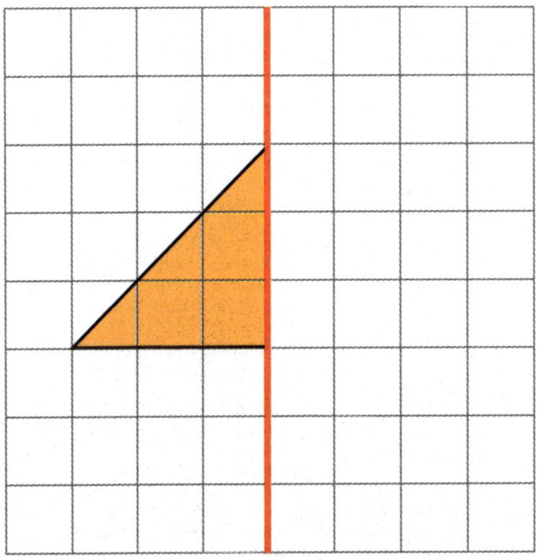

c)

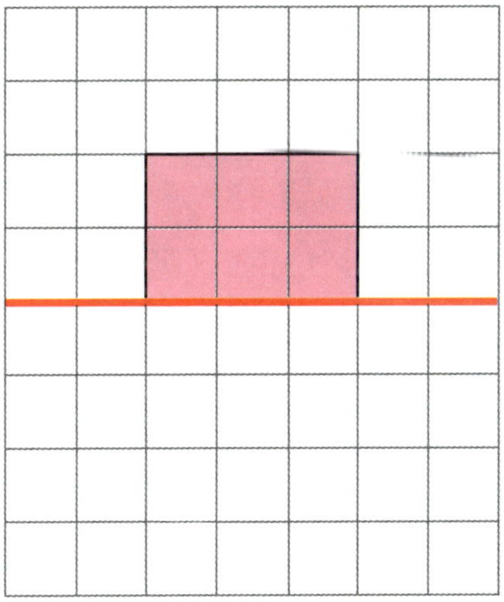

d)

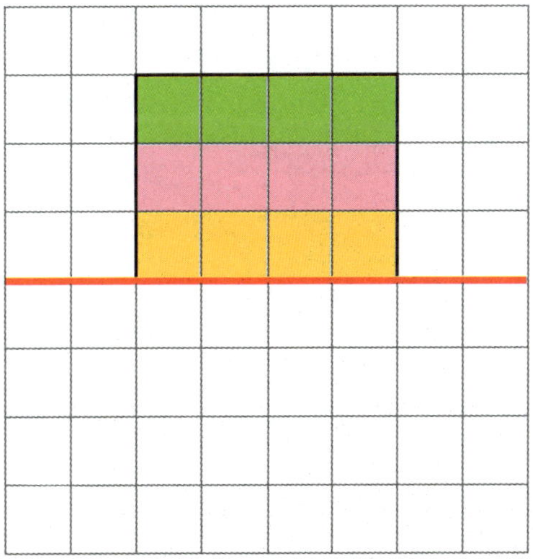

ATIVIDADES DO CAPÍTULO

1. Veja abaixo o material escolar de Clarice.

As imagens destas páginas não estão representadas em proporção.

Ilustrações: Ampla Arena Estúdio/Arquivo da editora

Com quais objetos do mesmo tipo podemos formar pares sem sobrar objeto?

____

2. Cada mesa da sala de recreação de uma escola tem 4 cadeiras.

a) Use uma adição e uma multiplicação para calcular quantas cadeiras há ao todo em cada situação abaixo.

Adição: ______________

Multiplicação: ______________

Adição: ______________

Multiplicação: ______________

b) Quantas mesas são necessárias para se ter 1 dúzia de cadeiras ao todo?

____

3. Complete a divisão abaixo para representar metade das peças de material dourado.

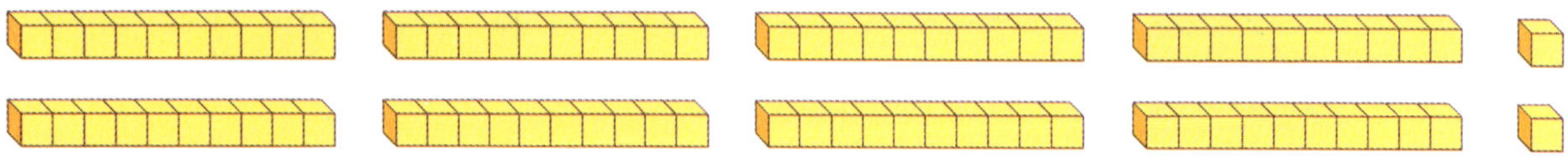

_____ ÷ _____ = _____

RESOLVENDO PROBLEMAS

1. Júlia, Felipe e Larissa compraram lápis de cor. Júlia escolheu a caixa com 1 dúzia de lápis, Felipe escolheu a caixa com 3 dúzias de lápis, e Larissa escolheu a caixa com 2 dúzias de lápis.

a) Veja abaixo as caixas de lápis de cor que eles compraram. Quem escolheu cada caixa?

Ilustrações: Ampla Arena Estúdio/Arquivo da editora

____________ ____________ ____________

b) Quantos lápis de cor cada um comprou?

Júlia: ____________ Felipe: ____________ Larissa: ____________

c) Felipe vai dividir seus lápis de cor igualmente em 2 estojos. Quantos lápis ficarão em cada estojo?

____

2. Vítor tem muitos lápis de cor. Apesar de não usar todos, a cada ano ele pede a seus pais uma caixa nova de lápis de cor. Procure explicar ao menino por que ele não deveria pedir aos pais mais lápis de cor.

CÁLCULO MENTAL

1. Complete o quadro numérico abaixo de 100 a 199.

100							107	108	109
110		112							119
		122	123		125				
130	131							138	139
		142							

2. Faça os cálculos abaixo e depois contorne os resultados no quadro numérico.

a) 145 + 10 = ______

b) 138 + 10 = ______

c) 124 – 10 = ______

d) 169 + 10 = ______

e) 180 + 10 = ______

f) 135 – 10 = ______

g) 154 – 10 = ______

h) 142 – 10 = ______

i) 177 – 10 = ______

j) 195 – 10 = ______

Estúdio Kiwi/Arquivo da editora

3. Descubra uma regra para cada sequência numérica abaixo e depois complete-a.

a) 111, 121, 131, ______, ______, ______, ______.

b) 120, 122, 124, ______, ______, ______, ______.

c) 135, 140, 145, ______, ______, ______, ______.

d) 163, 165, 167, ______, ______, ______, ______.

e) 160, 164, 168, ______, ______, ______, ______.

f) 160, 155, 150, ______, ______, ______, ______.

4. Complete as lacunas abaixo com os números que faltam.

a) 120 + ______ = 150

b) 130 + ______ = 150

c) 120 + ______ = 180

d) 160 + ______ = 180

e) 150 + ______ = 190

f) 140 + ______ = 190

g) 110 + ______ = 170

h) 160 + ______ = 170

MINHAS DICAS

Anote algo que você aprendeu nestas atividades e que pode ajudar a realizar cálculos mais rapidamente.

____

____

____

LEITURA DE IMAGEM

LIXO TRANSFORMADO

Você sabia que é possível reutilizar muitos dos objetos que são jogados no lixo?

OBSERVE

G. Evangelista/Opção Brasil Imagens

Cofrinho feito de garrafa PET.

Jacek/kino.com.br

Vassoura feita de garrafas PET.

Ashley Cooper/Corbis/Latinstock

Revestimento para piso feito de borracha reciclada.

1. As fotografias acima mostram sugestões para a reciclagem ou reutilização de materiais, transformando-os em objetos úteis ou decorativos. Qual material foi reciclado ou reutilizado para obter cada objeto?

Fotografia **A**: ______________________________

Fotografia **B**: ______________________________

Fotografia **C**: ______________________________

ANALISE

2. Descreva quais partes da garrafa PET foram utilizadas nos objetos das fotografias **A** e **B** e explique como elas foram encaixadas.

a) Cofrinho

b) Vassoura

RELACIONE

3. Observe a garrafa PET da fotografia ao lado e faça traços em **vermelho** indicando como cortá-la para obter um objeto com a forma de um cilindro.

Sebastian Radu/Shutterstock/Glow Images

4. Os objetos abaixo são feitos de materiais que podem ser reciclados. Ligue cada objeto ao sólido geométrico que tem a mesma forma.

As imagens destas páginas não estão representadas em proporção.

Roman Samokhin/Shutterstock/Glow Images

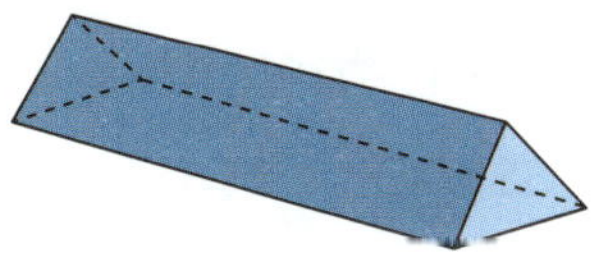

prisma

Dja65/Shutterstock

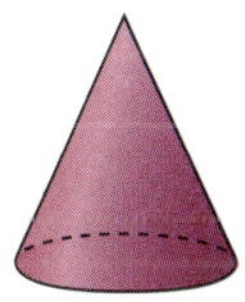

cone

Emka74/Shutterstock/Glow Images

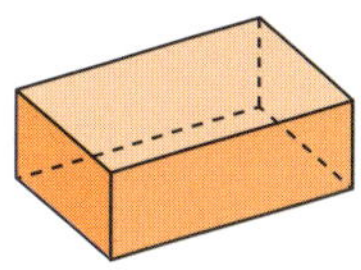

paralelepípedo

Mike Flippo/Shutterstock

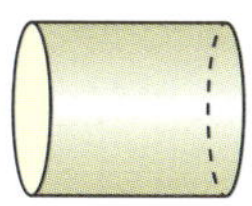

cilindro

5. Com um colega, pensem em duas vantagens de reutilizarmos objetos. Depois, com a orientação do professor, exponham as ideias da dupla para os outros alunos da turma.

CAPÍTULO 9

CÁLCULO COM NÚMEROS MAIORES DO QUE 100

OS NÚMEROS NO ÁBACO

O ábaco é um instrumento que ajuda a registrar números e a fazer contas rapidamente. Ele foi inventado há mais de 2 mil anos e foi usado e aperfeiçoado por vários povos, como os chineses, os gregos e os romanos.

Ainda hoje o ábaco é bastante utilizado! Veja ao lado a fotografia de um ábaco escolar.

Alexandre Nunes/Shutterstock/Glow Images

Ábaco escolar

1 Vamos construir um ábaco? Veja ao lado o material necessário. Depois, leia abaixo as instruções para montá-lo.

MATERIAL NECESSÁRIO

- 1 caixa de ovos sem tampa
- 3 pedaços de papel e 3 palitos de madeira com pontas arredondadas
- 30 argolas que entrem e saiam com facilidade dos palitos
- Cola

Instruções

- Espete os 3 palitos na caixa de ovos, um ao lado do outro, conforme a imagem ao lado.
- Escreva as letras **C**, **D** e **U** nos pedaços de papel e cole-os abaixo dos palitos, da esquerda para a direita.
- As argolas você vai usar para representar os números.

Ampla Arena Estúdio/Arquivo da editora

2 Observe o ábaco que você construiu e complete as frases abaixo.

a) A letra **C** significa ______________________.

b) A letra **D** significa ______________________.

c) A letra **U** significa ______________________.

3 Com as argolas, represente cada número abaixo no ábaco que você construiu. Depois desenhe como ficou.

a) 2

b) 5

c) 9

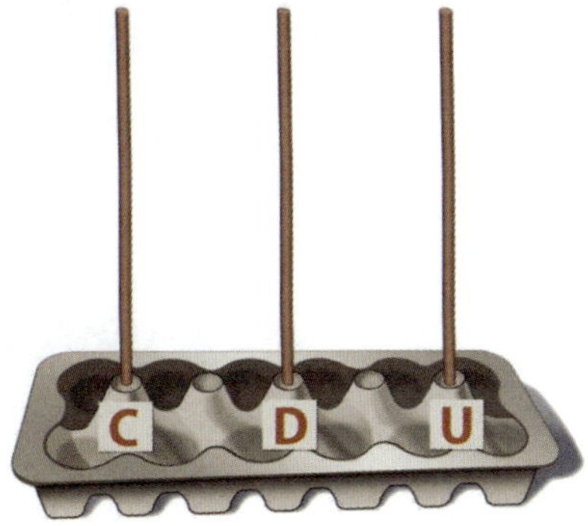

Ilustrações: Ampla Arena Estúdio/Arquivo da editora

Para representar o número 10 no ábaco, usamos o pino das dezenas. Veja abaixo.

Lembre-se: **1 dezena** é igual a **10 unidades**.

4 Represente cada número abaixo no ábaco que você construiu. Depois, desenhe como ficou.

a) 11

b) 19

c) 20

5 Carine quer representar o número 15 em seu ábaco, e Ígor quer representar o número 42. Ajude-os a completar os ábacos abaixo.

Ampla Arena Estúdio/Arquivo da editora

Ábaco de Carine

Ampla Arena Estúdio/Arquivo da editora

Ábaco de Ígor

Uma loja de brinquedos está fazendo um concurso: quem representar o maior número no ábaco vai ganhá-lo de presente!

Cátia e Mário vão participar. Cada um recebeu 9 argolas.

Cátia colocou 5 argolas no pino das dezenas e 4 argolas no pino das unidades.

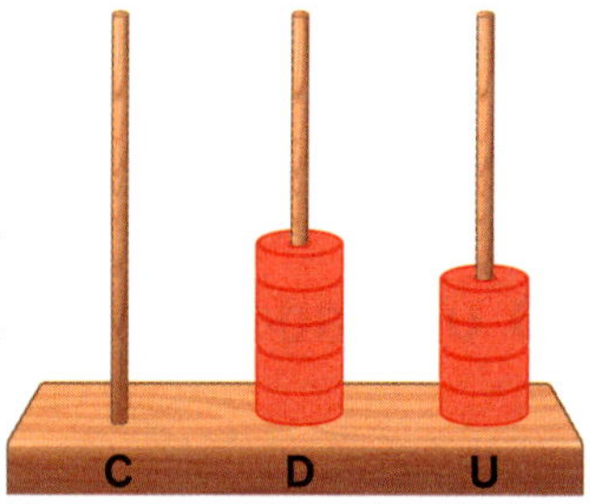

Banco de imagens/Arquivo da editora

Mário colocou 4 argolas no pino das dezenas e 5 argolas no pino das unidades.

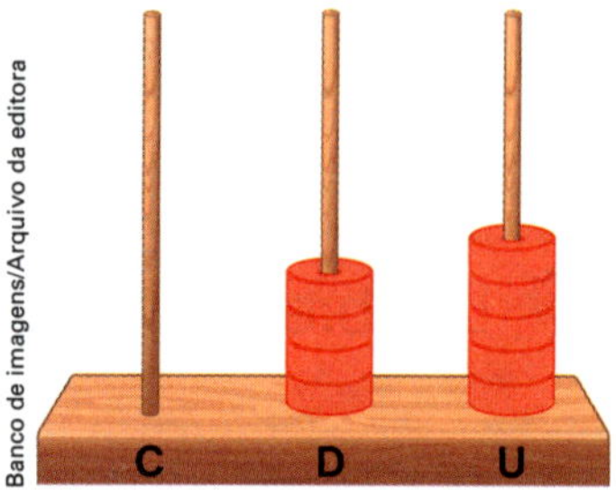

Banco de imagens/Arquivo da editora

6 Observe os ábacos de Cátia e Mário.

a) Que número Cátia representou? ______________________

b) Que número Mário representou? ______________________

c) Quem representou o maior número? ______________________

d) E você, que número representaria no ábaco?

e) Você acha que Cátia ou Mauro podem ter ganhado o concurso?

7 Observe os números 90, 99 e 100 nos quadros de valor posicional abaixo. Represente esses números no ábaco que você construiu. Em seguida, desenhe abaixo como ficou.

a)

C	D	U
	9	0

Ampla Arena Estúdio/Arquivo da editora

b)

C	D	U
	9	9

Ampla Arena Estúdio/Arquivo da editora

c)

C	D	U
1	0	0

Ampla Arena Estúdio/Arquivo da editora

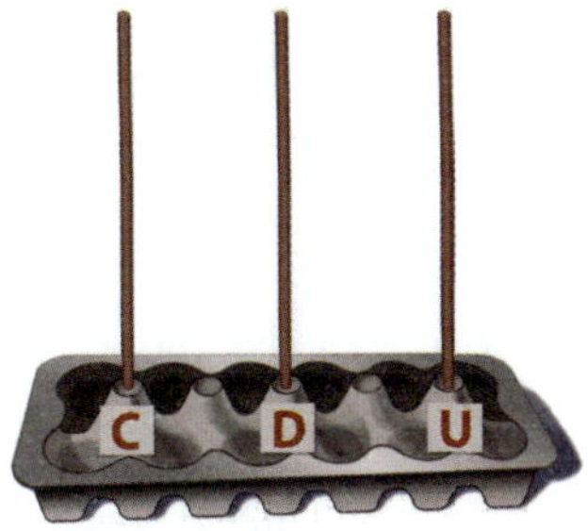

8 Represente no quadro de valor posicional o número indicado em cada ábaco abaixo.

a)

C	D	U

Banco de imagens/Arquivo da editora

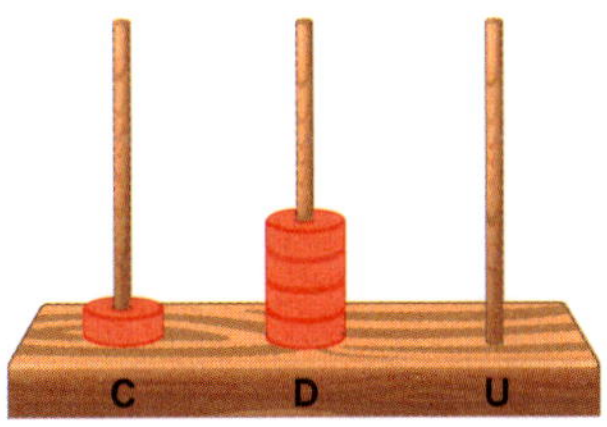

b)

C	D	U

Banco de imagens/Arquivo da editora

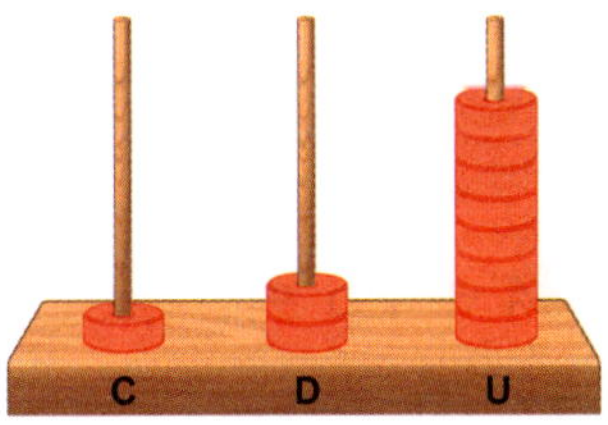

c)

C	D	U

Banco de imagens/Arquivo da editora

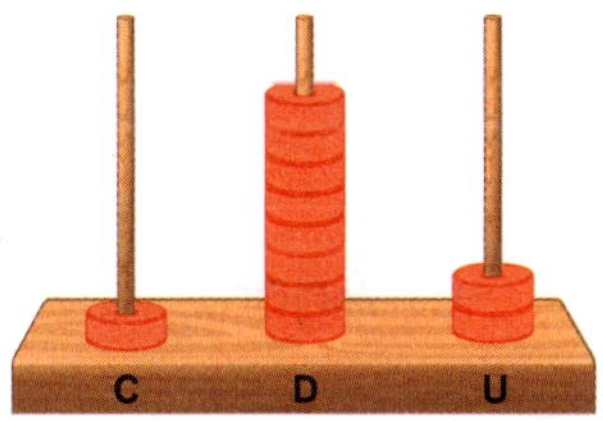

9 Pense em um número de 100 a 199.

a) Complete: O número em que pensei foi ________.

b) Peça a um colega que represente esse número no ábaco que ele construiu. Em seguida, represente no ábaco que você construiu o número que seu colega pensou.

c) Em qual número seu colega pensou? ________

d) Quem pensou no maior número? ________

ADIÇÃO

O professor Elias lançou um desafio a seus alunos. Veja ao lado.

Ampla Arena Estúdio/Arquivo da editora

1 Participe do desafio lançado pelo professor!

a) Pegue novamente as peças do material dourado que você destacou do **Material Complementar** e represente os números 134 e 25.

b) Desenhe no quadro de valor posicional abaixo as peças do material dourado que representam esses números.

Dica: Faça desenhos simples para representar as peças.

cubinho → ▫ **barra** → ▯ **placa** → ◻

C	D	U

c) Agora, complete: 134 + 25 = ______

2 Continue resolvendo os desafios! Use as peças do material dourado para representar as adições abaixo. Depois, complete o quadro de valor posicional apenas com números.

a) 154 + 23 = ______

	C	D	U
	1	5	4
+		2	3

b) 134 + 61 = ______

	C	D	U
+			

c) 142 + 36 = ______

	C	D	U
+			

3 Você vai resolver um jogo dos 7 erros diferente! Alguns alunos representaram números com desenhos das peças do material dourado. Mas eles cometeram erros ao efetuar as adições no quadro de valor posicional.

a) Encontre os 7 erros que os alunos cometeram ao todo, contorne e corrija-os.

Aline representou e calculou o valor de 136 + 23.

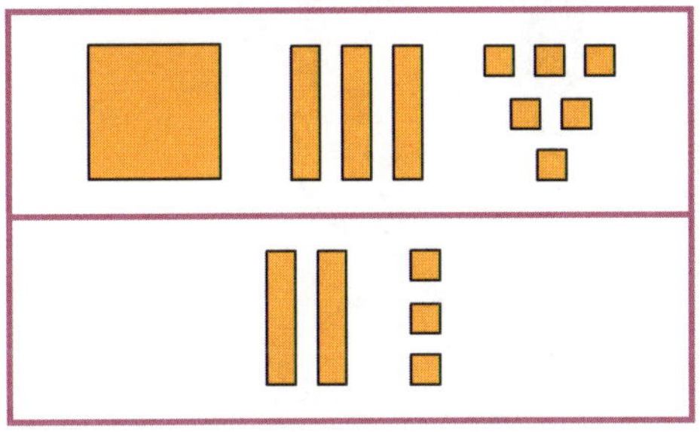

	C	D	U
	1	3	5
+		2	3
	1	5	8

Esta adição quem fez foi Ricardo.

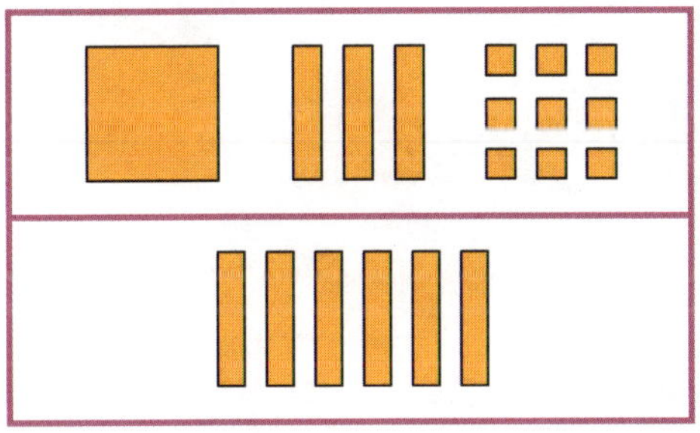

	C	D	U
	1	3	9
+		4	0
	1	7	9

Regina fez esta adição.

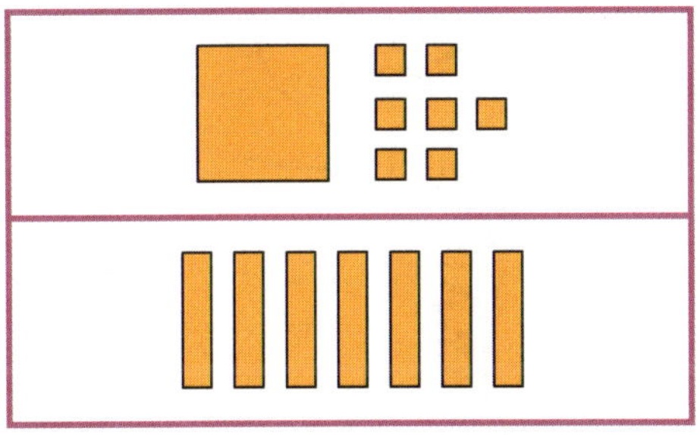

	C	D	U
	1	7	0
+		7	0
	1	7	0

b) Agora, complete abaixo as adições feitas por Aline, Ricardo e Regina. Escreva todos os números e os resultados corretos.

Aline: ________ + ________ = ________

Ricardo: ________ + ________ = ________

Regina: ________ + ________ = ________

Júlio quer usar o ábaco para efetuar adições. Veja como ele fez para calcular o valor de 41 + 27.

Ilustrações: Ampla Arena Estúdio/Arquivo da editora

4 Faça como Júlio: resolva as adições abaixo usando o ábaco que você construiu. Depois, desenhe as argolas nos ábacos abaixo e complete as adições.

a) 54 + 23 = ______

4 unidades + 3 unidades = _____ unidades

5 dezenas + 2 dezenas = _____ dezenas

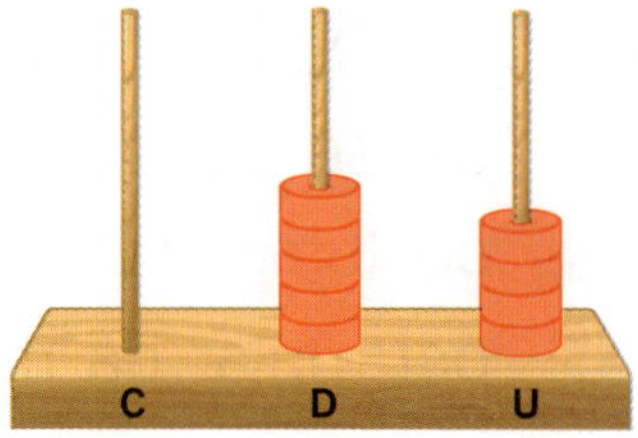

Ilustrações: Banco de imagens/Arquivo da editora

b) 61 + 30 = ______

1 unidade + 0 unidade = _____ unidade

_____ dezenas + _____ dezenas = _____ dezenas

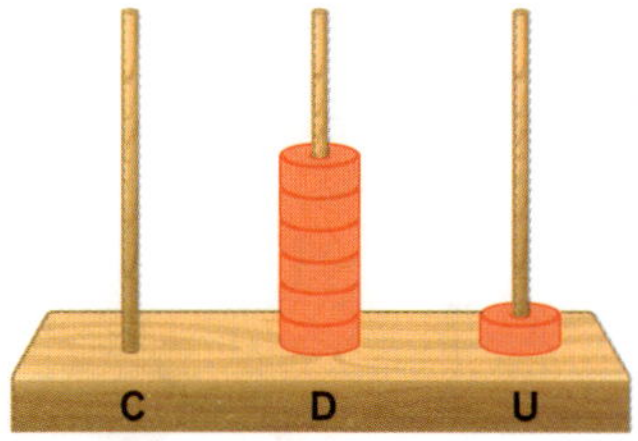

c) 51 + 40 = ______

_____ unidade + _____ unidade = _____ unidade

_____ dezenas + _____ dezenas = _____ dezenas

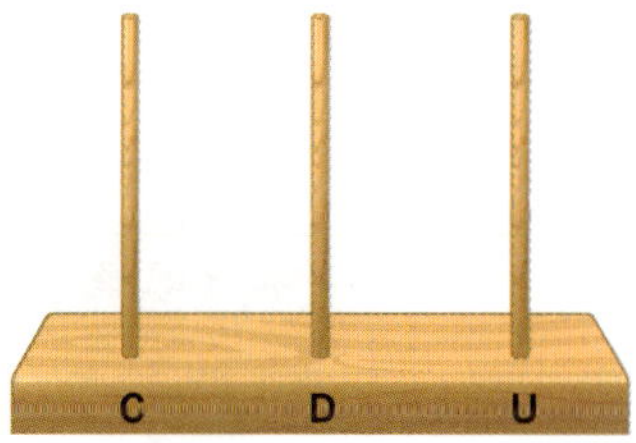

d) 125 + 34 = ______

_____ unidades + _____ unidades = _____ unidades

_____ dezenas + _____ dezenas = _____ dezenas

_____ centena + _____ centena = _____ centena

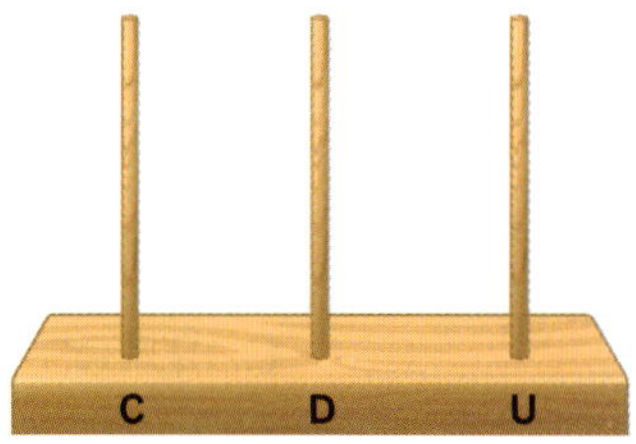

5 Continue adicionando com a ajuda do quadro de valor posicional.

a) 56 + 31 = ______

	C	D	U
+			

b) 136 + 22 = ______

	C	D	U
+			

c) 156 + 32 = ______

	C	D	U
+			

MEDIDA DE MASSA

Juliana foi ao supermercado com a mãe. Ela percebeu que alguns produtos geralmente são pesados antes de serem vendidos.

Quando colocamos um objeto na balança, ela marca a massa desse objeto. Geralmente, essa medida é dada em quilograma, que costumamos chamar de "quilo". No dia a dia, usamos a palavra "peso" para falar da massa de um objeto.

1 Marque um **X** nos quadrinhos dos produtos abaixo que normalmente são pesados antes de serem vendidos.

As imagens destas páginas não estão representadas em proporção.

Timmary/Shutterstock/Glow Images

Evikka/Shutterstock

Hong Vo/Shutterstock/Glow Images

Viktar Malyshchyts/Shutterstock/Glow Images

R.legosyn/Shutterstock

Vnovikov/Shutterstock/Glow Images

2 Você sabe qual é a massa de um elefante africano adulto? E qual é a massa de um cavalo adulto? E de um gato adulto? Vamos descobrir!

a) Pense nesses animais e em quanto você acha que uma balança marcaria se nela fossem colocados esses animais. Escreva seus palpites na tabela abaixo.

Massa dos animais

Animal adulto	Meu palpite	Massa real aproximada
Elefante africano		
Cavalo		
Gato		

Tabela elaborada para fins didáticos.

b) Agora, pesquise a massa real aproximada desses animais em enciclopédias, livros ou *sites*. Anote as massas na tabela acima.

LEVE OU PESADO?

Muitas vezes um objeto é leve para algumas pessoas e pesado para outras.

Ampla Arena Estúdio/Arquivo da editora

Quando falamos que um objeto é leve ou pesado, estamos falando da massa desse objeto.

Todos os objetos e os seres vivos ou não vivos da natureza têm massa. Quando a massa de um objeto ou ser da natureza é menor do que a massa de outro, costumamos dizer que esse objeto ou ser da natureza é mais leve do que o outro.

DenisNata/Shutterstock
Richard Peterson/Shutterstock

3 Observe as massas que você pesquisou para o elefante africano e para o gato. Em seguida, complete:

O gato adulto é mais ______________ do que o elefante africano adulto.

4 Pense em alguns objetos da escola ou de sua casa que você utiliza no dia a dia. Complete o quadro abaixo com duplas desses objetos, de acordo com a massa que você percebe. Veja um exemplo.

Comparando dois objetos

Mais leve	Mais pesado
lápis	caderno

NÚMEROS PARES E NÚMEROS ÍMPARES

O professor Ribamar vai fazer uma gincana com seus 16 alunos. Veja a primeira instrução que ele deu aos alunos.

Ilustrações: Ampla Arena Estúdio/ Arquivo da editora

1 Quantos pares os alunos do professor Ribamar vão formar? Se preferir, contorne os pares na imagem acima. ______

2 Em quantos grupos os alunos vão se dividir para formar os cata-ventos? ______

3 No final da aula, o professor Ribamar distribuiu 2 frutas para cada aluno. Quantas frutas o professor distribuiu ao todo para os alunos?

Se preferir, desenhe abaixo. ______

4 O professor Lúcio também quer fazer uma gincana com seus 15 alunos. Esses alunos podem se organizar em pares? Justifique sua resposta.

____

5 Veja abaixo o número de alunos em cada turma de uma escola. Faça desenhos no caderno ou faça uma divisão por 2 e descubra se o número de alunos é par ou ímpar. Depois, assinale com um **X** se o número é par ou ímpar.

a) 2º ano **A**: 20 alunos.

☐ Par ☐ Ímpar

b) 2º ano **B**: 23 alunos.

☐ Par ☐ Ímpar

c) 2º ano **C**: 19 alunos.

☐ Par ☐ Ímpar

d) 2º ano **D**: 24 alunos.

☐ Par ☐ Ímpar

6 Vamos escrever a sequência dos números pares e a sequência dos números ímpares?

a) Use os números a seguir para completar as sequências numéricas.

0 1 2 3 4 5 6 7 8 9 10 11 12 13
14 15 16 17 18 19 20 21 22 23 24

Sequência dos números pares:

0	2											

Sequência dos números ímpares:

1	3										

b) Qual é o próximo número da sequência de números pares? ________

c) E qual é o próximo número da sequência de números ímpares? ________

CUBO

Veja a caixa ao lado. Ela tem a forma parecida com o sólido geométrico chamado **cubo**. Você se lembra desse sólido geométrico?

1 Pegue um pouco de massa de modelar e faça um cubo. Observe os cubos dos colegas e veja se eles ficaram parecidos com o seu cubo.

2 Observe novamente as peças do castelo de brinquedo que Alessandra montou na página 163.

a) Escolha outros sólidos geométricos para fazer com a massa de modelar. Depois, junte-se a alguns colegas e montem um castelo com os sólidos geométricos que vocês moldaram.

b) Desenhe abaixo como ficou o castelo que vocês montaram.

Pegue novamente o cubo que você montou com o molde do **Material Complementar**.

Cada superfície que delimita o cubo é chamada **face**.

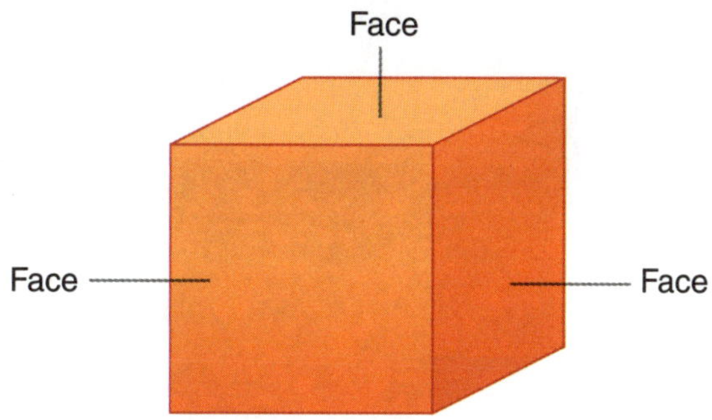

3 O cubo tem quantas faces? ______________________

4 Agora você vai precisar de uma folha de papel para contornar as faces do seu cubo.

a) Coloque uma das faces do cubo sobre a folha de papel, encoste o lápis na lateral e contorne essa face.

Ampla Arena Estúdio/Arquivo da editora

b) O contorno da face do cubo que você obteve é parecido com qual figura geométrica plana? ______________________

c) Observe as outras faces do cubo. Qual figura geométrica plana será obtida ao contornar essas faces? ______________________

5 Marcelo e Carolina contornaram todas as faces de seus cubos. Depois, eles pintaram e recortaram os desenhos das faces. Veja abaixo os recortes que eles obtiveram.

Ilustrações: Ampla Arena Estúdio/Arquivo da editora

Em seguida, a professora propôs um desafio! Ela misturou os recortes das faces e desafiou Marcelo e Carolina a separarem os recortes de seus cubos.

Ajude-os nesse desafio escrevendo a primeira letra do nome de cada um deles nos recortes que lhe pertencem.

6 Para esta atividade você vai precisar de um dado de pontos.

a) O dado lembra qual sólido geométrico? ______________

b) Veja abaixo a representação das faces de um dado. Desenhe pequenos círculos para completar os desenhos das faces.
A primeira face já está desenhada.

c) Agora, forme dupla com um colega. Adicionem os pontos das faces opostas do dado e anotem os resultados na tabela abaixo.

Pontos das faces opostas do dado

Pontos na face	Pontos na face oposta	Total de pontos
1		
3		
5		

Tabela elaborada para fins didáticos.

d) O que vocês podem observar sobre o total de pontos das faces opostas do dado?

7 Veja ao lado desenhos formados com palitos de madeira.

Amj Estúdio/Arquivo da editora

a) Quantos palitos formam 1 quadrado? ______________

b) Quantos palitos formam 2 quadrados? ______________

c) Quantos palitos formam 3 quadrados? ______________

d) Quantos palitos são necessários para formar 4 quadrados? ______________

PESQUISA E COLETA DE INFORMAÇÃO

Juliana fez uma pesquisa com os alunos de sua turma e representou o resultado na tabela abaixo.

Brinquedos favoritos dos alunos da turma

Brinquedo	Votos	Quantidade de alunos
Boneca	⧄ ⧄	10
Carrinho	⧄ | |	
Jogo de cartas	| |	
Bola	⧄ ⧄ ⧄	

Tabela elaborada para fins didáticos.

1 Veja as anotações de Juliana.

a) Converse com os colegas e o professor sobre o que significam estas marcas:

⧄ |

b) Por que essas marcas foram usadas por Juliana?

c) Termine de completar a tabela acima escrevendo quantos alunos votaram em cada brinquedo.

d) Qual foi o brinquedo mais votado? ______________________

e) Juntando os alunos que escolheram bola e carrinho, quantos alunos são? ______________________

2 Você sabe qual é o brinquedo favorito dos alunos de sua turma? Vamos descobrir!

a) Com a ajuda do professor, faça uma pesquisa para saber de qual brinquedo cada aluno da turma mais gosta. Anote os resultados na tabela abaixo.

Brinquedos favoritos dos alunos da minha turma

Brinquedo	Votos	Quantidade de alunos

Tabela elaborada para fins didáticos.

b) Quantos brinquedos diferentes sua turma escolheu?

____

c) Qual foi o brinquedo mais votado?

____

d) Qual foi o segundo brinquedo mais votado?

____

e) Qual foi o brinquedo menos escolhido pelos alunos da turma?

____

ATIVIDADES DO CAPÍTULO

1. Resolva as adições abaixo.

a) 143 + 35 = ______

	C	D	U
+			

b) 151 + 34 = ______

	C	D	U
+			

c) 103 + 51 = ______

	C	D	U
+			

2. Observe abaixo os produtos que Tomás comprou no mercado e contorne o produto mais pesado de cada item.

As imagens destas páginas não estão representadas em proporção.

a)

Vaclav Volrab/Shutterstock/Glow Images

Maks Narodenko/Shutterstock/Glow Images

b)

GCPICS/Shutterstock/Glow Images

Bork/Shutterstock/Glow Images

3. Nádia construiu um banco de madeira com a forma de um cubo.

a) Ela vai pintar cada face do banco com uma cor diferente. Ela precisará de quantas cores diferentes? ______________________

b) Se fossem 2 bancos, então ela precisaria de quantas cores diferentes?

____

c) Os números que você escreveu nos itens **a** e **b** são pares ou ímpares?

____

RESOLVENDO PROBLEMAS

1. Quatro amigas ganharam juntas um sorteio e querem dividir os prêmios entre elas em partes iguais. Veja ao lado os prêmios que elas ganharam: carrinhos, chaveiros e ingressos para um teatro.

Ilustrações: Ampla Arena Estúdio/Arquivo da editora

a) Com quantos carrinhos cada amiga vai ficar? Quantos carrinhos vão sobrar?

____

b) Quantos chaveiros cada uma vai ganhar? Quantos chaveiros vão sobrar?

____

c) E quantos ingressos cada uma vai receber? Quantos ingressos vão sobrar?

____

d) O que as amigas podem fazer com os prêmios que sobraram?

2. Anita foi com a mãe dela comprar um presente para o aniversário do irmão. A mãe de Anita tinha na carteira 1 cédula de 50 reais, 2 cédulas de 20 reais e 2 cédulas de 10 reais. Na loja de brinquedos elas escolheram um jogo que custava 80 reais.

a) Quantos reais a mãe de Anita levou na carteira quando foram às compras? ______________________________

b) Essa quantia era suficiente para comprar o jogo escolhido? Quantos reais faltavam ou sobravam?

____

TRABALHANDO COM JOGOS

JOGO DE CARTAS COM ALGARISMOS

MATERIAL NECESSÁRIO

- Cartas do **Material Complementar**
- Lápis e papel

Número de jogadores: de 2 a 4

Como jogar

- Cada jogador deve destacar suas cartas do **Material Complementar**. Depois, deve embaralhar suas cartas e fazer um monte com os números voltados para baixo.
- Os jogadores devem combinar um sinal para iniciar a rodada. Por exemplo: **1, 2, 3 e já!**
  Após o sinal, cada jogador vira 2 cartas de seu monte e forma o maior número possível com os algarismos das cartas.
- Caso 2 ou mais jogadores formem o mesmo número com as cartas, eles podem devolver uma das cartas para o monte e sortear outra carta.
- O jogador que formar o maior número ganha 10 pontos, e o jogador que formar o segundo maior número ganha 5 pontos. Os outros jogadores, se houver, ganham 2 pontos cada um. Cada jogador deve registrar seus pontos em sua folha de papel.
- As cartas que já foram viradas e formaram números devem ser colocadas em um canto da mesa e não serão mais usadas na partida.
- A partida termina quando um dos jogadores não tiver mais cartas em seu monte.
- Ao final da partida, cada jogador adiciona seus pontos. Vence a partida quem tiver o maior número de pontos.

Estúdio Kiwi/Arquivo da editora

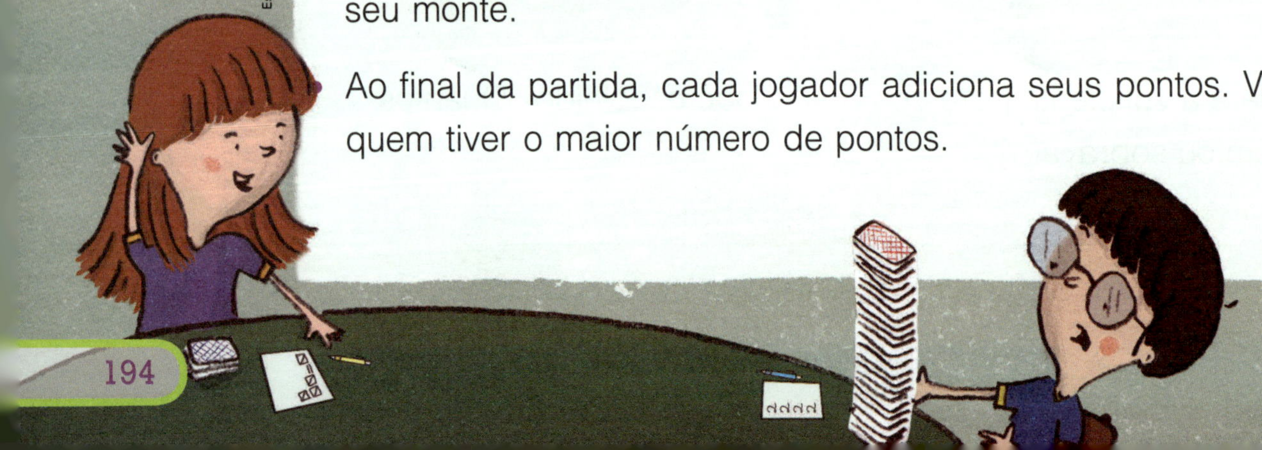

Pensando sobre o jogo

1. Jogue uma partida do **Jogo de cartas** com os colegas. Como você fez para formar o maior número com as cartas sorteadas do monte?

____

____

2. Se você pudesse escolher 2 cartas para formar o maior número, então quais cartas escolheria? E qual número você formaria?

____

____

3. Aline, Laís, Caio e Rafael fizeram 3 rodadas do **Jogo de cartas**. Veja abaixo os números que eles formaram em cada rodada.

Números formados pelos jogadores

Jogador	1ª rodada	2ª rodada	3ª rodada
Aline	32	44	90
Laís	61	76	87
Caio	49	50	65
Rafael	53	48	88

Tabela elaborada para fins didáticos.

a) Quem formou o maior número na 1ª rodada? ______________

b) Quantas unidades o número de Caio é maior do que o número de Aline na 2ª rodada? ______________

c) Quantos pontos Aline ganhou na 2ª rodada? ______________

d) Quantas unidades o número de Laís é menor do que o número de Rafael na 3ª rodada? ______________

e) Quem ganhou 5 pontos na 3ª rodada? ______________

LER E ENTENDER

Quais instrumentos você usa para fazer contas? Você conhece alguém que usa o ábaco para calcular?

O ábaco do vô Felipe

Nas tardes em que minha mãe me levava ao centro para fazer compras, passava sempre comigo na loja. Era uma sala comprida, um pouco escura, com rolos grandes de tecido nas prateleiras. Meu vô pegava os rolos para mostrar aos clientes, e eles faziam um barulho gostoso quando caíam pesados no balcão.

Eu adorava ver aqueles metros e metros de tecido colorido; mas o que eu mais gostava, mesmo, era da máquina de calcular do vô Felipe. Naquela época, ainda não existiam calculadoras como as de hoje, muito menos computador. No canto do balcão, ficava uma máquina registradora, dessas que a gente ainda vê de vez em quando em lojinhas antigas. Tinha muitas teclas de números e uma manivela grande do lado, que fazia *triiimm* quando alguém acabava a conta.

Mas não é dessa máquina que eu estou falando. Os funcionários faziam contas na registradora, mas o meu avô usava outra coisa, muito mais simples: uma armação de madeira com fileiras de arame onde corriam umas bolinhas. Era o que se chama ábaco, uma das máquinas de calcular mais antigas que existem. [...]

Nunca entendi bem como fazer contas no ábaco. O que eu sei é que cada bolinha movida de um lado para o outro da fileira representa uma unidade, uma dezena, uma centena, e assim por diante. As contas são feitas movendo e contando as bolinhas.

O mais impressionante era o seguinte: meu avô fazia contas no ábaco mais rápido do que os funcionários na registradora. E a registradora, claro, fazia contas sozinha, mas o ábaco não. O ábaco só ajudava; quem fazia as contas, mesmo, era o vô Felipe.

Histórias de avô e avó, de Arthur Nestrovski. São Paulo: Companhia das Letrinhas, 1998.

ANALISE

1. No texto há um relato. Resuma-o em poucas palavras.

2. No segundo parágrafo há uma expressão que utilizamos para dizer que algo aconteceu há muito tempo. Que expressão é essa?

3. De acordo com o texto, como era o ábaco do avô de Felipe? Copie abaixo o trecho em que o ábaco é descrito.

RELACIONE

4. O ábaco do avô Felipe é diferente do ábaco que você viu e construiu neste capítulo. Há muitos modelos de ábaco, e os procedimentos de cálculo podem mudar de acordo com o modelo. Entre os modelos de ábaco abaixo, qual lembra mais o quadro de valor posicional? Explique.

Fernanda Mayer/Arquivo da editora
Ábaco escolar

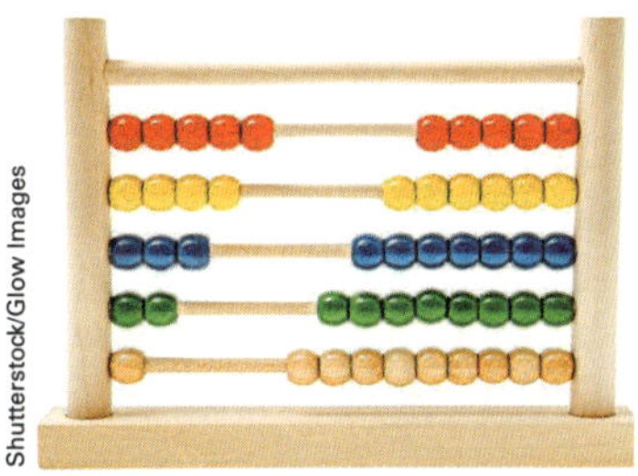
Christos Siatos/Shutterstock/Glow Images
Ábaco escolar

homydesign/Shutterstock/Glow Images
Ábaco tradicional

5. O ábaco não tem teclas, fios ou componentes eletrônicos. De acordo com seus conhecimentos e com o texto lido, o ábaco, ainda assim, é útil atualmente? Justifique sua resposta.

O QUE APRENDI?

A imagem que você viu na abertura desta Unidade mostra 2 crianças brincando com um jogo de tabuleiro.

Ilustrações: Ilustra Cartoon/Arquivo da editora

1. Observe a imagem. Para decidir quem iria começar a partida, as crianças tiraram **Par ou ímpar**. Quem começou a partida? Por quê?

____

____

2. Na primeira rodada, a menina jogou o dado e o resultado foi .
Em seguida, o menino jogou o dado e o resultado foi .

a) Para qual casa a menina foi? ____________________

b) E para qual casa o menino foi? ____________________

3. Para qual casa o jogador deve movimentar o pino que parar:

a) na casa 6? ____________ c) na casa 16? ____________

b) na casa 14? ____________ d) na casa 19? ____________

4. Marque um **X** para completar cada frase abaixo.

a) O dado utilizado no jogo lembra uma figura geométrica ________.

☐ arredondada ☐ não arredondada

b) O nome do sólido geométrico com o qual o dado se parece é ________.

☐ cubo ☐ cilindro

c) Esse dado tem ________.

☐ 6 faces ☐ 8 faces

Ilustra Cartoon/Arquivo da editora

5. Juliana vai comprar um jogo de tabuleiro que custa 114 reais.

As imagens destas páginas não estão representadas em proporção.

a) Contorne abaixo as cédulas que ela precisa para fazer essa compra.

Reprodução/Casa da Moeda do Brasil/Ministério da Fazenda

b) Como podemos representar o número 114 com peças do material dourado?

____

c) Agora, represente o número 114 no quadro de valor posicional ao lado.

C	D	U

MINHA COLEÇÃO DE PALAVRAS

Escreva abaixo algumas palavras que você aprendeu nesta Unidade. Depois, escolha 2 palavras e explique a um colega o significado delas.

____

____

____

UNIDADE 4

FÉRIAS NO SÍTIO

Giz de cera/Arquivo da editora

Reprodução de cena da série brasileira de televisão **O Show da Luna!**, criada por Célia Catunda e Kiko Mistrorigo. Transmitida no Brasil desde 2014.

Reprodução/<www.youtube.com/watch?v=0nMmWgETnMY>

- Qual é o local mostrado nesta imagem?
- Você conhece o desenho que as crianças estão assistindo na televisão?
- Em que local as crianças do desenho estão?

CAPÍTULO 10

COMPREENDENDO NÚMEROS MAIORES

MEDIDAS DE COMPRIMENTO

Ana comprou um presente para Henrique, mas escondeu a caixa. Para encontrar seu presente, Henrique teve que seguir 2 pistas.

Pista 1: Vá até a porta de entrada da casa e de lá ande 8 passos em direção à árvore. Olhe para cima. Veja a **pista 2**.

Pista 2: Ande 10 passos na direção da piscina, mas tome cuidado para não cair nela. Ache o presente!

Ana somente conseguiu criar as pistas porque sabia qual era o comprimento do passo de Henrique.

Agora vamos falar de seu passo. Qual é o comprimento dele?

Ilustrações: Amj Estúdio/Arquivo da editora

MATERIAL NECESSÁRIO

- Barbante
- Tesoura com pontas arredondadas
- Canetinha colorida
- Fita adesiva

Instruções

- Corte um pedaço de barbante com medida igual à sua altura. Com a fita adesiva, prenda as duas pontas do barbante no chão. Deixe o barbante bem esticadinho.
- Dê 1 passo a partir de uma das pontas do barbante.
- Peça a um colega que marque com a canetinha no barbante o lugar onde começa seu passo e o lugar até onde seu passo chegou.
- Corte o barbante nas 2 marcas. Pronto, esse é o comprimento de seu passo.

1 Com a ajuda do professor, compare o comprimento dos passos de todos os alunos da turma. Quem tem o maior passo?

Você mediu o comprimento de seu passo usando um barbante. Veja abaixo outros instrumentos que também servem para medir comprimento.

Image Source/Folhapress

Trena

Zhukon Oleg/Shutterstock/Glow Images

Régua

Luciana Whitaker/Pulsar Imagens

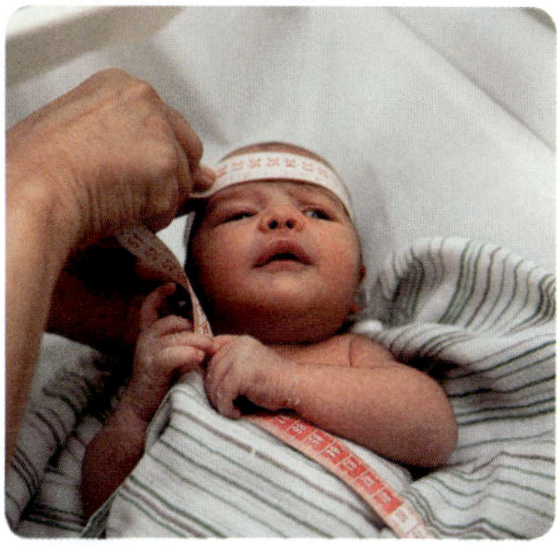

Fita métrica

2 Qual desses instrumentos acima você já conhecia? Cite exemplos de objetos que podemos medir com eles.

As imagens destas páginas não estão representadas em proporção.

A régua é um dos instrumentos que usamos para medir comprimentos. Ela também nos ajuda a fazer traços bem retinhos. Vamos aprender a usá-la?

Veja abaixo como segurar a régua de modo correto.

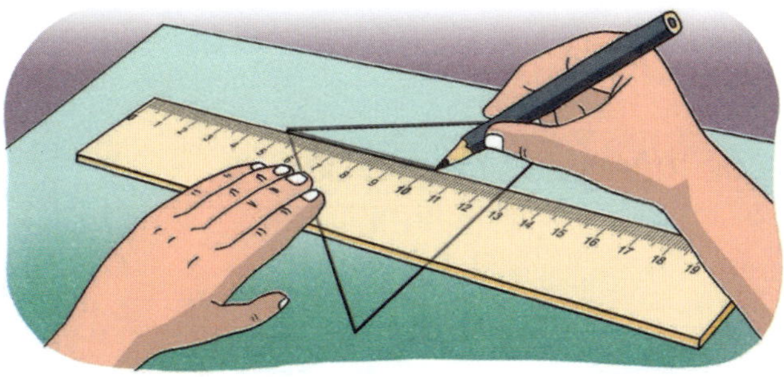

Amj Estúdio/Arquivo da editora

Experimente fazer alguns traços como os traços acima em uma folha de papel.

USANDO A RÉGUA

- Vamos usar a régua para fazer um desenho!

a) Pegue sua régua e use o quadrado da página ao lado. Comece fazendo dois traços para dividir o quadrado: ligue os pontinhos que têm a mesma cor. Cuide para que os traços fiquem retinhos.

Ilustrações: Amj Estúdio/Arquivo da editora

b) Quais figuras você formou quando fez o primeiro traço?

____

c) E quais figuras você formou quando fez o segundo traço?

____

d) Continue dividindo os quadrados ao meio. Dessa vez você vai formar triângulos. Veja ao lado.

e) Agora, pinte os triângulos com a cor que preferir.

NÚMEROS MAIORES DO QUE 199

Você já escreveu os números de 0 a 199 no quadro numérico. Vamos escrever mais números?

1 Denise já conhece alguns números maiores do que 199. Veja abaixo os números que ela escreveu.

190	191	192	193	194	195	196	197	198	199
200	201	202	203	204	205				

a) Complete o quadro numérico acima.

b) Qual foi o maior número que você escreveu? ________

c) Qual é o sucessor desse número? ________

2 Vamos ajudar Pingo a chegar até a casinha? Pinte os quadrinhos que têm números maiores do que 280 e menores do que 360.

		186	196	432	245	374	139	213	225
		248	281	327	359	290	310	278	100
333	221	109	335	168	246	166	287	361	179
319	284	304	296	250	459	116	340	388	375
400	127	373	216	379	300	348	299	460	267
422	200	275	174	424	344	126	205	379	112
150	259	376	408	361	313	429	189		
413	190	264	382	134	292	322	356		

Ilustrações: Amj Estúdio/ Arquivo da editora

3 Veja abaixo como escrevemos alguns números maiores do que 100 e complete.

200	300	400	500
Duzentos	Trezentos	Quatrocentos	Quinhentos

600	700	800	900
Seiscentos			

4 Registre cada número abaixo no quadro de valor posicional e escreva como se lê esse número.

a) 3 centenas, 7 dezenas e 0 unidade.

C	D	U

____

b) 6 centenas, 2 dezenas e 3 unidades.

C	D	U

____

c) 9 centenas, 5 dezenas e 8 unidades.

C	D	U

____

d) 8 centenas, 0 dezena e 5 unidades.

C	D	U

____

O CENTÍMETRO, O METRO E O QUILÔMETRO

Você usou a régua para fazer traços bem retinhos. Agora você vai aprender a usar a régua para medir comprimentos.

Observe a régua abaixo.

Lembre-se: Também podemos escrever 15 centímetros como **15 cm**.

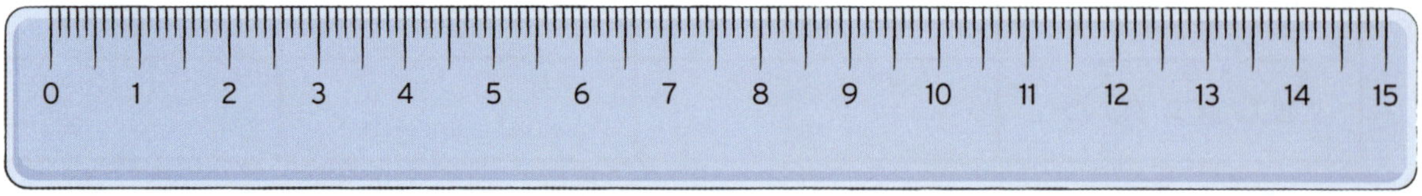

Esta régua está numerada de 0 a 15. Assim, com ela você pode medir objetos com até **15 centímetros**.

1 Observe como Silene posicionou um lápis junto de uma régua de 15 centímetros. Ela colocou uma das pontas do lápis no número 0 da régua. A outra ponta do lápis coincidiu com o número 10 na régua.

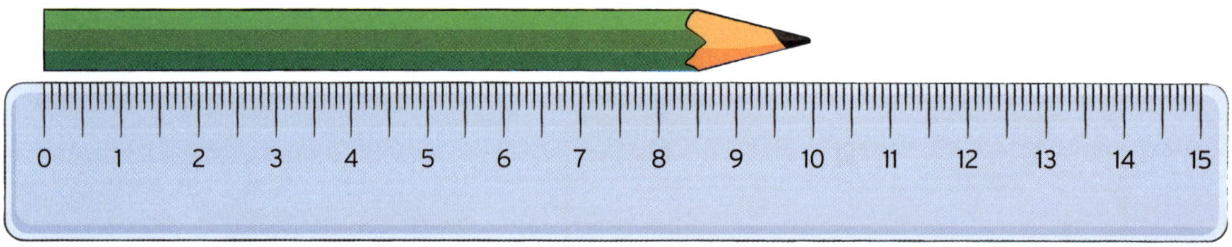

Ilustrações: Amj Estúdio/Arquivo da editora

Então, Silene verificou que o comprimento do lápis é 10 centímetros (10 cm).

a) Agora é a sua vez! Faça como Silene: meça com uma régua os objetos desenhados abaixo e complete as frases.

Esta borracha mede ________ cm.

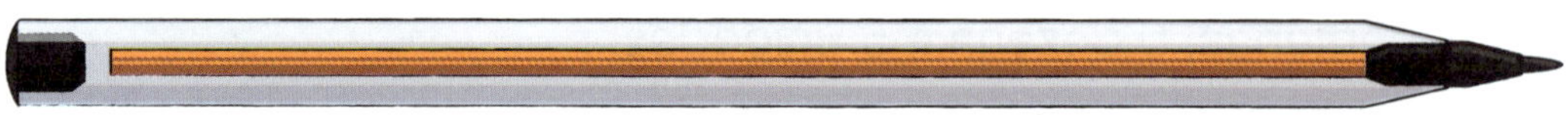

Esta caneta mede ________ cm.

b) Compare suas respostas com as de um colega. As medidas que vocês encontraram são iguais? Justifique sua resposta.

2 Recorte de jornais e revistas imagens de objetos que podemos medir com uma régua. Monte um mural na sala de aula com todas as imagens recortadas.

3 Com a ajuda de um colega, meça o comprimento da mesa do professor usando uma régua de 10 cm e uma régua de 15 cm.

a) Complete: A mesa mede ______________________ centímetros.

b) Com qual das réguas foi mais fácil medir o comprimento da mesa?

Por quê? ____

A régua é usada para medir pequenos comprimentos. Para comprimentos grandes, como a altura de uma porta, usamos outros instrumentos, como a trena e a fita métrica. Expressamos esses comprimentos em **metros (m)**.

Para comprimentos ainda maiores, como a distância entre 2 cidades, usamos uma unidade de medida de comprimento chamada **quilômetro (km)**.

Atenção!
1 metro (1 m) vale 100 centímetros (100 cm).
1 quilômetro (1 km) vale 1000 metros (1000 m).

4 Para cada medida abaixo, indique a unidade de medida mais adequada (centímetro, metro ou quilômetro).

a) O comprimento de um lápis: ______________________

b) A largura de uma lousa: ______________________

c) A distância entre Recife e Porto Alegre: ______________________

d) A altura de uma parede: ______________________

e) O comprimento de uma borracha: ______________________

POSICIONANDO NÚMEROS NA RETA NUMERADA

Camila e seu irmão Nícolas estão indo com seus pais passar as férias no sítio Frutal, onde seus tios moram.

Dam d'Souza/Arquivo da editora

1 Observe a placa na imagem ao lado.

a) Qual número aparece nessa placa? ________

b) O que essa placa está indicando?

c) Falta muito ou pouco para Camila, Nícolas e seus pais chegarem ao sítio? ________________________

Podemos localizar o número que aparece nessa placa em uma reta numerada. Observe abaixo.

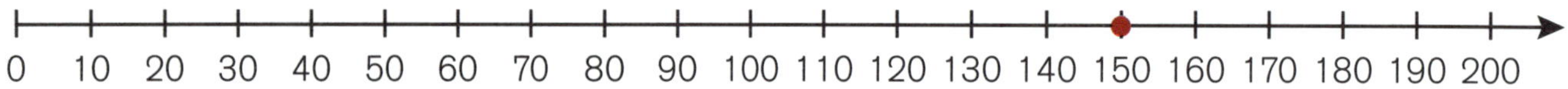

2 Sabrina escolheu um número da reta numerada acima e contou mentalmente de 1 em 1 até chegar ao próximo número que aparece na reta numerada. Entre os números 70 e 80 ela contou 10 vezes. Veja:

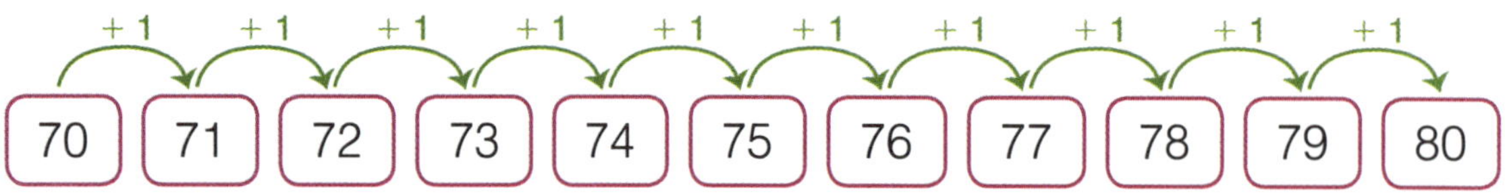

a) Faça como Sabrina: escolha um número da reta numerada acima e conte de 1 em 1 até chegar ao próximo número da reta numerada.

Quantas vezes você contou? ________________

b) Como estão organizados os números que aparecem nessa reta numerada? ________________________

3 Durante a viagem, Camila decidiu anotar em seu caderno de desenho as placas de quilometragem da estrada. Depois de anotar a quilometragem das 2 primeiras placas, Nícolas a distraiu e ela não conseguiu anotar 3 placas. Em seguida, ela conseguiu anotar a quilometragem de mais 1 placa.

a) Ajude Camila a completar abaixo a quilometragem das placas.

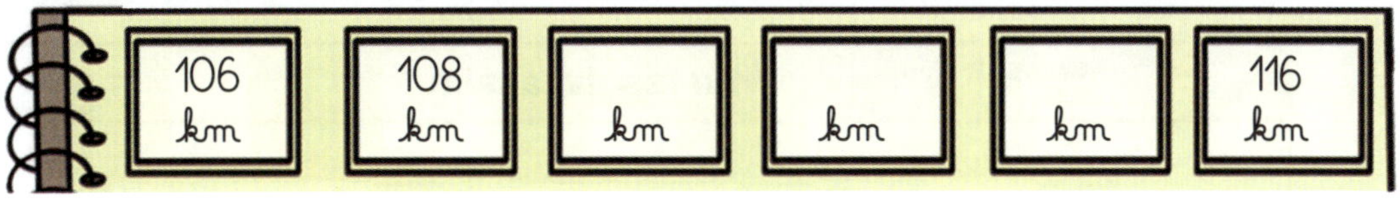

b) Registre esses números na reta numerada abaixo.

c) De quantos em quantos quilômetros essas placas aparecem na estrada? ______

4 Em outra estrada, serão instaladas placas de sinalização de 5 em 5 quilômetros. Um trabalhador da manutenção da estrada está organizando essas placas.

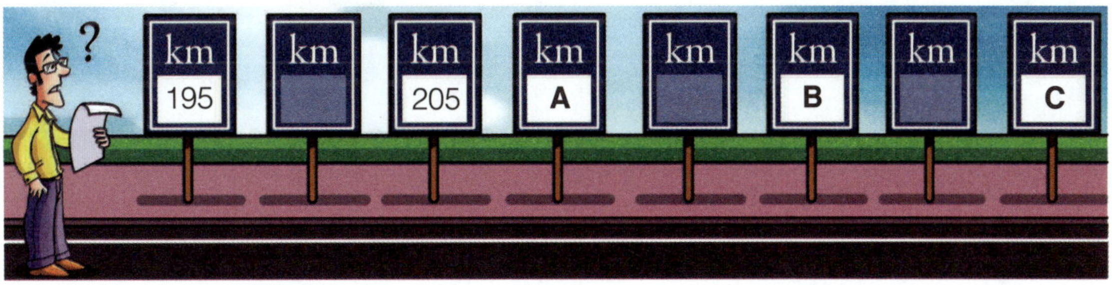

Ilustrações: Dam d'Souza/ Arquivo da editora

Ajude o trabalhador a organizar as placas indicadas nas posições **A**, **B** e **C**. Pinte abaixo o quadrinho com o número que deve aparecer em cada placa.

a) A placa a ser colocada na posição **A** é: 200 201 210

b) A placa a ser colocada na posição **B** é: 215 220 225

c) A placa a ser colocada na posição **C** é: 230 235 225

SUBTRAÇÃO NO SÍTIO

Para a viagem, Camila e Nícolas levaram 20 morangos cada um. Camila comeu 4 morangos e Nícolas comeu 6 morangos.

1 Ao final da viagem, Nícolas quis saber quantos morangos sobraram.

a) Calcule quantos morangos cada um tinha ao chegar ao sítio.

Eu resolvi assim

b) Pergunte a um colega como ele resolveu o problema e anote abaixo.

Meu colega resolveu assim

2 Veja as bandeirinhas que as crianças fizeram para enfeitar o sítio.

Amj Estúdio/Arquivo da editora

a) Há quantas bandeirinhas brancas a mais do que bandeirinhas de outras cores?

Eu resolvi assim

b) Pergunte a um colega como ele resolveu o problema e anote abaixo.

Meu colega resolveu assim

3 Nícolas e Camila foram ao sítio nas férias de julho.

a) Preencha abaixo o calendário de julho do ano atual.

Mês:				**Ano:**		
Dom.	**Seg.**	**Ter.**	**Qua.**	**Qui.**	**Sex.**	**Sáb.**

b) Esse mês tem quantos dias? ______________________

c) Os irmãos chegaram ao sítio no dia 5 à noite e saíram no dia 28 de manhã. Contorne no calendário acima os dias inteiros que eles ficaram no sítio.

d) Quantos dias você contornou? ______________________

e) Nos 2 primeiros dias, Camila e Nícolas caminharam e conheceram todo o sítio. Para os outros dias, Nícolas fez uma programação de atividades. Veja abaixo.

Atividades	Quantidade de dias
Plantar verduras na horta e colher verduras já crescidas.	4
Colher frutas no pomar e plantar árvores frutíferas.	4
Pescar com a tia, comer os peixes cozidos e passear de barco.	3
Nos outros dias, brincar na quadra e na piscina.	

Banco de imagens/Arquivo da editora

Escreva acima quantos dias sobraram para brincar na quadra e na piscina.

f) Pense em um motivo para as crianças terem ido plantar árvores frutíferas e converse com os colegas.

ADIÇÃO POR DECOMPOSIÇÃO

Agora você vai aprender um modo de fazer adições que facilita o cálculo mental. Esse modo chama-se **adição por decomposição**, porque decompomos os números em centenas, dezenas e unidades.

Acompanhe como Juliana calculou o valor de 134 + 145.

Ilustrações: Amj Estúdio/Arquivo da editora

Depois de fazer a adição no ábaco, Juliana representou a adição no caderno. Veja abaixo como ela fez o registro.

$$\begin{array}{rcl} 134 & \rightarrow & 100 + 30 + 4 \\ +\ 145 & \rightarrow \oplus & 100 + 40 + 5 \\ \hline & & 200 + 70 + 9 = 279 \end{array}$$

Banco de imagens/Arquivo da editora

1 Faça como Juliana: calcule o valor de 154 + 123 no ábaco e depois registre abaixo.

154 → ______ + ______ + ______

\+ 123 → ⊕ ______ + ______ + ______

______ + ______ + ______ = ______

2 Agora é a sua vez! Resolva estas outras adições por decomposição.

a) 448 + 321 = ________

448 → ______ + ______ + ______

\+ 321 → ⊕ ______ + ______ + ______

______ + ______ + ______ = ______

b) 224 + 150 = ________

224 → ______ + ______ + ______

\+ 150 → ⊕ ______ + ______ + ______

______ + ______ + ______ = ______

3 Helena e Afonso estão jogando cartas com algarismos. Cada participante deve tirar 3 cartas para formar o maior número possível. Depois eles devem adicionar os números formados.

Amj Estúdio/Arquivo da editora

a) Helena formou o número 641. Esse é o maior número que ela poderia formar com suas cartas? ____________

b) Afonso formou o número 351. Esse é o maior número que ele poderia formar com suas cartas? Por quê?

____

c) Agora, Helena e Afonso devem adicionar os números que formaram. Ajude-os completando a adição por decomposição abaixo.

641 + 351 = ________

641 → ______ + ______ + ______

\+ 351 → ⊕ ______ + ______ + ______

______ + ______ + ______ = ______

USANDO O DINHEIRO

Durante as férias, Sérgio deu 7 cédulas de 10 reais para a filha Gisele. Ela vai comprar 1 calça e, com o dinheiro que sobrar, vai comprar figurinhas.

1 Quantos reais Gisele recebeu de Sérgio? ______________________

2 Gisele gastou 42 reais na compra da calça.

a) Contorne as cédulas necessárias para pagar a calça.

b) Desenhe abaixo as cédulas e moedas que Gisele recebeu de troco.

c) Desenhe o dinheiro que restou para Gisele comprar figurinhas.

3 Depois, Gisele foi à banca de jornal comprar figurinhas com o dinheiro que sobrou. Cada pacote de figurinhas custa 3 reais.

a) Se Gisele comprar 2 pacotes de figurinhas, então quantos reais ela vai gastar? ______________________

b) E se ela comprar 3 pacotes? ______________________

4 No álbum de figurinhas de Gisele há 2 páginas sem preencher. Complete as páginas abaixo com o número que corresponde a cada figurinha.

Amj Estúdio/Arquivo da editora

5 Rodolfo compra 1 passagem de ônibus todos os dias de manhã. Cada passagem custa 3 reais.

a) Complete a tabela abaixo.

Gasto em reais com as passagens de ônibus

Quantidade de passagens	1									
Gasto em reais	3									

Tabela elaborada para fins didáticos.

b) Rodolfo comprou 1 passagem de ônibus por dia durante 1 semana.

Quanto ele gastou ao todo? ______________________

> **Lembre-se:** 1 semana tem 7 dias.

c) Qual é a maior quantidade de passagens que ele pode comprar com 28 reais? ______________________

ATIVIDADES DO CAPÍTULO

1. Juliana e Aline colecionam botões coloridos. Aline tinha 30 botões e Juliana tinha 24 botões.

a) Quantos botões Aline tinha a mais do que Juliana?

____

b) Aline ganhou 6 novos botões e Juliana ganhou 10 botões. Quantos botões cada uma delas tem agora?

____

c) Aline doou 16 botões de sua coleção para sua prima Mariana. Juliana doou 14 botões para Mariana. Quem ficou com a maior coleção: Aline ou Juliana?

____

____

2. Para cada medida abaixo, indique a unidade de medida mais adequada (centímetro, metro ou quilômetro).

a) A altura de um prédio: ______________________________

b) A distância entre 2 países: ______________________________

c) O comprimento da tela de um celular: ______________________________

3. Josefa e sua família gastaram 76 reais em um almoço.

a) Contorne abaixo as cédulas necessárias para pagar a conta.

Reprodução/Casa da Moeda do Brasil/Ministério da Fazenda

b) Quanto de troco Josefa deve receber? ______________________________

RESOLVENDO PROBLEMAS

1. Leia as frases abaixo e numere-as na ordem correta para formar um problema. Use números ordinais.

Ilustrações: Banco de imagens/Arquivo da editora

	Quantos limoeiros eles plantaram nessa praça?

	Alice e seus colegas de turma plantaram 34 árvores na praça diante da escola.

	20 árvores são laranjeiras, e as demais árvores são limoeiros.

2. Agora, resolva o problema que você formou acima.

____

3. Ivana está enfeitando seu castelo de areia. Primeiro colocou 16 conchas brancas ao redor do castelo. Depois colocou conchas coloridas nos muros, totalizando 29 conchinhas de enfeite.

a) Desenhe abaixo o castelo de Ivana.

b) Quantas conchas coloridas Ivana usou para enfeitar os muros do castelo de areia? ______________________________

TRABALHANDO COM JOGOS

JOGO DO DEVOLVE

MATERIAL NECESSÁRIO

- 2 dados
- Peças de barrinhas e de cubinhos do material dourado do **Material Complementar**

Número de jogadores: 2

Como jogar

- Coloquem sobre a mesa todas as peças do material dourado.
- No início da partida, cada jogador deve pegar 5 peças de barrinhas do material dourado.
- Na sua vez, cada jogador lança os dados e conta quantos pontos fez ao todo. Em seguida, devolve à mesa a quantidade de peças de cubinhos do material dourado correspondente aos pontos obtidos nos dados. Essas peças devem ser juntadas às peças sobre a mesa.
- Para devolver as peças de cubinhos para a mesa, se necessário, o jogador deve trocar 1 peça de barrinha por 10 peças de cubinhos.
- Ganha a partida quem ficar primeiro sem peças.

Estúdio Kiwi/Arquivo da editora

Pensando sobre o jogo

1. Por que você acha que esse jogo se chama **Jogo do devolve**?

2. Neste jogo, o jogador inicia com 5 peças de barrinhas. Se ele tirar 3 nos dados, então como ele fará para devolver as 3 peças de cubinhos à mesa?

3. Vívian e seus colegas jogaram algumas vezes o **Jogo do devolve**.
Cada jogador registrou suas jogadas em um quadro.
Complete abaixo o quadro de jogadas de Vívian.

Pontuação de Vívian

Jogada	Desenho do total de peças do material dourado que ela tinha antes da jogada	Pontos dos dados	Quantidade de peças de cubinhos para devolver na jogada
1ª jogada	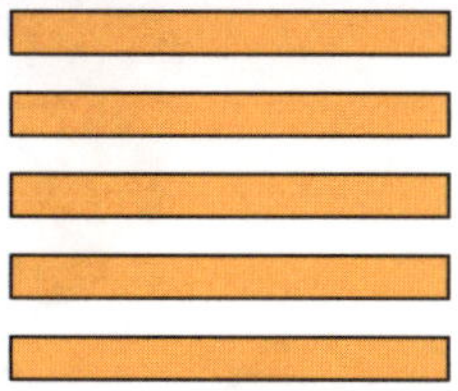		6
2ª jogada			4
3ª jogada	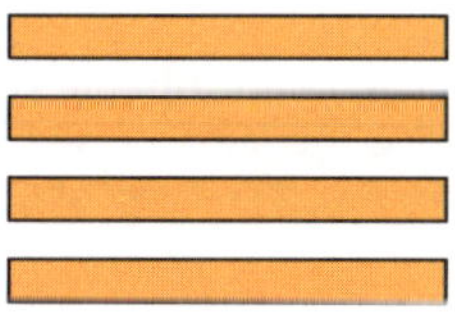	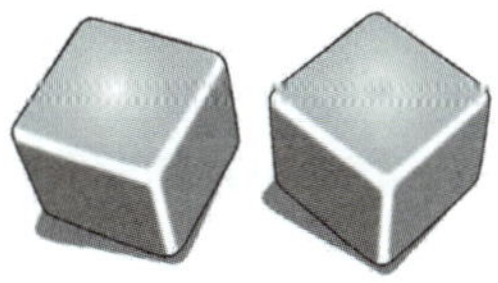	11
4ª jogada	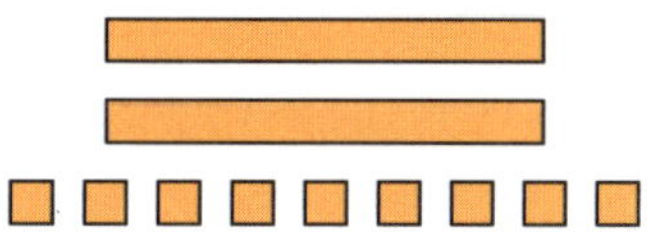		8
5ª jogada			3
6ª jogada	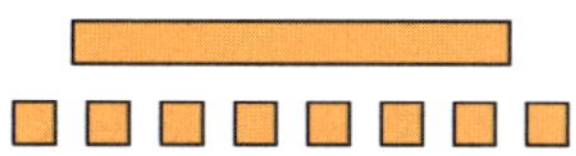		

4. Em outra partida, Vívian tinha 1 peça de barrinha e 1 peça de cubinho.
Quanto ela precisava tirar nos dados para ganhar a partida nessa jogada?

CAPÍTULO

11 SUBTRAÇÃO

VÁRIOS MODOS DE FALAR EM SUBTRAÇÃO

Veja abaixo as peças do material dourado que Clarice pegou.

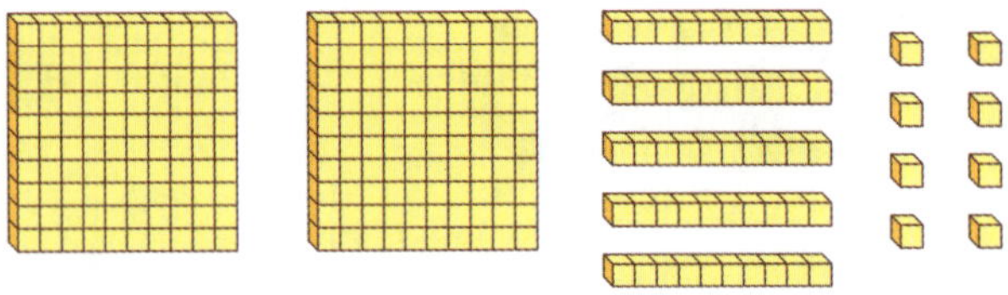

Dam d'Souza/Arquivo da editora

1 Que número Clarice representou com essas peças do material dourado? ________

2 A professora de Clarice pediu que ela tirasse a quantidade de peças correspondente ao número 38.

a) Contorne acima as peças que Clarice precisa tirar.

b) Complete a subtração: 258 − 38 = ________

3 Pedro estava com as peças abaixo do material dourado.

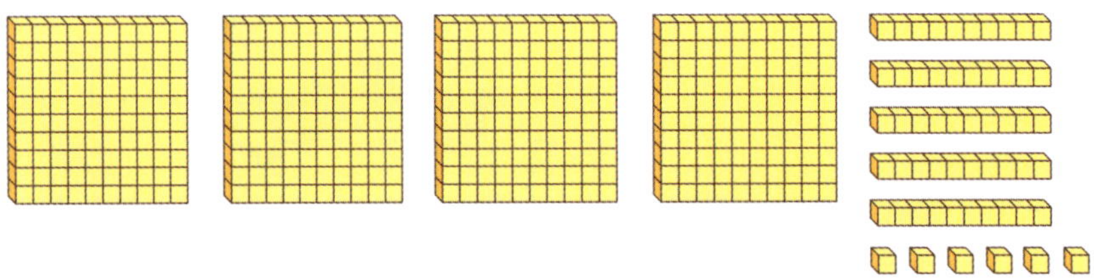

A professora disse a Pedro que ele pegou 125 a mais do que devia.

a) Contorne acima as peças que estão a mais.

b) Complete a subtração: 456 − 125 = ________

c) O resultado da subtração corresponde às peças do material dourado com que Pedro ficou? ________________________

4 Nílton e Manuela representaram 2 números com peças do material dourado. Veja abaixo:

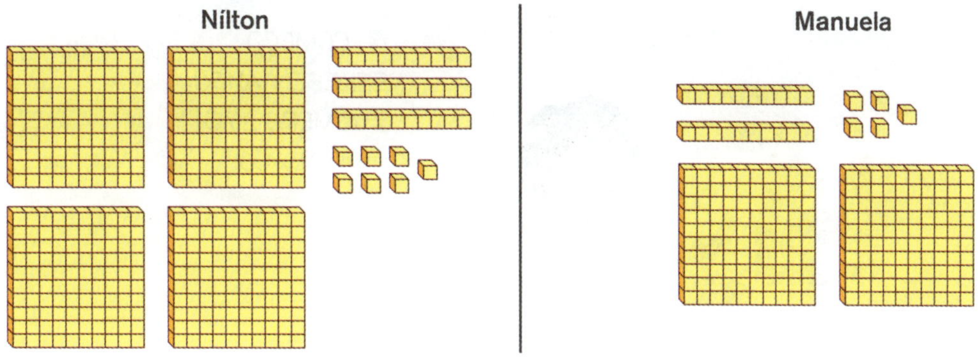

a) Qual é o número representado por Nílton? ____________

b) E qual é o número representado por Manuela? ____________

c) Qual dos números representados por eles é maior? ____________

d) Quão maior é esse número? ____________

5 Compare as peças do material dourado de José e de Joana.

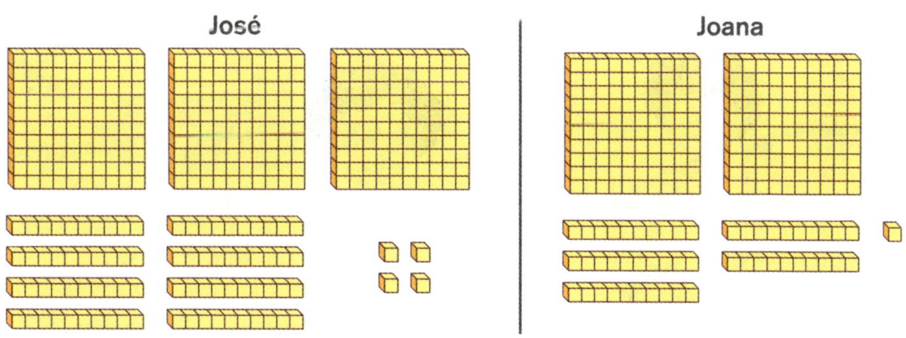

a) Contorne as peças que José tem a mais do que Joana.

b) Junto das peças de Joana, desenhe as peças do material dourado que faltam para ela ficar com a mesma quantidade de José.

c) Complete a subtração: 384 − 251 = ________

d) Existe diferença entre o resultado da subtração e os números que correspondem às peças que você contornou e que você desenhou?

Agora, vamos usar o ábaco para fazer subtrações. Veja abaixo como João calculou o valor de 276 − 132 e complete.

Ilustrações: Amj Estúdio/Arquivo da editora

1 Faça como João: represente os números no ábaco que você construiu e resolva as subtrações. Depois, complete abaixo.

a) 87 − 34 = ________

7 unidades − 4 unidades = ________ unidades

8 dezenas − 3 dezenas = ________ dezenas

b) 251 − 131 = ________

1 unidade − 1 unidade = ________ unidade

5 dezenas − 3 dezenas = ________ dezenas

2 centenas − 1 centena = ________ centena

c) 158 − 134 = ________

________ unidades − ________ unidades = ________ unidades

________ dezenas − ________ dezenas = ________ dezenas

________ centena − ________ centena = ________ centena

2 Continue usando o ábaco para efetuar as subtrações abaixo. Depois, registre no quadro de valor posicional.

a) 158 − 31 = ________

	C	D	U
−			

c) 344 − 131= ________

	C	D	U
−			

b) 296 − 102 = ________

	C	D	U
−			

d) 296 − 73 = ________

	C	D	U
−			

MEDIDA DE TEMPO

Você conhece o trava-língua abaixo?

O tempo perguntou ao tempo
quanto tempo o tempo tem.
O tempo respondeu ao tempo
que o tempo tem tanto tempo
quanto tempo o tempo tem.

Trava-língua popular.

1 Você conhece outros trava-línguas?

a) Escreva abaixo um trava-língua que você conhece ou pesquise um trava-língua e copie-o abaixo.

____

____

____

b) Agora, desafie um colega para ver quem consegue ler o trava-língua do tempo mais rápido e sem errar.

2 Veja abaixo como foi o dia de Marcela. Complete as cenas com os horários que você acha mais adequados.

	9:00		

			21:00

Ilustrações: Amj Estúdio/Arquivo da editora

3 Agora vamos falar de sua rotina diária. Desenhe ou escreva nos quadrinhos abaixo o que você costuma fazer desde que acorda nos dias em que tem aula até o horário em que vai dormir. Anote também os horários.

Você já sabe ler as horas no relógio de ponteiros? Observe o relógio ao lado.

- O ponteiro pequeno marca as horas. Neste relógio, ele está no número 3. Isso significa que são 3 horas.
- O ponteiro grande marca os minutos. Ele está no número 12. Isso significa que a hora é “cheia”.

Então este relógio está marcando **3 horas**.

Agora, observe o outro relógio ao lado.

- O ponteiro pequeno está entre os números 3 e 4. Isso significa que são 3 horas.
- O ponteiro grande está no número 6. Isso indica 30 minutos ou meia hora.

Então este relógio está marcando **3 horas e 30 minutos**, ou **3 horas e meia**, ou **3 e meia**.

Ilustrações: Dam d'Souza/Arquivo da editora

4 Agora é com você! Veja o relógio abaixo.

a) Complete: esse relógio está marcando ________ horas e ________ minutos.

b) Há outros modos de escrever o horário indicado nesse relógio? Quais? ____________________

5 Desenhe os ponteiros em cada relógio abaixo de acordo com os horários indicados.

Ilustrações: Banco de imagens/Arquivo da editora

a) 5 horas

c) 12 horas

e) 1 hora e 30 minutos

b) 10 horas

d) 10 e meia

f) 8 horas e meia

6 No relógio abaixo, faltam alguns números e os ponteiros.

a) Escreva no relógio os números que faltam.

b) Escolha um horário e desenhe os ponteiros correspondentes.

c) Mostre seu relógio a um colega e pergunte: Que horas são?

PRATICANDO ADIÇÕES E SUBTRAÇÕES

1 Complete as frases com os números que estão nos quadros.

a) Sara, Felipe e Rose pescaram juntos 37 peixes. Felipe pescou ________ peixes, e Sara pescou 3 a mais do que ele. Então, Rose pescou ________ peixes, e Sara pescou ________ peixes.

As imagens destas páginas não estão representadas em proporção.

Ilustrações: Dam d'Souza/Arquivo da editora

10
14
13

b) Martim repartiu ________ figurinhas com seus amigos. Isabela ficou com a menor quantidade: ________ figurinhas. Joaquim ganhou 2 figurinhas a mais do que Isabela, ou seja, ________ figurinhas. Martim colou as ________ figurinhas restantes em um álbum.

7
24
12
5

c) Um ônibus escolar leva ________ crianças de volta para casa. Na primeira parada esse ônibus deixou ________ crianças. Na segunda parada desceram 2 crianças a mais do que na primeira. Falta deixar ________ crianças.

12
16
42

2 Observe Júlia jogando bola com Mateus e complete os espaços abaixo.

a) Júlia chuta a bola para Mateus e ela vai pingando de 2 em 2.

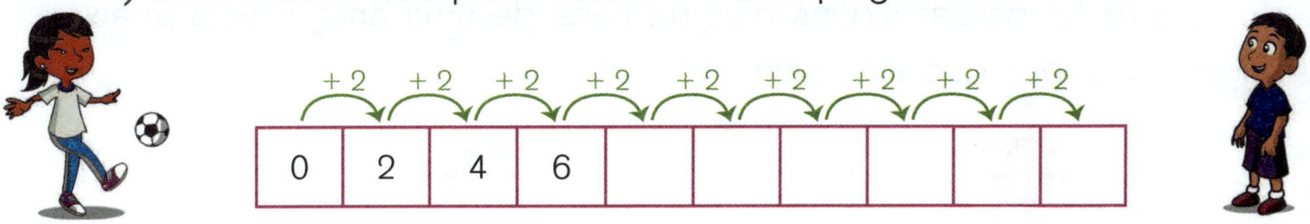

Ilustrações: Dam d'Souza/Arquivo da editora

b) Mateus chuta a bola de volta para Júlia. Agora, ela vai pingando de 3 em 3.

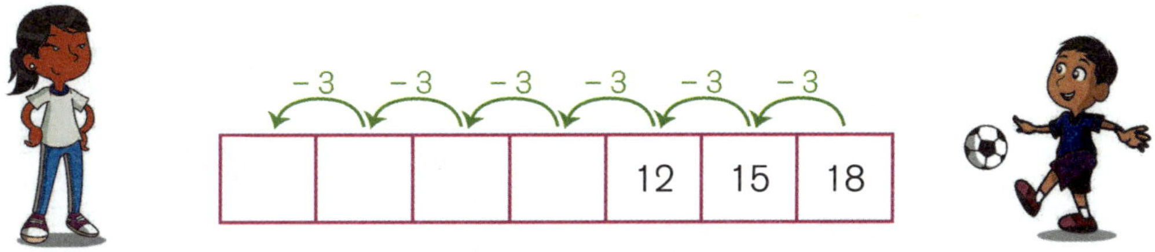

c) Desta vez Júlia chutou mais longe e a bola pingou de 5 em 5.

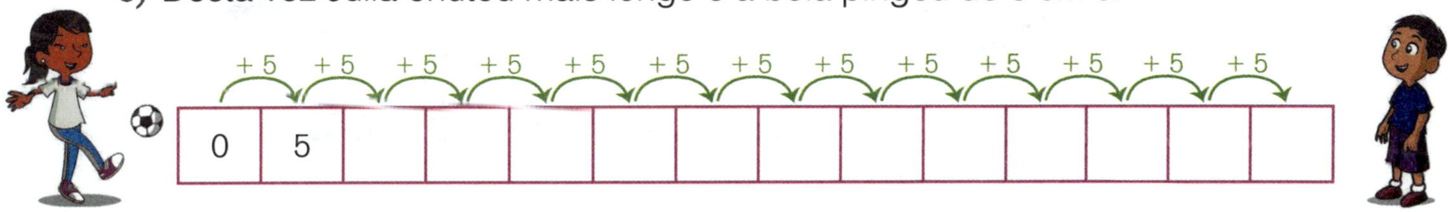

3 Um teatro está com uma promoção: juntando 2 bilhetes com números da sorte, se o resultado da adição de seus números for 21, então você ganha outro bilhete para o teatro!

Arnaldo e seus amigos foram a esse teatro e receberam os bilhetes com os números abaixo.

Ilustrações: Dam d'Souza/Arquivo da editora

Forme pares de bilhetes cujo resultado da adição de seus números seja 21. Escreva abaixo os números desses pares de bilhetes.

FAZENDO COMBINAÇÕES

Beatriz foi passar alguns dias na casa de uma amiga. Veja abaixo algumas roupas que ela levou.

Amj Estúdio/Arquivo da editora

1 De quantos modos diferentes Beatriz pode se vestir com essas roupas? Pinte as imagens abaixo e complete: Beatriz pode se vestir de ________ maneiras diferentes.

As imagens destas páginas não estão representadas em proporção.

Ilustrações: Dam d' Souza/Arquivo da editora

2 Humberto vai escolher o tipo de macarrão e o tipo de molho que seu tio fará para o almoço.

a) Ligue cada molho a cada tipo de massa abaixo.

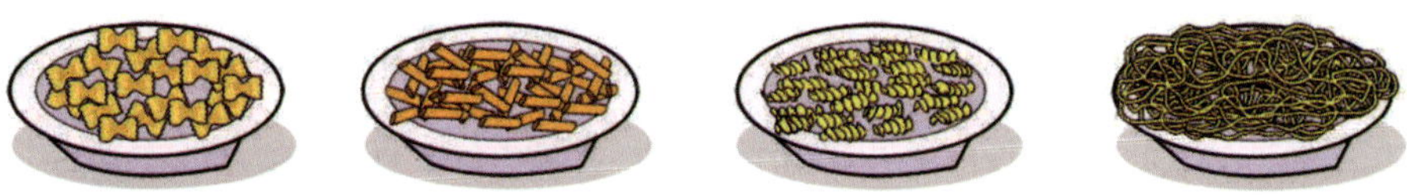

b) Quantos pratos diferentes com 1 tipo de macarrão e 1 tipo de molho Humberto pode escolher?

____

3 Em uma lanchonete há 3 tipos de suco natural (abacaxi, laranja e melancia) e 3 tipos de sanduíche (queijo, frango e vegetariano). Carlos, dono da lanchonete, vai montar bandejas colocando 1 suco e 1 sanduíche em cada bandeja.

Ilustrações: Amj Estúdio/Arquivo da editora

a) É possível Carlos montar outra bandeja diferente das bandejas acima usando o sanduíche de queijo e outro suco? Por quê?

____

____

b) Desenhe ou escreva nas bandejas abaixo as combinações que Carlos pode montar usando o sanduíche de frango.

c) Agora, desenhe ou escreva nas bandejas abaixo as combinações que Carlos pode montar usando o sanduíche vegetariano.

d) De quantas bandejas Carlos vai precisar para montar todas as combinações possíveis de 1 suco e 1 sanduíche?

____

ATIVIDADES DO CAPÍTULO

1. Em cada quadrinho abaixo, coloque o símbolo + ou – para que as operações fiquem corretas.

a) 12 ☐ 7 = 19 e) 25 ☐ 4 = 29 i) 26 ☐ 5 = 31

b) 23 ☐ 5 = 28 f) 12 ☐ 8 = 4 j) 14 ☐ 7 = 21

c) 18 ☐ 4 = 14 g) 25 ☐ 6 = 19 k) 19 ☐ 4 = 15

d) 23 ☐ 6 = 29 h) 13 ☐ 5 = 8 l) 32 ☐ 6 = 38

2. A avó de Micaela fez 2 patês e 2 pães diferentes para o lanche.

Patê de alho **Patê de azeitona** **Pão de milho** **Pão de trigo**

Ilustrações: Amj Estúdio/
Arquivo da editora

Micaela quer fazer o lanche usando 1 pão com 1 patê. Pinte ou escreva abaixo todas as opções que ela tem de escolha do lanche.

RESOLVENDO PROBLEMAS

1. Olívia tinha uma coleção com 32 gibis. Escreva uma operação para cada situação abaixo e resolva-a.

a) Em seu aniversário, Olívia ganhou mais alguns gibis e sua coleção passou a ter 56 gibis. Quantos gibis ela ganhou em seu aniversário?

Operação: ______________________ Resposta: ____________________

b) Olívia doou para a coleção da escola 12 gibis que ela já leu. Com quantos gibis ela ficou?

Operação: ______________________ Resposta: ____________________

2. Marília fez 3 tortas para uma festa e quer enfeitá-las com a mesma quantidade de morangos. Veja abaixo os morangos que ela tem.

a) Desenhe abaixo quantos morangos Marília vai colocar em cada torta.

Ilustrações: Amj Estúdio/Arquivo da editora

b) Marília conseguiu distribuir todos os morangos nas 3 tortas? Por quê?

____

c) E você, já experimentou torta de morango?

d) Conte para os colegas qual é seu doce de frutas preferido.

CÁLCULO MENTAL

1. Complete as adições abaixo com os números que estão faltando.

a) 6 + _____ = 9
b) 5 + _____ = 9
c) _____ + 2 = 9
d) 8 + _____ = 9
e) 16 + _____ = 19
f) _____ + 4 = 19
g) 18 + _____ = 19
h) _____ + 3 = 29
i) 25 + _____ = 29
j) 27 + _____ = 29
k) _____ + 1 = 29
l) 4 + _____ = 8
m) _____ + 4 = 28
n) 34 + _____ = 38
o) 44 + 4 = _____
p) 26 + _____ = 28
q) _____ + 3 = 48
r) 57 + 1 = _____

2. Calcule o resultado de cada subtração abaixo.

a) 10 − 2 = _____
b) 20 − 2 = _____
c) 30 − 2 = _____
d) 40 − 2 = _____
e) 50 − 2 = _____
f) 60 − 2 = _____
g) 70 − 2 = _____
h) 80 − 2 = _____
i) 10 − 3 = _____
j) 20 − 3 = _____
k) 30 − 3 = _____
l) 40 − 3 = _____
m) 50 − 3 = _____
n) 60 − 3 = _____
o) 90 − 3 = _____
p) 100 − 3 = _____
q) 10 − 4 = _____
r) 20 − 4 = _____
s) 30 − 4 = _____
t) 40 − 4 = _____
u) 70 − 4 = _____
v) 80 − 4 = _____
w) 90 − 4 = _____
x) 100 − 4 = _____
y) 90 − 5 = _____
z) 100 − 5 = _____

3. Faça os cálculos abaixo mentalmente. Em seguida, leia a legenda e pinte o desenho conforme os resultados.

Resultado de 1 a 10.	**Resultado de 11 a 20.**	**Resultado de 21 a 30.**	**Resultado de 31 a 40.**	**Resultado de 41 a 50.**

MINHAS DICAS

Anote algo que você aprendeu nestas atividades e que pode ajudar a realizar cálculos mais rapidamente.

LEITURA DE IMAGEM

FÉRIAS E SAÚDE

Você gosta de sair de férias? Para muitas crianças, as férias são uma época do ano de muito divertimento e de descanso. Elas proporcionam momentos de viajar, brincar com os amigos e visitar os parentes que moram longe. Mas as férias também proporcionam um momento para criar e manter hábitos saudáveis, como se alimentar bem e praticar esportes.

Para nos mantermos saudáveis é importante comer de forma balanceada, priorizando frutas, verduras e legumes e evitando lanches e doces. Manter-se hidratado também é muito importante! Sempre que puder, troque os refrigerantes e sucos industrializados por água e sucos naturais.

OBSERVE

As imagens desta página não estão representadas em proporção.

Par 1	Par 2	Par 3
 Joshua Resnick/Shutterstock Lanche	 John Wollwerth/Shutterstock Bolo	 Coffee Lover/Shutterstock Refrigerante
 rox77/Shutterstock Refeição completa	 Thirteen/Shutterstock Frutas	 Ivan Volozhanin/Shutterstock Água

1. Observe os pares de imagens na página anterior. Depois, converse com alguns colegas.

   a) Quais alimentos e bebidas são mostrados nas fotografias?

   b) Você costuma ingerir esses alimentos e bebidas?

ANALISE

2. Observe novamente os pares de imagens.

   a) Em cada par, contorne o alimento ou a bebida que você prefere ingerir.

   b) Você acha que o alimento e a bebida que você escolheu em cada par de imagens são as opções mais saudáveis?

   c) Quais alimentos e bebida mostrados nas fotografias são mais saudáveis?

   ____

RELACIONE

3. Relembre as atividades que você fez nas últimas férias escolares. Quais atitudes você tomou para cuidar da saúde durante essas atividades?

   ____

   ____

   ____

   ____

   ____

   ____

   ____

CAPÍTULO

12 ADICIONAR, SUBTRAIR E MULTIPLICAR

MULTIPLICAÇÃO

As imagens destas páginas não estão representadas em proporção.

1 Escreva uma adição e uma multiplicação para representar o total de canetas em cada item abaixo.

a)

____

b)

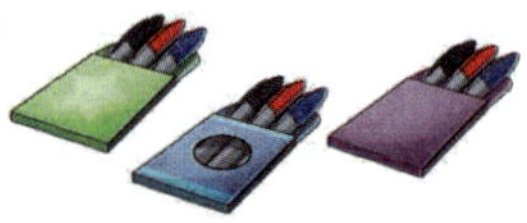

____

c)

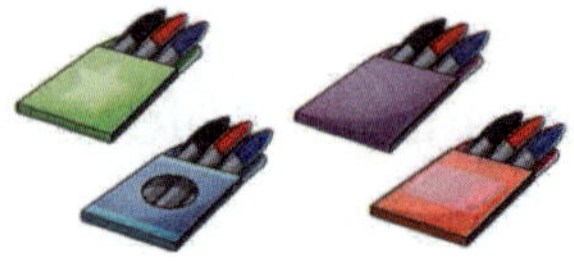

____

d)

____

Ilustrações: Dam d' Souza/Arquivo da editora

2 Use uma multiplicação para indicar o total em cada caso.

a)

_______ × _______ = _______

Lemos assim: duas vezes seis é igual a doze.

b)

_______ × _______ = _______

Lemos assim: três vezes seis é igual a dezoito.

c)

_______ × _______ = _______

Lemos assim: duas vezes dez é igual a vinte.

d)

_______ × _______ = _______

Lemos assim: quatro vezes dez é igual a quarenta.

Cédulas: Reprodução/Casa da Moeda do Brasil/Ministério da Fazenda

Anderson é carpinteiro e precisa construir uma porta igual à ilustrada ao lado. De quantos vidros ele vai precisar?

Dam d'Souza/Arquivo da editora

Ele poderia simplesmente contar quantos vidros precisará. Mas, quando são muitas portas para construir, ficar contando vidros de 1 em 1 não é muito prático!

Um modo de resolver essa situação é usar uma malha quadriculada e multiplicações. Vamos aprender esse modo de calcular?

$4 + 4 + 4 = 12$
$3 \times 4 = 12$

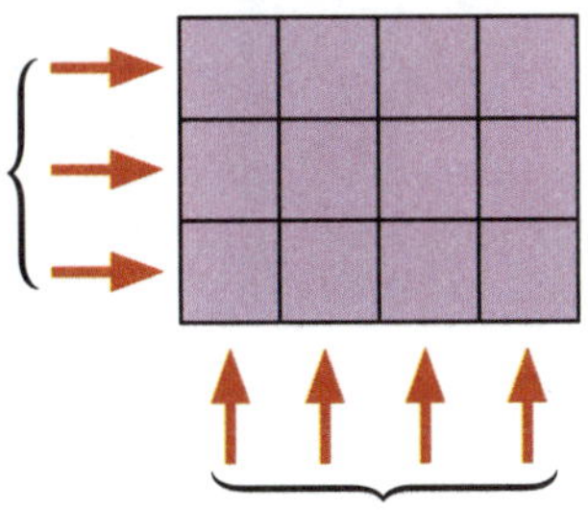

$3 + 3 + 3 + 3 = 12$
$4 \times 3 = 12$

3 Escreva uma multiplicação para calcular o número de quadradinhos em cada item abaixo.

a) 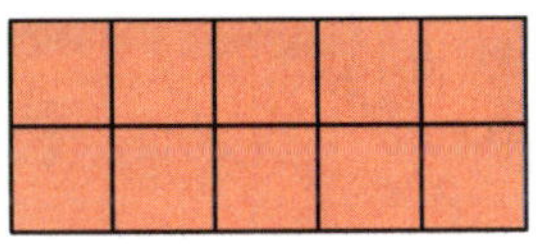

____

b) 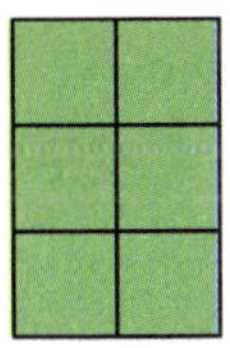

____

c) 

____

4 Elisa deu 5 morangos para cada um de seus 4 amigos.

a) Desenhe abaixo essa situação.

b) Agora, represente com uma multiplicação o total de morangos que Elisa deu aos amigos.

______ × ______ = ______

DOBRO

Uma cientista desenvolveu uma máquina que faz o dobro de qualquer quantidade. Veja só que interessante!

Dam d'Souza/Arquivo da editora

1 A cientista continuou a fazer experimentos com a máquina. Ela colocou 3 bolinhas e saíram 6 bolinhas.

a) Ajude a cientista a completar a tabela abaixo desenhando as bolinhas que saem dessa máquina para cada quantidade indicada.

Experimentos com a máquina

Quantidade de bolinhas colocada na máquina	Dobro

Tabela elaborada para fins didáticos.

Ilustrações: Amj Estúdio/Arquivo da editora

b) A máquina da cientista fez o dobro de bolinhas. O que você acha que significa fazer o dobro?

2 Ligue cada grupo de frutas à esquerda ao seu dobro à direita.

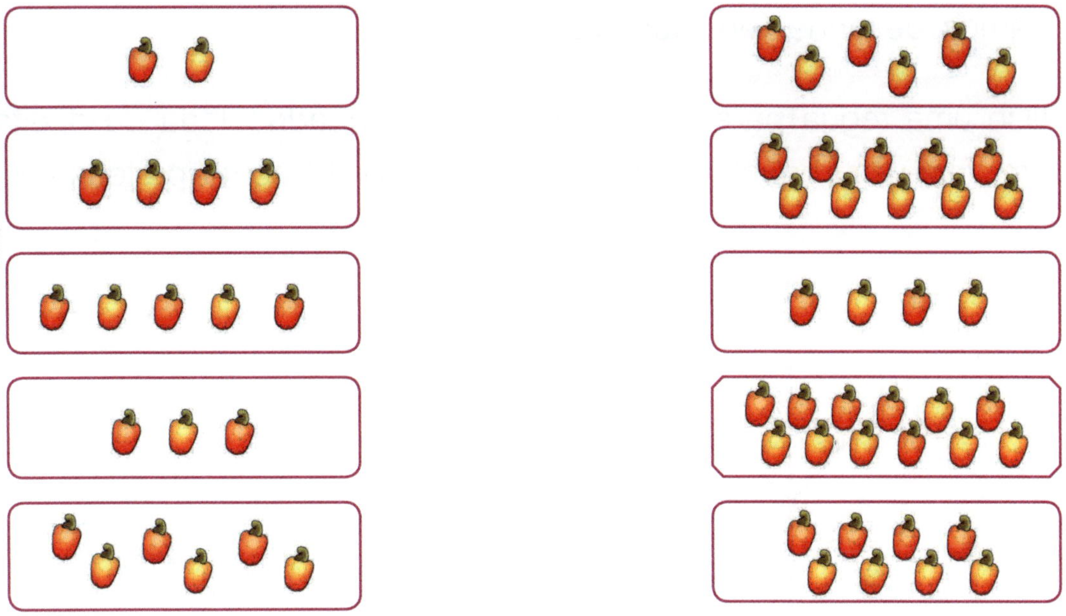

Ilustrações: Dam d'Souza/Arquivo da editora

3 Veja no exemplo abaixo como indicar o dobro usando uma multiplicação. Depois, complete cada item.

O dobro de 1 morango é igual a 2 morangos.
Em linguagem matemática: $2 \times 1 = 2$

a) O dobro de 2 peras é igual a ________ peras.
Em linguagem matemática: $2 \times 2 = 4$

b) O dobro de 3 melancias é igual a ________ melancias.

Em linguagem matemática: $2 \times 3 =$ ________

c) O dobro de 4 maçãs é igual a ________ maçãs.

Em linguagem matemática: $2 \times$ ________ $=$ ________

d) O dobro de 5 morangos é igual a ________ morangos.

Em linguagem matemática: ________ $\times$ ________ $=$ ________

Para encontrar o dobro de um número, multiplicamos esse número por 2.

DESENHANDO COM RÉGUA NA MALHA QUADRICULADA

Vamos desenhar um cata-vento?

1 Use uma régua para desenhar na malha quadriculada da direita um cata-vento igual ao modelo. Depois, pinte como preferir.

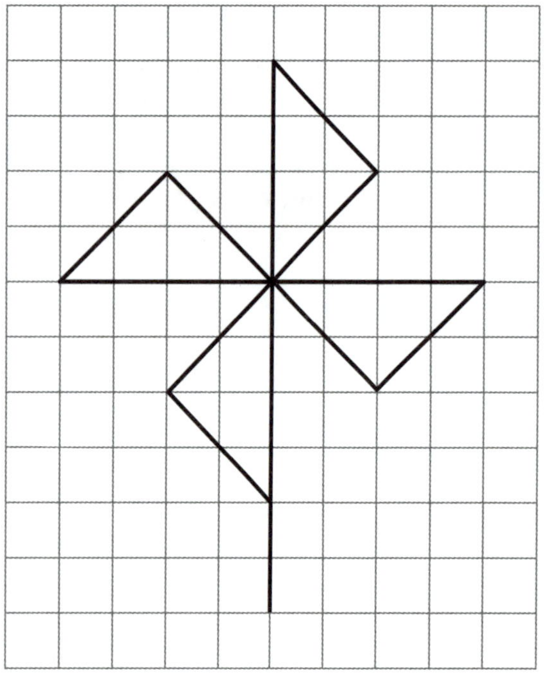

2 Agora, use a imaginação e faça com a régua outro desenho na malha quadriculada abaixo. Depois pinte o desenho.

3 Na malha quadriculada à esquerda, faça um desenho usando a régua. Em seguida, peça a um colega que faça um desenho igual ao seu na malha quadriculada à direita.

Meu desenho

Desenho do meu colega

SUBTRAÇÃO NO QUADRO DE VALOR POSICIONAL E POR DECOMPOSIÇÃO

Vamos usar o quadro de valor posicional para calcular o valor de 278 – 132.

Ilustrações: Amj Estúdio/Arquivo da editora

	C	D	U
	2	7	8
–	1	3	2

	C	D	U
	2	7	8
–	1	3	2
	1	4	6

1 Agora, você vai calcular o valor de 252 – 141 de 2 maneiras.

1ª) Contornando as peças do material dourado que foram retiradas.

2ª) Usando o quadro de valor posicional.

1ª maneira

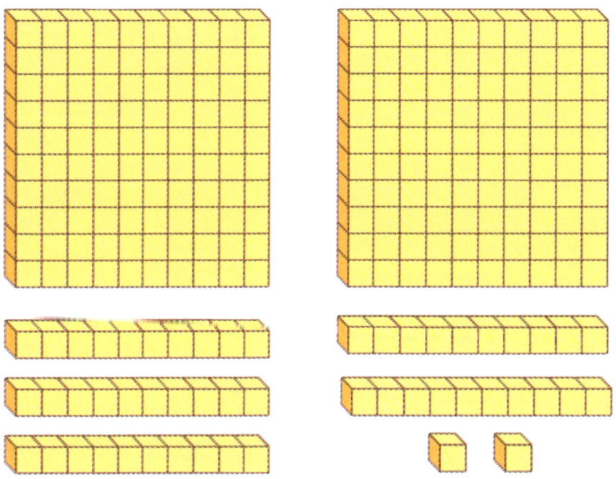

2ª maneira

	C	D	U
	2	5	2
–	1	4	1

2 Observe a atividade anterior e resolva as subtrações abaixo das 2 maneiras.

a) 294 – 103 = ________

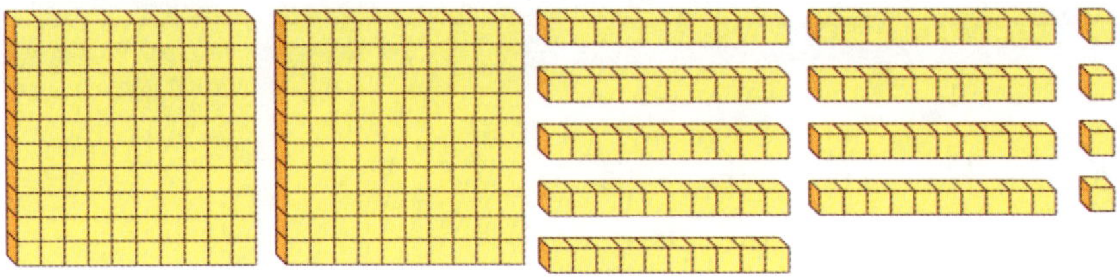

	C	D	U
	2	9	4
–	1	0	3

b) 358 – 213 = ________

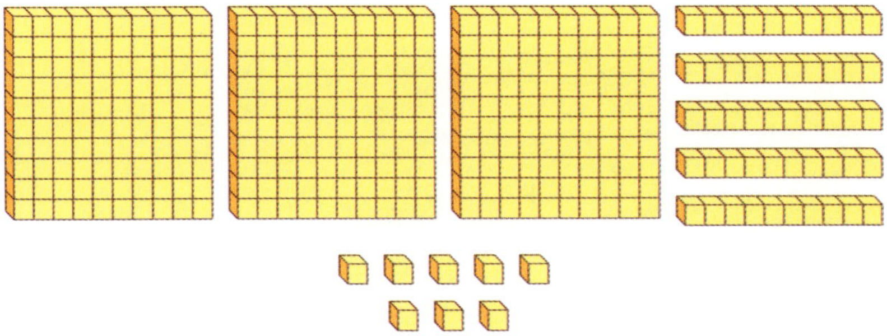

	C	D	U
	3	5	8
–	2	1	3

c) 282 – 110 = ________

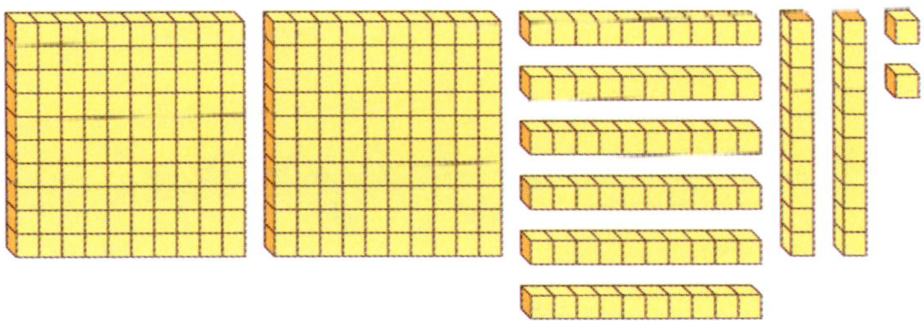

	C	D	U
–			

3 Agora, resolva as subtrações abaixo usando somente o quadro de valor posicional.

a) 363 – 303 = ________

	C	D	U
	3	6	3
–	3	0	3

b) 644 – 143 = ________

	C	D	U
	6	4	4
–	1	4	3

c) 305 – 102 = ________

	C	D	U
–			

4 Para fazer as subtrações no ábaco você precisou decompor os números. Resolva as subtrações abaixo da mesma maneira, por decomposição. Veja o exemplo:

273 – 151 = 122

273 →		200	+	70	+	3		
– 151 →	⊖	100	+	50	+	1		
		100	+	20	+	2	=	122

a) 239 – 113 = ______

239 → ______ + ______ + ______

– 113 → ⊖ ______ + ______ + ______

______ + ______ + ______ = ______

b) 318 – 115 = ______

318 → ______ + ______ + ______

– 115 → ⊖ ______ + ______ + ______

______ + ______ + ______ = ______

c) 468 – 103 = ______

468 → ______ + ______ + ______

– 103 → ⊖ ______ + ______ + ______

______ + ______ + ______ = ______

5 Resolva as subtrações abaixo da maneira que preferir.

a) 159 – 138 = ________

d) 95 – 31 = ________

b) 223 – 122 = ________

e) 65 – 52 = ________

c) 149 – 123 = ________

f) 184 – 73 = ________

6 Agora, escreva os resultados das subtrações acima na cruzadinha.

GRÁFICO DE COLUNAS

Anita fez uma pesquisa na escola, perguntando aos colegas: "Qual esporte você prefere praticar?".

Depois, ela organizou as informações em um gráfico. Veja abaixo.

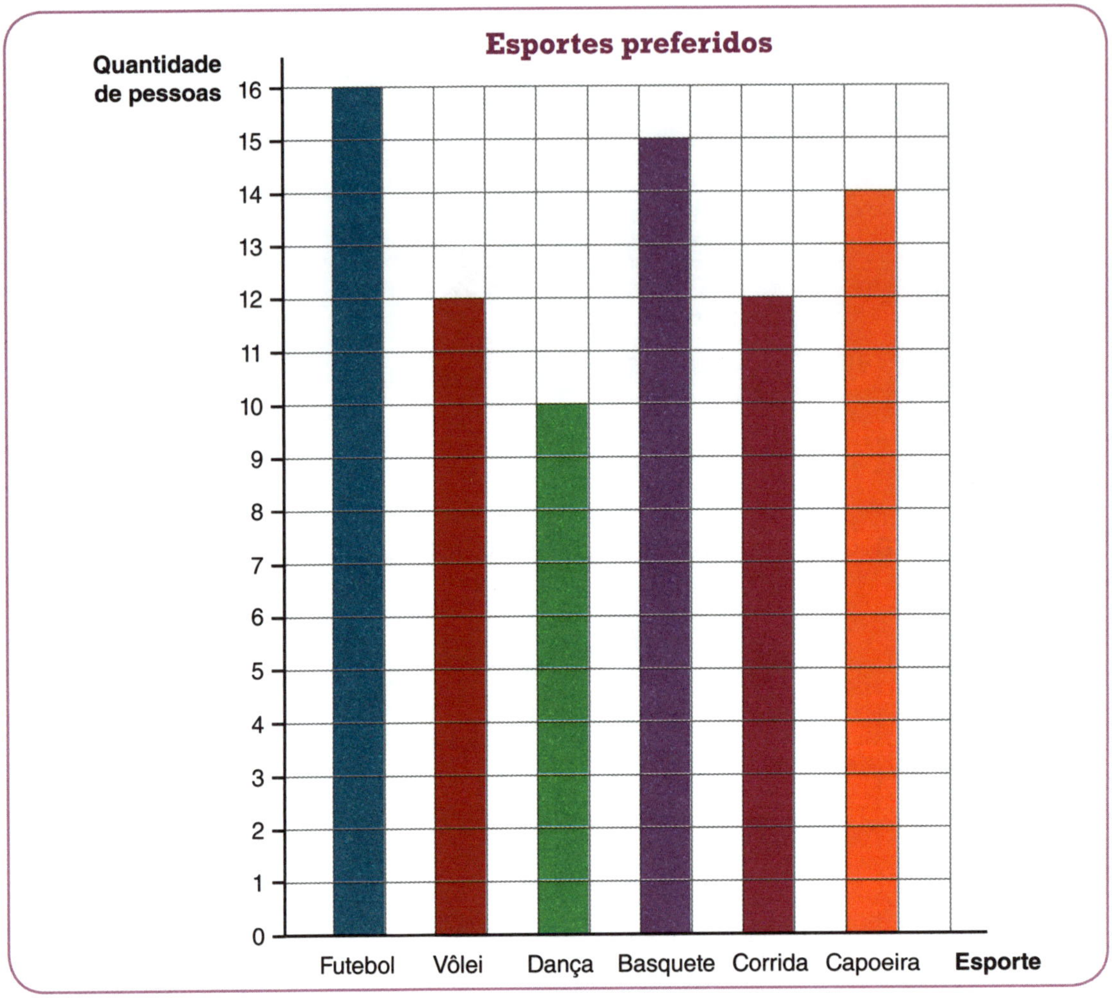

Gráfico elaborado para fins didáticos.

1 Responda de acordo com as informações do gráfico acima.

a) Qual é o esporte preferido dos colegas de Anita? ____________

b) Qual foi o esporte menos escolhido? ____________

c) Quantas pessoas responderam que preferem vôlei? ____________

d) O que foi mais escolhido: vôlei ou dança? ____________

e) Quantas pessoas a mais preferem futebol em vez de capoeira?

____

2 Observe novamente o gráfico que Anita fez.

a) Invente uma pergunta que possa ser respondida com os dados do gráfico.

____

b) Peça a um colega que responda à pergunta que você fez.

3 Irene fez uma pesquisa em sua turma e construiu uma tabela e um gráfico com os dados obtidos. Depois, ela quis testar os conhecimentos de seu irmão Davi e apagou algumas informações da tabela e do gráfico.

Ajude Davi a completar a tabela e o gráfico. Lembre-se de que a tabela e o gráfico devem conter as mesmas informações.

Passatempo favorito dos colegas de Irene

Passatempo	Quantidade de alunos
Ler	5
Desenhar	
	7

Tabela elaborada para fins didáticos.

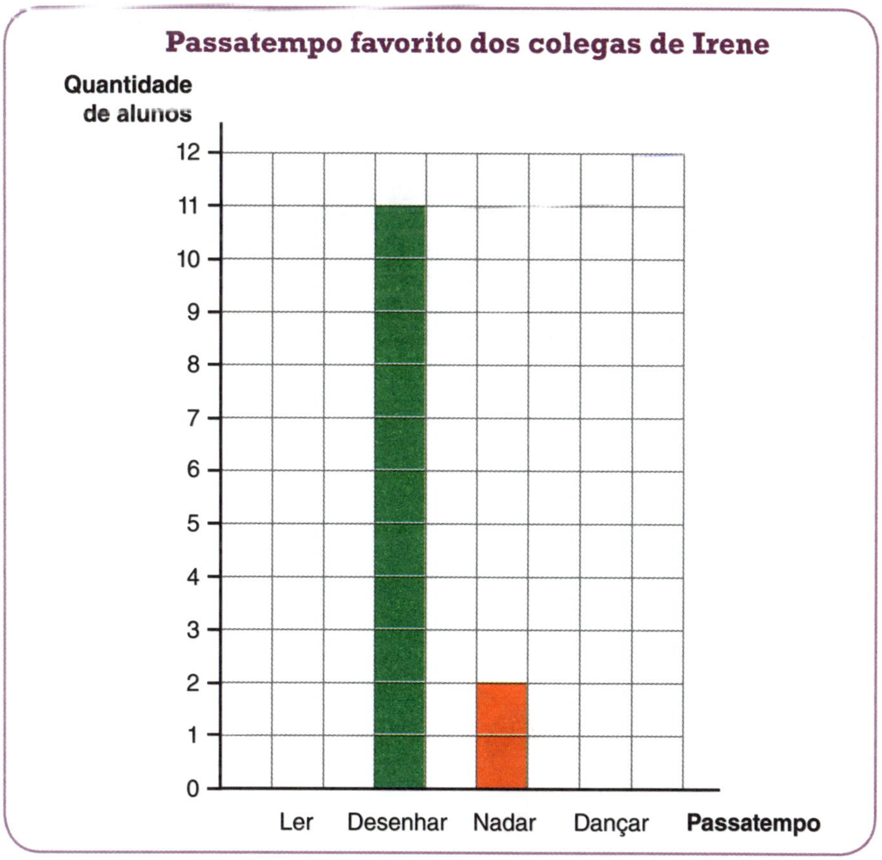

Gráfico elaborado para fins didáticos.

MULTIPLICAÇÃO E DIVISÃO

Amanda fez suco de laranja para o café da manhã. Veja a receita que ela preparou.

Atenção: peça a ajuda de um adulto para fazer esta receita.

Suco de laranja

Ilustrações: Amj Estúdio/ Arquivo da editora

Ingredientes

- 3 laranjas cortadas ao meio
- Metade de um copo de água

Modo de preparo

Com um espremedor, esprema cada metade das laranjas. Após espremer todas as laranjas, junte a água e mexa.

1 Amanda comprou 5 kg de laranjas, o que totalizou 36 laranjas. Ela usa 3 laranjas para fazer cada copo de suco. Quantos copos de suco de laranja ela consegue fazer usando todas as laranjas que comprou?

____

2 Observe a situação abaixo e complete.

$3 + 3 =$ ______

$2 \times$ ______ $=$ ______

O dobro de 3 laranjas é ______.

3 Continue desenhando o dobro para completar a tabela abaixo.

Quantidade de laranjas e seu dobro

As imagens destas páginas não estão representadas em proporção.

Quantidade de laranjas	Dobro
	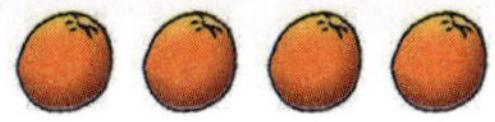

Ilustrações: Amj Estúdio/Arquivo da editora

Tabela elaborada para fins didáticos.

4 Camila e Nícolas decidiram plantar 9 árvores frutíferas no sítio de seus tios. Eles planejam plantar 3 jabuticabeiras, 4 macieiras e 2 laranjeiras.

Pagina/Shutterstock

a) A tia de Camila e de Nícolas vai ajudar a plantar as árvores. Quantas árvores cada um deles plantará se todos plantarem a mesma quantidade de árvores?

____

b) Quantas macieiras serão plantadas se eles decidirem plantar o dobro de macieiras planejadas?

____

c) Quantas árvores serão plantadas ao todo se Camila e Nícolas plantarem o dobro de árvores planejadas?

____

d) A mãe de Camila comprou mais 7 árvores frutíferas e também vai ajudar a plantar. Quantas árvores cada um deles plantará se todos plantarem a mesma quantidade de árvores? ______________

ATIVIDADES DO CAPÍTULO

1. Escreva uma multiplicação para calcular o número de quadradinhos.

a) 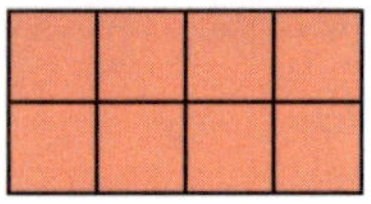

b) 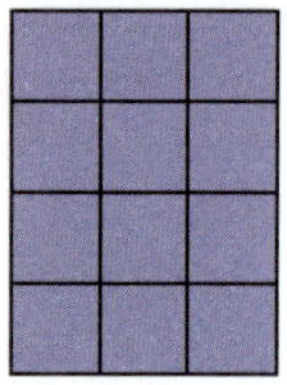

c) 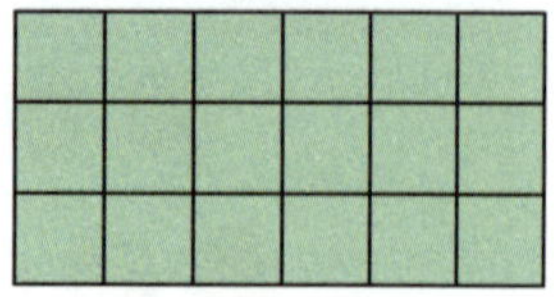

______ ______ ______

2. Complete as sequências numéricas abaixo de 10 em 10.

a) (– 10)

277						217

b) (– 10)

195						135

3. Tiago pescou 8 peixes e seu pai pescou o dobro de peixes.

a) Quantos peixes o pai de Tiago pescou? ______

b) O pai de Tiago cozinhará todos os peixes em 3 refeições. Quantos peixes eles comerão em cada refeição? ______

4. Mariana tem 4 anos. Francisco, seu irmão mais velho, tem o dobro dessa idade. Quantos anos Francisco tem? ______

5. Resolva as subtrações abaixo.

a) 284 – 121 = ______

	C	D	U
	2	8	4
–	1	2	1

b) 279 – 126 = ______

	C	D	U
–			

RESOLVENDO PROBLEMAS

1. Mário e Moisés recebem mesada de seus pais. Cada um deles economizou para comprar um jogo de *videogame*. O jogo custa R$ 85,00.

Ilustrações: Dam d'Souza/ Arquivo da editora

As imagens desta página não estão representadas em proporção.

a) Mário consegue comprar o jogo? E Moisés? Explique.

____

b) Dê uma sugestão a eles para que possam resolver esse problema.

2. Em uma fábrica de cadernos trabalham 80 empregados. No refeitório dessa fábrica há 10 mesas e cada mesa tem 6 cadeiras.

a) É possível todos os empregados se sentarem nas cadeiras desse refeitório ao mesmo tempo? ______________________

b) O que há mais: cadeiras ou empregados? ______________________

c) Quantos a mais? ______________________

3. Vinícius tem 8 anos a mais do que Catarina e 6 anos a mais do que Cláudia. Vinícius tem 39 anos.

a) Quantos anos Catarina tem? ______________________

b) Quantos anos Cláudia tem? ______________________

TRABALHANDO COM JOGOS

MATERIAL NECESSÁRIO

- Pinos de boliche do **Material Complementar**
- Lápis e papel

BOLICHE MULTIPLICATIVO

Estúdio Kiwi/Arquivo da editora

Número de jogadores: de 2 a 4

Como jogar

- Um jogador deve destacar e montar os pinos de boliche do **Material Complementar**. Depois, deve amassar um papel para usar como bolinha.
- Os jogadores devem decidir juntos como organizar os pinos de boliche e como registrar os pontos a cada rodada.
- Em cada rodada, cada jogador deve lançar a bolinha e tentar derrubar o máximo de pinos possível. Depois, registra os pontos que fez e organiza novamente os pinos.
- Cada pino de boliche derrubado vale 5 pontos.
- Uma rodada termina quando todos os jogadores tiverem jogado.
- Ganha a partida quem tiver conseguido mais pontos ao todo após 3 rodadas.

Pensando sobre o jogo

1. Jogue uma partida de **Boliche multiplicativo** com os colegas.

a) Quem derrubou mais pinos? ______________________

b) Quantos pontos esse jogador fez? ______________________

c) Algum jogador conseguiu derrubar todos os pinos? __________

d) Quantos pontos esse jogador fez? ______________________

2. Observe como os outros grupos marcaram os pontos da partida.

Eles marcaram do mesmo modo que você e seus colegas?

3. Complete as frases abaixo.

a) Se eu derrubar ________ pinos, então farei 10 pontos.

b) Se eu derrubar 6 pinos, então farei ________ pontos.

4. A turma de Aline combinou que cada pino derrubado em uma partida valeria 2 pontos.

a) Complete a tabela abaixo com o total de pontos de cada jogador.

Pontuação dos jogadores

	Aline	Camila	Pedro	Flávio
1ª rodada	12	10	8	14
2ª rodada	6	8	14	6
3ª rodada	2	6	0	4
Total de pontos				

Tabela elaborada para fins didáticos.

b) É possível fazer 5 pontos em alguma rodada? E 3 pontos? Por quê?

LER E ENTENDER

O diário é uma das formas mais comuns de relatar histórias pessoais, de contar coisas da nossa vida e de falar sobre nossos medos, alegrias e projetos. Veja abaixo o texto de um diário.

Querido diário

Você sabe que eu estou fazendo várias coisas ao mesmo tempo:

1. Lendo o livro **O pequeno polegar** às segundas, quartas e sextas-feiras, e o **Sítio do Picapau Amarelo** às terças, quintas e sábados. (Já acabei **Alice** e **Peter Pan**.)
2. Acabando de inventar a Cidadina e desenhando a sua planta.
3. Organizando a lista de aniversariantes-amigos para fazer o meu calendário ou a minha agenda de aniversários.
4. Acabando de fazer um cachecol de tricô para o meu pai.
5. Começando a fazer um cachecol listrado colorido coletivo de tricô para o seu Nonô.

Além disso, eu vou à escola, faço lições de casa, brinco sozinha ou com os meus amigos, visito o seu Nonô, escrevo e escondo você no meu esconderijo, e aqui em casa, ajudo a minha mãe quando ela pede... Ufa! Quanta coisa já deu! Por hoje é só. Eu só queria fazer essa lista para mostrar a mim mesma que é bom não querer inventar mais nada por enquanto.

Tchauzinho.

O diário escondido da Serafina, de Cristina Porto. São Paulo: Ática, 1999.

ANALISE

1. Nesse texto alguém conta coisas de sua vida. A quem esse alguém se dirige? Copie o trecho em que isso fica claro.

2. Quem são os personagens que aparecem no texto?

3. Nesse texto, há uma lista de coisas que Serafina tem feito. De que fala o primeiro item da lista?

4. O diário de Serafina tem uma característica especial, que é reforçada no nome do livro de onde esse texto foi retirado. Qual é essa característica?

5. Você tem ou já teve um diário? Sobre o que você escreve ou escreveu nele?

RELACIONE

6. O diário pode ser um instrumento muito útil para listar as tarefas do dia a dia. De que maneira Serafina fez isso?

7. No diário, Serafina conta que está lendo livros em determinados dias da semana. Que dias são esses?

O QUE APRENDI?

A imagem que você viu na abertura desta Unidade mostra o episódio **Nem tudo nasce da semente?**, da série brasileira **O Show da Luna!**.

1. Agora, veja abaixo outra cena desse episódio mostrando os canteiros que estavam posicionados ao fundo da imagem de abertura.

a) Escreva uma multiplicação para calcular a quantidade de alfaces e a quantidade de cenouras nesses canteiros.

Alfaces: ____________________ Cenouras: ____________________

b) Há mais cenouras ou alfaces plantadas nesses canteiros? ____________

c) Quantas a mais? Escreva uma operação e a resposta.

Operação: ________________ Resposta: ________________

d) Represente o total de hortaliças plantadas nesses canteiros com uma operação. ________________

2. Indique a unidade de medida mais adequada (cm, m ou km) para cada medida abaixo.

a) A altura de uma árvore: ____________

b) O comprimento de uma cenoura: ____________

c) O comprimento de uma estrada: ____________

3. Em alguns dias da semana Adriana e Samuel assistem ao **O Show da Luna!** às 10 horas da manhã e almoçam ao meio-dia e meia. Desenhe os ponteiros nos relógios abaixo para representar esses horários.

Horário de assistir ao O Show da Luna!

Banco de imagens/ Arquivo da editora

Horário de almoçar

4. A mãe de Adriana e Samuel deixou eles escolherem 1 entre 3 tipos de carne e 1 entre 3 tipos de salada para comer junto com arroz e feijão no almoço.

a) Ligue abaixo cada tipo de carne a cada tipo de salada.

Frango | Peixe | Bife acebolado

Salada verde | Salada com tomate | Salada grega

b) De quantas maneiras diferentes Adriana e Samuel podem escolher 1 tipo de carne e 1 tipo de salada? ______________________

c) Se houvesse o dobro de tipos de salada, então quantos tipos de salada Adriana e Samuel teriam para escolher? ______________________

MINHA COLEÇÃO DE PALAVRAS

Escreva abaixo algumas palavras que você aprendeu nesta Unidade. Depois, escolha 2 palavras e explique a um colega o significado delas.

____

____

PARA SABER MAIS

LIVROS

Reprodução/Companhia das Letrinhas

365 pinguins, de Jean-Luc Fromental. São Paulo: Companhia das Letrinhas, 2008. Durante 1 ano, Amanda e Téo receberam em sua casa 1 pinguim por dia, chegando a 365 pinguins. O complicado da situação era que as caixas em que os pinguins chegavam não tinham nome nem endereço. Mas no 366º dia de entrega, em vez de chegar mais 1 pinguim, apareceu um hóspede que conhecia muito bem cada pinguim e que trazia a explicação de todo o mistério.

Reprodução/Salamandra

A Zeropeia, de Herbert de Souza Betinho. São Paulo: Salamandra, 1999. Dona Centopeia tem 100 patinhas e vai descobrir que nem todos gostam disso. Mas, mesmo com outros problemas, ela descobrirá que o mais importante é gostar dela mesma e saber respeitar as diferentes opiniões.

Reprodução/FTD

Como se fosse dinheiro, de Ruth Rocha. São Paulo: FTD, 2010. Na escola de Catapimba, balas viraram dinheiro e Catapimba não gostou nada dessa história. Descubra como ele e seus colegas resolveram a situação.

Reprodução/Scipione

Contando com o relógio, de Nílson José Machado. São Paulo: Scipione, 2003. Quando chega à classe, Gustavo nota que um dos ponteiros do relógio sumiu. A professora aproveita para dar uma aula diferente e divertida em que os alunos aprendem a ver as horas mesmo sem o auxílio do ponteiro grande.

Reprodução/Quinteto Editorial

De hora em hora..., de Ruth Rocha. São Paulo: Quinteto Editorial, 1998. Marcelo sempre faz perguntas divertidas para sua mãe e vai aprender muito sobre o tempo com as respostas dela. Neste livro você descobrirá os horários de cada momento da rotina de Marcelo.

Reprodução/Caramelo

Juju na cozinha do Carlota: 29 receitas muito fáceis para crianças, de Carla Pernambuco e Pinky Wainer. São Paulo: Caramelo, 2004. Neste livro estão reunidas 29 receitas que podem ser preparadas em casa ou na escola, com passo a passo ilustrado. O livro também conta curiosidades sobre as receitas e indica o país de origem de cada uma delas.

Reprodução/Brinque-Book

O homem que roubava horas, de Daniel Munduruku. São Paulo: Brinque-Book, 2007.
Neste livro, um homem misterioso e com uma família de cachorros muda a maneira com que as pessoas se relacionam com o tempo e com elas mesmas. Será que ele mudará você também?

Um tigre, dois tigres, três tigres, de Neusa Pinsard Caccese. São Paulo: Paulus, 1997.
Parlendas e trava-línguas são algumas das brincadeiras mais divertidas para as crianças: dizer tudo bem rapidinho sem errar nenhuma palavra. Divirta-se com esse passatempo!

Reprodução/Paulus

Reprodução/Brinque-Book

Vamos passear?, de Sue Williams. São Paulo: Brinque-Book, 2008.
Ilustrações divertidas e frases curtas compõem um passeio por números, cores e nomes de filhotes de animais.

SITES

Todos os *sites* foram acessados em 22 jan. 2015.

NOVA ESCOLA. Fundamental 1. <http://revistaescola.abril.com.br/fundamental-1/jogo-memoria-matematica-descubra-dobros-637051.shtml>
Jogo da memória de Matemática: descubra os dobros.

CIÊNCIAS HOJE DAS CRIANÇAS. <http://chc.cienciahoje.uol.com.br>
O *site* Ciência Hoje das Crianças disponibiliza material científico em linguagem própria para as crianças.

ESTADÃO. *Blog*. <http://blogs.estadao.com.br/estadinho>
O *blog* do jornal **O Estado de S. Paulo** apresenta curiosidades e desafios para crianças.

FOLHA DE S.PAULO. Folhinha. <www1.folha.uol.com.br/folhinha>
O portal Folhinha do jornal **Folha de S.Paulo** apresenta curiosidades e desafios para crianças.

GUIA DOS CURIOSOS. <www.guiadoscuriosos.com.br>
Apresenta curiosidades relevantes para todas as áreas, incluindo notícias atualizadas.

CANAL KIDS CLUB. <www.canalkids.com.br/portal/index.php>
Este *site* contém jogos e projetos para crianças.

BIBLIOGRAFIA

ASCHENBACH, LENA. *A ARTE-MAGIA DAS DOBRADURAS:* HISTÓRIAS E ATIVIDADES PEDAGÓGICAS COM ORIGAMI. SÃO PAULO: SCIPIONE, 1990.

BORIN, JÚLIA. *JOGOS E RESOLUÇÃO DE PROBLEMAS:* UMA ESTRATÉGIA PARA AS AULAS DE MATEMÁTICA. SÃO PAULO: CAEM/IME-USP, 2002.

BRASIL. *ELEMENTOS CONCEITUAIS E METODOLÓGICOS PARA A DEFINIÇÃO DOS DIREITOS DA APRENDIZAGEM E DESENVOLVIMENTO DO CICLO DE ALFABETIZAÇÃO (1º, 2º E 3º ANOS DO ENSINO FUNDAMENTAL).* BRASÍLIA: DICEI/COEF, 2012.

______. *LEI DE DIRETRIZES E BASES DA EDUCAÇÃO NACIONAL (LDB):* LEI N. 9 394, DE 20 DE DEZEMBRO DE 1996, QUE ESTABELECE AS DIRETRIZES E BASES DA EDUCAÇÃO NACIONAL. BRASÍLIA: CÂMARA DOS DEPUTADOS, EDIÇÕES CÂMARA, 2011.

______. MINISTÉRIO DA EDUCAÇÃO. SECRETARIA DE EDUCAÇÃO BÁSICA. FUNDO NACIONAL DE DESENVOLVIMENTO DA EDUCAÇÃO. *ENSINO FUNDAMENTAL DE NOVE ANOS:* ORIENTAÇÕES PARA A INCLUSÃO DA CRIANÇA DE SEIS ANOS DE IDADE. BRASÍLIA, 2006.

______. MINISTÉRIO DA EDUCAÇÃO. SECRETARIA DE EDUCAÇÃO BÁSICA. FUNDO NACIONAL DE DESENVOLVIMENTO DA EDUCAÇÃO. *PRÓ-LETRAMENTO:* PROGRAMA DE FORMAÇÃO CONTINUADA DE PROFESSORES DAS SÉRIES INICIAIS DO ENSINO FUNDAMENTAL: MATEMÁTICA. BRASÍLIA, 2006.

______. MINISTÉRIO DA EDUCAÇÃO. SECRETARIA DE EDUCAÇÃO FUNDAMENTAL. *PARÂMETROS CURRICULARES NACIONAIS:* MATEMÁTICA. BRASÍLIA, 1997.

______. MINISTÉRIO DA EDUCAÇÃO. SECRETARIA DE EDUCAÇÃO FUNDAMENTAL. *PARÂMETROS CURRICULARES NACIONAIS:* TEMAS TRANSVERSAIS – ÉTICA, PLURALIDADE CULTURAL, ORIENTAÇÃO SEXUAL. BRASÍLIA, 1997.

______. *PACTO NACIONAL PELA ALFABETIZAÇÃO NA IDADE CERTA (PNAIC).* DISPONÍVEL EM: <PACTO.MEC.GOV.BR/COMPONENT/CONTENT/ARTICLE/2-UNCATEGORISED/53-ENTENDENDO-O-PACTO>. ACESSO EM: 16 SET. 2015.

CENTURIÓN, MARÍLIA. *NÚMEROS E OPERAÇÕES:* CONTEÚDO E METODOLOGIA DA MATEMÁTICA. SÃO PAULO: SCIPIONE, 1995.

COLL, CÉSAR; TEBEROSKY, ANA. *APRENDENDO MATEMÁTICA:* CONTEÚDOS PARA O ENSINO FUNDAMENTAL DE 1ª A 4ª SÉRIE. SÃO PAULO: ÁTICA, 2000.

D'AMBROSIO, UBIRATAN. *DA REALIDADE À AÇÃO:* REFLEXÕES SOBRE EDUCAÇÃO E MATEMÁTICA. CAMPINAS: SUMMUS/ED. DA UNICAMP, 1986.

DUVAL, RAYMOND; MACHADO, SÍLVIA DIAS ALCÂNTARA (ORG.). REGISTROS DE REPRESENTAÇÃO SEMIÓTICA E FUNCIONAMENTO COGNITIVO DA COMPREENSÃO EM MATEMÁTICA. IN: *APRENDIZAGEM EM MATEMÁTICA.* CAMPINAS: PAPIRUS, 2007.

FRIEDMANN, ADRIANA. *BRINCAR:* CRESCER É APRENDER. O RESGATE DO JOGO INFANTIL. SÃO PAULO: MODERNA, 1996.

HAYDT, REGINA CÉLIA. *AVALIAÇÃO DO PROCESSO ENSINO--APRENDIZAGEM.* SÃO PAULO: ÁTICA, 2000.

ISAACS, GEOFF. *BLOOM'S TAXONOMY OF EDUCATIONAL OBJECTIVES.* TEACHING AND EDUCATIONAL DEVELOPMENT INSTITUTE. AUSTRALIA: UNIVERSITY OF QUEENSLAND, 1996.

KAMII, CONSTANCE. *A CRIANÇA E O NÚMERO.* CAMPINAS: PAPIRUS, 2003.

______; DEVRIES, RHETA. *JOGOS EM GRUPO NA EDUCAÇÃO INFANTIL:* IMPLICAÇÕES DA TEORIA DE PIAGET. SÃO PAULO: TRAJETÓRIA CULTURAL, 1991.

KISHIMOTO, TIZUKO MORCHIDA. *O JOGO E A EDUCAÇÃO INFANTIL.* SÃO PAULO: PIONEIRA, 1994.

LERNER, DELIA. *DIDÁTICA DA MATEMÁTICA:* REFLEXÕES PSICOPEDAGÓGICAS. PORTO ALEGRE: ARTMED, 1996.

______. *LER E ESCREVER NA ESCOLA:* O REAL, O POSSÍVEL E O NECESSÁRIO. PORTO ALEGRE: ARTMED, 2002.

MACHADO, NÍLSON JOSÉ. *CONHECIMENTO E VALOR.* SÃO PAULO: MODERNA, 2004.

______. *EDUCAÇÃO:* PROJETOS E VALORES. SÃO PAULO: ESCRITURAS, 2004.

______. *EDUCAÇÃO E AUTORIDADE.* PETRÓPOLIS: VOZES, 2008.

NUNES, TEREZINHA ET AL. *EDUCAÇÃO MATEMÁTICA:* NÚMEROS E OPERAÇÕES NUMÉRICAS. SÃO PAULO: CORTEZ, 2005. V. 1.

PANIZZA, MABEL. *ENSINAR MATEMÁTICA NA EDUCAÇÃO INFANTIL E NAS SÉRIES INICIAIS.* PORTO ALEGRE: ARTMED, 2006.

PERRENOUD, PHILIPPE. *CONSTRUIR AS COMPETÊNCIAS DESDE A ESCOLA.* PORTO ALEGRE: ARTMED, 1999.

SACRISTÁN, JOSÉ GIMENO. *O CURRÍCULO:* UMA REFLEXÃO SOBRE A PRÁTICA. PORTO ALEGRE: ARTMED, 2000.

SMOLE, KÁTIA STOCCO; DINIZ, MARIA IGNEZ; CÂNDIDO, PATRÍCIA. *BRINCADEIRAS INFANTIS NAS AULAS DE MATEMÁTICA.* PORTO ALEGRE: ARTMED, 2000.

______. *RESOLUÇÃO DE PROBLEMAS.* PORTO ALEGRE: ARTMED, 2000.

ZABALA, ANTONI. *A PRÁTICA EDUCATIVA:* COMO ENSINAR. PORTO ALEGRE: ARTMED, 1998.

PÁGINA 20 DO LIVRO

FIGURAS DE CASAS

ILUSTRAÇÕES: DAM D'SOUZA/ARQUIVO DA EDITORA

PÁGINAS 30 E 31 DO LIVRO

DADO DO JOGO **CORRIDA**

DOBRE

COLE

TABULEIRO DO JOGO CORRIDA

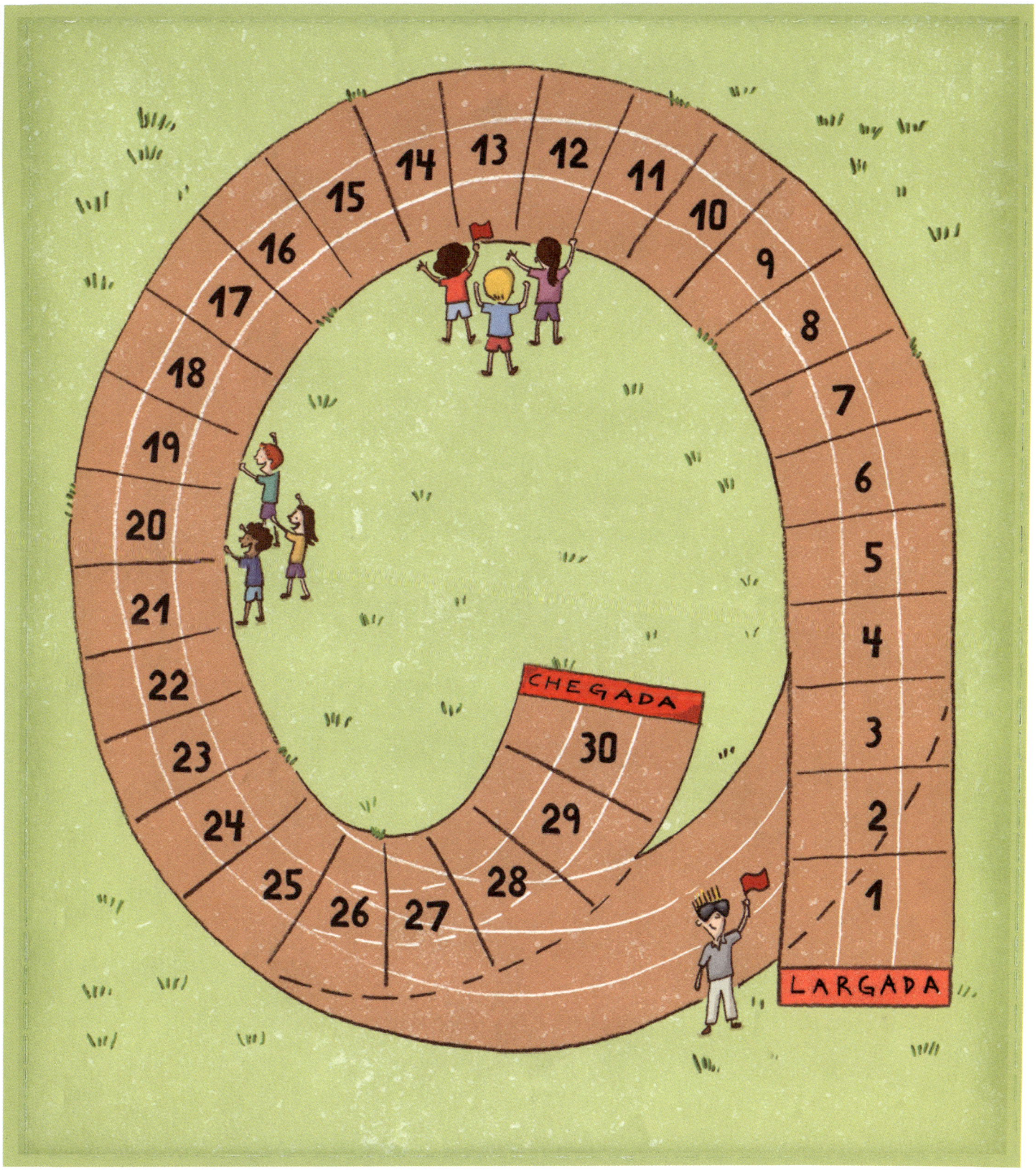

ESTÚDIO KIWI/ARQUIVO DA EDITORA

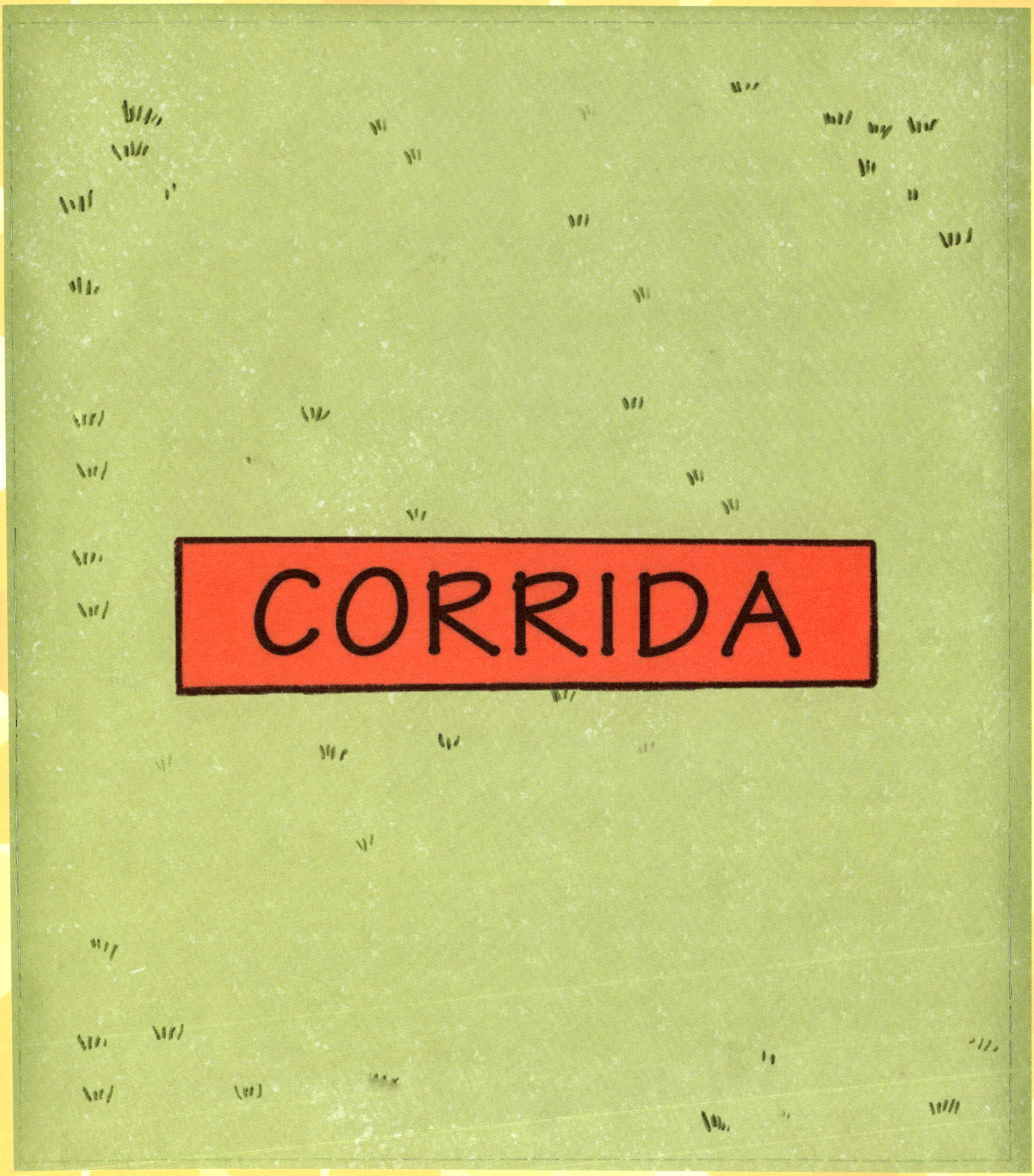

ESTÚDIO KIWI/ARQUIVO DA EDITORA

PÁGINA 42 DO LIVRO

MOLDE E MINIATURA DO CUBO

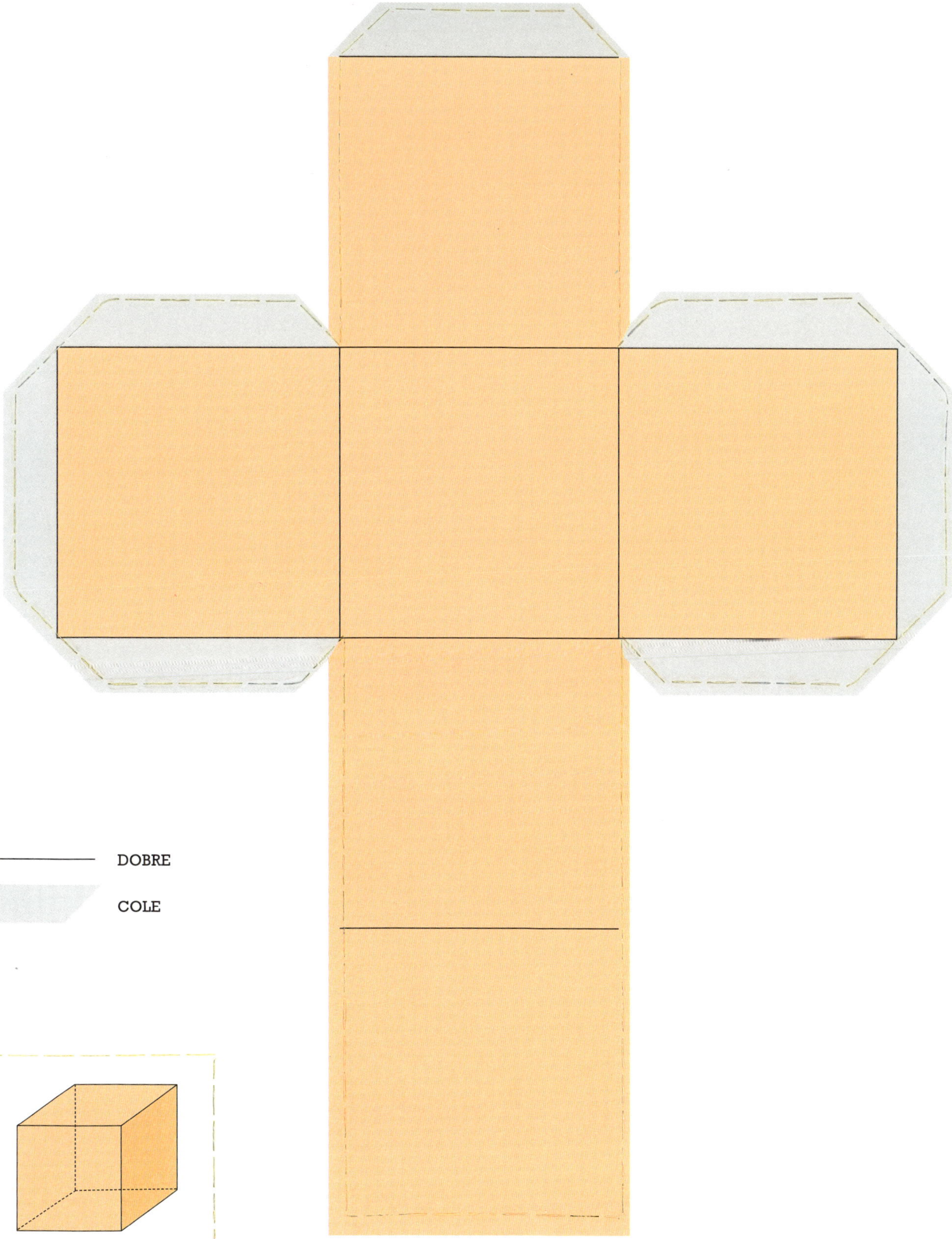

DOBRE

COLE

CUBO

PÁGINA 42 DO LIVRO

MOLDE E MINIATURA DO PRISMA DE BASE RETANGULAR

DOBRE

COLE

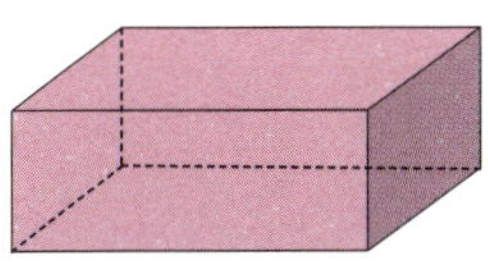

PRISMA DE BASE RETANGULAR

PÁGINA 42 DO LIVRO

MOLDE E MINIATURA DO PRISMA DE BASE TRIANGULAR

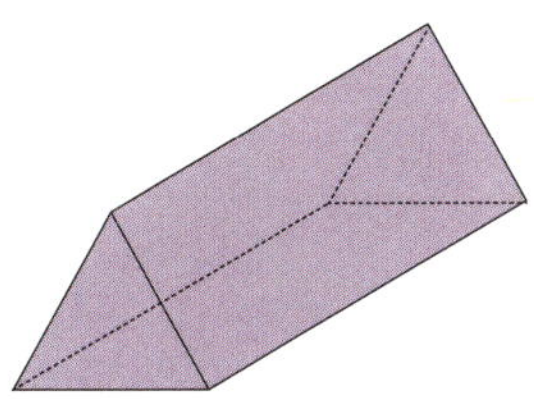

PRISMA DE BASE TRIANGULAR

DOBRE

COLE

PÁGINA 42 DO LIVRO

MOLDE E MINIATURA DO CILINDRO

CILINDRO

MOLDE E MINIATURA DO CONE

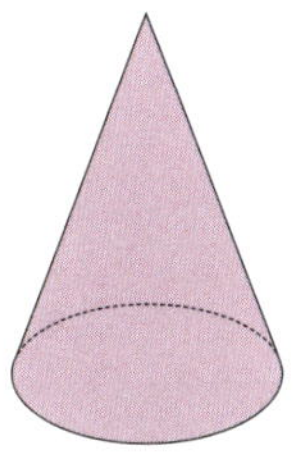

CONE

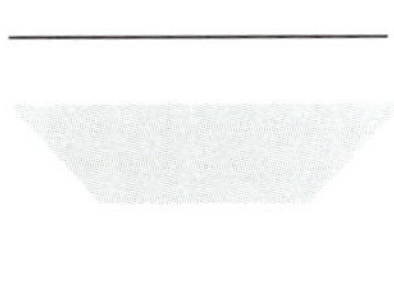

MOLDE E MINIATURA DA PIRÂMIDE DE BASE QUADRADA

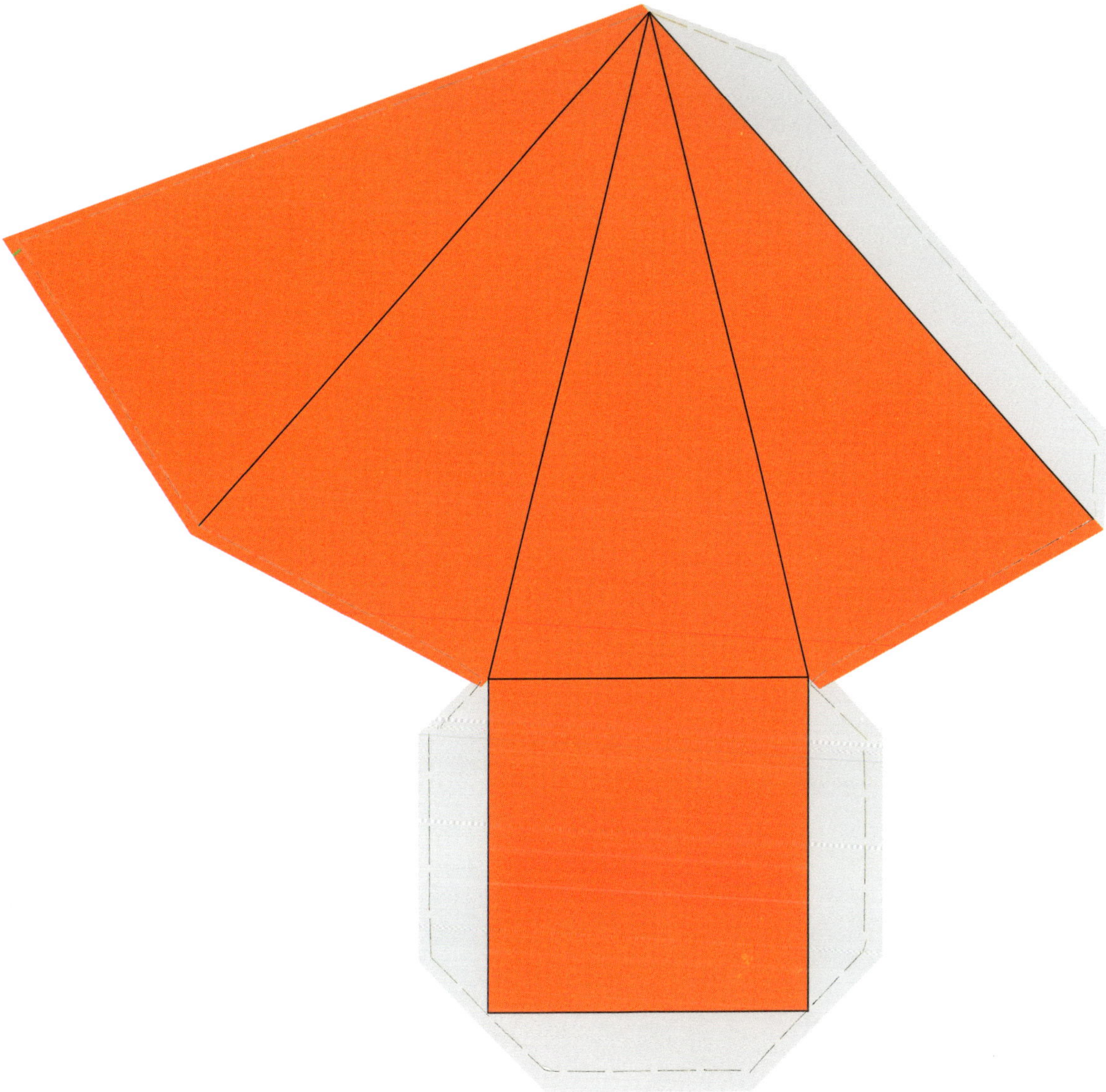

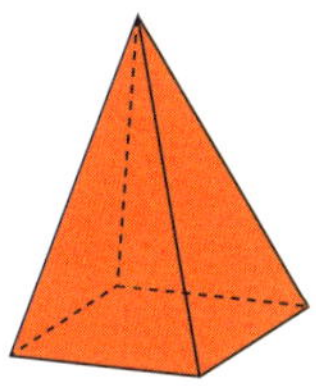

PIRÂMIDE DE BASE QUADRADA

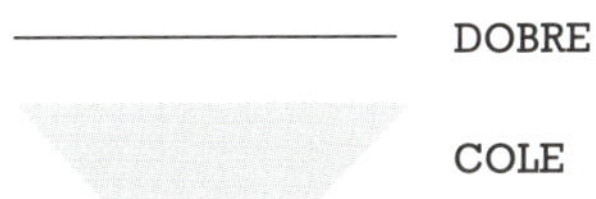

MOLDE E MINIATURA DA PIRÂMIDE DE BASE TRIANGULAR

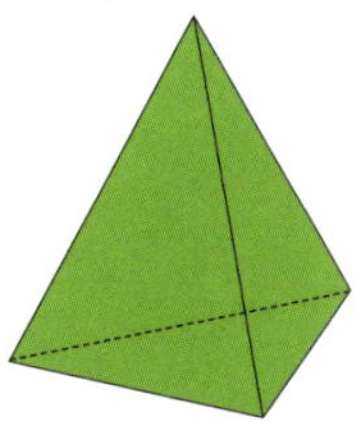

PIRÂMIDE DE BASE TRIANGULAR

DOBRE

COLE

TABULEIRO DO JOGO TRAVESSIA

ESTÚDIO KIWI/ARQUIVO DA EDITORA

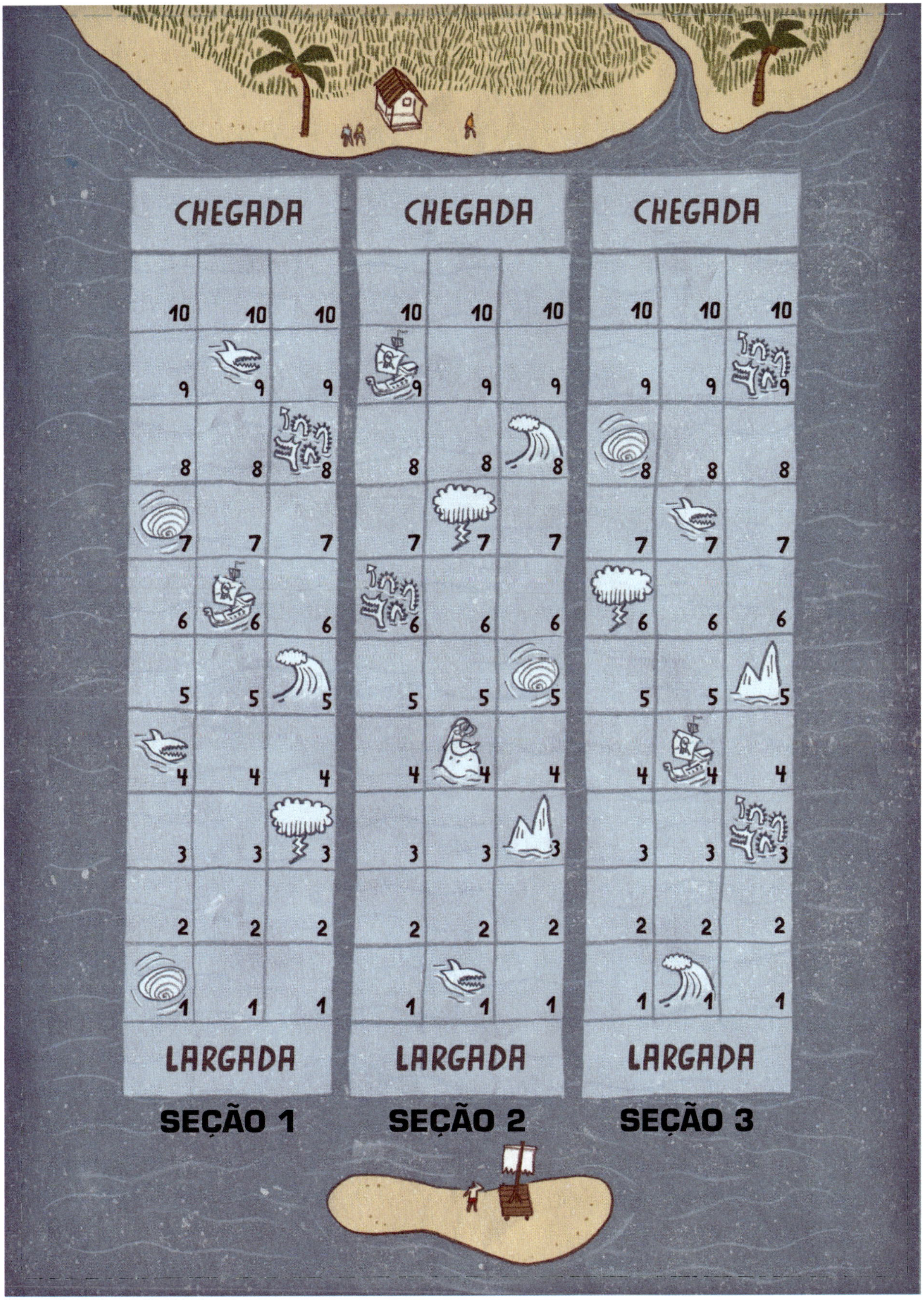

TRAVESSIA

DADO DO JOGO TRAVESSIA

DOBRE

COLE

TABULEIRO DO JOGO SAFÁRI

ESTÚDIO KIWI/ARQUIVO DA EDITORA

ESTÚDIO KIWI/ARQUIVO DA EDITORA

DADO DO JOGO SAFÁRI

DOBRE

COLE

TABULEIRO E FICHAS DO JOGO **TABULEIRO DAS FICHAS**

0	1	2	3	4	5	6	7	8	9
									19
									29
									39
									49
									59
									69
									79
									89
									99

10	11	12	13	14	15	16	17	18
20	21	22	23	24	25	26	27	28
30	31	32	33	34	35	36	37	38
40	41	42	43	44	45	46	47	48
50	51	52	53	54	55	56	57	58
60	61	62	63	64	65	66	67	68
70	71	72	73	74	75	76	77	78
80	81	82	83	84	85	86	87	88
90	91	92	93	94	95	96	97	98

PÁGINA 141 DO LIVRO

MOEDAS E CÉDULAS DO NOSSO DINHEIRO

REPRODUÇÃO/CASA DA MOEDA DO BRASIL/MINISTÉRIO DA FAZENDA

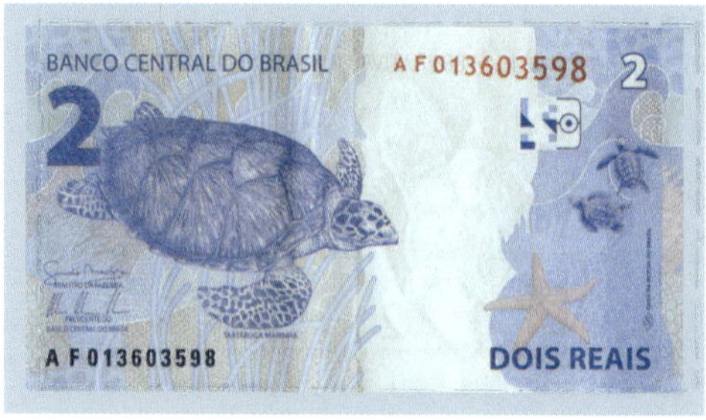
BANCO CENTRAL DO BRASIL
A F 013603598
2
A F 013603598
DOIS REAIS

BRASIL

BANCO CENTRAL DO BRASIL
A F 013603598
2
A F 013603598
DOIS REAIS

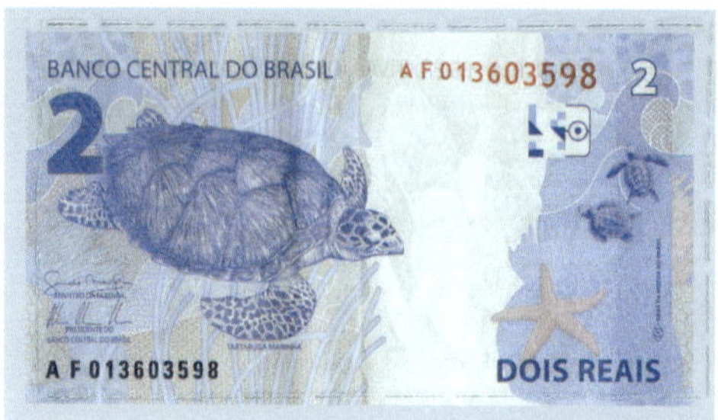
BANCO CENTRAL DO BRASIL
A F 013603598
2
A F 013603598
DOIS REAIS

BANCO CENTRAL DO BRASIL
A A 036754302
5
A A 036754302
CINCO REAIS

BANCO CENTRAL DO BRASIL
A F 013603598
2
A F 013603598
DOIS REAIS

BANCO CENTRAL DO BRASIL
A A 036754302
5
A A 036754302
CINCO REAIS

BANCO CENTRAL DO BRASIL
A F 013603598
2
A F 013603598
DOIS REAIS

CÉDULAS DO NOSSO DINHEIRO

PÁGINA 141 DO LIVRO

BANCO CENTRAL DO BRASIL
A A 036754302
5
5
A A 036754302
CINCO REAIS

BANCO CENTRAL DO BRASIL
A A 036754302
5
5
A A 036754302
CINCO REAIS

BANCO CENTRAL DO BRASIL
A A 036754302
5
5
A A 036754302
CINCO REAIS

BANCO CENTRAL DO BRASIL
A A 036754302
5
5
A A 036754302
CINCO REAIS

BANCO CENTRAL DO BRASIL
A F 041679634
10
10
A F 041679634
DEZ REAIS

BANCO CENTRAL DO BRASIL
A F 041679634
10
10
A F 041679634
DEZ REAIS

BANCO CENTRAL DO BRASIL
A F 041679634
10
10
A F 041679634
DEZ REAIS

BANCO CENTRAL DO BRASIL
A F 041679634
10
10
A F 041679634
DEZ REAIS

BANCO CENTRAL DO BRASIL
A F 041679634
10
10
A F 041679634
DEZ REAIS

BANCO CENTRAL DO BRASIL
A F 041679634
10
10
A F 041679634
DEZ REAIS

BANCO CENTRAL DO BRASIL
A F 041679634
10
10
A F 041679634
DEZ REAIS

BANCO CENTRAL DO BRASIL
A F 041679634
10
10
A F 041679634
DEZ REAIS

CÉDULAS DO NOSSO DINHEIRO

PÁGINA 141 DO LIVRO

REPRODUÇÃO/CASA DA MOEDA DO BRASIL/MINISTÉRIO DA FAZENDA

BANCO CENTRAL DO BRASIL
A E 015088398
20
20
A E 015088398
VINTE REAIS

BANCO CENTRAL DO BRASIL
A E 015088398
20
20
A E 015088398
VINTE REAIS

BANCO CENTRAL DO BRASIL
A E 015088398
20
20
A E 015088398
VINTE REAIS

BANCO CENTRAL DO BRASIL
A E 015088398
20
20
A E 015088398
VINTE REAIS

BANCO CENTRAL DO BRASIL
A E 015088398
20
20
A E 015088398
VINTE REAIS

BANCO CENTRAL DO BRASIL
A E 015088398
20
20
A E 015088398
VINTE REAIS

BANCO CENTRAL DO BRASIL
C A 017267290
50
50
C A 017267290
CINQUENTA REAIS

BANCO CENTRAL DO BRASIL
C A 017267290
50
50
C A 017267290
CINQUENTA REAIS

BANCO CENTRAL DO BRASIL
C A 017267290
50
50
C A 017267290
CINQUENTA REAIS

BANCO CENTRAL DO BRASIL
C A 017267290
50
50
C A 017267290
CINQUENTA REAIS

BANCO CENTRAL DO BRASIL
C A 051246001
100
100
C A 051246001
CEM REAIS

BANCO CENTRAL DO BRASIL
C A 051246001
100
100
C A 051246001
CEM REAIS

PÁGINA 148 DO LIVRO

PEÇAS DO MATERIAL DOURADO

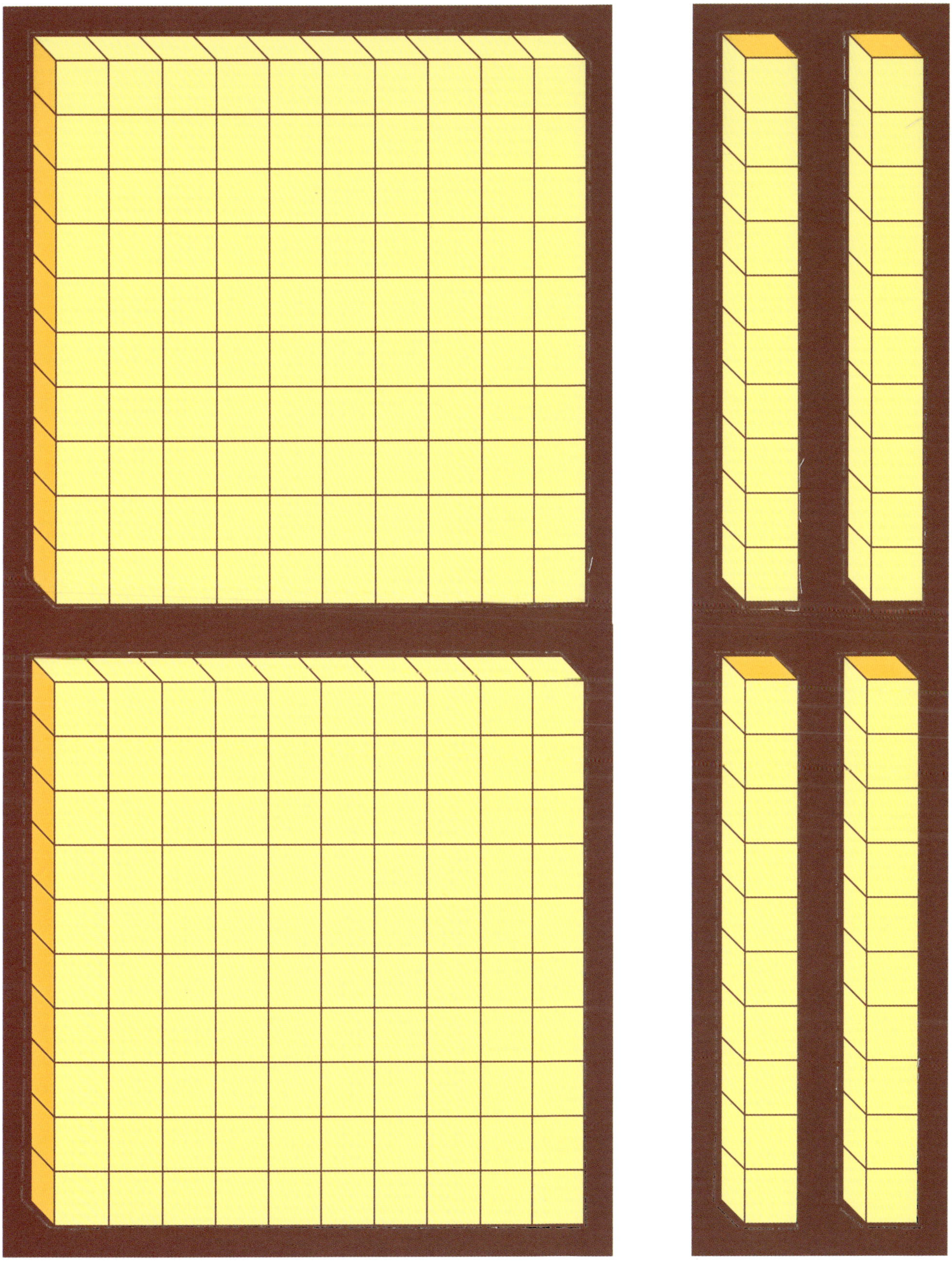

PÁGINA 148 DO LIVRO

PEÇAS DO MATERIAL DOURADO

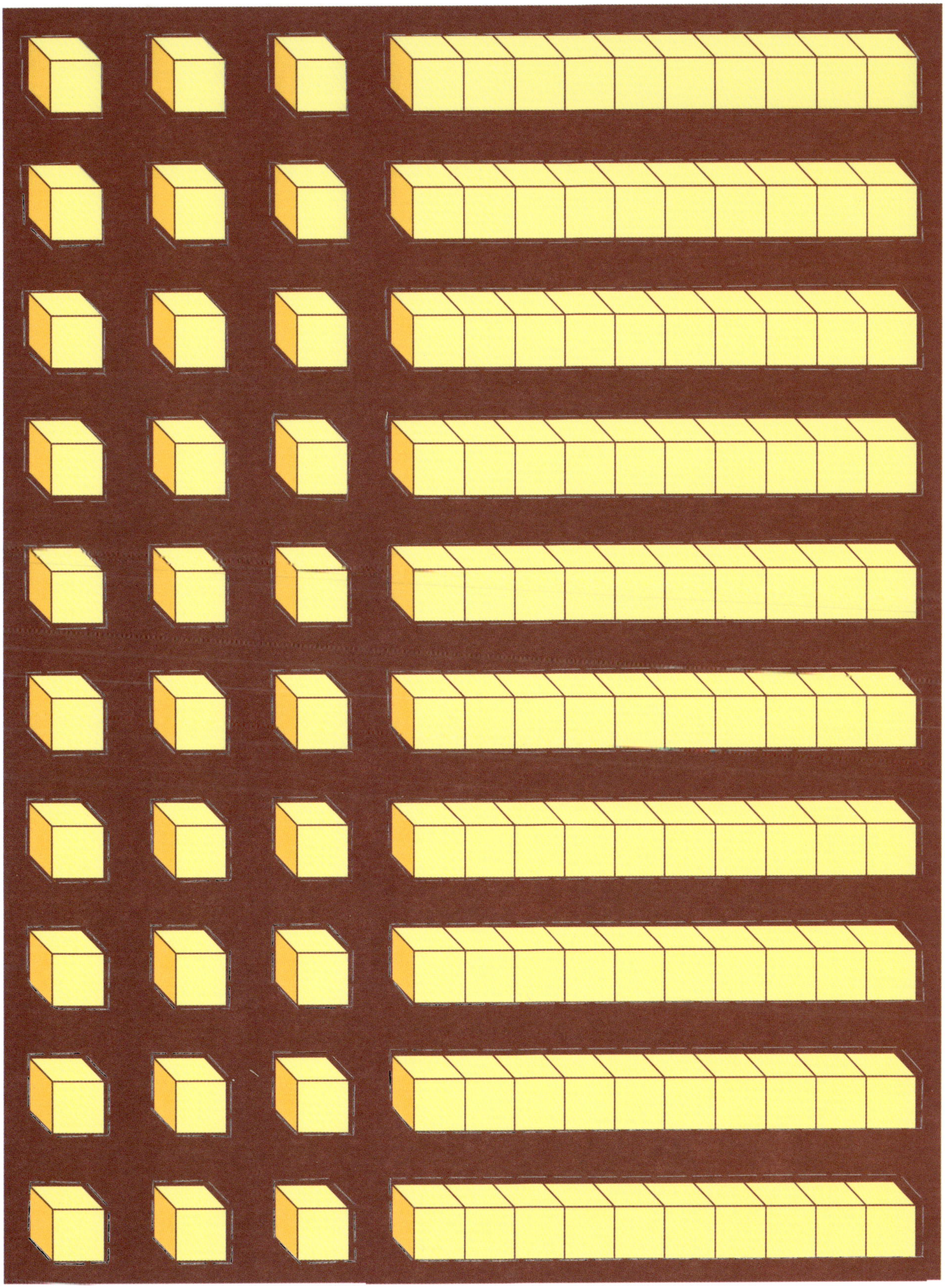

MOLDES DE FIGURAS

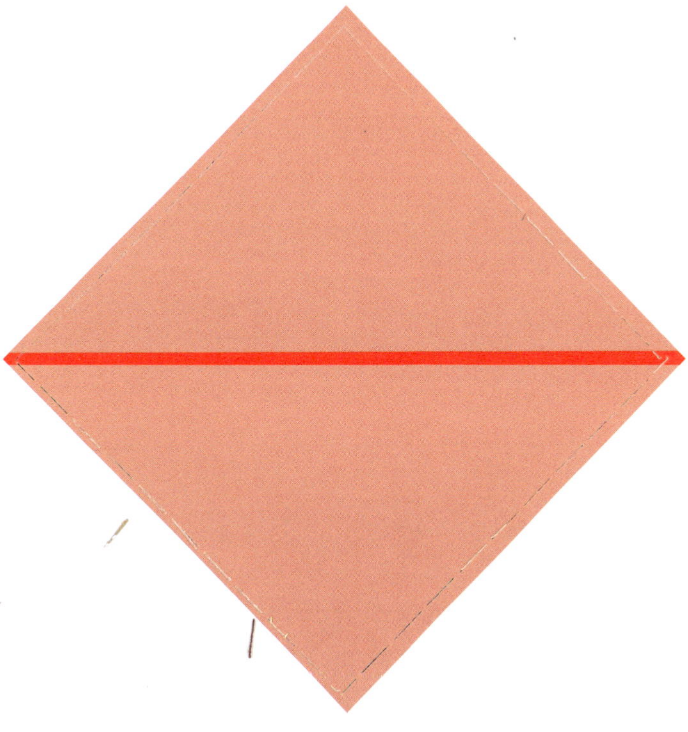

CARTAS DO JOGO DE CARTAS COM ALGARISMOS

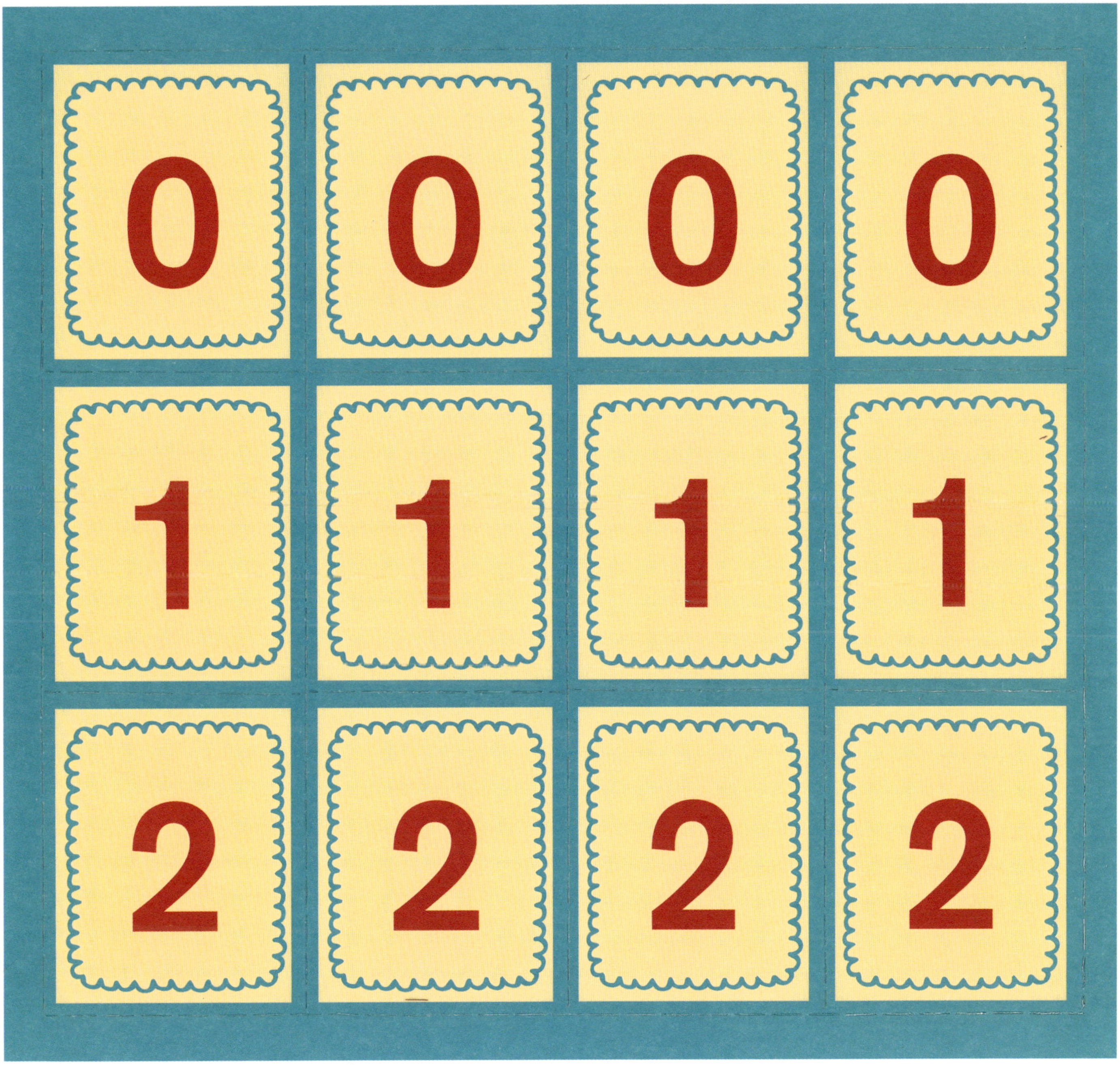

JOGO DE CARTAS COM ALGARISMOS	JOGO DE CARTAS COM ALGARISMOS	JOGO DE CARTAS COM ALGARISMOS	JOGO DE CARTAS COM ALGARISMOS
JOGO DE CARTAS COM ALGARISMOS	JOGO DE CARTAS COM ALGARISMOS	JOGO DE CARTAS COM ALGARISMOS	JOGO DE CARTAS COM ALGARISMOS
JOGO DE CARTAS COM ALGARISMOS	JOGO DE CARTAS COM ALGARISMOS	JOGO DE CARTAS COM ALGARISMOS	JOGO DE CARTAS COM ALGARISMOS

CARTAS DO JOGO DE CARTAS COM ALGARISMOS

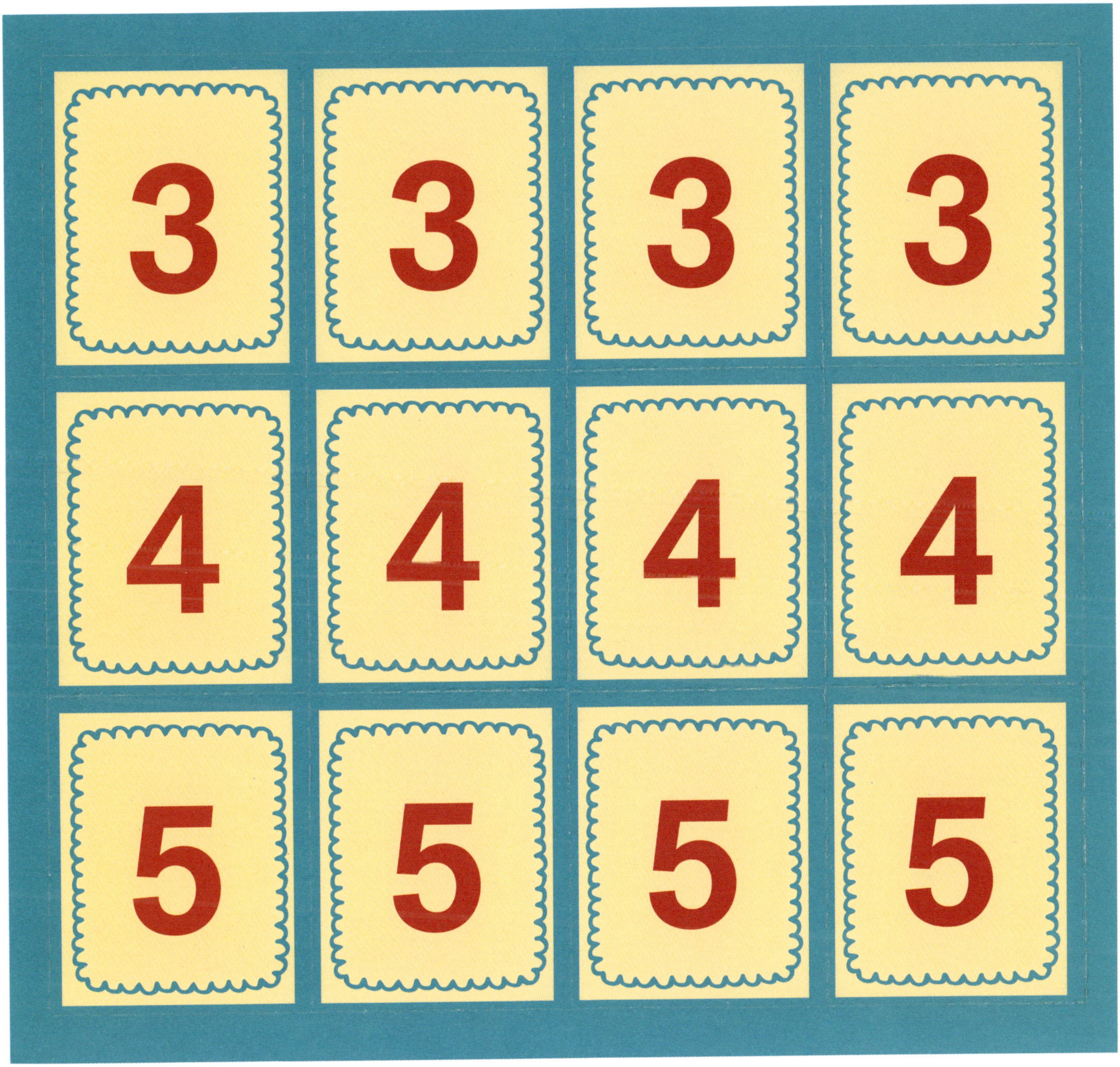

JOGO DE CARTAS COM ALGARISMOS	JOGO DE CARTAS COM ALGARISMOS	JOGO DE CARTAS COM ALGARISMOS	JOGO DE CARTAS COM ALGARISMOS
JOGO DE CARTAS COM ALGARISMOS	JOGO DE CARTAS COM ALGARISMOS	JOGO DE CARTAS COM ALGARISMOS	JOGO DE CARTAS COM ALGARISMOS
JOGO DE CARTAS COM ALGARISMOS	JOGO DE CARTAS COM ALGARISMOS	JOGO DE CARTAS COM ALGARISMOS	JOGO DE CARTAS COM ALGARISMOS

CARTAS DO **JOGO DE CARTAS COM ALGARISMOS**

JOGO
DE CARTAS
COM
ALGARISMOS

JOGO
DE CARTAS
COM
ALGARISMOS

JOGO
DE CARTAS
COM
ALGARISMOS

JOGO
DE CARTAS
COM
ALGARISMOS

JOGO
DE CARTAS
COM
ALGARISMOS

JOGO
DE CARTAS
COM
ALGARISMOS

JOGO
DE CARTAS
COM
ALGARISMOS

JOGO
DE CARTAS
COM
ALGARISMOS

JOGO
DE CARTAS
COM
ALGARISMOS

JOGO
DE CARTAS
COM
ALGARISMOS

JOGO
DE CARTAS
COM
ALGARISMOS

JOGO
DE CARTAS
COM
ALGARISMOS

JOGO
DE CARTAS
COM
ALGARISMOS

JOGO
DE CARTAS
COM
ALGARISMOS

JOGO
DE CARTAS
COM
ALGARISMOS

JOGO
DE CARTAS
COM
ALGARISMOS

PINOS DO JOGO **BOLICHE MULTIPLICATIVO**

ILUSTRAÇÕES: BANCO DE IMAGENS/ARQUIVO DA EDITORA

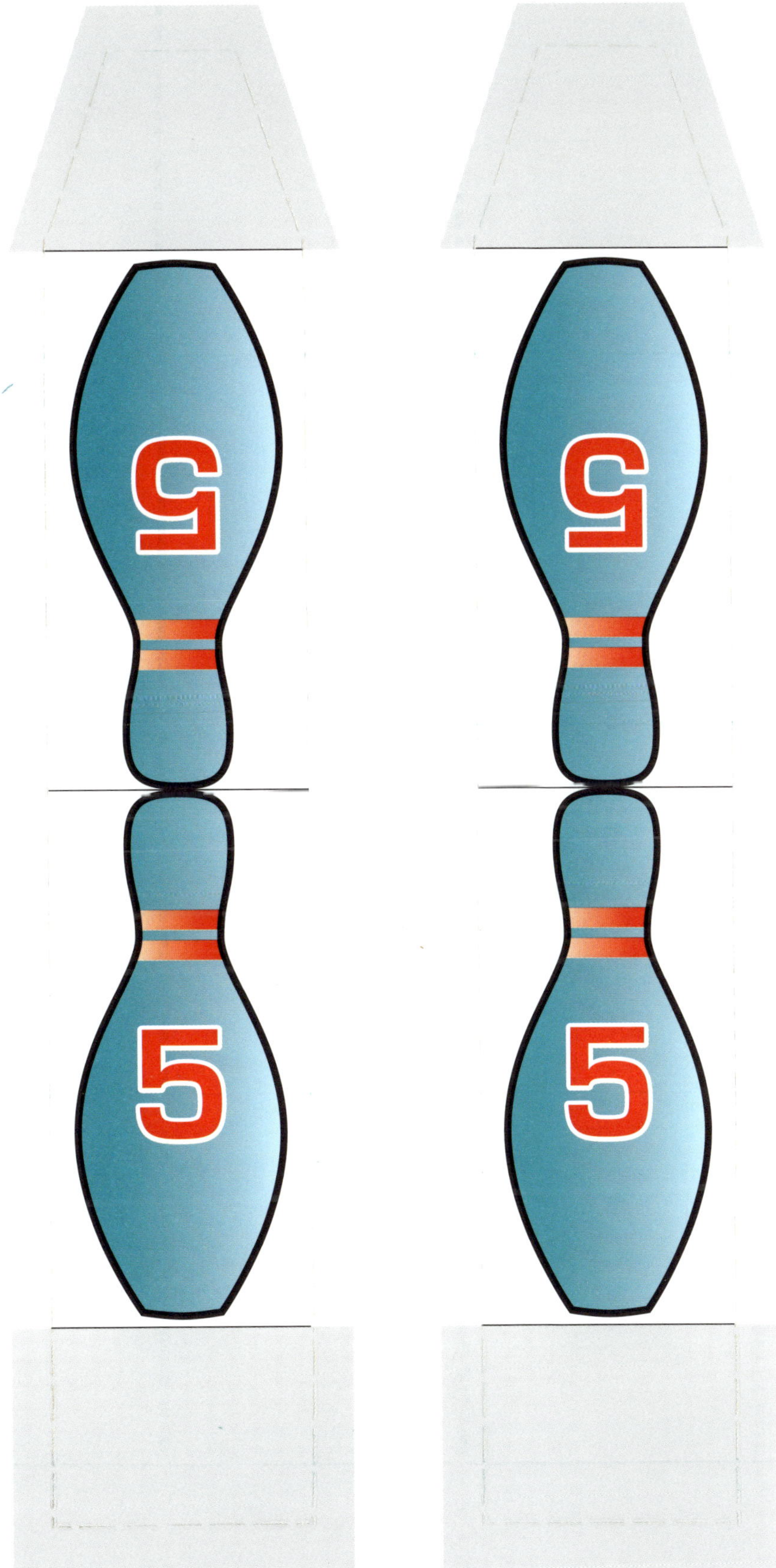

DOBRE

COLE

PÁGINAS 256 E 257 DO LIVRO

PINOS DO JOGO BOLICHE MULTIPLICATIVO

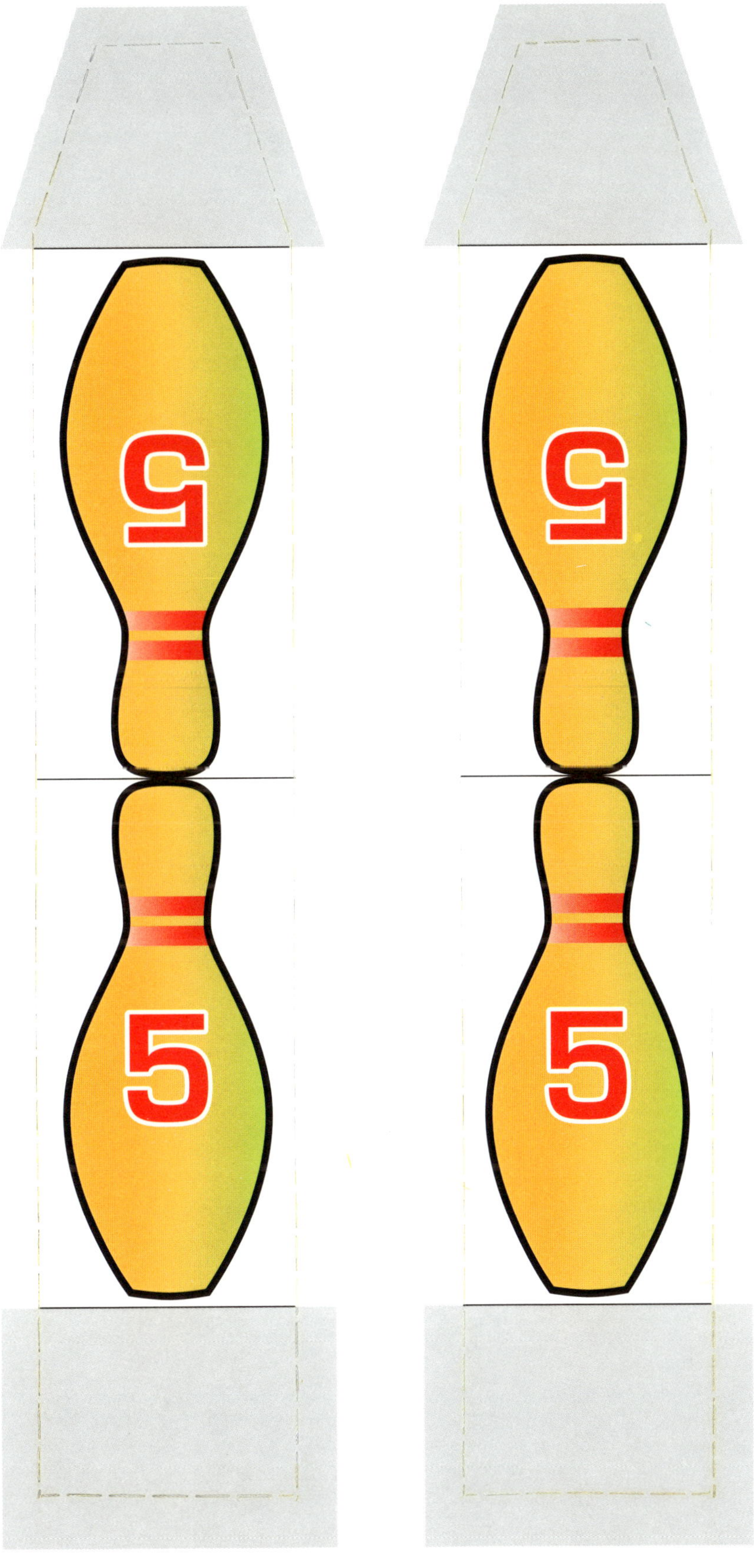

ILUSTRAÇÕES: BANCO DE IMAGENS/ARQUIVO DA EDITORA

DOBRE

COLE

PINOS DO JOGO **BOLICHE MULTIPLICATIVO**

ILUSTRAÇÕES: BANCO DE IMAGENS/ARQUIVO DA EDITORA

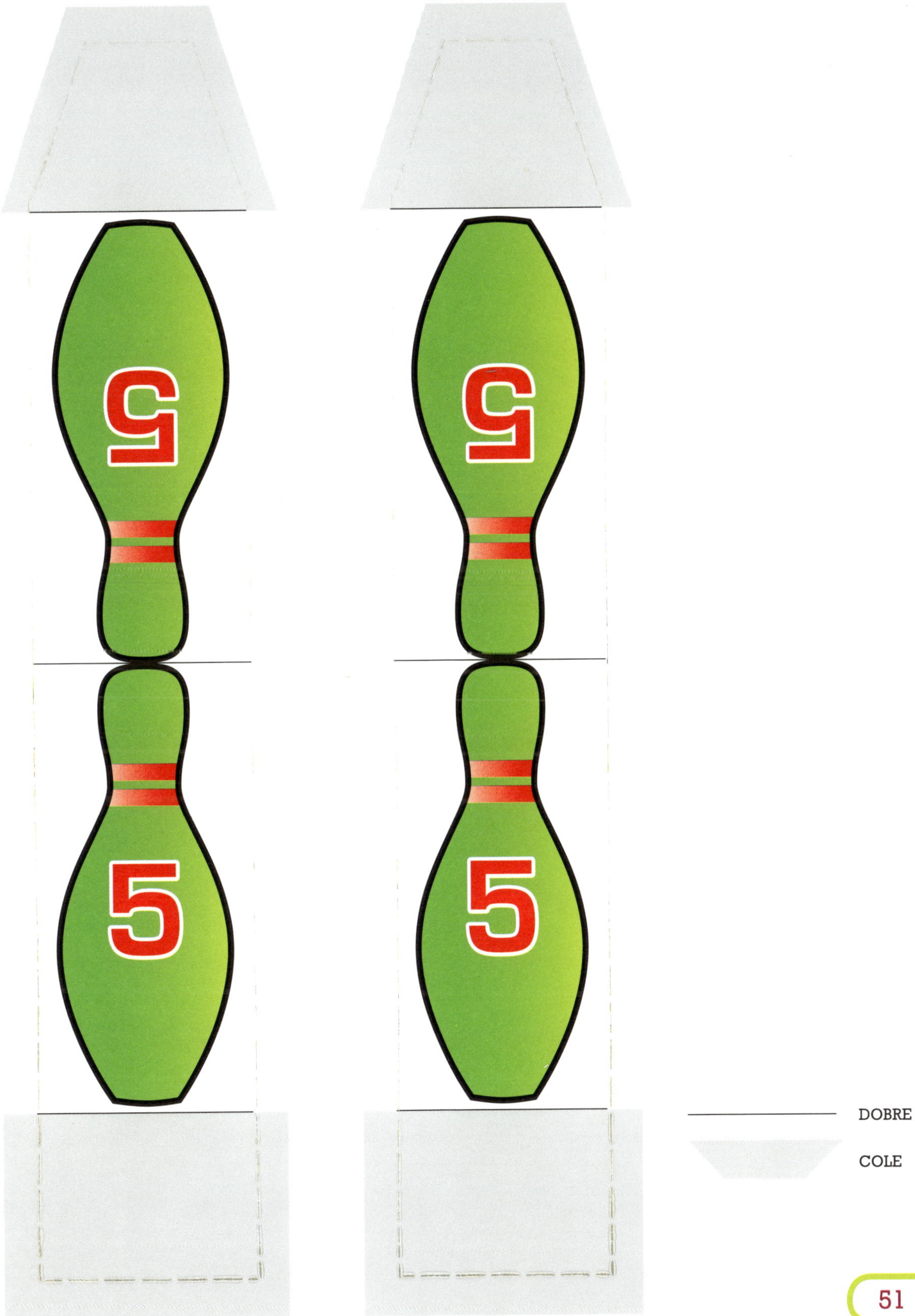

PINOS DO JOGO BOLICHE MULTIPLICATIVO

ILUSTRAÇÕES: BANCO DE IMAGENS/ARQUIVO DA EDITORA

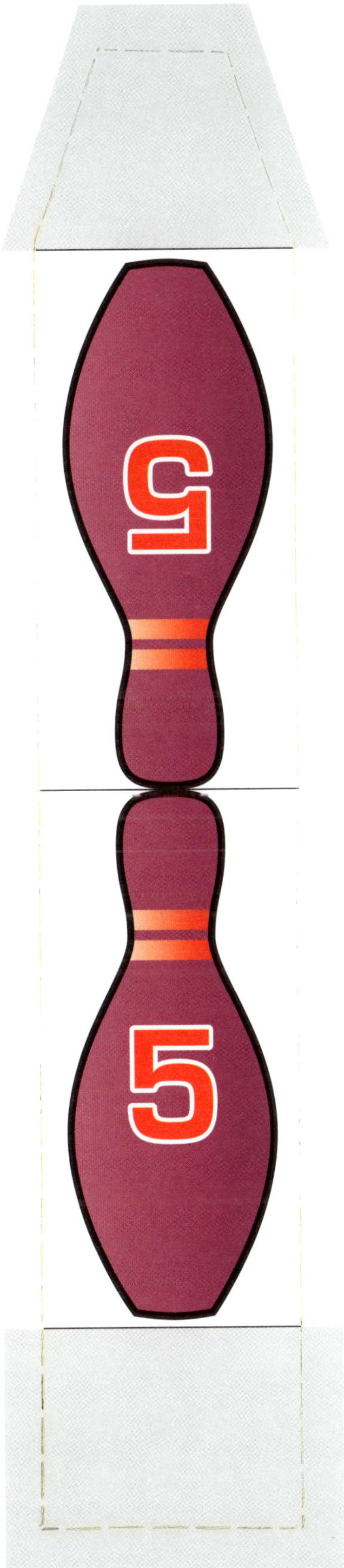

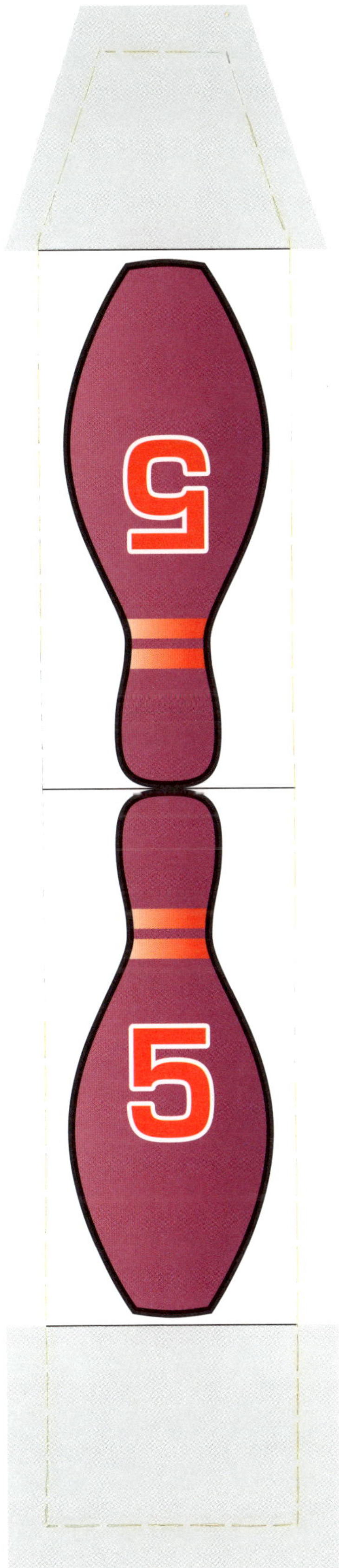

DOBRE

COLE

PINOS DO JOGO **BOLICHE MULTIPLICATIVO**

ILUSTRAÇÕES: BANCO DE IMAGENS/ARQUIVO DA EDITORA

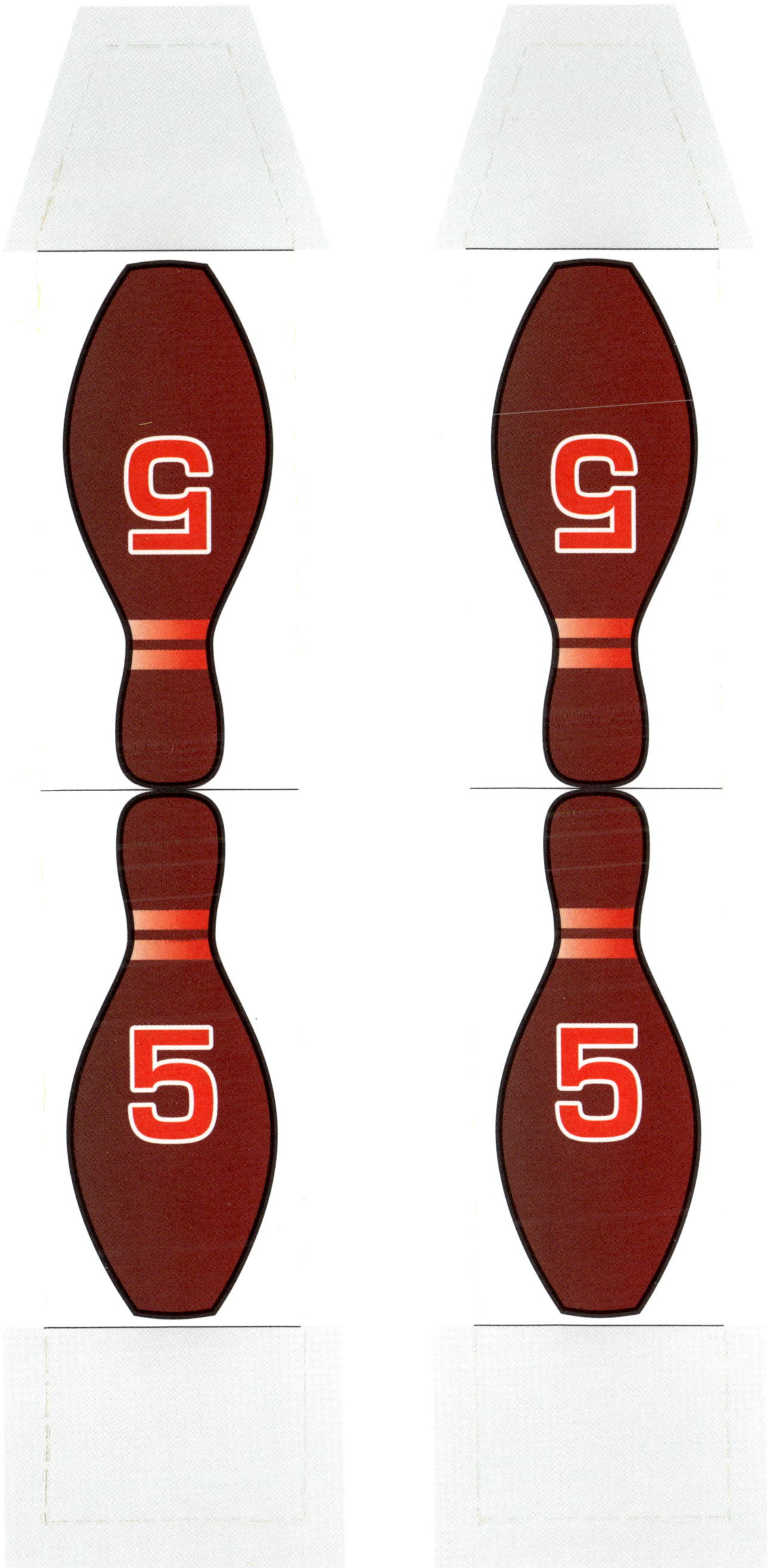

DOBRE

COLE

Projeto LUMIRÁ

MATEMÁTICA 2

CADERNO DE ATIVIDADES

ALUNO: ....

ESCOLA: ....

editora ática

SUMÁRIO

UNIDADE 1

UNIDADE 2

UNIDADE 3

UNIDADE 4

PÁGINAS 12 E 13 DO LIVRO

CANTAR E ESCREVER NÚMEROS

- CONTE OS CARNEIRINHOS ABAIXO E ESCREVA O NÚMERO CORRESPONDENTE A CADA IMAGEM.

PÁGINAS 14 E 15 DO LIVRO

MAIS INDIOZINHOS

- COMPLETE DE 1 EM 1 A SEQUÊNCIA NUMÉRICA ABAIXO.

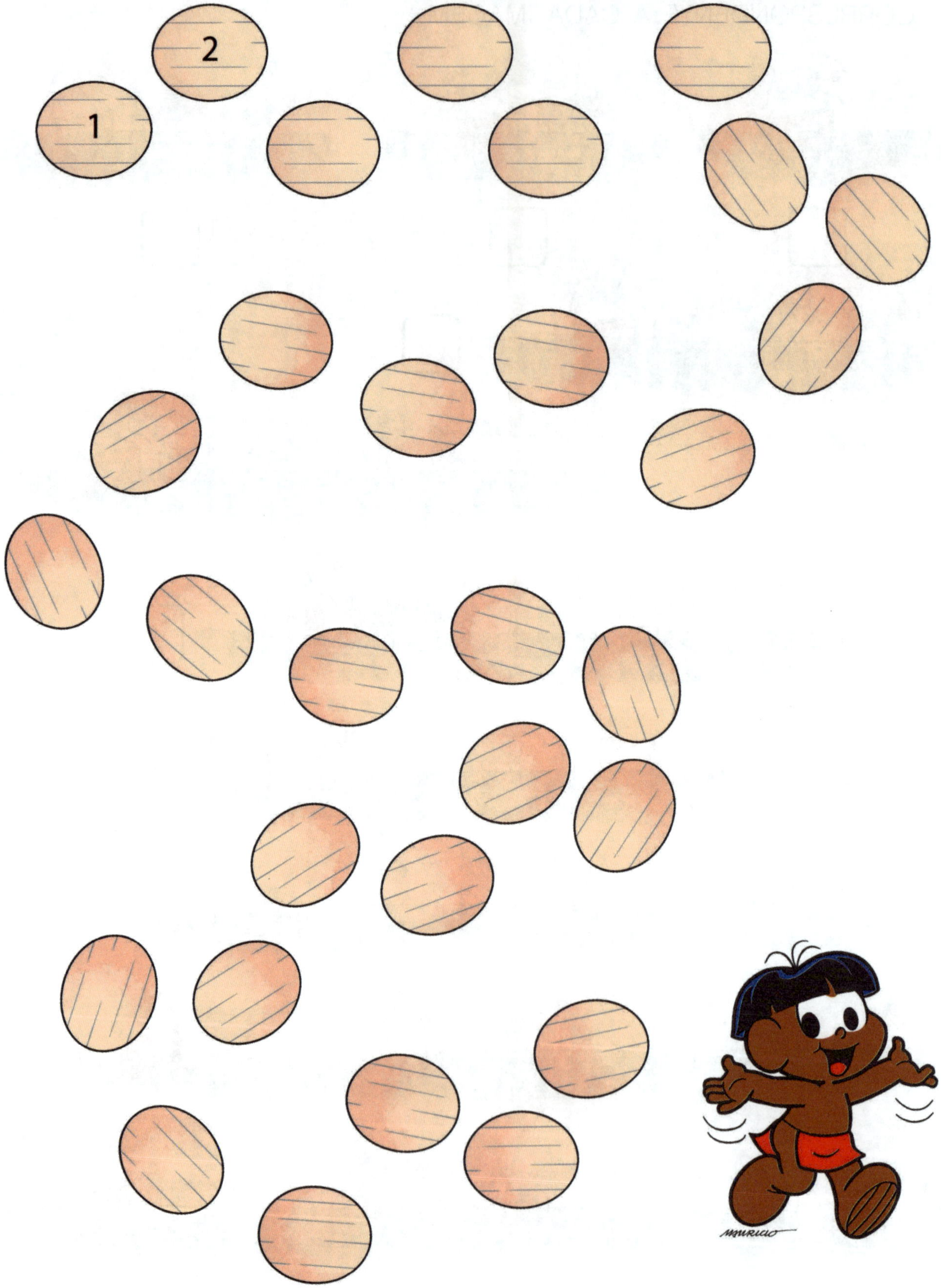

PÁGINAS 16 E 17 DO LIVRO

QUANTAS PESSOAS? QUANTOS OBJETOS?

AS IMAGENS DESTA PÁGINA NÃO ESTÃO REPRESENTADAS EM PROPORÇÃO.

ROBERTO ESTÁ FAZENDO COMPRAS PARA SUA PADARIA. VEJA ABAIXO OS PRODUTOS QUE ELE COMPROU.

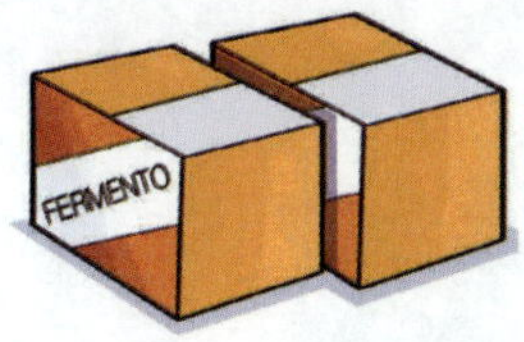

CAIXAS DE FERMENTO

SACOS DE AÇÚCAR

SACOS DE FARINHA

1 QUANTOS ITENS ROBERTO COMPROU AO TODO? ______________

2 ROBERTO VAI GUARDAR AS COMPRAS EM 2 ARMÁRIOS. ELE QUER COLOCAR A MESMA QUANTIDADE DE PRODUTOS EM CADA ARMÁRIO.

A) QUANTAS CAIXAS DE FERMENTO ROBERTO VAI GUARDAR EM CADA ARMÁRIO? ______________

B) QUANTOS SACOS DE FARINHA ELE VAI GUARDAR EM CADA ARMÁRIO? ______________

C) ROBERTO CONSEGUE COLOCAR A MESMA QUANTIDADE DE SACOS DE AÇÚCAR EM CADA ARMÁRIO? POR QUÊ?

____

____

3 VEJA AO LADO COMO O RESTAURANTE DE RUI ESTÁ CHEIO!

QUANTAS PESSOAS APARECEM NESTA CENA?

____

PÁGINAS 18 A 21 DO LIVRO

LOCALIZAÇÃO ESPACIAL

- OBSERVE A CENA E DEPOIS COMPLETE AS FRASES ABAIXO COM **PERTO**, **LONGE**, **EM CIMA**, **EMBAIXO**, **ENTRE**, **ATRÁS**, **NA FRENTE** OU **AO LADO**.

A) O TAPETE ESTÁ ______________________ DE CARLOS.

B) O LIVRO AMARELO ESTÁ ______________________ O LIVRO AZUL E O LIVRO VERMELHO.

C) O CUBO MÁGICO ESTÁ ______________________ DA BONECA.

D) A LUMINÁRIA ESTÁ ______________________ DA MESA.

E) CARLOS ESTÁ ______________________ DA MESA.

F) O GATO ESTÁ ______________________ DO TAPETE.

G) A BONECA ESTÁ ______________________ DO CUBO MÁGICO.

H) OS LIVROS AZUL, AMARELO E VERMELHO ESTÃO UM ______________________ DO OUTRO.

PÁGINAS 22 E 23 DO LIVRO

ESCREVER NÚMEROS

AS IMAGENS DESTAS PÁGINAS NÃO ESTÃO REPRESENTADAS EM PROPORÇÃO.

- OBSERVE CADA ILUSTRAÇÃO ABAIXO E ESCREVA OS NÚMEROS POR EXTENSO.

A) 0 PEIXE NO AQUÁRIO

0 – ______________________

B) 1 ÁRVORE NO GRAMADO

1 – ______________________

C) 2 LARANJAS NO GALHO

2 – ______________________

D) 3 BOLINHAS DE GUDE PARA BRINCAR

3 – ______________________

E) 4 MAÇÃS NO CESTO

4 – ______________________

F) 5 PRATOS PARA COMER

5 – ______________________

G) 6 DADOS PARA LANÇAR

6 – ______________________

H) 10 DEDOS NAS MÃOS

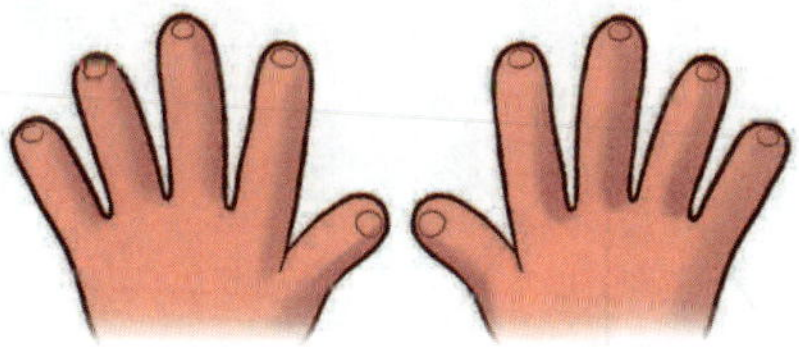

10 – ______________________

I) 13 FORMIGAS NO CHÃO

13 – ______________________

J) 20 UVAS NO CACHO

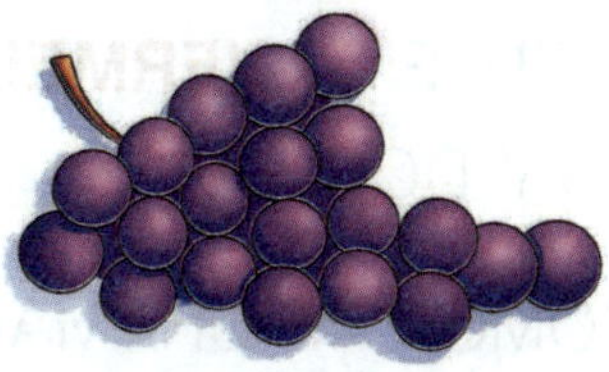

20 – ______________________

FORMAS ARREDONDADAS E FORMAS NÃO ARREDONDADAS

- MARIA TEM UM JOGO DE PEÇAS QUE SE ENCAIXAM. AS PEÇAS LEMBRAM SÓLIDOS GEOMÉTRICOS DE VÁRIAS FORMAS: ARREDONDADAS E NÃO ARREDONDADAS.

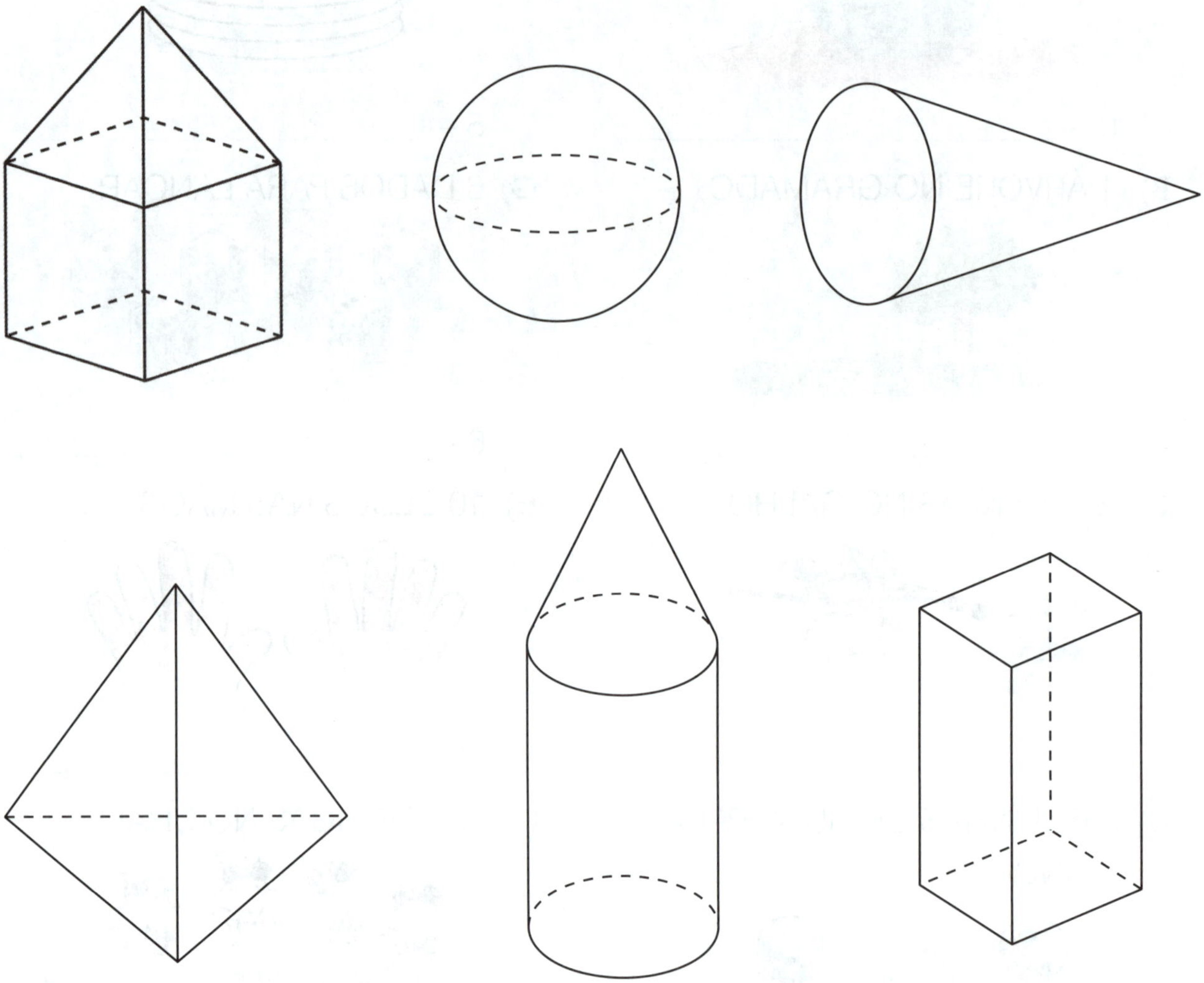

A) PINTE DE **AZUL** AS PEÇAS QUE LEMBRAM FORMAS ARREDONDADAS E PINTE DE **VERMELHO** AS PEÇAS QUE LEMBRAM FORMAS NÃO ARREDONDADAS.

B) COMO SÃO CHAMADOS OS SÓLIDOS GEOMÉTRICOS QUE TÊM FORMAS ARREDONDADAS? ______________________________

PÁGINAS 26 E 27 DO LIVRO

MAIS NÚMEROS

1 COMPLETE O LIGA-PONTOS ABAIXO E VEJA A FIGURA QUE VAI APARECER.

2 COMPLETE OS ITENS ABAIXO COM O NÚMERO QUE VEM IMEDIATAMENTE ANTES E COM O NÚMERO QUE VEM IMEDIATAMENTE DEPOIS.

A) ________ – 6 – ________

B) ________ – 10 – ________

C) ________ – 19 – ________

D) ________ – 22 – ________

E) ________ – 34 – ________

F) DESAFIO: ________ – 39 – ________

PÁGINAS 32 E 33 DO LIVRO

QUANTAS LETRAS? QUANTOS GRUPOS?

1 QUANTAS LETRAS TÊM OS NOMES DOS PRIMEIROS MESES DO ANO?

JANEIRO ____________ FEVEREIRO ____________ MARÇO ____________

2 ESCREVA ABAIXO O NOME DO MÊS DO SEU ANIVERSÁRIO E O NÚMERO DE LETRAS QUE ELE TEM.

____

3 ORGANIZE OS ALUNOS DE CADA GRUPO ABAIXO EM DUPLAS. DEPOIS, ESCREVA QUANTAS DUPLAS VOCÊ FORMOU.

____

____

____

PÁGINAS 34 E 35 DO LIVRO

QUADRO NUMÉRICO E CONTAGEM

1 PEDRO RECORTOU 3 PEDAÇOS DE UM QUADRO NUMÉRICO DE 0 A 99, MAS FALTOU ESCREVER ALGUNS NÚMEROS. VEJA ABAIXO E COMPLETE.

A)

0	1	
10		

B)

7		
	18	
		29

C)

		75

2 A PROFESSORA CATARINA PEDIU A SEUS ALUNOS QUE SE ORGANIZEM EM 2 FILAS PARA UMA ATIVIDADE DE PINTURA. VEJA ABAIXO COMO ELES FICARAM.

A) QUANTOS ALUNOS ESTÃO EM CADA FILA? ____________________

B) QUANTOS ALUNOS ESTÃO NAS 2 FILAS JUNTAS? ____________________

C) HÁ QUANTOS PINCÉIS NO POTE? ____________________

D) A PROFESSORA PODE DISTRIBUIR 1 PINCEL PARA CADA ALUNO?

POR QUÊ? ____________________

PÁGINAS 36 A 39 DO LIVRO

CALENDÁRIO

1 COMPLETE ABAIXO O CALENDÁRIO DO MÊS DE OUTUBRO DE 2020.

2 OBSERVE O CALENDÁRIO QUE VOCÊ COMPLETOU.

A) EM QUE DIA DA SEMANA CAI O DIA 9? ____________________

B) QUAIS DIAS DESSE MÊS CAIRÃO NO DOMINGO?

____

C) ALGUM COLEGA DE SUA TURMA FAZ ANIVERSÁRIO EM OUTUBRO? EM QUE DIA?

____

3 ESCREVA O DIA, O MÊS E O ANO DE HOJE. ESCREVA TAMBÉM O DIA DA SEMANA.

____

4 CLÁUDIO QUERIA MUITO QUE SEU ANIVERSÁRIO CAÍSSE EM UM DOMINGO NAQUELE ANO. ELE ESTAVA PENSANDO NISSO NO DIA 8, QUE ERA UMA SEXTA-FEIRA. O ANIVERSÁRIO DELE SERIA NO PRÓXIMO DIA 17.

O ANIVERSÁRIO DE CLÁUDIO CAIRÁ EM UM DOMINGO? ____________

FORMANDO GRUPOS

- ZILDA QUER ORGANIZAR ALGUNS CARRETÉIS DE LINHA EM CAIXINHAS. EM CADA CAIXINHA CABEM 10 CARRETÉIS.

agolndr/Shutterstock

A) FAÇA UMA ESTIMATIVA: QUANTOS CARRETÉIS HÁ ACIMA?

____

B) CONTORNE GRUPOS COM 10 CARRETÉIS.

C) QUANTOS GRUPOS VOCÊ FORMOU? ________________

D) QUANTOS CARRETÉIS SOBRARAM? ________________

E) ENTÃO, QUANTOS CARRETÉIS ZILDA TEM? ________________

F) QUANTOS CARRETÉIS ZILDA PRECISA COMPRAR PARA OCUPAR MAIS 1 CAIXINHA? DESENHE OS CARRETÉIS ACIMA E CONTORNE O NOVO GRUPO. ________________

PÁGINAS 50 E 51 DO LIVRO

UNIDADE E DEZENA

1 AGRUPE AS JOANINHAS ABAIXO DE 10 EM 10 E DEPOIS COMPLETE.

SÃO ________ DEZENAS E ________ UNIDADES DE JOANINHAS,

OU SEJA, ________ UNIDADES DE JOANINHAS.

2 COMPLETE AS FRASES ABAIXO.

A) EM UMA TURMA DO 2º ANO HÁ 25 ALUNOS. ENTÃO, HÁ

________ DEZENAS E ________ UNIDADES DE ALUNOS.

B) NA MINHA TURMA HÁ ________ ALUNOS. ENTÃO, HÁ

________ DEZENAS E ________ UNIDADES DE ALUNOS.

3 DESENHE ABAIXO 1 DEZENA E 7 UNIDADES DE BOLINHAS. DEPOIS, COMPLETE.

SÃO ________ UNIDADES DE BOLINHAS.

PÁGINAS 52 E 53 DO LIVRO

ADIÇÃO

AS IMAGENS DESTAS PÁGINAS NÃO ESTÃO REPRESENTADAS EM PROPORÇÃO.

1 JOSÉ ESTÁ ANDANDO COM 3 CACHORROS. LAURINHA ESTÁ PASSEANDO COM 2 CACHORROS.

COMPLETE.

________ CACHORROS **MAIS** ________ CACHORROS **É IGUAL A**

________ CACHORROS.

________ + ________ = ________

2 MARIA E LIA ESTÃO COMEÇANDO A FAZER ALGUNS LANCHES. MARIA JÁ FEZ 8 LANCHES, E LIA FEZ 4 LANCHES. COMPLETE.

________ LANCHES **MAIS** ________ LANCHES **É IGUAL A**

________ LANCHES.

________ + ________ = ________

3 ESCREVA ABAIXO UM PROBLEMA QUE SEJA RESOLVIDO POR UMA ADIÇÃO. DEPOIS, DÊ PARA UM COLEGA RESOLVER.

PROBLEMA: ____

____

RESOLUÇÃO:

________________ **MAIS** ________________ **É IGUAL A** ________________

________ + ________ = ________

PÁGINAS 54 A 57 DO LIVRO

NÚMEROS ORDINAIS

AS IMAGENS DESTAS PÁGINAS NÃO ESTÃO REPRESENTADAS EM PROPORÇÃO.

1 JOSÉ, PEDRO E ALICE ESTÃO NO ELEVADOR. JOSÉ VAI AO 3º ANDAR, ALICE VAI AO 6º ANDAR E PEDRO VAI AO 4º ANDAR.

A) ESCREVA COM NÚMEROS ORDINAIS TODOS OS ANDARES DESSE PRÉDIO.

____

B) ESCREVA ESSES NÚMEROS POR EXTENSO.

____

____

C) QUEM VAI AO ANDAR MAIS ALTO? _______________

2 COMPLETE AS FRASES ABAIXO COM NÚMEROS ORDINAIS.

A) JANEIRO É O ________ MÊS DO ANO.

B) EU FAÇO ANIVERSÁRIO NO ________ MÊS DO ANO.

C) O ÚLTIMO MÊS DO ANO É O ________ MÊS.

D) NO DIA 7 DE SETEMBRO COMEMORA-SE A INDEPENDÊNCIA DO BRASIL. ESSE É O ________ DIA DO ________ MÊS DO ANO.

E) HOJE É O ________ DIA DA SEMANA.

INDEPENDÊNCIA OU MORTE!, DE PEDRO AMÉRICO DE FIGUEIREDO E MELO, 1888. ÓLEO SOBRE TELA. 415 CM × 760 CM. MUSEU PAULISTA DA UNIVERSIDADE DE SÃO PAULO (SP).

DESLOCAMENTO E LOCALIZAÇÃO ESPACIAL

VEJA ABAIXO O MAPA DO BAIRRO ONDE BRUNA MORA.

1 TRACE UM CAMINHO QUE BRUNA PODE FAZER PARA IR DE SUA CASA ATÉ O MERCADO.

2 OBSERVE O MAPA E COMPLETE CADA FRASE ABAIXO COM UMA DAS EXPRESSÕES: **EM FRENTE**, **ATRÁS**, **AO LADO**, **PERTO** OU **LONGE**. USE CADA EXPRESSÃO UMA ÚNICA VEZ.

A) O RESTAURANTE FICA ____________________ À ESCOLA.

B) A PREFEITURA FICA ____________________ DO SACOLÃO.

C) O RESTAURANTE FICA ____________________ DA PREFEITURA.

D) A CASA DE BRUNA FICA ____________________ DO SUPERMERCADO.

E) O MERCADO FICA ____________________ DO GINÁSIO.

PÁGINAS 60 E 61 DO LIVRO

TABELA E GRÁFICO

1 A PROFESSORA LORENA REGISTROU NA TABELA ABAIXO QUANTOS IRMÃOS OS ALUNOS DE SUA TURMA TÊM.

QUANTIDADE DE IRMÃOS DOS ALUNOS DA TURMA

QUANTIDADE DE IRMÃOS	0	1	2	3	4	5	6
QUANTIDADE DE ALUNOS	4	7	8	6	4	3	1

TABELA ELABORADA PARA FINS DIDÁTICOS.

EM SEGUIDA, A PROFESSORA REGISTROU AS MESMAS QUANTIDADES NO GRÁFICO ABAIXO.

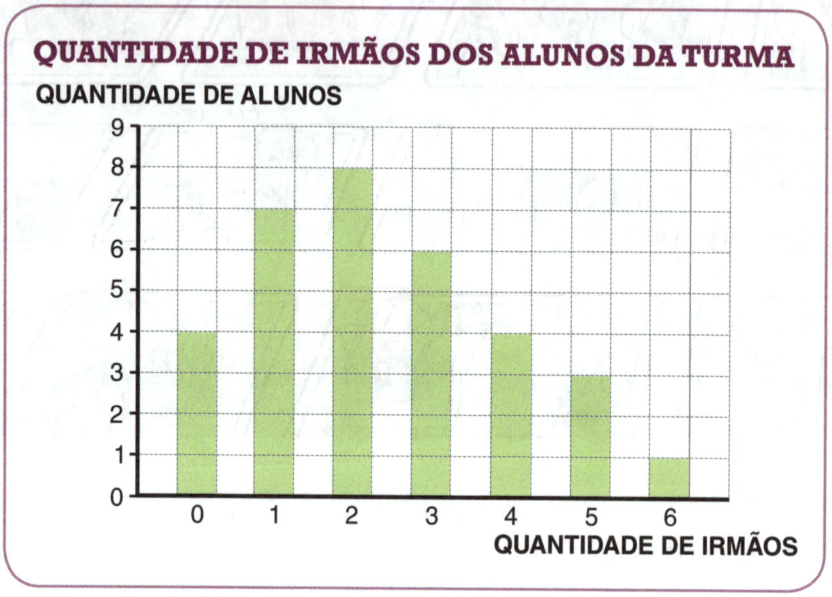

GRÁFICO ELABORADO PARA FINS DIDÁTICOS.

A) A MAIORIA DOS ALUNOS DESSA TURMA TEM QUANTOS IRMÃOS?

____

B) QUANTOS ALUNOS DESSA TURMA NÃO TÊM IRMÃOS? _______________

C) QUAL É A QUANTIDADE DE IRMÃOS QUE APARECE MENOS NO GRÁFICO? POR QUE VOCÊ ACHA QUE ISSO ACONTECE?

____

D) O QUE VOCÊ ACHA DA REPRESENTAÇÃO EM TABELAS E GRÁFICOS?

____

LOCALIZAÇÃO ESPACIAL: DIREITA E ESQUERDA

1 Lucas estava distraído e vestiu uma meia de cada cor. Veja a cena ao lado.

Em qual pé está a meia azul?

____

2 Leila e Mário sentaram-se um ao lado do outro. Mário está à direita ou à esquerda de Leila?

____

3 Dona Cláudia vai colocar a panela grande do lado esquerdo da panela pequena. Contorne a boca do fogão em que a panela será colocada.

4 Rafael, Caio, Gustavo, Laura, Maria e Renata estão brincando de **Corre cotia**. Leia as dicas abaixo e complete o desenho com o nome das outras crianças.

- Nessa rodada, Rafael é o corredor.
- Renata está sentada entre Laura e Maria.
- Maria está do lado direito de Gustavo.

PÁGINAS 76 E 77 DO LIVRO

RETA NUMERADA

1 Complete as retas numeradas abaixo com os números que estão faltando.

a) 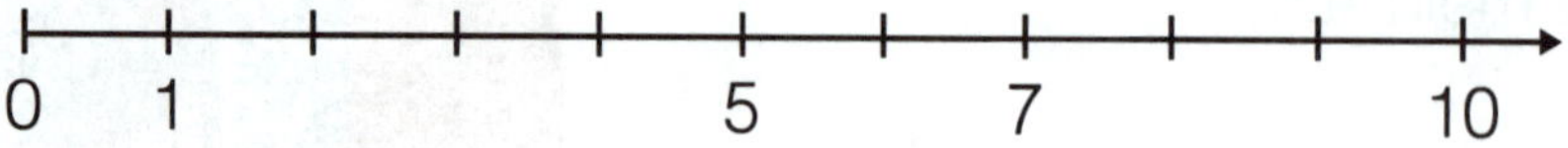

b) 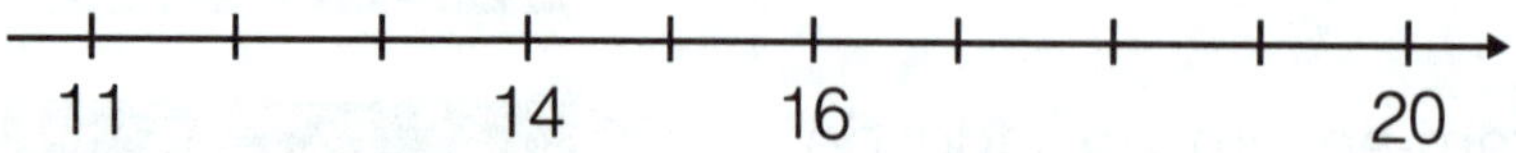

2 No jogo de tabuleiro abaixo, os pontos obtidos no dado correspondem à quantidade de casas que o peão deve andar. Observe a casa em que o peão está e os pontos do dado. Até qual casa o peão deve andar? Contorne essa casa abaixo.

3 Leia a adivinha abaixo e complete.

Sou maior do que 10 e menor do que 20.

Meu nome rima com omelete.

Eu sou o número _______.

PÁGINAS 78 E 79 DO LIVRO

ADIÇÃO NA RETA NUMERADA

1 Em cada reta numerada abaixo está representada uma adição. Observe o exemplo e escreva a adição representada em cada item.

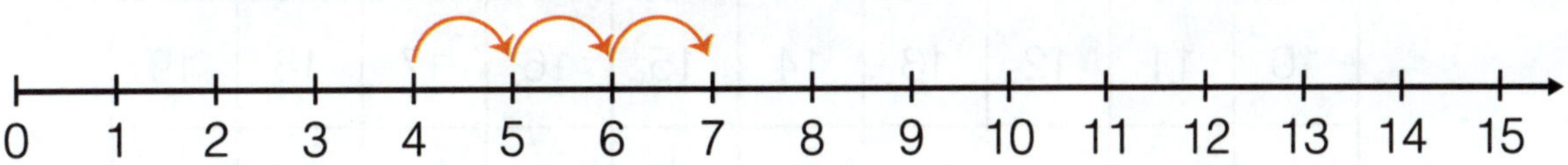

4 + 3 = 7

a)

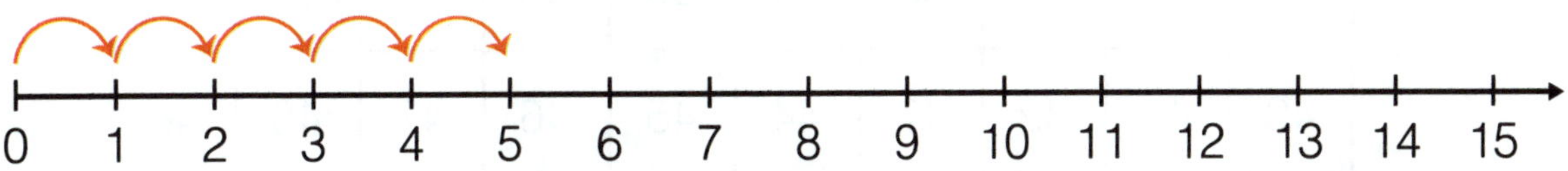

____

b)

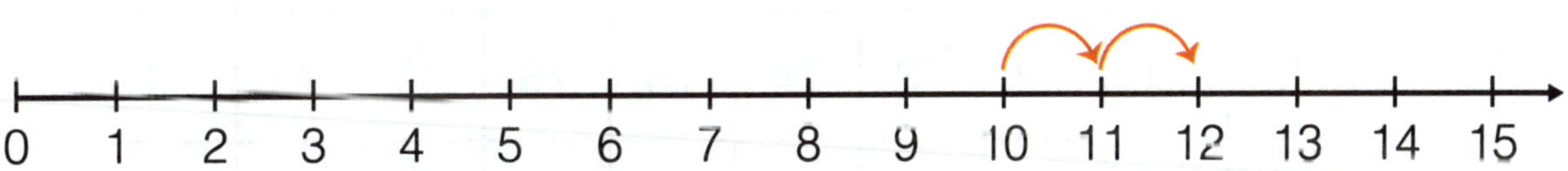

____

c)

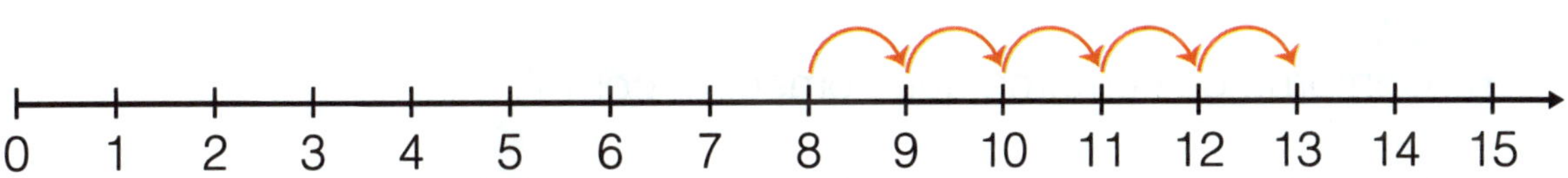

____

2 Marque na reta numerada abaixo os números de 0 a 15. Depois, represente nessa reta numerada a adição e complete-a.

9 + 4 = ________

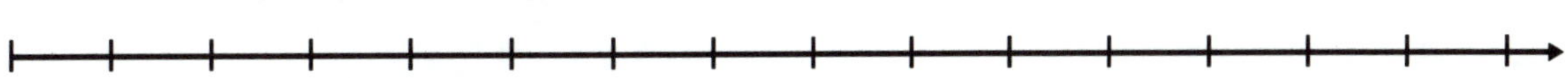

PÁGINAS 80 E 81 DO LIVRO

QUADRO NUMÉRICO DE 0 A 99

- Observe abaixo o quadro numérico de 0 a 99.

0	1	2	3	4	5	6	7	8	9
10	11	12	13	14	15	16	17	18	19
20	21	22	23	24	25	26	27	28	29
30	31	32	33	34	35	36	37	38	39
40	41	42	43	44	45	46	47	48	49
50	51	52	53	54	55	56	57	58	59
60	61	62	63	64	65	66	67	68	69
70	71	72	73	74	75	76	77	78	79
80	81	82	83	84	85	86	87	88	89
90	91	92	93	94	95	96	97	98	99

a) Contorne os números que começam com 7.

b) Pinte de amarelo o antecessor de cada número abaixo.

5 19 34 60

c) Pinte de verde o sucessor de cada número abaixo.

7 23 40 79

d) Qual número está na 3ª linha e na 5ª coluna desse quadro? ________

e) Qual número está na 4ª linha e na 5ª coluna desse quadro? ________

f) E qual número está na 2ª linha e na 5ª coluna desse quadro? ________

PÁGINAS 82 E 83 DO LIVRO

CALENDÁRIO

- Observe o calendário do mês de abril de 2014.

Abril - 2014

DOMINGO	SEGUNDA-FEIRA	TERÇA-FEIRA	QUARTA-FEIRA	QUINTA-FEIRA	SEXTA-FEIRA	SÁBADO
		1	2	3	4	5
6	7	8	9	10	11	12
13	14	15	16	17	18	19
20	21	22	23	24	25	26
27	28	29	30			

a) Em que dia da semana caiu o dia 8 de abril de 2014?

____

b) Quais dias foram sextas-feiras?

____

c) Em que dia da semana caiu o dia 1º de maio? Você sabe o que é comemorado nesse dia?

____

d) Pergunte a seus colegas quem faz aniversário em abril. Escreva os nomes abaixo e marque os dias no calendário.

____

____

____

PÁGINAS 88 A 91 DO LIVRO

AGRUPAMENTOS DE NÚMEROS ATÉ 50

As imagens desta página não estão representadas em proporção.

- Agrupe os objetos abaixo de 10 em 10 e complete o quadro.

Objeto	Dezena	Unidade	Total	Número por extenso

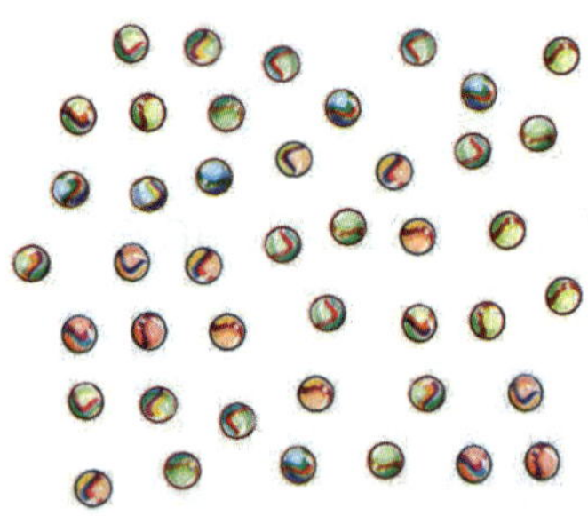				
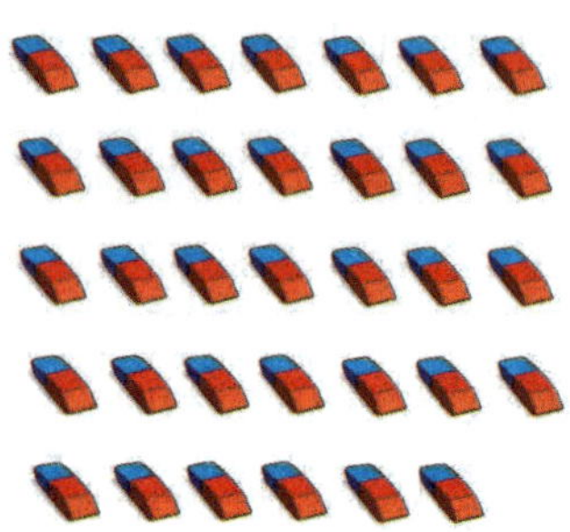				

PÁGINAS 92 A 95 DO LIVRO

ALGARISMOS

1 Veja abaixo as cartas que Bruno e Carolina tiraram em uma partida de **O maior leva**. Depois, escreva o maior número que cada um pode formar com essas cartas e o nome do ganhador da partida.

a) 1ª partida

Cartas de Bruno	Cartas de Carolina

Maior número: ________	Maior número: ________
Ganhador da 1ª partida: ____________________	

b) 2ª partida

Cartas de Bruno	Cartas de Carolina

Maior número: ________	Maior número: ________
Ganhador da 2ª partida: ____________________	

2 Observe os algarismos de cada número abaixo e complete o quadro.

Número	Algarismo das dezenas	Algarismo das unidades
23		
44		
45		
57		

PÁGINAS 96 A 99 DO LIVRO

SUBTRAÇÃO

1 Leia cada problema abaixo e complete a subtração que pode resolvê-lo. Se necessário, faça desenhos. Depois, escreva a resposta do problema.

a) Em um lote de 24 aparelhos eletrônicos, 2 aparelhos estavam com defeito. Quantos aparelhos eletrônicos desse lote não estavam com defeito?

Subtração: _______ − _______ = _______

Resposta: ____

b) Júlio tem 42 peixes em sua loja de aquários. Ele vai colocar 22 peixes no aquário da esquerda de uma estante. Os outros peixes ele vai colocar no aquário da direita. Quantos peixes Júlio vai colocar no aquário da direita?

Subtração: _______ − _______ = _______

Resposta: ____

c) A professora de Marilu tem 30 alunos em sua turma. Ela levou 13 alunos para realizar uma atividade no laboratório e deixou os outros alunos com a professora Sofia. Quantos alunos da turma ficaram com a professora Sofia?

Subtração: _______ − _______ = _______

Resposta: ____

2 Observe as retas numeradas abaixo e complete as subtrações.

a)

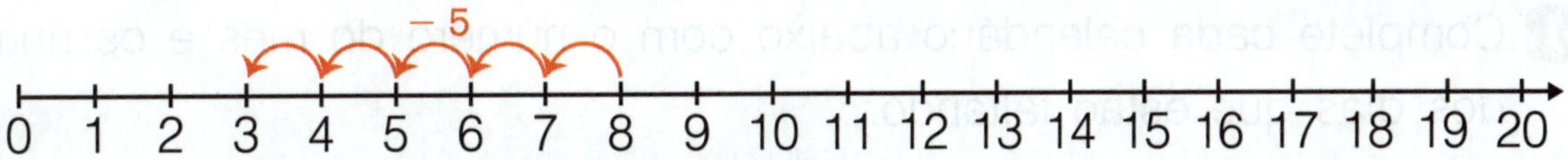

_______ − _______ = _______

b)

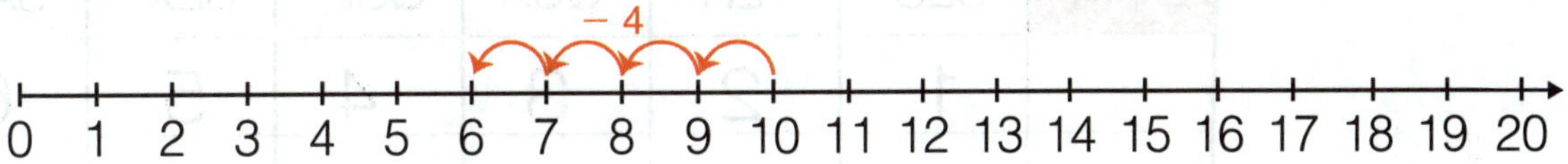

_______ − _______ = _______

c)

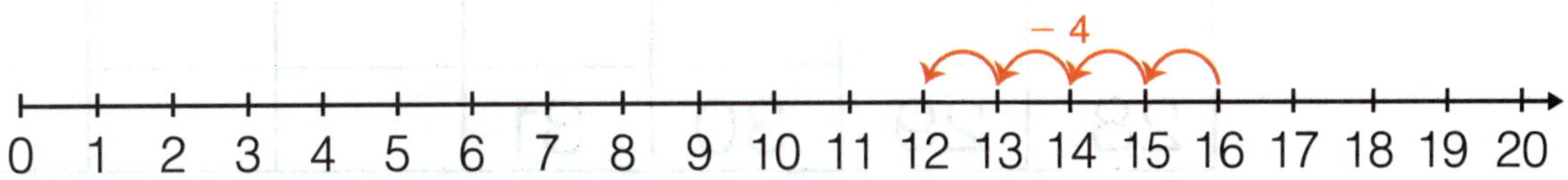

_______ − _______ = _______

3 Agora, faça o contrário: represente as subtrações nas retas numeradas abaixo e escreva o resultado.

a) 18 − 3 = _______

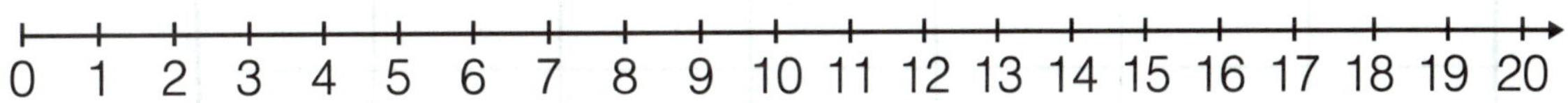

b) 20 − 3 = _______

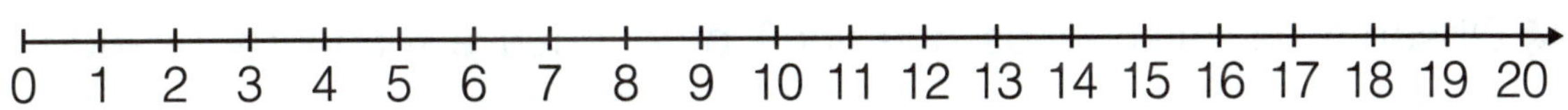

c) 3 − 3 = _______

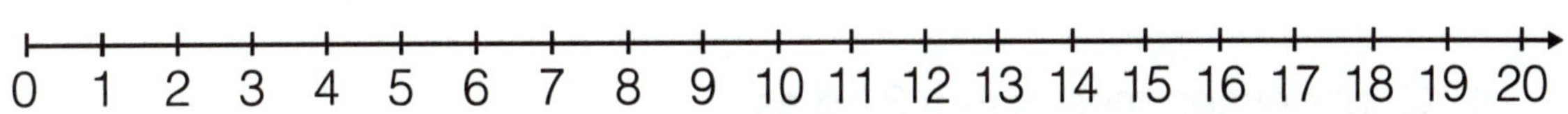

PÁGINAS 102 E 103 DO LIVRO

NÚMEROS DOS MESES DO ANO

1 Complete cada calendário abaixo com o número do mês e os números dos dias que estão faltando.

JANEIRO 2018 MÊS ____						
DOM	SEG	TER	QUA	QUI	SEX	SÁB
	1	2	3	4	5	6
28	29	30	31			

NOVEMBRO 2018 MÊS ____						
DOM	SEG	TER	QUA	QUI	SEX	SÁB
			7			
25	26					

2 Observe os calendários que você preencheu e responda usando o número do mês.

a) Em qual mês o dia 20 é um sábado? ____________________

b) Em qual mês o dia 16 é uma sexta-feira? ____________________

c) Qual desses meses tem 31 dias? ____________________

PÁGINAS 104 A 107 DO LIVRO

ADIÇÃO E SUBTRAÇÃO

As imagens desta página não estão representadas em proporção.

1 Escreva a adição ou a subtração que representa cada item abaixo.

a) Ana juntou os lápis de cor de seus estojos.

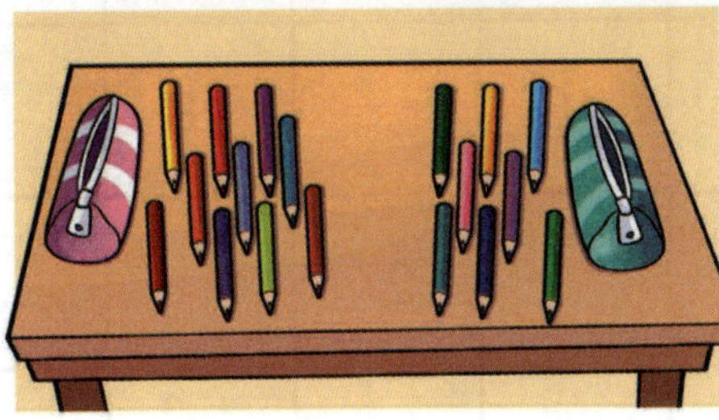

____

c) Marcos comprou camisetas novas.

____

b) Joana vai comer 7 uvas do cacho.

____

d) Alguns alunos da turma de Carolina estão indo embora.

____

2 Em uma partida do jogo **Distribuindo pedrinhas**, Letícia tirou 12 pontos nos dados. Veja abaixo o tabuleiro de Letícia e distribua as pedrinhas da melhor maneira.

QUADRO NUMÉRICO

1 Complete abaixo o quadro numérico de 0 a 109.

0	1								
		12		14		16		18	
	21						27		
		32						38	
	41						47		
		52						58	
	61						67		
70		72						78	
80	81						87		
90		92		94		96		98	
100	101		103		105		107		109

2 Agora, responda.

a) Qual número tem 5 unidades a mais do que 34? ________

b) Qual número tem 2 unidades a menos do que 20? ________

c) O que os números de uma mesma coluna têm em comum?

____

ADIÇÃO E SUBTRAÇÃO

1 Renato e sua família viajaram para a praia em um final de semana das férias escolares. No sábado Renato pegou 34 conchinhas na areia. No domingo ele pegou mais 13 conchinhas.

a) Quantas conchinhas Renato pegou ao todo?

____

b) Quantas conchinhas ele deveria pegar a mais no domingo para ficar com 50 conchinhas ao todo?

____

2 Luís Carlos encomendou um lote de 20 chaves de fenda para sua loja. Alguns dias depois, ele já havia vendido 15 chaves de fenda.

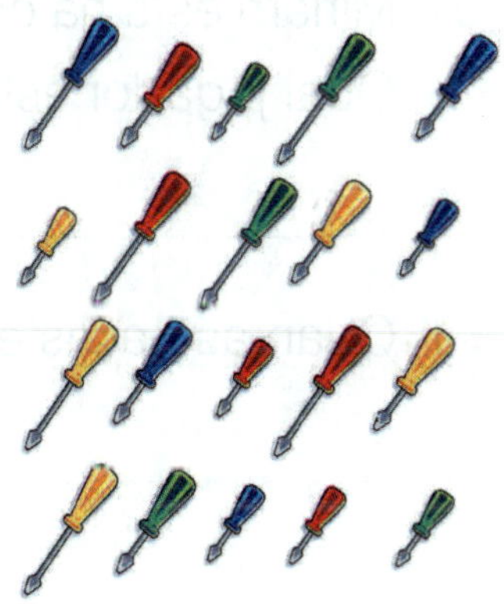

a) Quantas chaves de fenda desse lote Luís Carlos ainda tem? _______________

b) Se Luís Carlos encomendar mais um lote de 20 chaves de fenda, então quantas chaves de fenda ele terá na loja?

____

3 Tânia é costureira e precisa de 32 botões para realizar um serviço. Ela já tem 16 botões.

a) Quantos botões Tânia precisa comprar?

____

b) Se Tânia comprar um pacote com 25 botões, então quantos botões vão sobrar?

____

4 Míriam, Mauro e Melissa estão jogando **Safári**. Reveja o tabuleiro desse jogo.

a) Quantas casas tem o tabuleiro desse jogo? ______

b) Em quantas casas do tabuleiro há instruções? ______

c) Complete a subtração abaixo e responda: em quantas casas do tabuleiro não há instruções?

____ – ____ = ____

Resposta: ______

d) Míriam está na casa 36, Mauro está na casa 40 e Melissa está na casa 42. Qual jogador está mais próximo do fim da trilha?

______

e) Quantas casas esse jogador precisa andar para chegar ao fim da trilha?

______

f) Quantas casas esse jogador está na frente de Míriam? ______

g) Míriam chegou à casa 36 após seguir as instruções de outra casa. Em qual casa Míriam pode ter parado para receber as instruções? Justifique sua resposta.

______

______

PÁGINAS 120 E 121 DO LIVRO

O QUADRO NUMÉRICO E AS DEZENAS

1 Complete o quadro numérico abaixo.

	32						38		
41						47			
	52						58		
61						67			70
	72						78		

2 Agora, complete as frases abaixo.

a) O número 40 tem ______ dezenas.

b) O número 73 tem ______ dezenas.

c) O número 39 tem ______ dezenas.

3 Continue cada sequência numérica abaixo de 1 em 1 até a próxima dezena.

a)	34	35								
b)	57									
c)	72									
d)	11									

PÁGINAS 122 A 124 DO LIVRO

CALCULAR COM DEZENAS E UNIDADES

- A professora Luciana levou para sua turma um jogo com cartas numeradas. Para cada grupo de alunos ela distribuiu 9 cartas roxas para representar as dezenas e 10 cartas laranja para representar as unidades. Em cada rodada, cada jogador sorteia 1 carta roxa e 1 carta laranja e forma o número. Ganha a rodada o jogador do grupo que tirar o maior número.

Carlos, Lúcio e David formaram um grupo. Veja abaixo as cartas que eles sortearam em uma rodada.

Cartas sorteadas pelo grupo

Jogador \ Carta	Roxa (dezena)	Laranja (unidade)
Carlos	3	7
Lúcio	5	4
David	2	6

Tabela elaborada para fins didáticos.

a) Qual dos jogadores formou o menor número? ______

b) E qual dos jogadores formou o maior número? ______

c) Qual é a maior carta roxa que se pode sortear nesse jogo? ______

d) E qual é a maior carta laranja que se pode sortear? ______

e) Então, qual é o maior número que se pode formar nesse jogo? ______

f) Nesse jogo, é melhor tirar a carta 9 roxa ou a carta 9 laranja? Por quê?

______

______

PÁGINA 125 DO LIVRO

MAIS ADIÇÕES E SUBTRAÇÕES

1 Débora e sua irmã Helena colecionam moedas antigas. Débora tem 14 moedas, e Helena tem 23 moedas.

a) Quantas moedas as duas irmãs têm ao todo? ________________

b) Justifique com uma operação: ______ + ______ = ______

c) As irmãs ganharam mais 8 moedas. Quantas moedas elas têm agora ao todo? ________________

d) Débora e Helena têm 11 moedas repetidas. Elas decidiram dar essas moedas para um amigo. Com quantas moedas elas vão ficar?

____

e) Justifique com uma operação: ______ − ______ = ______

2 Antônio faz aula de natação todas as segundas e quintas-feiras. Ele também faz caminhadas no parque aos sábados. O mês de agosto de 2016 teve 5 segundas-feiras, 4 quintas-feiras e 4 sábados.

a) Quantos dias Antônio fez natação e caminhada nesse mês?

____

b) E quantos dias Antônio não fez natação ou caminhada nesse mês?

____

c) Justifique com uma operação: ______ − ______ = ______

PÁGINAS 126 E 127 DO LIVRO

MEDIR COMPRIMENTOS

1 Meça os objetos descritos abaixo e anote as medidas.

a) Meça o comprimento do tampo de uma mesa usando seu palmo.

____

b) Meça o comprimento de seu quarto usando seu passo.

____

c) Meça o comprimento de seu estojo usando sua polegada.

____

2 Célia e Pedro estudam na mesma turma. Eles mediram o comprimento da sala de aula e obtiveram as medidas abaixo.

Célia	Pedro
10 passos	8 passos

As imagens desta página não estão representadas em proporção.

a) Por que Célia e Pedro obtiveram medidas diferentes?

____

b) Qual deles tem o passo com medida maior? _______________

3 Letícia quer medir o comprimento de cada objeto abaixo. Qual unidade de medida é mais adequada para cada objeto: palmo, passo ou polegada?

Janela

Nexus 7/Shutterstock/Glow Images

____

Borracha

Picsfive/Shutterstock/Glow Images

____

Tapete

Gualtiero boffi/Shutterstock/Glow Images

____

FIGURAS GEOMÉTRICAS PLANAS

1 Pinte as peças de cada desenho abaixo de acordo com a forma da figura geométrica plana indicada.

a) Triângulo

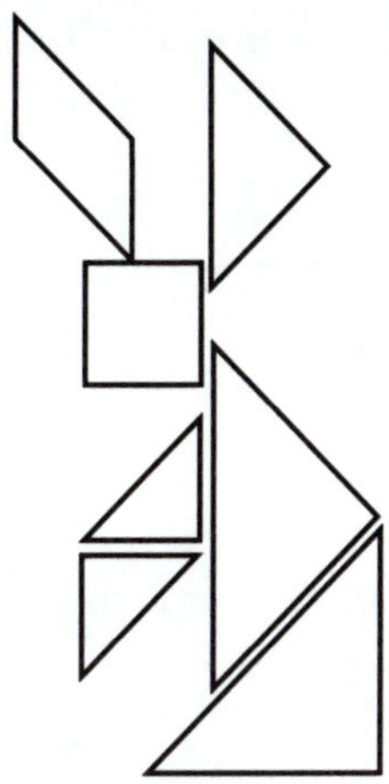

c) Quadrado

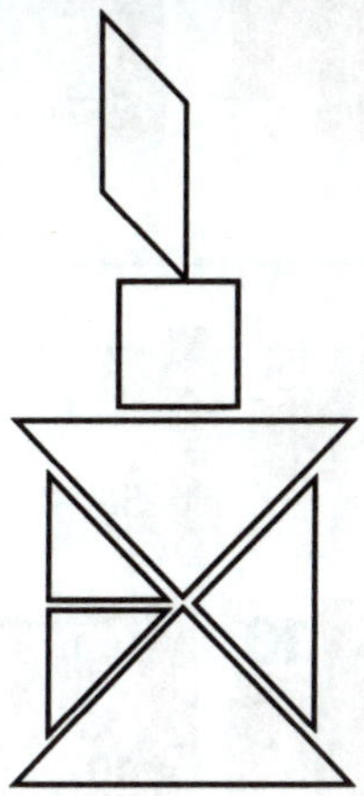

b) Quadrado

d) Triângulo

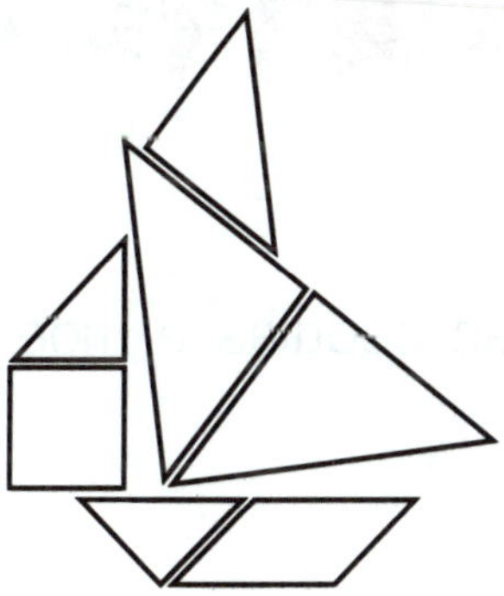

2 Complete: Um triângulo tem ________ lados e ________ vértices.

3 Crie abaixo um desenho usando apenas triângulos e quadrados.

PÁGINAS 140 E 141 DO LIVRO

NOSSO DINHEIRO

1 Observe as cédulas e moedas abaixo e escreva o valor total em cada item.

a) 

____

b) 

____

c) 

____

2 Desenhe as cédulas e moedas necessárias para formar as seguintes quantias.

a) 13 reais.

b) 39 reais.

PROBLEMAS ENVOLVENDO NOSSO DINHEIRO

1 Amanda queria comprar a boneca abaixo, mas sua mãe disse que esta boneca era muito cara.

Quantos reais a boneca é mais cara do que o ursinho? ________________

2 Júlio precisa comprar 1 enxada e 1 rastelo para seu trabalho como agricultor. A enxada custa 25 reais e o rastelo custa 11 reais. Quanto ele pagará ao todo pelas 2 ferramentas? ________________

3 Em um estádio de futebol, cada ingresso para uma partida custa 32 reais. Quanto 2 pessoas vão pagar para assistir a essa partida?

____

AMPLIANDO O QUADRO NUMÉRICO

1 Complete o quadro numérico abaixo.

150	151								
					165	166			
		172					177	178	
			183	184					189

2 Agora, complete as frases abaixo.

a) O sucessor do número 45 é o número ________.

b) O antecessor do número 2 é o número ________.

c) O número ________ é o sucessor do número 88.

d) ________ é o antecessor de 92.

e) O sucessor de 163 é ________.

f) ________ é o antecessor de 164.

g) O antecessor de ________ é 197.

3 Complete as sequências numéricas abaixo de 1 em 1.

a) 130, 131, ______, ______, ______, ______, ______, ______, ______.

b) ______, ______, ______, ______, ______, ______, 198, 199.

c) 143, 144, ______, ______, ______, ______, ______, ______, ______.

d) ______, ______, ______, ______, ______, ______, ______, 121, 122.

PÁGINAS 146 E 147 DO LIVRO

FIGURAS PLANAS SIMÉTRICAS

1 Mariana pintou uma casa do lado direito de uma folha de papel. Com a tinta ainda molhada, ela dobrou o papel ao meio.

a) O que vai acontecer quando Mariana abrir a folha?

____

b) Pinte o desenho no lado esquerdo da folha abaixo.

2 Veja abaixo o desenho de uma casa em uma malha quadriculada. Depois, desenhe a figura simétrica a esse desenho em relação à linha vermelha.

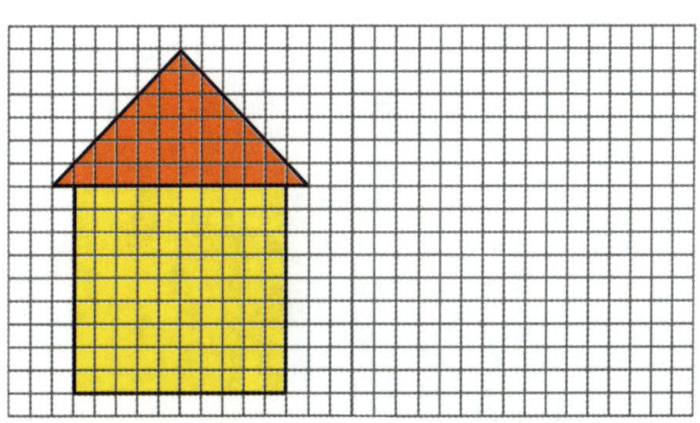

PÁGINAS 148 E 149 DO LIVRO

O MATERIAL DOURADO E OS NÚMEROS

1 Observe em cada quadro abaixo as peças do material dourado e escreva o número que representam.

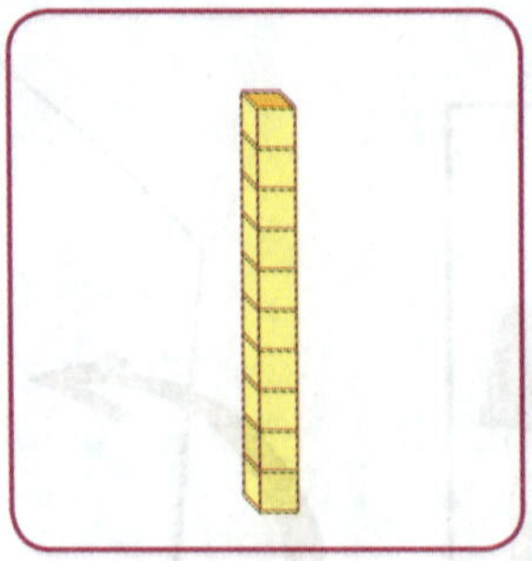

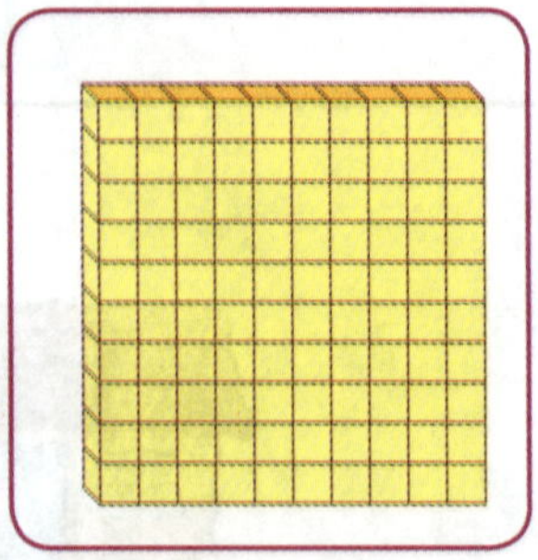

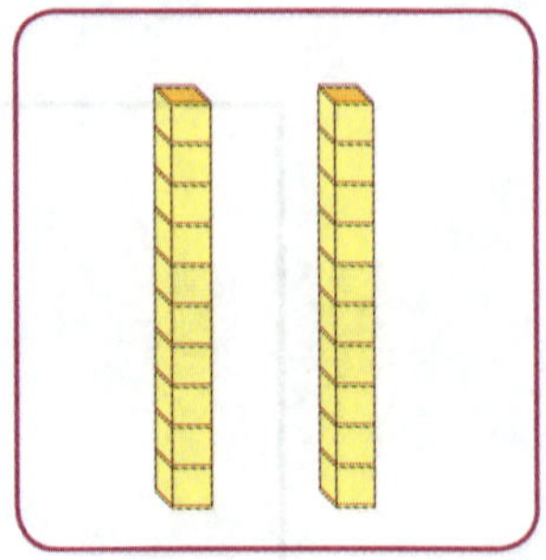

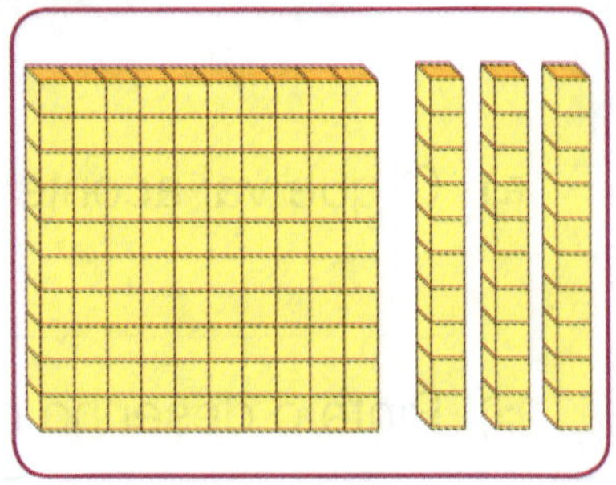

2 Agora, faça abaixo um desenho para representar o número 124 usando peças do material dourado.

QUADRO DE VALOR POSICIONAL

1 Lembre-se do quadro de valor posicional.

C	D	U
CENTENA	DEZENA	UNIDADE

a) Qual é o número associado a 1 centena? ________

b) Qual é o número associado a 1 dezena? ________

c) Qual é o número associado a 1 unidade? ________

2 De que cédulas do Real você precisa para formar R$ 140,00?

____

3 Complete os quadros de valor posicional conforme o exemplo.

16 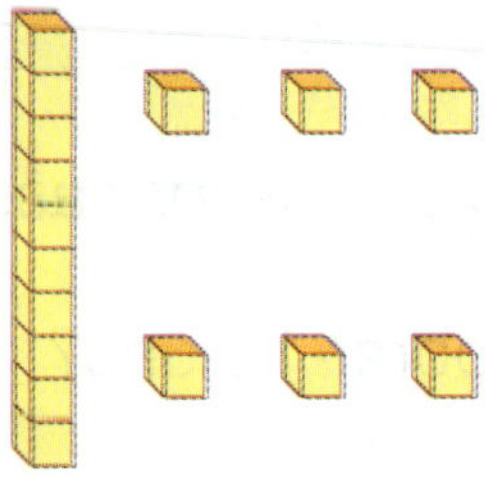

D	U
DEZENA	UNIDADE
1	6

a) 38 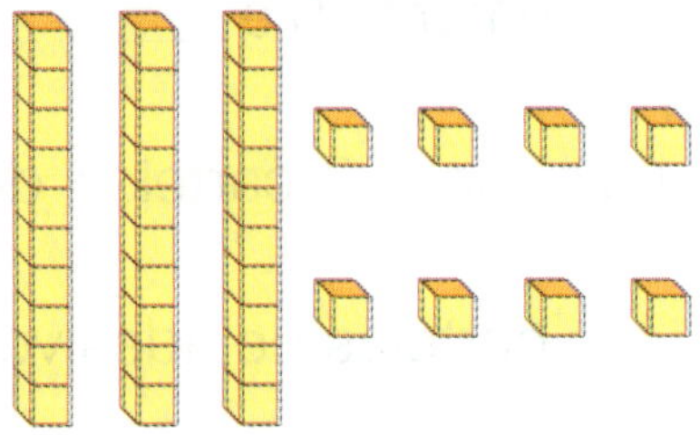

D	U
DEZENA	UNIDADE

b) 140 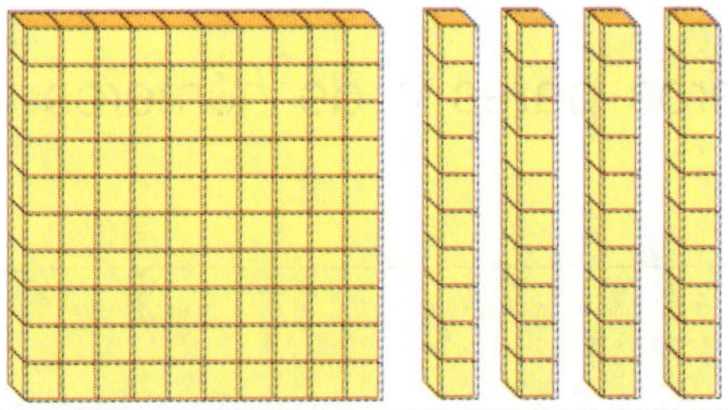

C	D	U
CENTENA	DEZENA	UNIDADE

PÁGINAS 156 E 157 DO LIVRO

IDEIA DE PAR E ÍMPAR

1 Represente cada número abaixo usando desenhos. Depois, contorne os desenhos de cada número de 2 em 2 e marque um **X** nos números pares.

a) 3

d) 5

b) 8

e) 9

c) 12

f) 10

2 A professora Tatiana pediu que 9 alunos formassem duplas.

a) Ao formar as duplas, o que aconteceu? Por quê?

____

b) Se a professora tivesse pedido que 10 alunos formassem duplas, então seria possível formar as duplas sem sobrar 1 aluno? _______________

c) Complete a frase abaixo com **par** ou **ímpar**.

O número 9 é _______________ e o número 10 é _______________.

3 Mara tem 4 cartelas de adesivos e Luísa tem 2 cartelas de adesivos.

a) Complete: Mara e Luísa têm ________ cartelas de adesivos ao todo.

b) O número que você escreveu é par ou ímpar? _______________

4 Escreva abaixo exemplos de números pares e de números ímpares.

Números pares: _______________

Números ímpares: _______________

PÁGINAS 158 E 159 DO LIVRO

IDEIA DE DÚZIA

1 Você conhece produtos que são vendidos por dúzias? Escreva abaixo alguns exemplos.

____

____

2 Nilza comprou 2 dúzias de ovos. Quantos ovos ela comprou ao todo?

____

3 Lea tem meia dúzia de laranjas. Quantas laranjas ela tem?

____

4 Sílvio comprou 3 dúzias de cabides para sua loja, e Mauro comprou 30 cabides. Qual deles comprou mais cabides?

____

5 Desenhe abaixo 3 dúzias de laranjas.

ADIÇÃO DE PARCELAS IGUAIS: MULTIPLICAÇÃO

1 Conte os desenhos de cada item abaixo e complete a adição e a multiplicação correspondentes.

As imagens destas páginas não estão representadas em proporção.

a) 

____ + ____ + ____ = ____

____ × ____ = ____

b) 

____ + ____ + ____ + ____ = ____

____ × ____ = ____

c) 

____ + ____ + ____ + ____ + ____ = ____

____ × ____ = ____

2 Joaquim monta carrinhos de brinquedo com 4 rodas em cada carrinho. Ele já fez 5 carrinhos, mas ainda precisa colocar as rodas. De quantas rodas Joaquim vai precisar? Escreva uma adição e uma multiplicação e escreva a resposta.

____ + ____ + ____ + ____ + ____ = ____

____ × ____ = ____ Resposta: ____________

3 Murilo é professor de surfe. Ele leva as pranchas para a praia aos pares. Se ele já fez 4 viagens, então quantas pranchas ele já levou ao todo?

____ + ____ + ____ + ____ = ____

____ × ____ = ____ Resposta: ____________

PÁGINAS 164 E 165 DO LIVRO

DIVISÃO POR 2: METADE

1 Divida as peças do material dourado de cada item abaixo em 2 grupos com a mesma quantidade em cada um. Em seguida, complete as divisões.

a) _____ ÷ _____ = _____

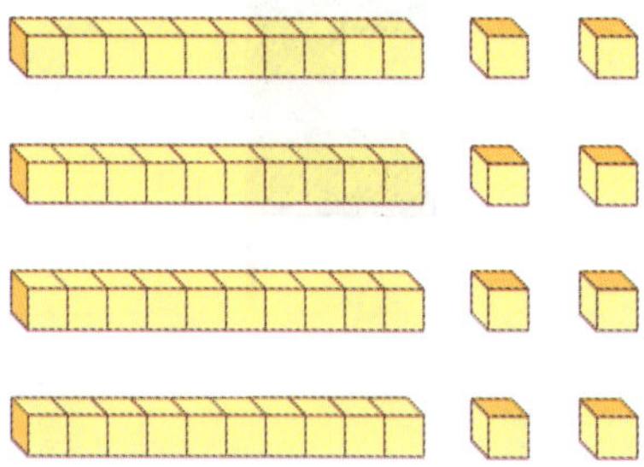

b) _____ ÷ _____ = _____

2 Contorne grupos com metade da quantidade de objetos de cada item abaixo.

a)

b)

c)

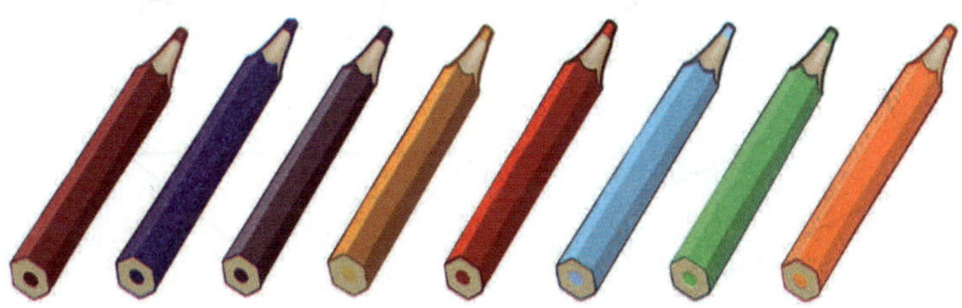

PÁGINAS 166 E 167 DO LIVRO

FIGURA PLANA SIMÉTRICA

1 Pinte a outra metade de cada figura abaixo formando uma figura plana simétrica em relação à linha vermelha.

a)

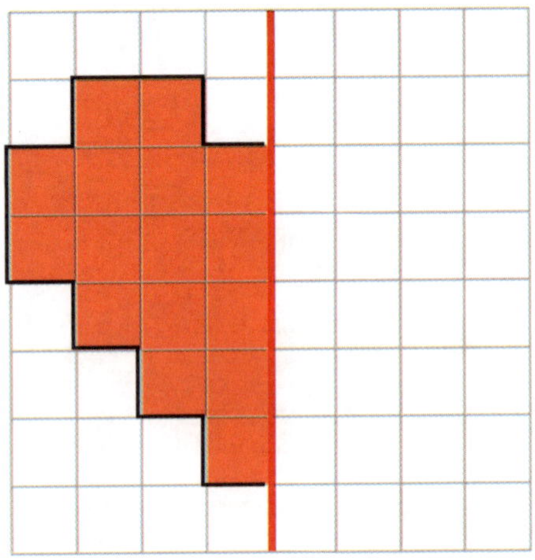

c)

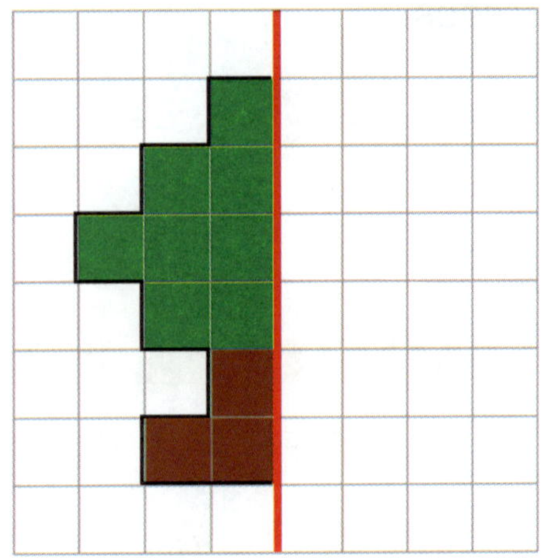

b)

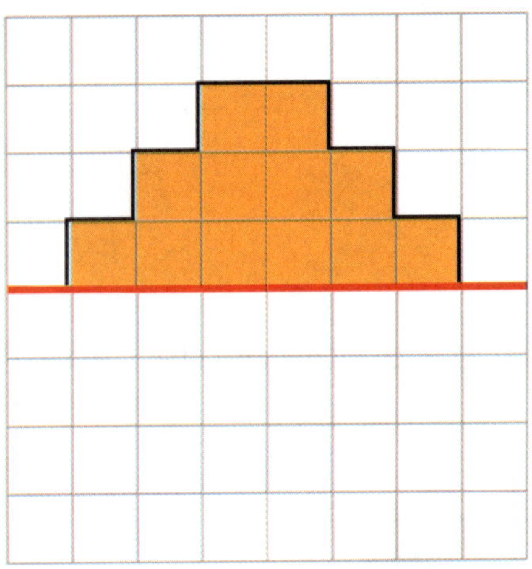

d)

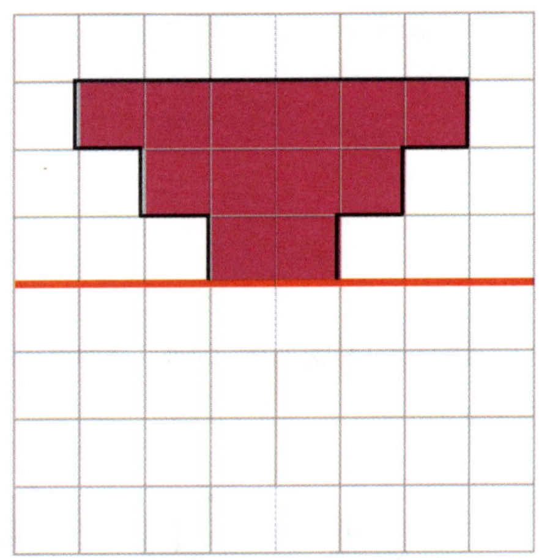

2 Sílvia cortou algumas figuras na metade. Pinte abaixo as metades de cada figura de uma mesma cor.

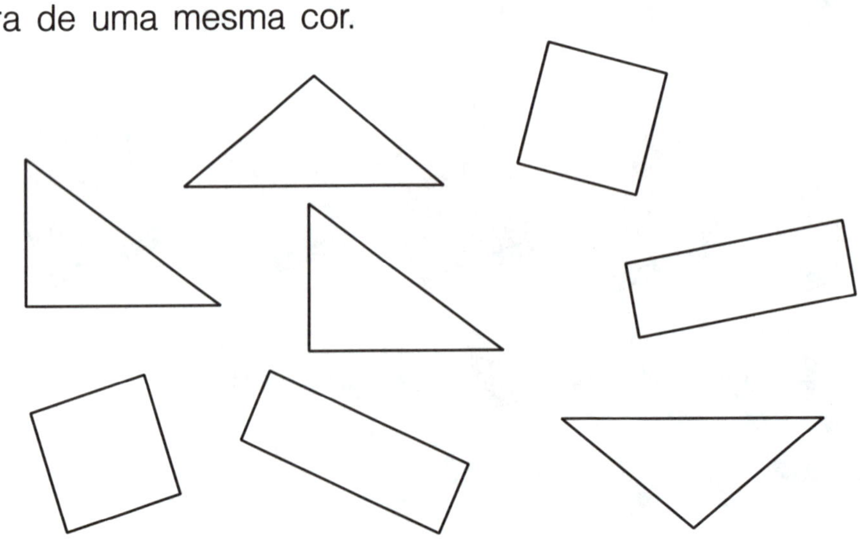

PÁGINAS 174 A 177 DO LIVRO

OS NÚMEROS NO ÁBACO

1 Observe os ábacos abaixo e escreva que número está representado em cada um deles.

a)

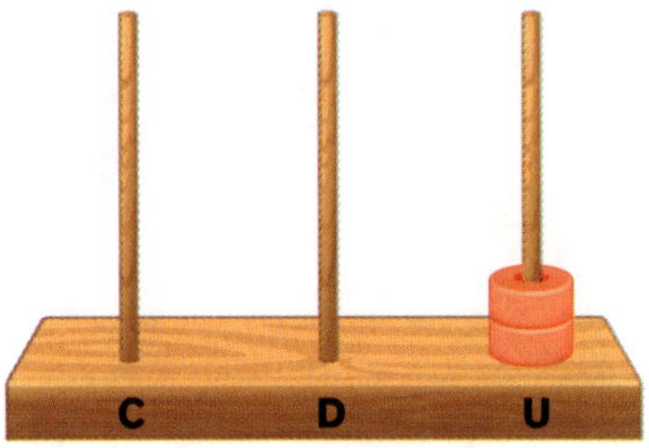

____

c)

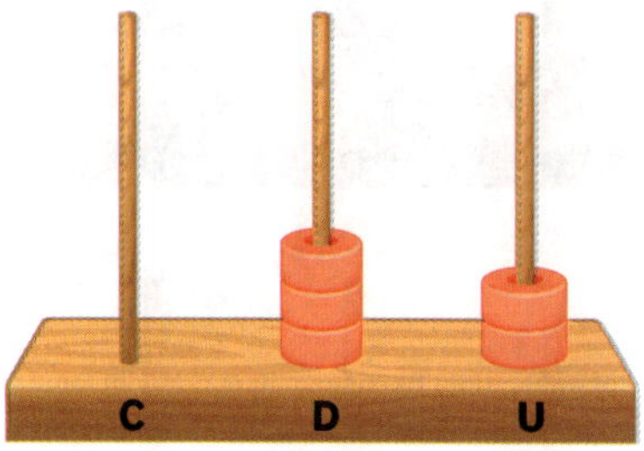

____

b)

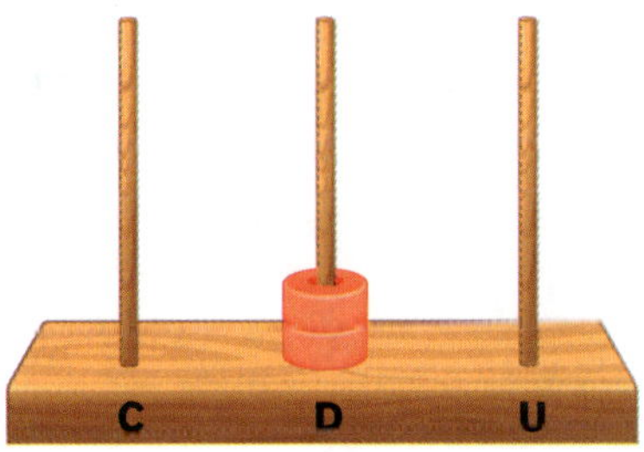

____

d)

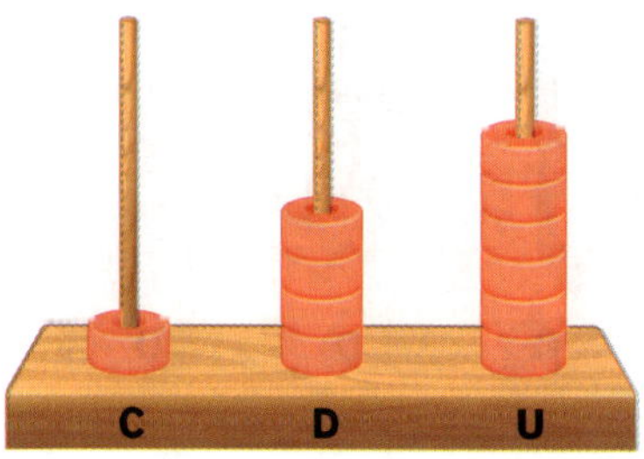

____

2 Pense em um número e represente-o no ábaco abaixo. Depois, complete a frase.

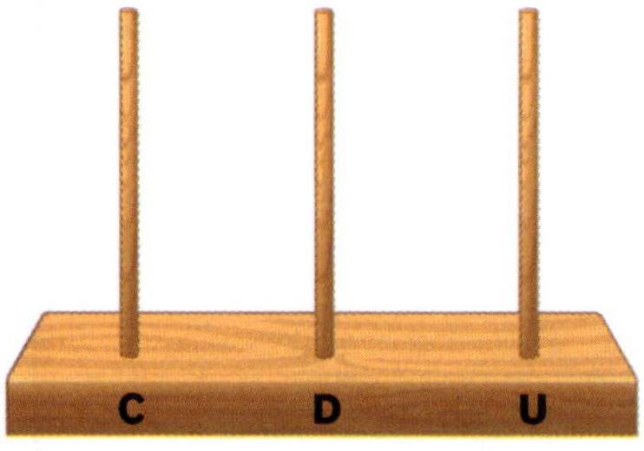

Eu representei o número ________ nesse ábaco.

3 Escreva no quadro de valor posicional o número representado em cada ábaco abaixo.

a)

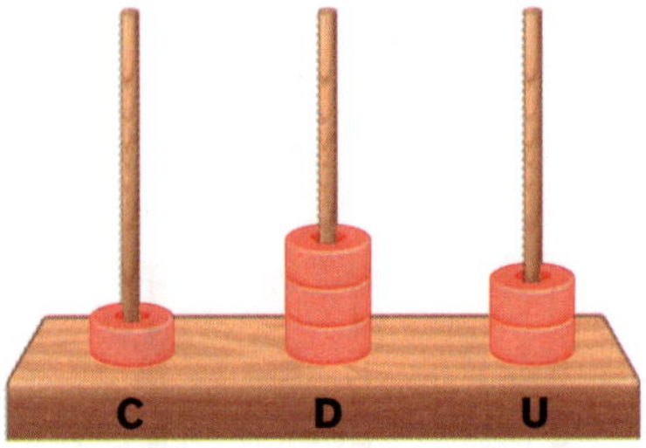

C	D	U

b)

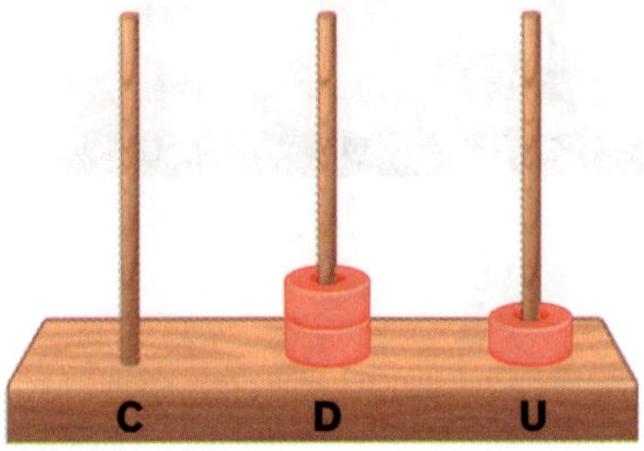

C	D	U

c)

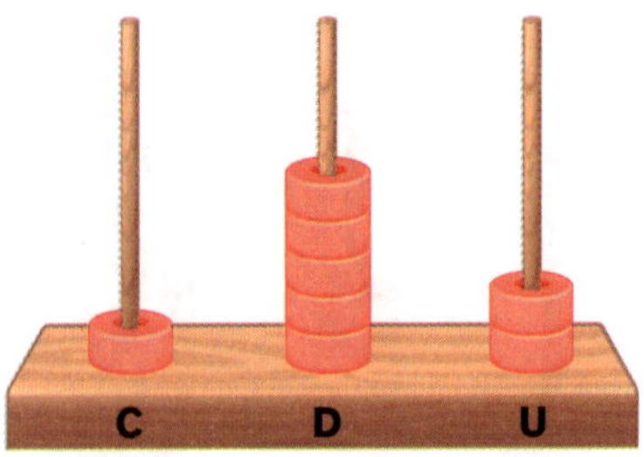

C	D	U

4 Represente no ábaco o número indicado em cada item.

a) 341

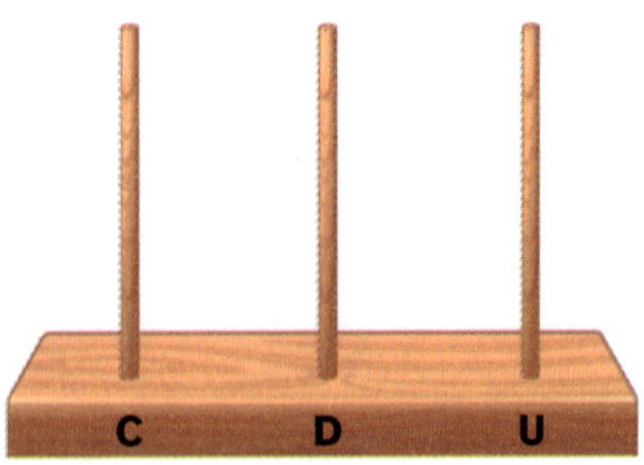

b) 205

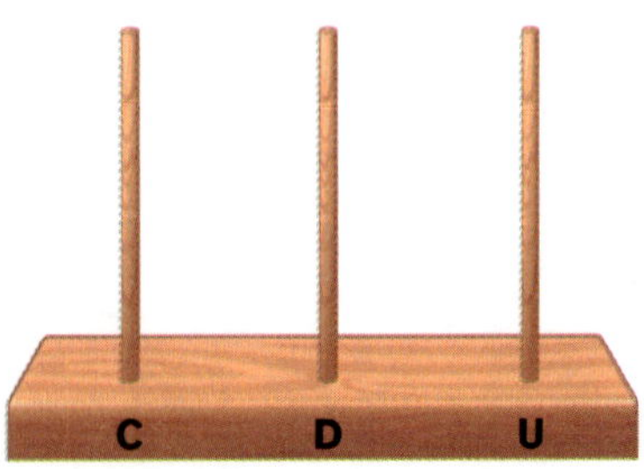

c) 97

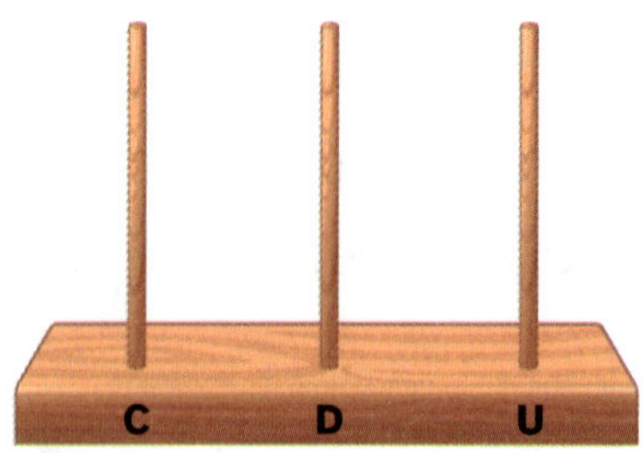

d) 535

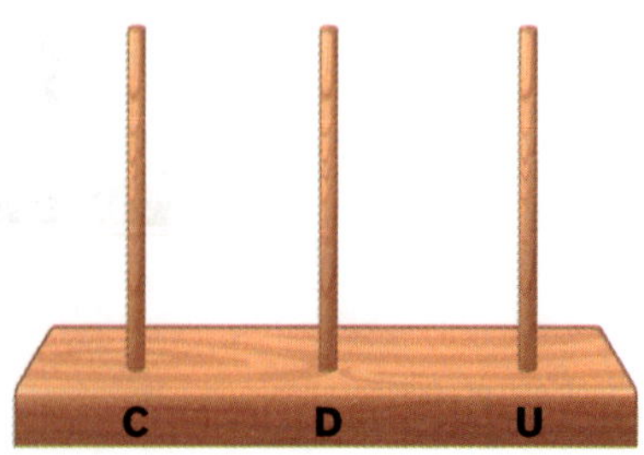

PÁGINAS 178 A 181 DO LIVRO

ADIÇÃO

1 Represente o resultado de cada adição abaixo com peças do material dourado. Depois, escreva o resultado da adição.

a)

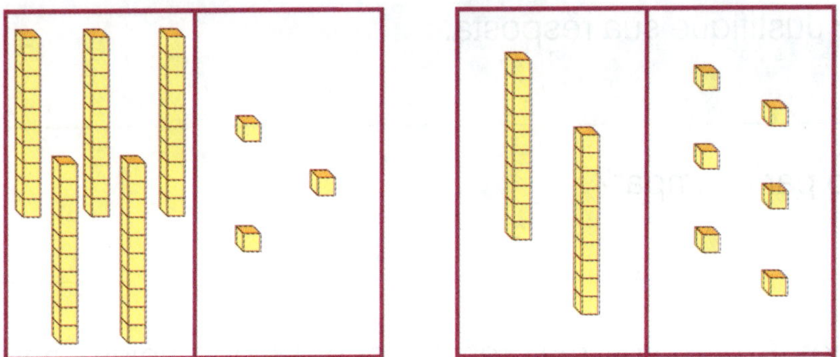

5	3	+	2	6	=	

b)

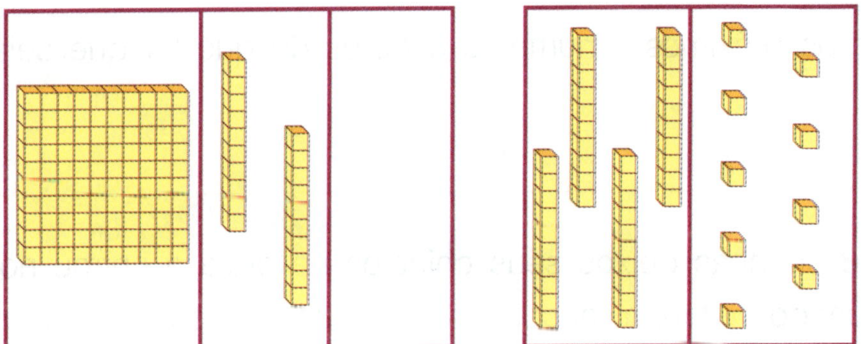

1	2	0	+	4	9	=	

2 A distância da casa de Gérson até a padaria é 123 metros e da padaria até a escola é 50 metros. Quantos metros Gérson e seu pai caminham ao todo para ir de casa até a padaria e depois até a escola? Represente a adição no quadro de valor posicional abaixo e depois escreva a resposta.

	C	D	U
+			

Resposta: ______________________________

PÁGINAS 184 E 185 DO LIVRO

NÚMEROS PARES E NÚMEROS ÍMPARES

1 13 alunos querem formar 2 times de futebol com o mesmo número de alunos.

a) Isso é possível? Justifique sua resposta.

____

b) 13 é um número par ou ímpar?

____

2 Escreva os próximos 6 números maiores do que 13 que sejam pares.

____

3 Agora, escreva os próximos 6 números maiores do que 24 que sejam ímpares.

____

4 Um grupo de 8 crianças deixou seus chinelos na praia e entrou no mar para nadar. Quando voltaram, encontraram 15 pés de chinelos na praia. O que você acha que aconteceu?

____

5 Escreva abaixo os números ímpares entre 0 e 10.

____

6 Desenhe abaixo 2 mãos tirando par ou ímpar de modo que o resultado seja um número par.

PÁGINAS 186 A 189 DO LIVRO

CUBO

- Você conhece o cubo mágico? Esse brinquedo é assim: as cores começam misturadas, como na primeira imagem abaixo. Então o jogador vai mexendo os cubos pequenos até deixar cada face do cubo grande com a mesma cor, como na segunda imagem abaixo.

igor.stevanovic/Shutterstock

www.BillionPhotos.com/Shutterstock

a) Compare os cubos. Quantos cubos pequenos cabem no cubo grande?

____

b) Na segunda imagem, você vê 3 faces do cubo de cores diferentes. Quais são as cores das outras faces desse cubo?

____

PÁGINAS 190 E 191 DO LIVRO

PESQUISA E COLETA DE INFORMAÇÃO

1 Imagine que você tenha feito uma pesquisa com 35 crianças para saber qual é o esporte preferido delas.

Esporte preferido das crianças

Esporte	Voto	Quantidade de crianças
Vôlei		
Basquete		
Futebol		
Corrida		

Tabela elaborada para fins didáticos.

a) Faça na tabela acima as marcas correspondentes aos votos de cada esporte. Lembre-se de que o total de votos deve ser 35.

b) Escreva na tabela acima a quantidade de crianças que preferem cada esporte.

c) Qual foi o esporte mais votado? ______________________

d) Quantas crianças preferem corrida? ______________________

e) Qual é o seu esporte preferido? ______________________

2 Complete as frases abaixo com as palavras do quadro.

tabela	informação	pesquisa

a) Pesquisa e coleta de ______________ nos ajudam a entender um assunto.

b) A ______________ é utilizada para organizar as informações.

c) Podemos fazer uma ______________ com nossos colegas de turma e construir uma tabela com os dados obtidos.

USANDO A RÉGUA

- Lucas usou a régua e fez o desenho abaixo.

Agora, faça você um desenho usando a régua.

PÁGINAS 206 E 207 DO LIVRO

NÚMEROS MAIORES DO QUE 199

1 Complete a trilha abaixo de 1 em 1 com os números que estão faltando.

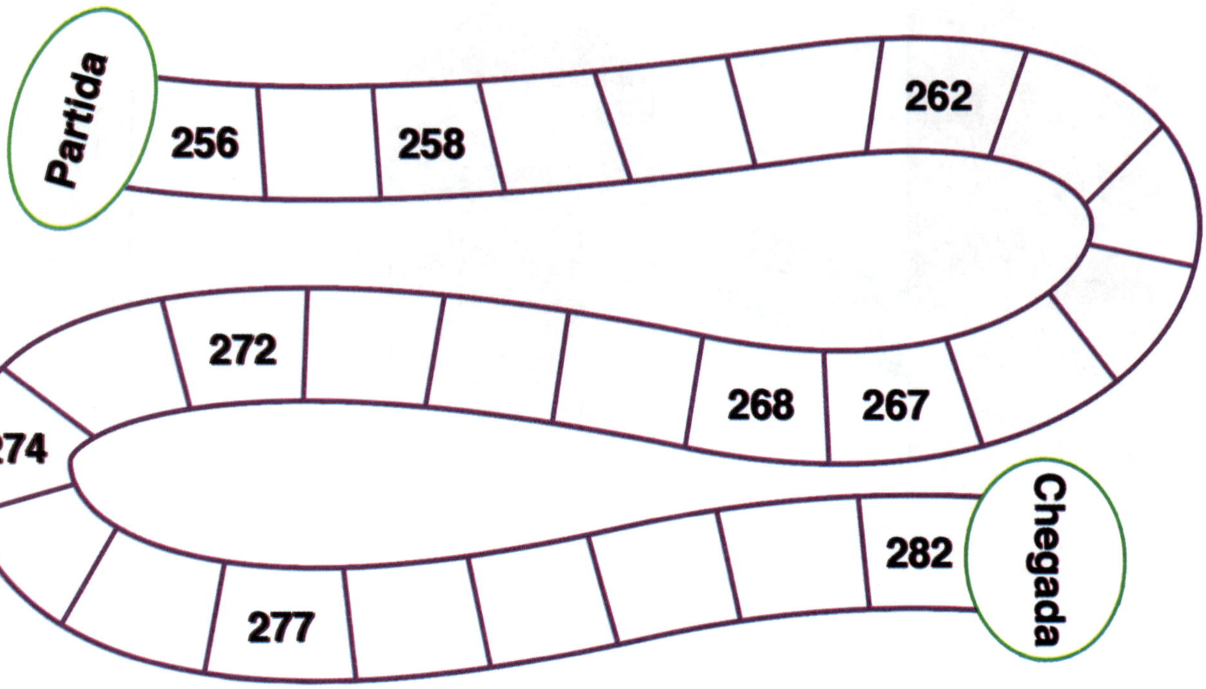

2 Observe abaixo as peças do material dourado. Escreva os números correspondentes e complete o quadro de valor posicional.

		C	D	U
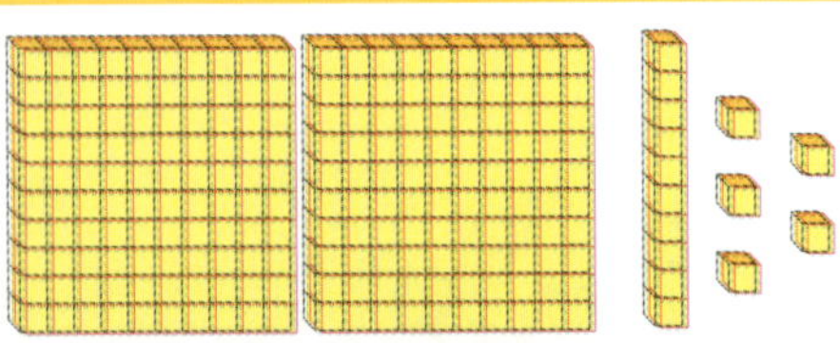	215			
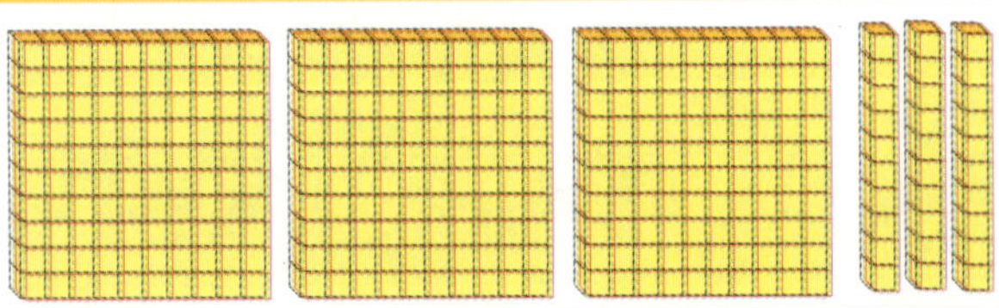				
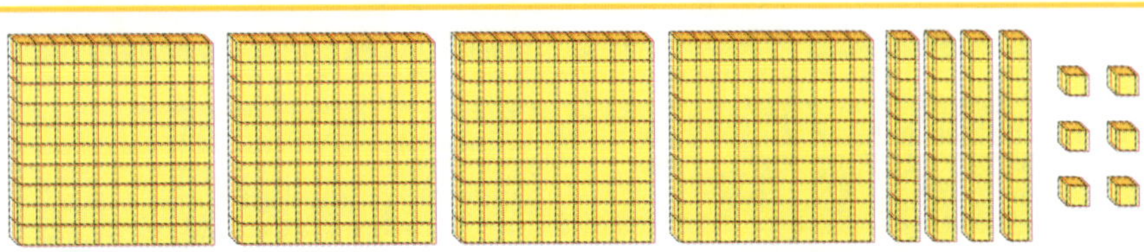				

PÁGINAS 208 E 209 DO LIVRO

O CENTÍMETRO, O METRO E O QUILÔMETRO

- Recorte de jornais e revistas imagens de objetos. Cole abaixo as imagens, classificando os objetos de acordo com a unidade de medida mais adequada para medir seus comprimentos.

Centímetro

Metro

Quilômetro

PÁGINAS 210 E 211 DO LIVRO

POSICIONANDO NÚMEROS NA RETA NUMERADA

1 Observe abaixo parte de uma sequência numérica de 3 em 3.

150		156	159				171		

a) Complete essa sequência numérica.

b) Quais são os dois próximos números dessa sequência?

____

c) Registre os números dessa sequência numérica na reta numerada abaixo.

2 Complete as retas numeradas a seguir.

a) 

b) 

c) 

3 Complete as placas de quilometragem abaixo de 5 em 5 quilômetros.

Dam d'Souza/Arquivo da editora

PÁGINAS 212 E 213 DO LIVRO

SUBTRAÇÃO NO SÍTIO

1 No sítio trabalham 34 pessoas. Dessas pessoas, 12 já chegaram ao sítio. Quantas pessoas ainda vão chegar ao sítio?

Resposta: ____

2 As crianças estão percorrendo uma trilha de 50 m até a cachoeira. Elas já andaram 20 m. Quantos metros elas ainda vão percorrer?

Resposta: ____

3 Hoje é dia 23 de julho. As férias escolares acabam no último dia do mês de julho. Quantos dias ainda faltam para o final das férias?

Resposta: ____

ADIÇÃO POR DECOMPOSIÇÃO

1 Observe o exemplo e resolva as outras adições por decomposição.

325 + 321 = 646

$$\begin{array}{rcrcrcrcr} 325 & \rightarrow & 300 & + & 20 & + & 5 & & \\ +\ 321 & \rightarrow \oplus & 300 & + & 20 & + & 1 & & \\ \hline & & 600 & + & 40 & + & 6 & = & 646 \end{array}$$

a) 134 + 240 = ______

134 → ______ + ______ + ______

\+ 240 → ⊕ ______ + ______ + ______

______ + ______ + ______ = ______

b) 250 + 305 = ______

250 → ______ + ______ + ______

\+ 305 → ⊕ ______ + ______ + ______

______ + ______ + ______ = ______

2 Anita comprou 200 gramas de queijo prato e 150 gramas de queijo parmesão. Quantos gramas de queijo ela comprou ao todo? Resolva este problema usando decomposição. ______________________

USANDO O DINHEIRO

1 Vitória vai pagar 60 reais por uma compra no mercado. Veja abaixo as cédulas que ela tem.

Reprodução/Casa da Moeda do Brasil/Ministério da Fazenda

a) Contorne as cédulas que Vitória usou para pagar essa compra.

b) Desenhe abaixo o dinheiro que sobrou após o pagamento.

2 Valéria recebeu 7 reais de troco em uma compra de 33 reais.

a) Desenhe as cédulas que Valéria pode ter usado para pagar essa compra.

b) Valéria recebeu o troco apenas em cédulas. Desenhe abaixo as cédulas que ela recebeu.

PÁGINAS 222 A 225 DO LIVRO

VÁRIOS MODOS DE FALAR EM SUBTRAÇÃO

1 Vladimir representou um número com as peças do material dourado abaixo.

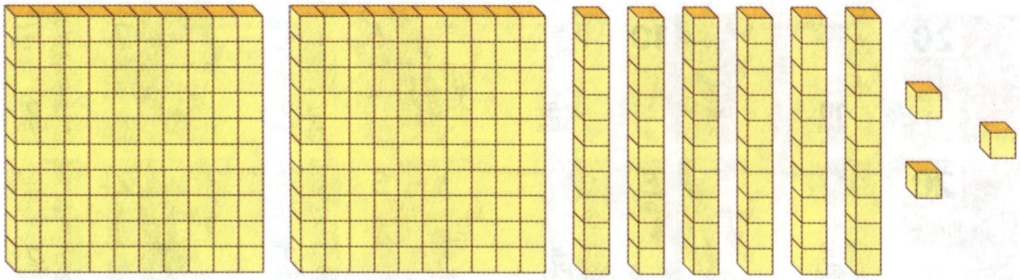

a) Qual é o número representado por Vladimir? ________

b) Contorne as peças que Vladimir precisa tirar para representar o número 123.

c) Represente com uma subtração: ________ − 123 = ________

2 Vilma calculou o valor 346 − 132 usando o ábaco. Veja:

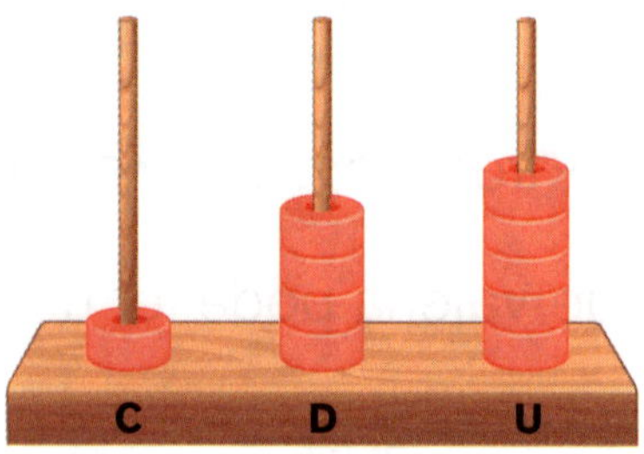

a) Vilma resolveu corretamente a subtração? ________________

b) Represente no ábaco abaixo o resultado correto da subtração.

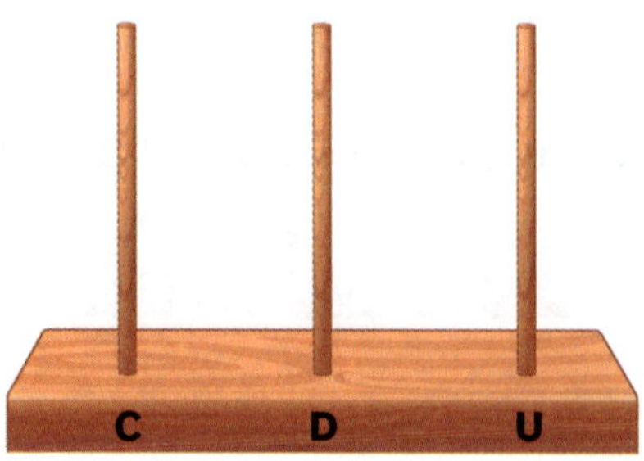

c) Complete a subtração: 346 − 132 = ________

PÁGINAS 226 A 229 DO LIVRO

MEDIDA DE TEMPO

1 Escreva o horário que cada relógio abaixo está marcando.

a)

____

c)

____

b)

____

d)

____

2 Agora, desenhe os ponteiros em cada relógio abaixo para representar o horário indicado.

a) 4 horas

c) 11 horas e meia

b) 12 horas e 30 minutos

d) 2 e meia

PRATICANDO ADIÇÕES E SUBTRAÇÕES

1 No álbum de Naira cabem 256 figurinhas. Ela já tem essa quantidade de figurinhas, mas 143 figurinhas são repetidas.

a) Quantas figurinhas Naira já tem de seu álbum? ______________________

b) Represente no quadro de valor posicional abaixo a operação que você usou para responder ao item anterior.

	C	D	U
−			

2 Calcule o resultado de cada adição e subtração abaixo usando o quadro de valor posicional.

a) 103 + 67 = ______

	C	D	U
+			

b) 315 − 211 = ______

	C	D	U
−			

c) 289 − 69 = ______

	C	D	U
−			

d) 325 + 403 = ______

	C	D	U
+			

PÁGINAS 232 E 233 DO LIVRO

FAZENDO COMBINAÇÕES

1 Nícolas preparou alguns lanches para o sítio: 3 sanduíches e 3 sucos naturais diferentes. Quantos lanches diferentes de 1 sanduíche e 1 suco natural ele pode escolher? Desenhe para mostrar.

Resposta: ______________________________

2 César vai comprar 2 vasos de flores. Para o primeiro vaso, ele está na dúvida entre orquídeas e begônias. Para o segundo vaso, ele vai escolher entre rosas, flores do campo e azaleias. Quantas escolhas diferentes César pode fazer para os 2 vasos? Desenhe para mostrar.

Resposta: ______________________________

3 Quantas linhas podemos traçar com uma régua unindo 1 ponto vermelho abaixo com 1 ponto roxo?

Resposta: ______________________________

PÁGINAS 240 E 241 DO LIVRO

MULTIPLICAÇÃO

As imagens desta página não estão representadas em proporção.

1 Observe o exemplo abaixo e escreva as outras adições e multiplicações.

	Adição	Multiplicação
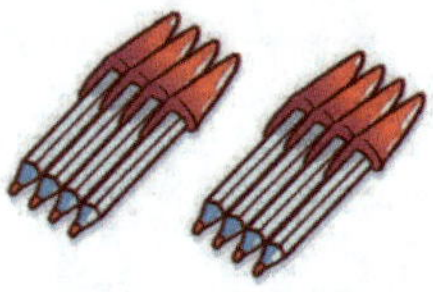	4 + 4 = 8	2 × 4 = 8
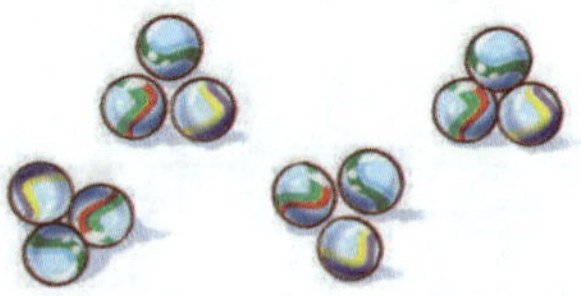		

2 Representе cada problema abaixo com uma multiplicação. Depois, responda.

a) Adriana comprou 4 caixas de figos. Cada caixa tinha 1 dúzia de figos. Quantos figos ela comprou ao todo?

Resposta: ______________________________

b) O professor Leandro pediu a alguns alunos que formassem 4 grupos com 5 alunos em cada grupo. Quantos alunos se organizaram nesses grupos?

Resposta: ______________________________

DOBRO

1 Fábio começou a fabricar violões. No primeiro dia, ele recebeu uma encomenda de 4 violões. No segundo dia, ele recebeu uma encomenda do dobro de violões do primeiro dia.

a) Quantos violões foram encomendados no segundo dia? ______________

b) Quantos violões foram encomendados ao todo no primeiro e segundo dias? ______________

2 Jandira está fazendo um bolo para uma festa. A receita pede meia dúzia de ovos, porém ela vai fazer o dobro dessa receita. Quantos ovos ela vai usar? ______________

3 Lauro juntou 10 reais de sua mesada e quer dobrar esse valor. Com quantos reais ele quer ficar? ______________

PÁGINAS 246 A 249 DO LIVRO

SUBTRAÇÃO NO QUADRO DE VALOR POSICIONAL E POR DECOMPOSIÇÃO

1 Complete.

a) 392 − 211 = ______

	C	D	U
	3	9	2
−	2	1	1

____ unidades − ____ unidade = ____ unidade

____ dezenas − ____ dezena = ____ dezenas

____ centenas − ____ centenas = ____ centena

b) 421 − 301 = ______

	C	D	U
	4	2	1
−	3	0	1

____ unidade − ____ unidade = ____ unidade

____ dezenas − ____ dezena = ____ dezenas

____ centenas − ____ centenas = ____ centena

c) 198 − 135 = ______

	C	D	U
	1	9	8
−	1	3	5

____ unidades − ____ unidades = ____ unidades

____ dezenas − ____ dezenas = ____ dezenas

____ centena − ____ centena = ____ centena

d) 263 − 52 = ______

	C	D	U
	2	6	3
−	0	5	2

____ unidades − ____ unidades = ____ unidade

____ dezenas − ____ dezenas = ____ dezena

____ centenas − ____ centena = ____ centenas

2 Resolva as subtrações por decomposição, conforme o exemplo.

243 – 132 = 111

243 →		200	+	40	+	3		
– 132 →	⊖	100	+	30	+	2		
		100	+	10	+	1	=	111

a) 343 – 123 = ______

343 →		______	+	______	+	______		
– 123 →	⊖	______	+	______	+	______		
		______	+	______	+	______	=	______

b) 318 – 115 = ______

318 →		______	+	______	+	______		
– 115 →	⊖	______	+	______	+	______		
		______	+	______	+	______	=	______

3 Marília tinha 250 reais, mas gastou 130 reais no mercado. Quantos reais ela ainda tem? Resolva este problema usando a decomposição.

Resposta: ______________________________

4 O professor Fábio está atento, contando os alunos que estão entrando no ônibus para uma excursão. Dos 39 alunos de sua turma, 27 alunos já entraram no ônibus. Quantos alunos faltam para entrar no ônibus?

Resposta: ____

5 A professora Carmem passou 19 problemas de Matemática para os alunos resolverem durante a semana. No primeiro dia, os alunos já resolveram 5 problemas. Quantos problemas eles ainda têm que resolver?

Resposta: ____

6 Olímpia mediu a altura de suas 2 filhas. Marta mede 124 cm e Rose mede 111 cm. Quantos centímetros de altura Marta tem a mais do que Rose?

Resposta: ____

PÁGINAS 252 E 253 DO LIVRO

GRÁFICO DE COLUNAS

- No sítio de Orlando há 3 vacas, 2 cavalos, 5 galinhas e 8 patos.

  a) Represente esses números no gráfico de colunas abaixo.

Animais no sítio de Orlando

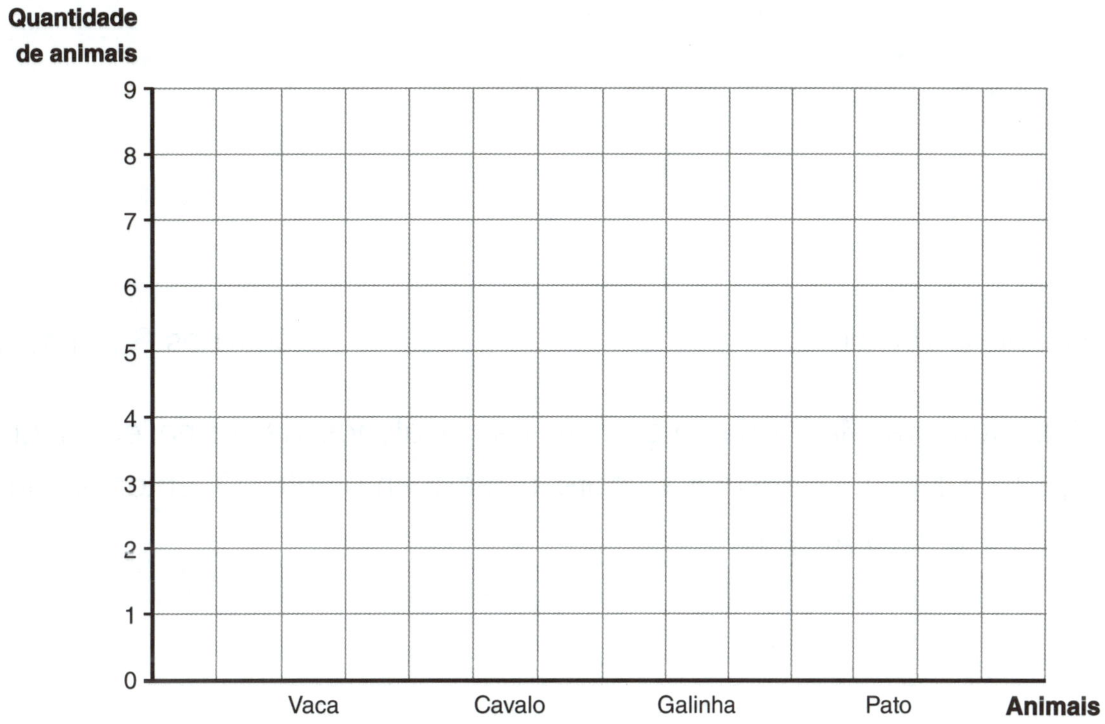

Gráfico elaborado para fins didáticos.

  b) Qual é o total de animais no sítio? ______________________

  c) Qual animal está representado com a maior coluna? E com a menor coluna? ______________________

  d) Escreva abaixo 2 perguntas que possam ser feitas sobre esse gráfico. Depois, dê para um colega responder.

  Pergunta 1: ______________________

  Resposta: ______________________

  Pergunta 2: ______________________

  Resposta: ______________________

PÁGINAS 254 E 255 DO LIVRO

MULTIPLICAÇÃO E DIVISÃO

1 Henrique repartiu suas bolinhas de gude igualmente entre 3 amigos. Se cada amigo recebeu 12 bolinhas, então quantas bolinhas Henrique dividiu entre os 3 amigos? Resolva e depois complete.

Henrique dividiu ______________________________ entre os 3 amigos.

2 A professora Marli quer organizar os 44 alunos da turma em 4 grupos iguais, para uma pesquisa sobre o meio ambiente. Quantos alunos ficarão em cada grupo?

Resposta: ____

3 3 irmãs receberam 48 canetas coloridas para dividir igualmente entre elas. Quantas canetas cada irmã vai receber?

Resposta: ____

Projeto

LUMIRÁ

MATEMÁTICA 1

Organizadora: Editora Ática S.A.
Obra coletiva concebida pela Editora Ática S.A.
Editora responsável: Heloisa Pimentel

Material de apoio deste volume:

- Cartonados
- Caderno de Atividades

editora ática

editora ática

Diretoria editorial
Lidiane Vivaldini Olo
Gerência editorial
Luiz Tonolli
Editora responsável
Heloisa Pimentel
Coordenação da edição
Ronaldo Rocha
Edição
Pamela Hellebrekers Seravalli e Letícia Mancini Martins
Gerência de produção editorial
Ricardo de Gan Braga
Arte
Andréa Dellamagna (coord. de criação), Talita Guedes (progr. visual de capa e miolo), André Gomes Vitale (coord.), Claudemir Camargo Barbosa (edição) e Casa de Tipos (diagram.)
Revisão
Hélia de Jesus Gonsaga (ger.), Rosângela Muricy (coord.), Ana Paula Chabaribery Malfa, Gabriela Macedo de Andrade, Paula Teixeira de Jesus e Vanessa de Paula Santos; Brenda Morais e Gabriela Miragaia (estagiárias)
Iconografia
Sílvio Kligin (superv.), Denise Durand Kremer (coord.), Claudia Bertolazzi (pesquisa), Cesar Wolf e Fernanda Crevin (tratamento de imagem)
Ilustrações
Estúdio Icarus CI – Criação de Imagem (capa), Al Stefano, Alê Matos, Camila de Godoy, Edde Wagner, Fabiana Shizue, Giz de cera, Marina Ueno, Pablo Mayer e Will Jorge Filho (miolo), Camila de Godoy (Caderno de Atividades), Alê Matos e Estúdio Ornitorrinco (Cartonados)

Avenida das Nações Unidas, 7221, 3º andar, Setor A
Pinheiros – São Paulo – SP – CEP 05425-902
Tel.: 4003-3061
www.atica.com.br / editora@atica.com.br

Dados Internacionais de Catalogação na Publicação (CIP)
(Câmara Brasileira do Livro, SP, Brasil)

Projeto Lumirá : matemática : ensino fundamental I / obra coletiva concebida pela Editora Ática ; editor responsável Heloisa Pimentel. – 2. ed. – São Paulo : Ática, 2016.

Obra em 4 v. para alunos do 1º ao 5º ano.

1. Matemática (Ensino fundamental) I. Pimentel, Heloisa.

16-00040 CDD-372.7

Índices para catálogo sistemático:
1. Matemática : Ensino fundamental 372.7

2017

ISBN 978 85 08 17884 1 (AL)
ISBN 978 85 08 17885 8 (PR)

Cód. da obra CL 739161

CAE 565 991 (AL) / 565 992 (PR)
2ª edição
5ª impressão
Impressão e acabamento
A.R. Fernandez

Elaboração dos originais

Daniela de Arruda Guariglia

Licenciada em Pedagogia pela Universidade de São Paulo (USP)

Pós-graduada (*lato sensu*) em Moralidade Infantil pela Universidade de Franca (SP)

Professora e coordenadora de Educação Infantil e do Ensino Fundamental da rede particular de ensino de São Paulo (SP)

Maria Fernanda Klaumann Canovas

Bacharela em Letras pela Universidade de São Paulo (USP) e licenciada em Pedagogia pelo Centro Universitário Claretiano (SP)

Pós-graduada (*lato sensu*) em Moralidade Infantil pela Universidade de Franca (SP)

Professora de Educação Infantil e do Ensino Fundamental da rede particular de ensino de São Paulo (SP)

Marianka Gonçalves Santa Bárbara

Licenciada em Letras pela Universidade Federal de Campina Grande (UFCG-PB)

Mestra em Linguística Aplicada pela Pontifícia Universidade Católica de São Paulo (PUC-SP)

Professora da Cogeae-PUC-SP

Revisão técnica e apoio pedagógico

Sonia Maria Pereira Vidigal

Pedagoga, mestra e doutoranda pela Faculdade de Educação da Universidade de São Paulo (USP)

Especialista em Relações Interpessoais (Unifran) e em Administração de Empresas (FGV-SP)

Lecionou na Educação Básica da Educação Infantil ao Ensino Médio

Atualmente leciona em curso de graduação e pós-graduação e de formação de professores nas áreas de Matemática e Psicologia do Desenvolvimento Humano com ênfase no desenvolvimento moral

Projeto LUMIRÁ

ESTE É O SEU LIVRO DE **MATEMÁTICA DO 1º ANO**.

ESCREVA AQUI O SEU NOME:

....

....

ESCREVA AQUI A SUA IDADE:

....

CARO ALUNO

VOCÊ ESTÁ COMEÇANDO SEU ANO ESCOLAR. AO LONGO DESSE TEMPO, VOCÊ VAI APRENDER COISAS NOVAS E IMPORTANTES PARA O SEU DIA A DIA E PARA O FUTURO, COMO:

- LER E ESCREVER, RECONHECENDO PALAVRAS, SONS E TEXTOS;
- IDENTIFICAR NÚMEROS, OPERAÇÕES E FIGURAS;
- CONHECER O CORPO HUMANO, OS ANIMAIS E A NATUREZA;
- DESVENDAR O LUGAR EM QUE VIVEMOS;
- ENTENDER A HISTÓRIA DAS PESSOAS E DAS CIDADES.

O **PROJETO LUMIRÁ** VAI SER SEU COMPANHEIRO. NELE VOCÊ VAI ENCONTRAR TEXTOS, ATIVIDADES, JOGOS, ILUSTRAÇÕES E FOTOGRAFIAS MUITO INTERESSANTES. VOCÊ VAI APRENDER, PARTICIPAR DAS DESCOBERTAS E SE DIVERTIR MUITO.

BOM ESTUDO!

COMO É O MEU LIVRO?

ESTE LIVRO TEM 4 UNIDADES, CADA UMA DELAS COM 3 CAPÍTULOS. NO FINAL, NA SEÇÃO **PARA SABER MAIS**, HÁ INDICAÇÕES DE LIVROS, VÍDEOS E *SITES* PARA COMPLEMENTAR SEU ESTUDO.

ABERTURA DE UNIDADE

VOCÊ OBSERVA A IMAGEM, RESPONDE ÀS QUESTÕES E TROCA IDEIAS COM OS COLEGAS E O PROFESSOR SOBRE O QUE VAI ESTUDAR.

CAPÍTULOS

TEXTOS, FOTOGRAFIAS, ILUSTRAÇÕES E ATIVIDADES VÃO MOTIVAR VOCÊ A PENSAR, QUESTIONAR E APRENDER.

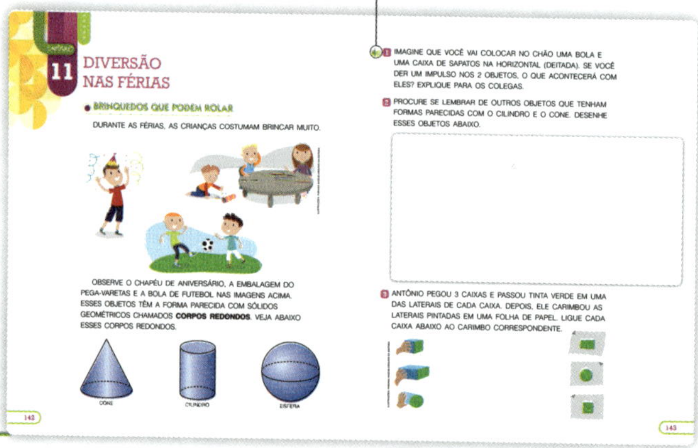

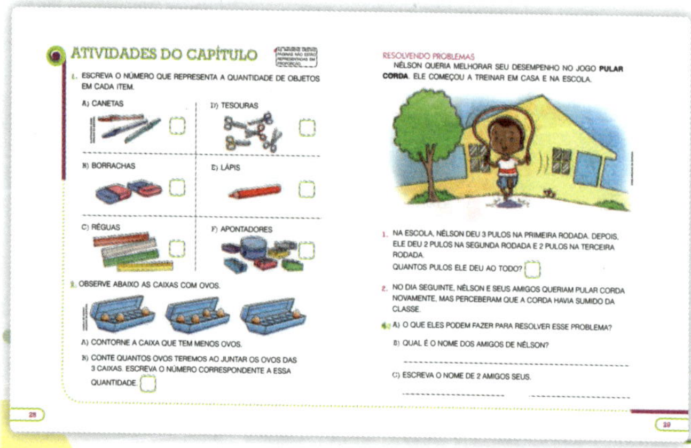

ATIVIDADES DO CAPÍTULO

VOCÊ ENCONTRA ESTA SEÇÃO NO FINAL DE CADA CAPÍTULO. ELA TRAZ MAIS ATIVIDADES PARA COMPLETAR SEU ESTUDO, ACOMPANHADAS DE UM PROGRAMA DE **RESOLUÇÃO DE PROBLEMAS**.

TRABALHANDO COM JOGOS

JOGOS VÃO LEVAR VOCÊ A USAR A MATEMÁTICA PARA ENTENDER E TRANSFORMAR O MUNDO.

ÍCONE

ATIVIDADE ORAL

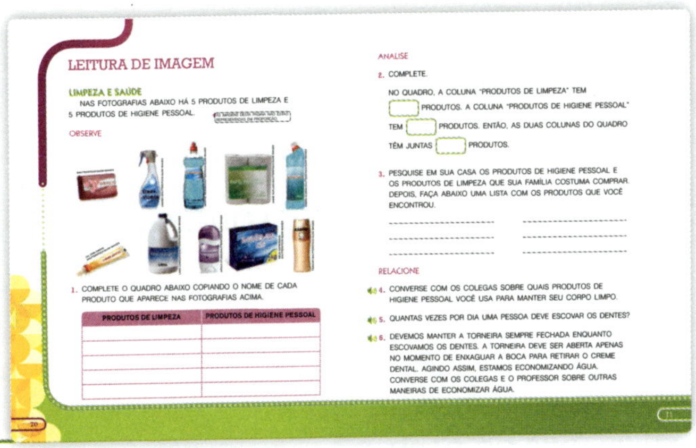

LEITURA DE IMAGEM

AQUI VOCÊ VAI FAZER UM TRABALHO COM IMAGENS QUE VÃO AJUDAR VOCÊ A REFLETIR SOBRE OS TEMAS ESTUDADOS: O QUE É PARECIDO COM SEU DIA A DIA, O QUE É DIFERENTE.

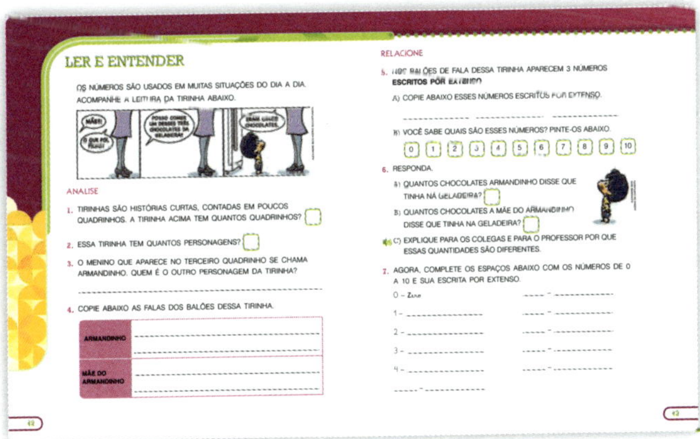

LER E ENTENDER

NESTA SEÇÃO VOCÊ VAI LER DIFERENTES TEXTOS. UM ROTEIRO DE PERGUNTAS VAI AJUDAR VOCÊ A LER CADA VEZ MELHOR E A RELACIONAR O QUE LEU AOS CONTEÚDOS ESTUDADOS.

O QUE APRENDI?

AQUI VOCÊ ENCONTRA ATIVIDADES PARA PENSAR NO QUE APRENDEU, MOSTRAR O QUE JÁ SABE E REFLETIR SOBRE O QUE PRECISA MELHORAR.

SUMÁRIO

UNIDADE 1

UNIDADE 2

UNIDADE 3

UNIDADE 4

UNIDADE 1

PRIMEIRAS DESCOBERTAS

REPRODUÇÃO DE CENA DA SÉRIE DE TELEVISÃO **PEG + GATO**, CRIADA POR BILLY ARONSON E JENNIFER OXLEY. PRODUZIDA NOS ESTADOS UNIDOS E TRANSMITIDA NO BRASIL DESDE 2014.

peg + gato

- QUAIS PERSONAGENS APARECEM NESTA CENA? VOCÊ CONHECE ESTES PERSONAGENS?
- QUAIS BRINQUEDOS APARECEM NA CENA?
- O QUE VOCÊ ACHA QUE A MENINA ESTÁ FAZENDO?

CAPÍTULO 1

PARA QUE SERVEM OS NÚMEROS?

NÚMEROS PELA ESCOLA

1 OS NÚMEROS ESTÃO À NOSSA VOLTA. VAMOS PROCURAR OS NÚMEROS?

A) ONDE HÁ NÚMEROS EM SUA SALA DE AULA? ESCREVA OU DESENHE ABAIXO.

B) ONDE HÁ NÚMEROS EM SUA ESCOLA? ESCREVA OU DESENHE ABAIXO.

2 QUANTOS LIVROS ESCOLARES VOCÊ TEM NESTE ANO? QUANTOS LÁPIS VOCÊ TEM NO ESTOJO? CONTE E ANOTE ABAIXO.

LIVROS ESCOLARES	LÁPIS

3 OBSERVE CADA SITUAÇÃO A SEGUIR E RESPONDA.

A) O QUE OS NÚMEROS ABAIXO ESTÃO INDICANDO?

ILUSTRAÇÕES: WILL/ARQUIVO DA EDITORA

AS IMAGENS DESTA PÁGINA NÃO ESTÃO REPRESENTADAS EM PROPORÇÃO

B) O QUE OS NÚMEROS INDICAM NA SITUAÇÃO ABAIXO?

CONTAGEM DE 1 A 10

ACOMPANHE A LEITURA QUE O PROFESSOR FARÁ DA PARLENDA ABAIXO.

A GALINHA DO PIRATA

A GALINHA DO PIRATA
BOTA OVO DE OURO E PRATA
BOTA **1**
BOTA **2**
BOTA **3**
BOTA **4**
BOTA **5**
BOTA **6**
BOTA **7**
BOTA **8**
BOTA **9**
BOTA **10**

PARLENDA POPULAR.

WILL/ARQUIVO DA EDITORA

1 VOCÊ CONHECE OUTRA PARLENDA QUE TENHA NÚMEROS? CONTE A PARLENDA AOS COLEGAS.

HÁ UMA PARLENDA MUITO PARECIDA COM **A GALINHA DO PIRATA**. ACOMPANHE A LEITURA.

ILUSTRAÇÕES: WILL/ARQUIVO DA EDITORA

A GALINHA DO VIZINHO

A GALINHA DO VIZINHO

BOTA OVO AMARELINHO

BOTA **1** 

BOTA **2** 

BOTA **3** 

BOTA **4** 

BOTA **5** 

BOTA **6** 

BOTA **7** 

BOTA **8** 

BOTA **9** 

BOTA **10** 

AS IMAGENS DESTAS PÁGINAS NÃO ESTÃO REPRESENTADAS EM PROPORÇÃO.

SALADA SALADINHA: PARLENDAS, DE MARIA JOSÉ NÓBREGA E ROSANE PAMPLONA. ILUSTRAÇÕES DE MARCELO CIPIS. SÃO PAULO: MODERNA, 2005. P. 32.

2 ALGUNS OVOS JÁ FORAM DESENHADOS NA PARLENDA ACIMA. DESENHE OS OVOS QUE FALTAM PARA COMPLETAR A QUANTIDADE INDICADA EM CADA LINHA.

GELPI JM/SHUTTERSTOCK/GLOW IMAGES

ATIVIDADES DO CAPÍTULO

1. CONTE OS DESENHOS EM CADA ITEM. DEPOIS, PINTE O QUADRINHO COM O NÚMERO QUE INDICA A QUANTIDADE CORRETA.

AS IMAGENS DESTAS PÁGINAS NÃO ESTÃO REPRESENTADAS EM PROPORÇÃO.

A) GALINHAS

4

5

3

B) OVOS

8

7

5

C) PINTINHOS

3

8

6

ILUSTRAÇÕES: WILL/ARQUIVO DA EDITORA

2. DESENHE ABAIXO A QUANTIDADE DE OBJETOS INDICADA EM CADA ITEM.

A) 5 CADERNOS

B) 8 LÁPIS

RESOLVENDO PROBLEMAS

DONA MARTA TINHA 5 PINTINHOS NO GALINHEIRO. QUANDO DONA MARTA FOI ALIMENTAR OS PINTINHOS, 1 DELES ESCAPOU.

ILUSTRAÇÕES: WILL/ARQUIVO DA EDITORA

1. COM LÁPIS DE COR, PINTE ABAIXO A QUANTIDADE DE PINTINHOS QUE FICARAM NO GALINHEIRO DEPOIS QUE 1 PINTINHO ESCAPOU.

2. PREOCUPADA, DONA MARTA PERGUNTOU AOS VIZINHOS SE ELES TINHAM VISTO O PINTINHO QUE FUGIU. O VIZINHO SENHOR MANUEL TINHA UM GALINHEIRO COM 9 PINTINHOS. ELE PERCEBEU QUE HAVIA 1 PINTINHO A MAIS.

A) QUANTOS PINTINHOS HÁ AGORA NO GALINHEIRO DO SENHOR MANUEL? PINTE O NÚMERO QUE INDICA A QUANTIDADE CORRETA.

1 2 3 4 5 6 7 8 9 10

B) EXPLIQUE POR QUE O SENHOR MANUEL DEVE DEVOLVER O PINTINHO À DONA MARTA.

TRABALHANDO COM JOGOS

PULAR CORDA

NÚMERO DE JOGADORES: 3 OU MAIS

MATERIAL NECESSÁRIO

- CORDA DE PULAR

COMO JOGAR

- 2 ALUNOS COMEÇAM BATENDO A CORDA. OS OUTROS ALUNOS FORMAM UMA FILA PARA INICIAR A BRINCADEIRA.
- PARA DAR RITMO AO ALUNO QUE ESTÁ PULANDO, TODOS CANTAM A SEGUINTE PARLENDA:

  QUANTOS ANOS VOCÊ TEM?

  1, 2, 3, 4, ...

  CADA NÚMERO DEVE CORRESPONDER A 1 PULO DO ALUNO.
- VENCE A BRINCADEIRA QUEM CONSEGUIR CHEGAR AO MAIOR NÚMERO DE PULOS.

ILUSTRAÇÕES: ALÉ MATOS/ARQUIVO DA EDITORA

PENSANDO SOBRE O JOGO

1. FELIPE, JOAQUIM, HELENA E GUILHERME ANOTARAM O NÚMERO DE PULOS QUE CADA UM DEU. OBSERVE ABAIXO OS REGISTROS QUE ELES FIZERAM.

A) QUEM PULOU MAIS VEZES?

____

B) QUEM PULOU MENOS VEZES?

____

2. BRINQUE COM OS COLEGAS DE **PULAR CORDA**.
QUEM PULOU MAIS VEZES?

____

3. NO DESENHO AO LADO, ISABELA ESTÁ BRINCANDO SOZINHA DE **PULAR CORDA**. MAS ELA SE CONFUNDIU AO CANTAR A PARLENDA.
EXPLIQUE PARA OS COLEGAS E O PROFESSOR O MOMENTO DA CONTAGEM EM QUE ELA SE CONFUNDIU.

ILUSTRAÇÕES: ALÊ MATOS/ARQUIVO DA EDITORA

CAPÍTULO 2

QUEM VAI MAIS LONGE?

ESCRITA DOS NÚMEROS

FAÇA AS ATIVIDADES A SEGUIR. PERCEBA COMO NOSSAS MÃOS PODEM SE MOVIMENTAR PARA ESCREVER OS NÚMEROS DE 1 A 10.

1 ESCREVA 5 VEZES CADA NÚMERO ABAIXO. COMECE SEMPRE PELO PONTO E SIGA AS SETAS.

ILUSTRAÇÕES: EDDE/ARQUIVO DA EDITORA

2 VAMOS ESCREVER OS NÚMEROS DE 1 A 10? COMPLETE CADA DESENHO ABAIXO COM OS NÚMEROS QUE FALTAM.

3 ACOMPANHE A LEITURA DO PROFESSOR E DESCUBRA OS NÚMEROS SECRETOS. ESCREVA ESSES NÚMEROS NOS QUADRINHOS.

A) SOU MAIOR DO QUE O 2
E MENOR DO QUE O 5.
MEU NOME RIMA COM JAPONÊS,
EU SOU O NÚMERO:

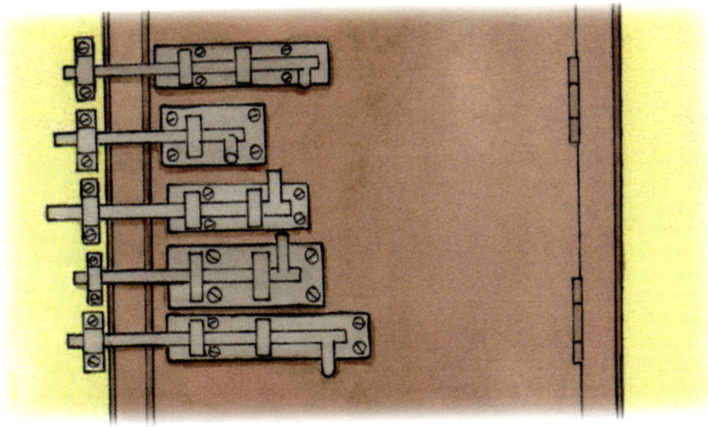

B) SOU MAIOR DO QUE O 3
E MENOR DO QUE O 6.
MEU NOME RIMA COM TRINCO,
EU SOU O NÚMERO:

PERCEPÇÃO DO ESPAÇO

VOCÊ CONHECE O JOGO **PESSOA MISTERIOSA**?

EM CADA PARTIDA, UM JOGADOR ESCOLHE UMA PESSOA DA TURMA. DEPOIS, DÁ DICAS DE QUEM É ESSA PESSOA E ONDE ELA ESTÁ SENTADA. PORÉM, NÃO PODE DIZER O NOME DESSA PESSOA.

1 A PROFESSORA CAMILA ESTÁ JOGANDO **PESSOA MISTERIOSA** COM SUA TURMA. ACOMPANHE A LEITURA DAS DICAS E DESCUBRA O ALUNO MISTERIOSO. DEPOIS, CONTORNE ESSE ALUNO NA IMAGEM ABAIXO.

DICAS

A PESSOA MISTERIOSA ESTÁ NA FILEIRA MAIS PERTO DAS JANELAS. ESSA PESSOA ESTÁ SENTADA À DIREITA DE UMA PESSOA COM CAMISETA VERDE. ELA É A SEGUNDA PESSOA DE SUA FILEIRA.

EDDE/ARQUIVO DA EDITORA

2 AGORA É A SUA VEZ! ESCUTE AS DICAS DO PROFESSOR E DESCUBRA QUEM É A PESSOA MISTERIOSA DE SUA TURMA EM CADA PARTIDA.

A) PESSOA MISTERIOSA DAS DICAS DA PRIMEIRA PARTIDA:

____

B) PESSOA MISTERIOSA DAS DICAS DA SEGUNDA PARTIDA:

____

JACEK CHABRASZEWSKI/SHUTTERSTOCK/GLOW IMAGES

AS IMAGENS DESTAS PÁGINAS NÃO ESTÃO REPRESENTADAS EM PROPORÇÃO.

3 IMAGINE QUE O DESENHO ABAIXO MOSTRA PARTE DE SUA SALA DE AULA.

EDDE/ARQUIVO DA EDITORA

A) ESCREVA SEU NOME NA CARTEIRA INDICADA ACIMA.

B) HÁ ALGUM COLEGA SENTADO NA SUA FRENTE? E ATRÁS DE VOCÊ? E DO SEU LADO DIREITO OU DO SEU LADO ESQUERDO? ESCREVA O NOME DESSES COLEGAS NAS CARTEIRAS ACIMA, CONFORME A POSIÇÃO EM QUE CADA UM DELES ESTÁ.

CONTAGEM E QUANTIDADE

1 CONTE OS OBJETOS EM CADA ITEM ABAIXO. DEPOIS, PINTE O QUADRINHO COM O NÚMERO QUE REPRESENTA A QUANTIDADE CORRESPONDENTE.

AS IMAGENS DESTAS PÁGINAS NÃO ESTÃO REPRESENTADAS EM PROPORÇÃO.

A) CADEIRAS

ILUSTRAÇÕES: EDDE/ ARQUIVO DA EDITORA

1 2 3 4 5 6 7 8 9 10

B) MESAS

1 2 3 4 5 6 7 8 9 10

C) MOCHILAS

1 2 3 4 5 6 7 8 9 10

2 COMPARE A QUANTIDADE DE CADEIRAS E A QUANTIDADE DE MESAS ACIMA. HÁ MAIS CADEIRAS OU MAIS MESAS?

3 PAULO EMPILHOU ALGUMAS CAIXAS DE SAPATOS EM SUA LOJA. OBSERVE A PILHA DE CAIXAS VISTA DE CIMA.

ILUSTRAÇÕES: EDDE/ARQUIVO DA EDITORA

QUANTAS CAIXAS PODEMOS VER OLHANDO DE CIMA? ☐

4 AGORA VAMOS OBSERVAR A PILHA DE OUTRO MODO.

OBSERVANDO ASSIM PODEMOS SABER QUANTAS CAIXAS PAULO EMPILHOU.

ESCREVA O NÚMERO CORRESPONDENTE À QUANTIDADE DE CAIXAS QUE FORAM EMPILHADAS: ☐

5 POR QUE NA VISTA DE CIMA DA PILHA DE CAIXAS NÃO PODEMOS VER A QUANTIDADE REAL DE CAIXAS EMPILHADAS? EXPLIQUE AOS COLEGAS E AO PROFESSOR.

IDEIA DE JUNTAR

MARIANA E LUCAS ESTÃO FAZENDO PINTURAS.

ILUSTRAÇÕES: EDDE/ARQUIVO DA EDITORA

1 CONTE OS LÁPIS DE COR DE CADA UM.

A) MARIANA TEM QUANTOS LÁPIS DE COR? ☐

B) LUCAS TEM QUANTOS LÁPIS DE COR? ☐

MARIANA E LUCAS RESOLVERAM JUNTAR SEUS LÁPIS DE COR.

2 CONTE OS LÁPIS DE COR. QUANTOS LÁPIS DE COR MARIANA E LUCAS TÊM JUNTOS? ☐

3 ACOMPANHE A LEITURA DA POESIA ABAIXO.

OS DEDINHOS DO MEU PÉ

O MEU PÉ TEM 5 DEDOS
NOS DOIS JUNTOS TENHO 10
SÃO LINDINHOS E ENGRAÇADOS
OS DEDINHOS DOS MEUS PÉS

AI, AI AI, O QUE ACONTECE
VOCÊ SABE COMO É
SE FECHADOS NO MEU TÊNIS
DÃO CHEIRINHO DE CHULÉ

MATTHEW COLE/SHUTTERSTOCK

POESIAS E MÚSICAS, DE JANE EMIRENE DIAS CARRILHO E NEIDE DE SOUSA ARAÚJO. BELO HORIZONTE: EDITORA CEDIR, [S.D.]. P. 87.

ILUSTRE ESSA POESIA EM UMA FOLHA DE PAPEL.
NÃO SE ESQUEÇA DE DESENHAR OS DEDOS DE CADA PÉ.

4 COMPLETE AS FRASES ABAIXO COM O NÚMERO CORRESPONDENTE. VEJA UM EXEMPLO.

JUNTEI 3 BOLINHAS E 2 BOLINHAS E FIQUEI COM 5 BOLINHAS.

A) JUNTEI 2 BOLINHAS E 1 BOLINHA E FIQUEI COM ☐ BOLINHAS.

B) JUNTEI 4 CANETAS E 4 CANETAS E FIQUEI COM ☐ CANETAS.

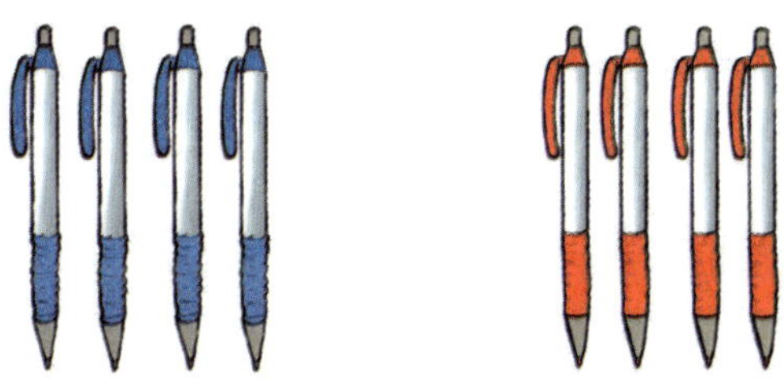

ILUSTRAÇÕES: EDDE/ARQUIVO DA EDITORA

ATIVIDADES DO CAPÍTULO

AS IMAGENS DESTAS PÁGINAS NÃO ESTÃO REPRESENTADAS EM PROPORÇÃO.

1. ESCREVA O NÚMERO QUE REPRESENTA A QUANTIDADE DE OBJETOS EM CADA ITEM.

ILUSTRAÇÕES: EDDE/ ARQUIVO DA EDITORA

A) CANETAS

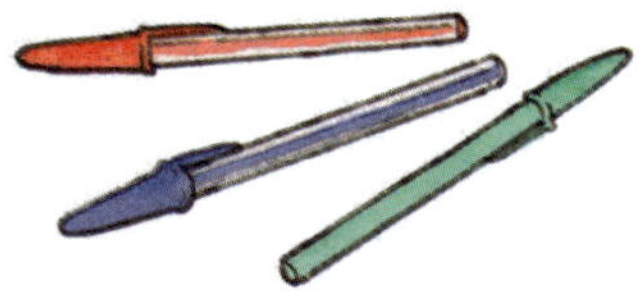

D) TESOURAS

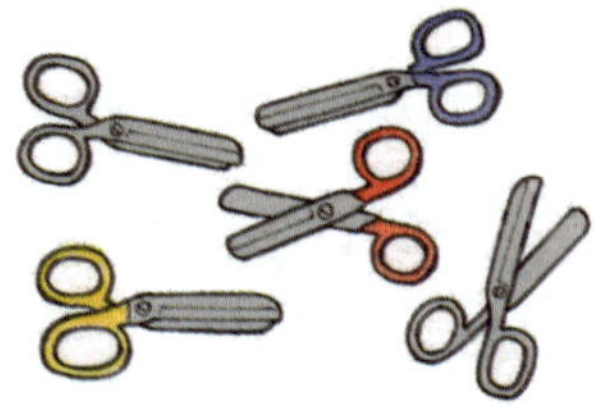

B) BORRACHAS

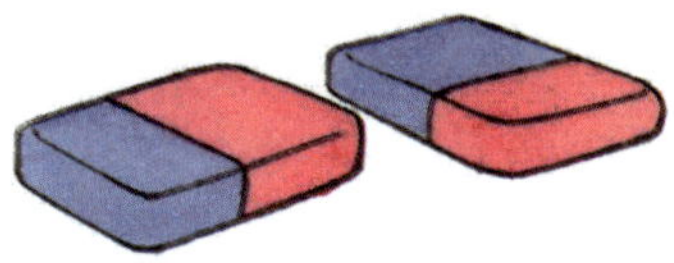

E) LÁPIS

C) RÉGUAS

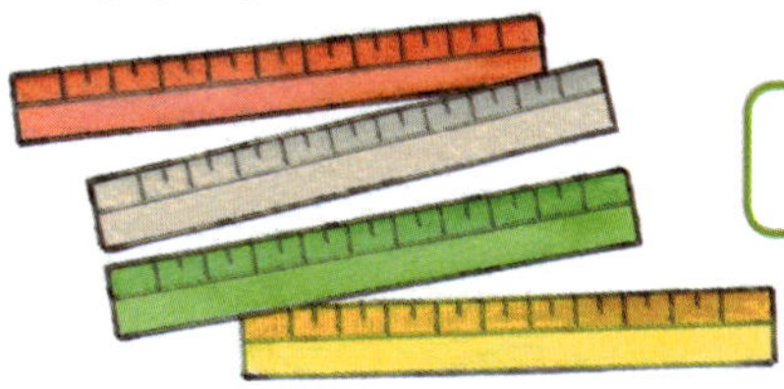

F) APONTADORES

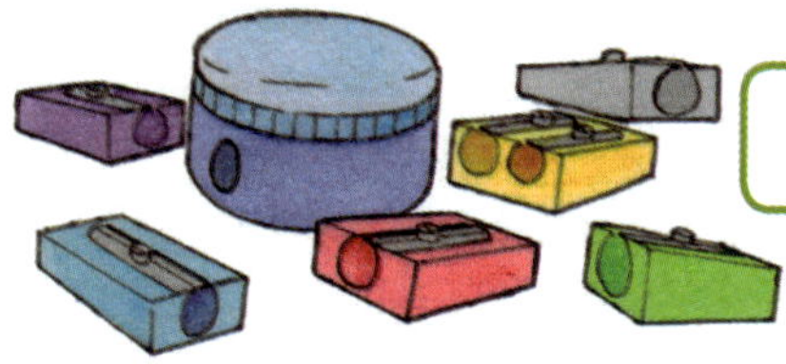

2. OBSERVE ABAIXO AS CAIXAS COM OVOS.

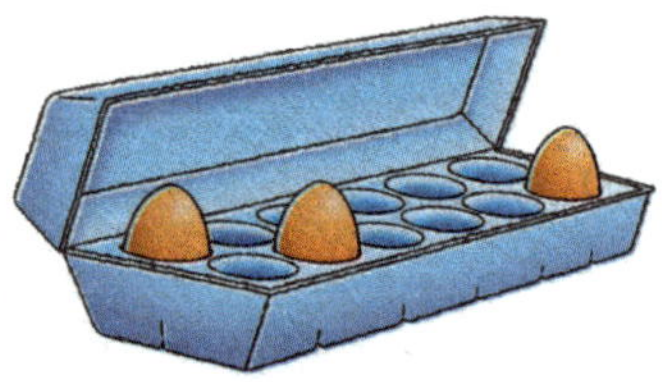
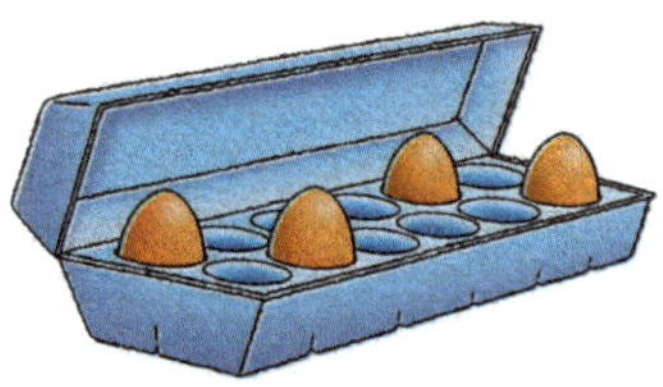
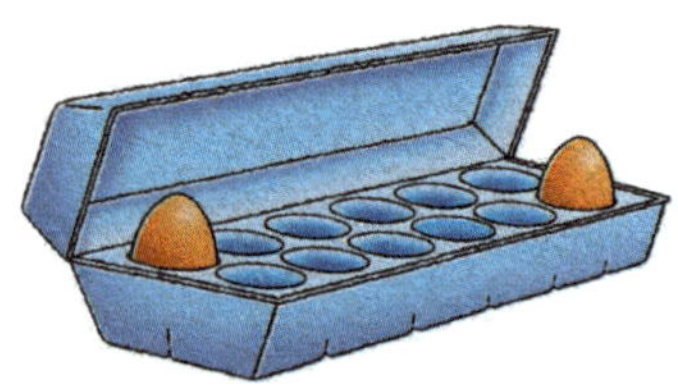

CAMILA DE GODOY/ ARQUIVO DA EDITORA

A) CONTORNE A CAIXA QUE TEM MENOS OVOS.

B) CONTE QUANTOS OVOS TEREMOS AO JUNTAR OS OVOS DAS 3 CAIXAS. ESCREVA O NÚMERO CORRESPONDENTE A ESSA QUANTIDADE.

RESOLVENDO PROBLEMAS

NÉLSON QUERIA MELHORAR SEU DESEMPENHO NO JOGO **PULAR CORDA**. ELE COMEÇOU A TREINAR EM CASA E NA ESCOLA.

EDDE/ARQUIVO DA EDITORA

1. NA ESCOLA, NÉLSON DEU 3 PULOS NA PRIMEIRA RODADA. DEPOIS, ELE DEU 2 PULOS NA SEGUNDA RODADA E 2 PULOS NA TERCEIRA RODADA.
   QUANTOS PULOS ELE DEU AO TODO? ☐

2. NO DIA SEGUINTE, NÉLSON E SEUS AMIGOS QUERIAM PULAR CORDA NOVAMENTE, MAS PERCEBERAM QUE A CORDA HAVIA SUMIDO DA CLASSE.

   A) O QUE ELES PODEM FAZER PARA RESOLVER ESSE PROBLEMA?

   B) QUAL É O NOME DOS AMIGOS DE NÉLSON?

   ____

   C) ESCREVA O NOME DE 2 AMIGOS SEUS.

   ______________ ______________

TRABALHANDO COM JOGOS

MEMÓRIA DO 10

NÚMERO DE JOGADORES: 2

MATERIAL NECESSÁRIO

- CARTAS COM FIGURAS DO **MATERIAL COMPLEMENTAR**

COMO JOGAR

- UM DOS JOGADORES DESTACA AS CARTAS DO **MATERIAL COMPLEMENTAR**.
- COLOQUEM TODAS AS CARTAS NA MESA, COM AS FIGURAS VIRADAS PARA BAIXO. EM SEGUIDA, EMBARALHEM AS CARTAS.
- O PRIMEIRO JOGADOR VIRA 2 CARTAS, SEM MUDÁ-LAS DE LUGAR, E CONTA AS FIGURAS.
    - SE JUNTAS AS CARTAS TIVEREM 10 FIGURAS, ENTÃO ELE FICA COM AS CARTAS. DEPOIS, JOGA NOVAMENTE.
    - SE JUNTAS AS CARTAS NÃO TIVEREM 10 FIGURAS, ENTÃO O JOGADOR DESVIRA AS CARTAS NO MESMO LUGAR. EM SEGUIDA, PASSA A VEZ PARA O OUTRO JOGADOR.
    - A PARTIDA TERMINA QUANDO NÃO FOR POSSÍVEL CONSEGUIR 10 FIGURAS COM AS CARTAS. VENCE A PARTIDA QUEM TIVER MAIS CARTAS.

ILUSTRAÇÕES: ALÊ MATOS/ARQUIVO DA EDITORA

ALÊ MATOS/ARQUIVO DA EDITORA

PENSANDO SOBRE O JOGO

1. DE QUE MANEIRAS PODEMOS OBTER 10 FIGURAS COM 2 CARTAS? REPRESENTE ABAIXO AS CARTAS COM DESENHOS.

2. COMPARE SEUS DESENHOS COM OS DESENHOS DOS COLEGAS. VERIFIQUE SE VOCÊS DESENHARAM TODAS AS MANEIRAS DE OBTER 10 FIGURAS COM 2 CARTAS.

3. JOGUE ALGUMAS PARTIDAS DE **MEMÓRIA DO 10** COM UM COLEGA. QUANTAS CARTAS VOCÊ OBTEVE NA ÚLTIMA PARTIDA? ☐

CAPÍTULO

3 REPRESENTANDO SITUAÇÕES

AGRUPAMENTO

A PROFESSORA JÚLIA PERGUNTOU A SEUS ALUNOS QUANTOS IRMÃOS CADA UM DELES TEM. DEPOIS, PEDIU QUE OS ALUNOS SE ORGANIZASSEM EM FILAS DE ACORDO COM O NÚMERO DE IRMÃOS. VEJA ABAIXO COMO FICOU A DISTRIBUIÇÃO DOS ALUNOS DA TURMA.

MARINA UENO/ARQUIVO DA EDITORA

1 QUANTOS ALUNOS DESSA TURMA NÃO TÊM IRMÃO? ☐

2 QUANTOS ALUNOS TÊM 4 IRMÃOS OU MAIS? ☐

3 A MAIORIA DOS ALUNOS TEM QUANTOS IRMÃOS? ☐

4 OBSERVE NOVAMENTE AS FILAS ORGANIZADAS NA PÁGINA ANTERIOR. EM QUAL FILA VOCÊ SE COLOCARIA?

____

CAMILO TORRES/SHUTTERSTOCK/GLOW IMAGES

5 O PROFESSOR VAI ORGANIZAR FILAS DE ACORDO COM O NÚMERO DE IRMÃOS DE CADA ALUNO DE SUA TURMA. VOCÊS VÃO FORMAR FILAS IGUAIS ÀS FILAS DA PÁGINA ANTERIOR.

A) QUANTOS ALUNOS DE SUA TURMA TÊM 2 IRMÃOS? ☐

B) QUANTOS ALUNOS NÃO TÊM IRMÃO? ☐

C) QUANTOS ALUNOS DE SUA TURMA TÊM 4 IRMÃOS OU MAIS? ☐

D) ESCREVA ABAIXO O NÚMERO DE ALUNOS QUE FICARAM EM CADA FILA.

NENHUM IRMÃO	1 IRMÃO	2 IRMÃOS
______	______	______

3 IRMÃOS	4 IRMÃOS OU MAIS
______	______

E) AGORA, COMPLETE: A MAIORIA DOS ALUNOS DA MINHA TURMA TEM ☐ IRMÃOS.

SÓLIDOS GEOMÉTRICOS

VOCÊ JÁ OUVIU FALAR EM **SÓLIDOS GEOMÉTRICOS**?

VEJA EXEMPLOS DE OBJETOS COM A FORMA DE SÓLIDOS GEOMÉTRICOS.

FOTOS: HSHI/SHUTTERSTOCK/GLOW IMAGES

1 DESENHE A SEGUIR OBJETOS COM FORMAS PARECIDAS COM AS DE CADA SÓLIDO GEOMÉTRICO INDICADO.

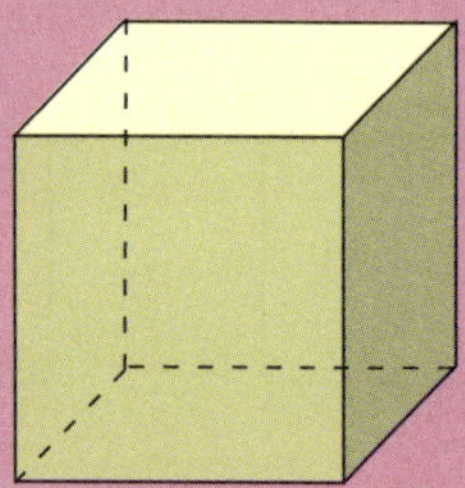

CUBO

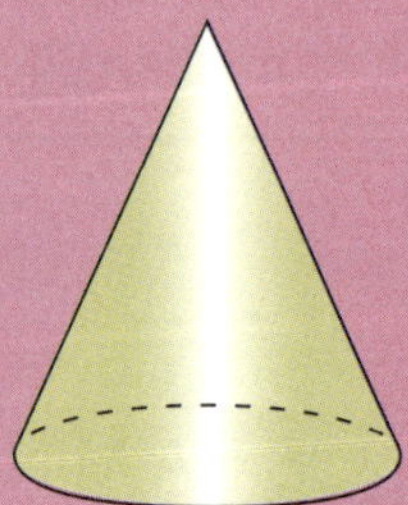

CONE

WARREN GOLDSWAIN/ SHUTTERSTOCK/GLOW IMAGES

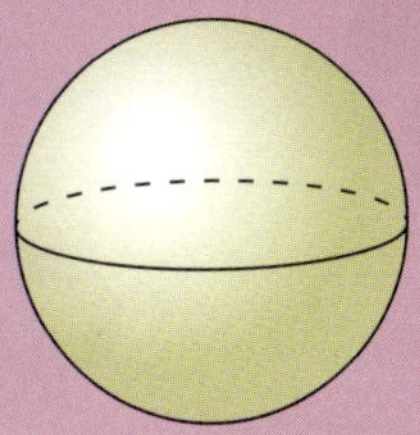

ESFERA

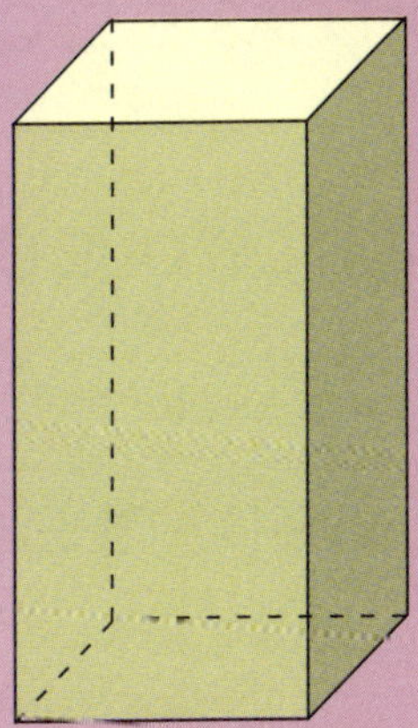

PARALELEPÍPEDO

CILINDRO

2 MOSTRE SEUS DESENHOS PARA ALGUNS COLEGAS E VEJA OS DESENHOS QUE ELES FIZERAM.

MEDIDAS DE COMPRIMENTO: MAIOR E MENOR

OBSERVE QUE OS ALUNOS E A PROFESSORA ESTÃO COMPARANDO O TAMANHO DOS PÉS, DAS MÃOS E SUAS ALTURAS.

ILUSTRAÇÕES: MARINA UENO/ ARQUIVO DA EDITORA

1 FAÇA O MESMO. JUNTE-SE COM ALGUNS COLEGAS E ESCREVA O QUE SE PEDE A SEGUIR.

A) O NOME DE UM COLEGA QUE TEM O PÉ MAIOR DO QUE O SEU.

____

B) O NOME DE UM COLEGA QUE TEM A MÃO MENOR DO QUE A SUA.

____

C) O NOME DE UM COLEGA MAIS ALTO DO QUE VOCÊ.

____

D) O NOME DE UM COLEGA MAIS BAIXO DO QUE VOCÊ.

____

2 PODEMOS USAR PARTES DO NOSSO CORPO, COMO PÉS, MÃOS E DEDOS, PARA MEDIR O COMPRIMENTO DE OBJETOS.

A) MEÇA COM SEUS PÉS O COMPRIMENTO DE UMA FITA MÉTRICA ESTICADA NO CHÃO.
QUANTOS PÉS ELA MEDE? ☐

B) COMPARE ESSA MEDIDA COM A MEDIDA DE SEUS COLEGAS. ELAS SÃO IGUAIS? EXPLIQUE POR QUE ISSO OCORRE.

3 CONTORNE OS INSTRUMENTOS DE MEDIDAS ABAIXO QUE PODEM SER USADOS PARA MEDIR COMPRIMENTOS.

M. BONOTTO/SHUTTERSTOCK/GLOW IMAGES

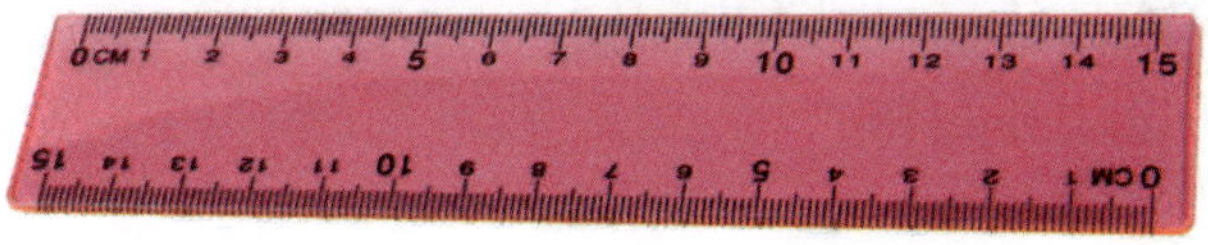

RÉGUA

SEREGAM/SHUTTERSTOCK/GLOW IMAGES

TRENA

KORVIT/SHUTTERSTOCK/GLOW IMAGES

RELÓGIO DIGITAL

POGONICI/SHUTTERSTOCK/GLOW IMAGES

FITA MÉTRICA

AS IMAGENS DESTAS PÁGINAS NÃO ESTÃO REPRESENTADAS EM PROPORÇÃO.

4 OBSERVE AS LINHAS ABAIXO. QUAL LINHA VOCÊ ACHA QUE É MAIS COMPRIDA? MARQUE UM **X** NO QUADRINHO PERTO DELA.

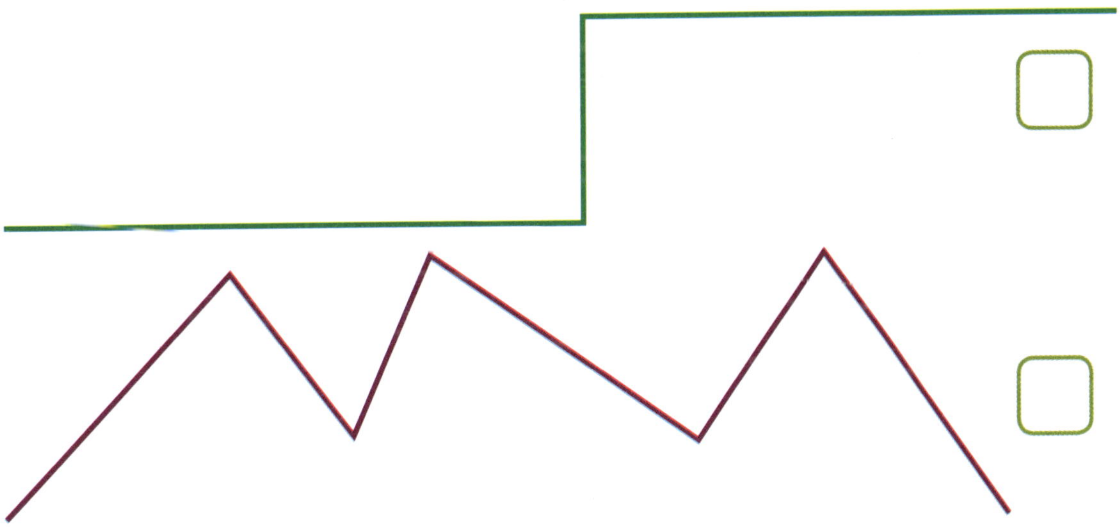

5 PARA SABER COM CERTEZA QUAL LINHA É MAIS COMPRIDA, PODEMOS UTILIZAR UM INSTRUMENTO PARA MEDIR SEU COMPRIMENTO. DEPOIS, COMPARAMOS AS MEDIDAS OBTIDAS PARA AS 2 LINHAS. ESCOLHA UM INSTRUMENTO E MEÇA AS 2 LINHAS DA ATIVIDADE **4**. COMPARE AS MEDIDAS OBTIDAS E RESPONDA: QUAL LINHA É MAIS COMPRIDA?

ATIVIDADES DO CAPÍTULO

1. CONTE OS OVOS EM CADA ITEM ABAIXO. DEPOIS, ESCREVA NO QUADRINHO O NÚMERO CORRESPONDENTE.

A)

C)

E)

ILUSTRAÇÕES: WILL/ ARQUIVO DA EDITORA

B)

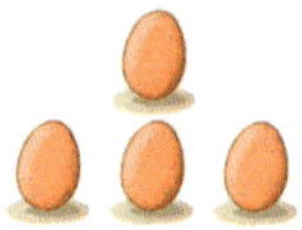

D)

F)

2. LIGUE CADA SÓLIDO GEOMÉTRICO A SEU NOME.

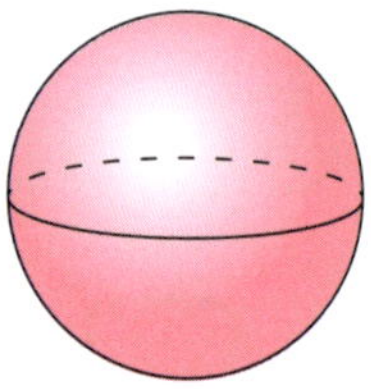

CUBO

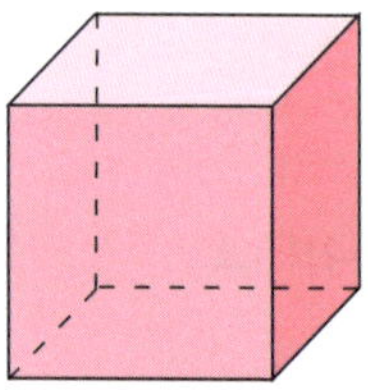

CONE

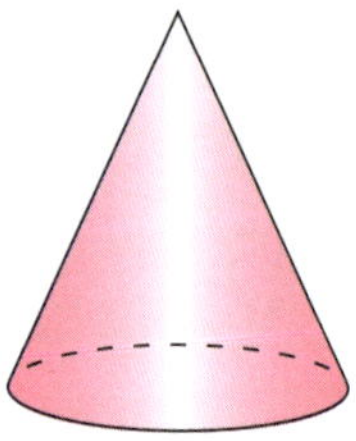

ESFERA

JGI/JAIME GRILL/KEYSTONE

RESOLVENDO PROBLEMAS

ADRIANA ESTÁ COMPLETANDO 6 ANOS.

A) PARA SUA FESTA, ADRIANA CONVIDOU AS 2 IRMÃS, 4 AMIGAS DA ESCOLA E 1 PRIMA. QUANTAS PESSOAS ELA CONVIDOU PARA A FESTA? DESENHE ABAIXO ESSA SITUAÇÃO.

B) DESENHE UM BOLO DE ANIVERSÁRIO PARA A FESTA DE ADRIANA. NÃO SE ESQUEÇA DE DESENHAR AS VELINHAS.

TRABALHANDO COM JOGOS

AMARELINHA

NÚMERO DE JOGADORES: 2 OU MAIS

MATERIAL NECESSÁRIO

- GIZ
- 1 PEDRINHA OU OUTRO MATERIAL PARA LANÇAR

COMO JOGAR

- USANDO O GIZ, DESENHE UMA AMARELINHA NO CHÃO DO PÁTIO. NUMERE AS CASAS DE 1 A 10.
- O PRIMEIRO JOGADOR LANÇA A PEDRINHA NA CASA NÚMERO 1.
- SE O JOGADOR ACERTAR A PEDRINHA NA CASA 1, DEVE SALTAR PARA AS CASAS 2 E 3 (1 PÉ EM CADA CASA). DEPOIS, DEVE SALTAR COM 1 PÉ SOBRE A CASA 4 E SEGUIR ASSIM ATÉ A CASA 10.
- RETORNANDO AO INÍCIO, O JOGADOR DEVE LANÇAR A PEDRINHA NA CASA 2. NESSE CASO, O JOGADOR NÃO PODE PISAR NA CASA 2.
- O JOGADOR DEVE REPETIR O PROCEDIMENTO PARA TODAS AS CASAS ATÉ LANÇAR A PEDRINHA NA CASA 10.
- SE O JOGADOR NÃO ACERTAR A PEDRINHA NA CASA CORRETA EM ALGUM DOS LANÇAMENTOS, ENTÃO DEVE PASSAR A VEZ PARA O PRÓXIMO JOGADOR.
- VENCE A PARTIDA QUEM CHEGAR PRIMEIRO À CASA 10.

ALÊ MATOS/ARQUIVO DA EDITORA

PENSANDO SOBRE O JOGO

1. POR QUAL NÚMERO COMEÇAMOS A PULAR A AMARELINHA? POR QUÊ?

2. QUAL É O MAIOR NÚMERO DESSA AMARELINHA?

3. QUAL É O MENOR NÚMERO DESSA AMARELINHA?

4. QUAIS NÚMEROS ESTÃO ANTES DO 10 NESSA AMARELINHA?

5. JOGUE **AMARELINHA** COM OS COLEGAS. COM A PEDRINHA NA CASA 4, EM QUAIS CASAS DEVEMOS PULAR COM OS 2 PÉS AO MESMO TEMPO? MARQUE ESSAS CASAS COM UM **X** NA AMARELINHA AO LADO.

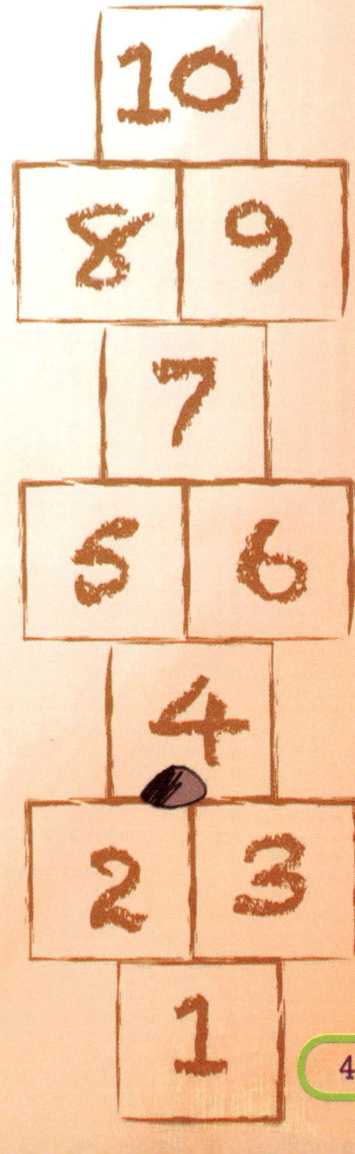

LER E ENTENDER

OS NÚMEROS SÃO USADOS EM MUITAS SITUAÇÕES DO DIA A DIA. ACOMPANHE A LEITURA DA TIRINHA ABAIXO.

ALEXANDRE BECK/ACERVO DO CARTUNISTA

ANALISE

1. TIRINHAS SÃO HISTÓRIAS CURTAS, CONTADAS EM POUCOS QUADRINHOS. A TIRINHA ACIMA TEM QUANTOS QUADRINHOS? ☐

2. ESSA TIRINHA TEM QUANTOS PERSONAGENS? ☐

3. O MENINO QUE APARECE NO TERCEIRO QUADRINHO SE CHAMA ARMANDINHO. QUEM É O OUTRO PERSONAGEM DA TIRINHA?

____

4. COPIE ABAIXO AS FALAS DOS BALÕES DESSA TIRINHA.

ARMANDINHO	
MÃE DO ARMANDINHO	

RELACIONE

5. NOS BALÕES DE FALA DESSA TIRINHA APARECEM 3 NÚMEROS **ESCRITOS POR EXTENSO**.

A) COPIE ABAIXO ESSES NÚMEROS ESCRITOS POR EXTENSO.

____________ ____________ ____________

B) VOCÊ SABE QUAIS SÃO ESSES NÚMEROS? PINTE-OS ABAIXO.

0	1	2	3	4	5	6	7	8	9	10

6. RESPONDA.

A) QUANTOS CHOCOLATES ARMANDINHO DISSE QUE TINHA NA GELADEIRA? ☐

B) QUANTOS CHOCOLATES A MÃE DO ARMANDINHO DISSE QUE TINHA NA GELADEIRA? ☐

ALEXANDRE BECK/ ACERVO DO CARTUNISTA

C) EXPLIQUE PARA OS COLEGAS E PARA O PROFESSOR POR QUE ESSAS QUANTIDADES SÃO DIFERENTES.

7. AGORA, COMPLETE OS ESPAÇOS ABAIXO COM OS NÚMEROS DE 0 A 10 E SUA ESCRITA POR EXTENSO.

0 – zero
1 – ____________
2 – ____________
3 – ____________
4 – ____________
____ – ____________
____ – ____________
____ – ____________
____ – ____________
____ – ____________
____ – ____________

O QUE APRENDI?

A IMAGEM QUE VOCÊ VIU NA ABERTURA DESTA UNIDADE MOSTRA UMA CENA DA SÉRIE DE TELEVISÃO **PEG + GATO**.

REPRODUÇÃO/FRED ROGERS/DISCOVERY

1. FAÇA AS CONTAGENS.

A) QUANTOS PERSONAGENS APARECEM NESSA CENA? ☐

B) QUANTOS BRINQUEDOS APARECEM NA CENA? ☐

C) E QUANTOS CACHORROS APARECEM NA CENA? ☐

2. HÁ MAIS PERSONAGENS OU BRINQUEDOS NESSA CENA?

____

3. NESSA CENA, A MENINA PEG ESTÁ CONTANDO.

A) QUAIS NÚMEROS APARECEM NA CENA? ______________________

B) ESCREVA ESSES NÚMEROS POR EXTENSO.

______________ ______________ ______________

C) IMAGINE QUE A PEG VAI CONTINUAR A CONTAR DE 1 EM 1 ATÉ 10. COMPLETE A CONTAGEM ABAIXO.

1	2	3							

4. OBSERVE NOVAMENTE OS BRINQUEDOS QUE APARECEM NA CENA.

REPRODUÇÃO/FRED ROGERS/DISCOVERY

A) A FORMA DA CAIXA LEMBRA QUAL SÓLIDO GEOMÉTRICO?

____

B) A FORMA DE CADA BOLA LEMBRA QUAL SÓLIDO GEOMÉTRICO?

____

C) VOCÊ JÁ VIU BOLAS COMO ESSAS? EM QUE SITUAÇÕES ESSAS BOLAS COSTUMAM SER USADAS?

5. AGORA, OBSERVE OS PERSONAGENS DA CENA. QUAL DOS PERSONAGENS VOCÊ ACHA QUE É MAIS ALTO? MARQUE UM **X** NO QUADRINHO CORRESPONDENTE:

PEG ☐ GATO ☐

MINHA COLEÇÃO DE PALAVRAS

ESCREVA ABAIXO ALGUMAS PALAVRAS QUE VOCÊ APRENDEU NESTA UNIDADE.

____

____

____

____

UNIDADE

2 FORMAS POR TODA PARTE

IMAGEM CEDIDA POR TARSILA EDUCAÇÃO<WWW.TARSILADOAMARAL.COM.BR>/COLEÇÃO DO INSTITUTO DE ESTUDOS BRASILEIROS DA USP, SÃO PAULO, SP

- QUAL É O NOME DESTE QUADRO? QUEM PINTOU ESTE QUADRO?
- O QUE MAIS CHAMOU A SUA ATENÇÃO NO QUADRO?
- QUAIS ELEMENTOS DA NATUREZA VOCÊ IDENTIFICA NO QUADRO?

O MAMOEIRO, DE TARSILA DO AMARAL, 1925. ÓLEO SOBRE TELA. 65 cm × 70 cm. COLEÇÃO DE ARTES VISUAIS DO INSTITUTO DE ESTUDOS BRASILEIROS DA UNIVERSIDADE DE SÃO PAULO (USP).

CAPÍTULO 4

CONTAGEM E MEDIDA DE MASSA

CONTAGEM

NA UNIDADE 1 VOCÊ ESTUDOU COMO ESCREVER OS NÚMEROS DE 1 A 10. AGORA, VAMOS PRATICAR ESSE TRAÇADO.

1 CONTE OS LIVROS EM CADA ITEM ABAIXO. DEPOIS, ESCREVA NO QUADRINHO O NÚMERO CORRESPONDENTE.

AS IMAGENS DESTAS PÁGINAS NÃO ESTÃO REPRESENTADAS EM PROPORÇÃO.

A) 

B) 

C) 

D) 

E) 

F) 

G) 

H) 

I) 

J) 

ILUSTRAÇÕES: CAMILA DE GODOY/ARQUIVO DA EDITORA

2 COMPLETE A SEQUÊNCIA DE 1 A 10 ABAIXO COM OS NÚMEROS QUE FALTAM.

3 IVANA E PAULA ORGANIZARAM SEUS LÁPIS DE COR NA MESA.

ILUSTRAÇÕES: CAMILA DE GODOY/
ARQUIVO DA EDITORA

DEPOIS, ELAS ORGANIZARAM OS LÁPIS TODOS JUNTOS PARA UMA ATIVIDADE DE PINTURA.

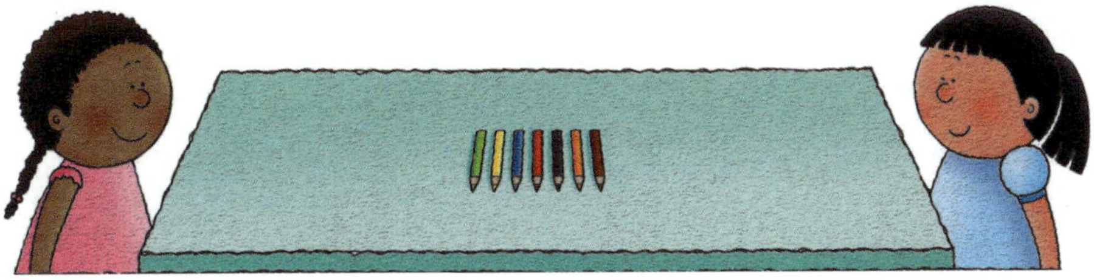

QUANTOS LÁPIS IVANA E PAULA TÊM JUNTAS? ☐

4 MARA E PEDRO TAMBÉM ORGANIZARAM SEUS LÁPIS DE COR TODOS JUNTOS.

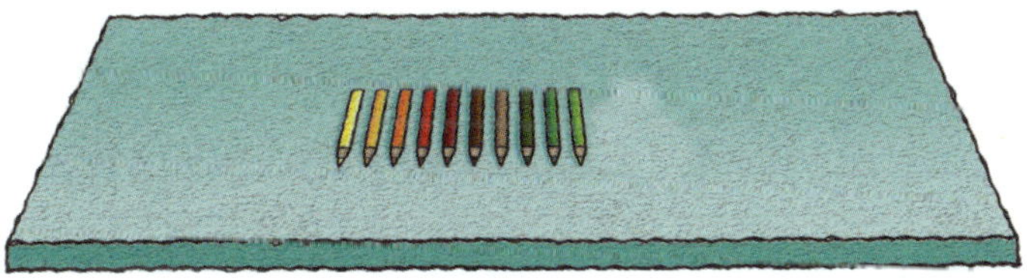

A) DESAFIO! SEM CONTAR, APENAS OBSERVE OS LÁPIS NO DESENHO ACIMA. QUANTOS LÁPIS VOCÊ ACHA QUE HÁ SOBRE A MESA? ☐

B) AGORA, CONTE OS LÁPIS DO DESENHO ACIMA. QUANTOS LÁPIS VOCÊ CONTOU? ☐

C) A QUANTIDADE QUE VOCÊ ESTIMOU NO ITEM **A** ESTÁ PRÓXIMA DA QUANTIDADE QUE VOCÊ CONTOU NO ITEM **B**?

____

LOSKUTNIKOV/SHUTTERSTOCK/GLOW IMAGES

IDEIA DE TIRAR

ACOMPANHE A LEITURA DO TEXTO ABAIXO.

SETE CÃEZINHOS
BRINCAVAM NO TERREIRO
LUPE MEXEU COM FOGO
FOI EMBORA... SER BOMBEIRO.

SEIS CACHORRINHOS
NADAVAM NO RIO
REX QUIS VER O MUNDO
E FUGIU... FUGIU... FUGIU...

CINCO CACHORRINHOS
CORREM NO QUINTAL
BONGO, MUITO VALENTE,
QUIS SER CÃO POLICIAL.

SETE CÃEZINHOS
E AGORA RESTAM QUATRO.
LILI, A MAIS SAPECA,
FEZ CARREIRA NO TEATRO.

DOS SETE CACHORRINHOS,
SÓ TRÊS É O QUE RESTA.
POIS BILLI, O MAIS AFINADO,
VIROU MÚSICO DE ORQUESTRA.

UM PAR DE CACHORRINHOS
FAZIA SUA SESTA
MAS UM SEGUIU O CIRCO
E, AGORA, PITOCO RESTA.

ERAM SETE CACHORRINHOS
APENAS UM FICOU
PARA ONDE FOI, NÃO SEI,
POIS O FAZ DE CONTA ACABOU!

CORAÇÃO DE GALINHA, DE CIDA POMPEO.
VALINHOS: RODA & CIA, 2010. P. 16-17.

CAMILA DE GODOY/
ARQUIVO DA EDITORA

- COMPLETE AS FRASES ABAIXO COM O NÚMERO DE CACHORRINHOS DE CADA TRECHO. VEJA UM EXEMPLO:

ERAM 7 CACHORRINHOS, 1 FOI EMBORA E FICARAM: 6

A) ERAM 6 CACHORRINHOS, 1 FOI EMBORA E FICARAM: ☐

B) ERAM 5 CACHORRINHOS, 1 FOI EMBORA E FICARAM: ☐

C) ERAM 4 CACHORRINHOS, 1 FOI EMBORA E FICARAM: ☐

D) ERAM 3 CACHORRINHOS, 1 FOI EMBORA E FICARAM: ☐

E) ERAM 2 CACHORRINHOS, 1 FOI EMBORA E FICOU: ☐

ILUSTRAÇÕES: CAMILA DE GODOY/ARQUIVO DA EDITORA

IDEIA DE ACRESCENTAR

O QUE ACONTECERIA SE OS CACHORRINHOS VOLTASSEM A SE ENCONTRAR? VEJA UM EXEMPLO.

ERA 1 CACHORRINHO, 1 VOLTOU E FICARAM: 2

1 CONTINUE COMPLETANDO AS FRASES ABAIXO COM O NÚMERO DE CACHORRINHOS DE CADA TRECHO.

A) ERAM 2 CACHORRINHOS, 1 VOLTOU E FICARAM: ☐

B) ERAM 3 CACHORRINHOS, 1 VOLTOU E FICARAM: ☐

C) ERAM 4 CACHORRINHOS, 1 VOLTOU E FICARAM: ☐

D) ERAM 5 CACHORRINHOS, 1 VOLTOU E FICARAM: ☐

E) ERAM 6 CACHORRINHOS, 1 VOLTOU E FICARAM: ☐

ILUSTRAÇÕES: CAMILA DE GODOY/ARQUIVO DA EDITORA

VEJA ABAIXO COMO ROSA ACRESCENTOU AS MAÇÃS EM SUA CESTA, DE 1 EM 1.

4 MAÇÃS 5 MAÇÃS 6 MAÇÃS 7 MAÇÃS

2 ROSA TINHA OUTRAS CESTAS COM FRUTAS. VEJA ABAIXO COMO ELA ACRESCENTOU AS FRUTAS EM CADA CESTA. DEPOIS, ESCREVA O NÚMERO DE FRUTAS DE CADA CESTA.

A) ROSA ACRESCENTOU AS PERAS DE 1 EM 1.

5 PERAS 6 PERAS [ ] PERAS [ ] PERAS

ILUSTRAÇÕES: CAMILA DE GODOY/ARQUIVO DA EDITORA

B) ROSA ACRESCENTOU AS GOIABAS DE 2 EM 2.

2 GOIABAS [ ] GOIABAS [ ] GOIABAS [ ] GOIABAS

C) ROSA ACRESCENTOU OS FIGOS DE 3 EM 3.

1 FIGO [ ] FIGOS [ ] FIGOS [ ] FIGOS

MEDIDA DE MASSA

CAMILA DE GODOY/ARQUIVO DA EDITORA

1 COM A AJUDA DO PROFESSOR, COMPARE SUA MOCHILA COM A MOCHILA DE UM COLEGA. QUEM TEM A MOCHILA MAIS PESADA?

____

2 COMENTE COM OS COLEGAS E COM O PROFESSOR A FRASE ABAIXO.

> MOCHILAS MUITO PESADAS PODEM CAUSAR PROBLEMAS AO DESENVOLVIMENTO DO ESQUELETO.

PARA SABER QUAL É A MASSA OU, COMO COSTUMAMOS FALAR, O "PESO" DE OBJETOS, ALIMENTOS OU PESSOAS, PODEMOS USAR UMA BALANÇA. VEJA ABAIXO 2 TIPOS DE BALANÇA.

AS IMAGENS DESTAS PÁGINAS NÃO ESTÃO REPRESENTADAS EM PROPORÇÃO.

MODO/LATINSTOCK

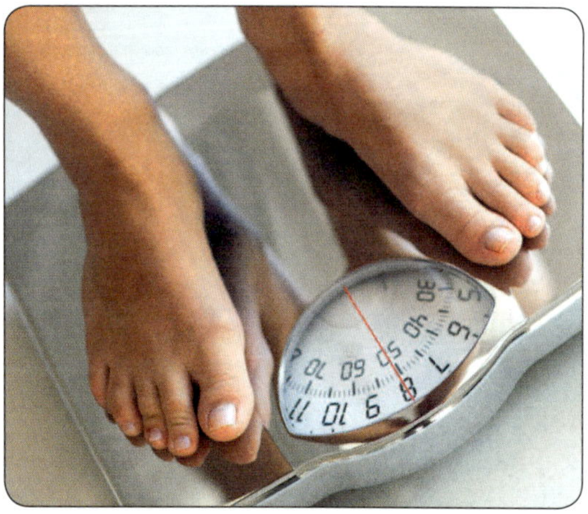

PESSOA PESANDO-SE EM BALANÇA MECÂNICA.

EDSON SATO/PULSAR IMAGENS

ALIMENTO SENDO PESADO EM BALANÇA DIGITAL.

AS BALANÇAS INDICAM A MASSA EM GRAMA OU QUILOGRAMA. NO DIA A DIA, O QUILOGRAMA É MAIS CONHECIDO POR SUA ABREVIAÇÃO "QUILO", OU ENTÃO POR SEU SÍMBOLO **kg**.

3 QUANTO VOCÊ PESA? ______________________________

4 HÁ PRODUTOS QUE, ANTES DE SEREM VENDIDOS, TÊM SUAS MASSAS MEDIDAS EM UMA BALANÇA. LOCALIZE ALGUNS DESSES PRODUTOS ABAIXO E CONTORNE-OS.

TIMMARY/SHUTTERSTOCK/GLOW IMAGES

ERICLEFRANCAIS/SHUTTERSTOCK/GLOW IMAGES

BORK/SHUTTERSTOCK/GLOW IMAGES

YIENKEAT/SHUTTERSTOCK/GLOW IMAGES

FENGYU/SHUTTERSTOCK/GLOW IMAGES

K. MIRI PHOTOGRAPHY/SHUTTERSTOCK/GLOW IMAGES

MARIYANA MISALEVA/SHUTTERSTOCK/GLOW IMAGES

5 FAÇA A PESQUISA EM SUA CASA E ESCREVA:

A) O NOME DE UM ALIMENTO QUE COSTUMA SER COMPRADO EM GRAMAS: ____________________

B) O NOME DE UM ALIMENTO QUE COSTUMA SER COMPRADO EM QUILOGRAMAS: ____________________

ATIVIDADES DO CAPÍTULO

CYBORGWITCH/SHUTTERSTOCK/GLOW IMAGES

1. DESENHE CADA SITUAÇÃO A SEGUIR. DEPOIS, COMPLETE AS FRASES.

A) ERAM 8 BALÕES E 1 BALÃO ESTOUROU. FICARAM ☐ BALÕES.

B) ERAM 8 COPOS E COMPREI MAIS 2 COPOS. FICARAM ☐ COPOS.

2. COMPLETE CADA SEQUÊNCIA DE 1 A 10 ABAIXO COM OS NÚMEROS QUE FALTAM.

A)

1	2		4	5				9	

B)

1									10

3. COMPARE O “PESO” DE OBJETOS DE SUA SALA DE AULA. QUAL DELES É MAIS LEVE? RESPONDA MARCANDO UM **X** NO QUADRINHO.

CARTEIRA DO ALUNO ☐ CADERNO DE MATEMÁTICA ☐

4. AGORA, ESCOLHA 2 OBJETOS PARA COMPARAR. ESCREVA SEUS NOMES ABAIXO. DEPOIS, MARQUE UM **X** NO QUADRINHO DO OBJETO MAIS PESADO.

________________ ☐ ________________ ☐

RESOLVENDO PROBLEMAS

RENATA GANHOU UM CONJUNTO DE PEÇAS PARA FAZER COLARES. VEJA ABAIXO:

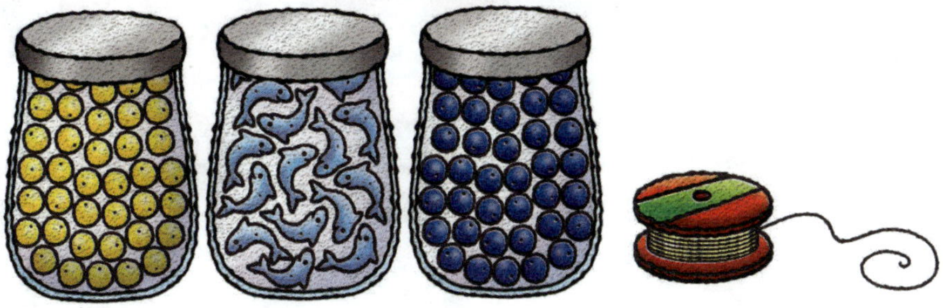

ILUSTRAÇÕES: CAMILA DE GODOY/ARQUIVO DA EDITORA

1. ELA MONTOU UM COLAR COM 3 PEÇAS AZUIS, 3 PEÇAS AMARELAS E 3 PEÇAS EM FORMA DE GOLFINHO. QUANTAS PEÇAS ELA USOU AO TODO NESSE COLAR?

2. AO FAZER OUTRO COLAR, RENATA JÁ TINHA COLOCADO 10 PEÇAS, MAS 3 DELAS CAÍRAM. QUANTAS PEÇAS SOBRARAM NO COLAR?

3. RENATA PENSOU: "COM ESSAS PEÇAS TÃO LINDAS QUE SOBRARAM, VOU FAZER 1 PULSEIRA E 1 COLAR PARA MINHA AVÓ". O QUE VOCÊ ACHA DESSA IDEIA DE RENATA?

4. A BALANÇA DE DOIS BRAÇOS LEMBRA UMA GANGORRA. VEJA A IMAGEM DELA ABAIXO.

AS IMAGENS DESTAS PÁGINAS NÃO ESTÃO REPRESENTADAS EM PROPORÇÃO.

DESENHE UMA DAS FRUTAS ACIMA EM CADA BRAÇO DA BALANÇA. ATENÇÃO: OS BRAÇOS DEVEM CONTINUAR NA MESMA ALTURA.

TRABALHANDO COM JOGOS

DOMINÓ DAS FRUTAS

NÚMERO DE JOGADORES: 3

ILUSTRAÇÕES: ALÊ MATOS/ARQUIVO DA EDITORA

MATERIAL NECESSÁRIO

- PEÇAS DE DOMINÓ DO **MATERIAL COMPLEMENTAR**

COMO JOGAR

- UM DOS JOGADORES DESTACA AS PEÇAS DO **MATERIAL COMPLEMENTAR**.
- COLOQUEM TODAS AS PEÇAS NA MESA, COM AS FIGURAS VIRADAS PARA BAIXO. EM SEGUIDA, EMBARALHEM AS PEÇAS.
- CADA JOGADOR PEGA 10 PEÇAS.
- QUEM TIRAR A PEÇA  É O PRIMEIRO A JOGAR.
- AS PEÇAS PODEM SER ENCAIXADAS QUANDO TÊM UM NÚMERO E A QUANTIDADE DE FRUTAS CORRESPONDENTE. POR EXEMPLO, A PEÇA COM O NÚMERO 1 ENCAIXA COM A PEÇA QUE TEM 1 MELANCIA.
- O JOGADOR DEVE TENTAR ENCAIXAR UMA DE SUAS PEÇAS EM UMA DAS EXTREMIDADES DO JOGO SOBRE A MESA. DEPOIS, PASSA A VEZ PARA O PRÓXIMO JOGADOR.
- SE O JOGADOR NÃO TIVER NENHUMA PEÇA QUE SE ENCAIXE EM UMA DAS EXTREMIDADES DO JOGO, ENTÃO ELE DEVE PASSAR A VEZ.
- VENCE A PARTIDA QUEM ENCAIXAR PRIMEIRO TODAS AS SUAS PEÇAS NO JOGO SOBRE A MESA.

PENSANDO SOBRE O JOGO

1. ALEXANDRA, BRUNO E LARA ESTÃO JOGANDO **DOMINÓ DAS FRUTAS**. OBSERVE ABAIXO UM MOMENTO DA PARTIDA.

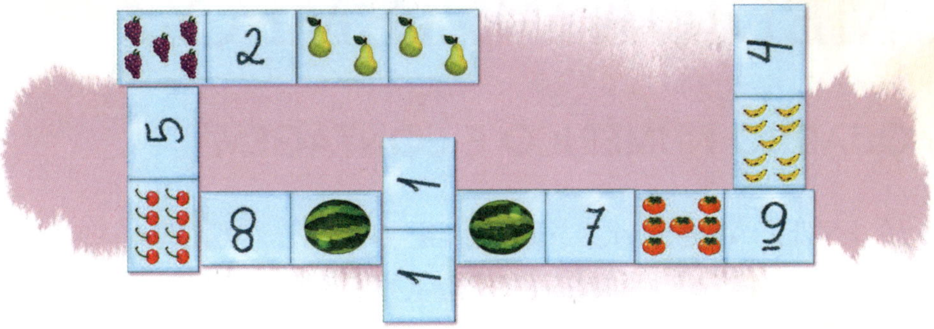

É A VEZ DE LARA JOGAR E ELA TEM AS PEÇAS ABAIXO. CONTORNE AS PEÇAS QUE ELA PODE ENCAIXAR NAS EXTREMIDADES DESSE JOGO.

2. MARINA, TADEU E VÂNIA TAMBÉM ESTÃO JOGANDO **DOMINÓ DAS FRUTAS**. SEM QUERER, UM DELES ESBARROU EM ALGUMAS PEÇAS SOBRE A MESA E ELAS SAÍRAM DO LUGAR. DESENHE AS PEÇAS NO LOCAL CORRETO.

ILUSTRAÇÕES: ALÊ MATOS/ ARQUIVO DA EDITORA

CAPÍTULO

5 QUADRO NUMÉRICO, FIGURAS GEOMÉTRICAS E MEDIDA DE TEMPO

QUADRO NUMÉRICO E CONTAGEM

JÁ ESTUDAMOS NÚMEROS DE 0 A 10. AGORA, VAMOS TRABALHAR COM NÚMEROS MAIORES DO QUE 10.

FONGMAN/SHUTTERSTOCK/GLOW IMAGES

1 FORME DUPLA COM UM COLEGA.

A) DESTAQUE OS CARTÕES DO **MATERIAL COMPLEMENTAR**.

B) LOCALIZE NO QUADRO ABAIXO A POSIÇÃO CORRESPONDENTE AO NÚMERO DE CADA CARTÃO.

C) COLE OS CARTÕES NO QUADRO, COMEÇANDO DO NÚMERO MAIOR ATÉ CHEGAR AO NÚMERO MENOR.

1	2	3	4	5
6	7	8	9	10
11		13		15
	17		19	
21		23		25
	27		29	

ALGUMAS PESSOAS GOSTAM DE COLECIONAR OBJETOS, COMO FIGURINHAS, CONCHAS OU CHAVEIROS.

JOANA COLECIONA BORRACHAS. VEJA ABAIXO AS BORRACHAS DE SUA COLEÇÃO.

SAR_38/SHUTTERSTOCK/ GLOW IMAGES; QUAN ZHENG/ SHUTTERSTOCK/ GLOW IMAGES; MIHALEC/SHUTTERSTOCK/ GLOW IMAGES; OKSANA2010/ SHUTTERSTOCK/GLOW IMAGES; SHUTTERSTOCK/ GLOW IMAGES; SHUTTERSTOCK/GLOW IMAGES

GELPI JM/SHUTTERSTOCK/ GLOW IMAGES

AS IMAGENS DESTA PÁGINA NÃO ESTÃO REPRESENTADAS EM PROPORÇÃO.

2 QUANTAS BORRACHAS HÁ NA COLEÇÃO DE JOANA? ☐

3 VOCÊ TEM ALGUMA COLEÇÃO DE OBJETOS?

- SE TIVER, PREENCHA O QUADRO ABAIXO COM OS DADOS DELA.
- SE NÃO TIVER, PREENCHA O QUADRO COM OS DADOS DE UMA COLEÇÃO QUE GOSTARIA DE TER.

COLEÇÃO DE: ______________________________

QUANTIDADE DE OBJETOS DA COLEÇÃO: ☐

4 OBSERVE AS COLEÇÕES DE OBJETOS ABAIXO. ESCREVA QUANTOS OBJETOS HÁ EM CADA COLEÇÃO.

A) 

☐

B) 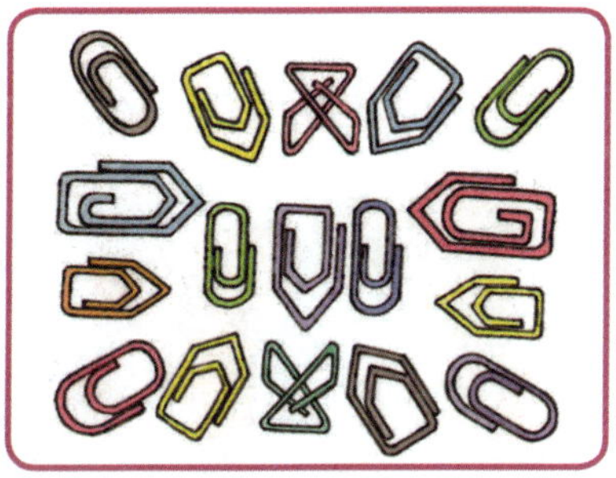

☐

ILUSTRAÇÕES: EDDE/ARQUIVO DA EDITORA

RECONHECENDO FIGURAS GEOMÉTRICAS

VOCÊ JÁ PERCEBEU QUE MUITOS OBJETOS TÊM A FORMA PARECIDA COM FIGURAS GEOMÉTRICAS? VEJA ABAIXO ALGUNS EXEMPLOS.

AS IMAGENS DESTAS PÁGINAS NÃO ESTÃO REPRESENTADAS EM PROPORÇÃO.

- O RELÓGIO LEMBRA UM **CÍRCULO**.

DIMEDROL68/SHUTTERSTOCK/ GLOW IMAGES

CÍRCULO

- O QUADRO DE AVISOS LEMBRA UM **RETÂNGULO**.

PICSFIVE/KEYSTONE

RETÂNGULO

- A LAJOTA DO PISO LEMBRA UM **QUADRADO**.

REINHOLD LEITNER/SHUTTERSTOCK/ GLOW IMAGES

QUADRADO

- CADA BANDEIRINHA LEMBRA UM **TRIÂNGULO**.

ERIK J/SHUTTERSTOCK/GLOW IMAGES

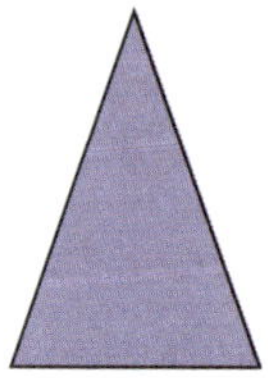

TRIÂNGULO

1 LIGUE CADA OBJETO AO NOME DA FIGURA GEOMÉTRICA CORRESPONDENTE.

AFRICA STUDIO/ SHUTTERSTOCK

QUADRADO

ARTEM LOSKUTNIKOV/ SHUTTERSTOCK/ GLOW IMAGES

TRIÂNGULO

KASPRI/ SHUTTERSTOCK/ GLOW IMAGES

CÍRCULO

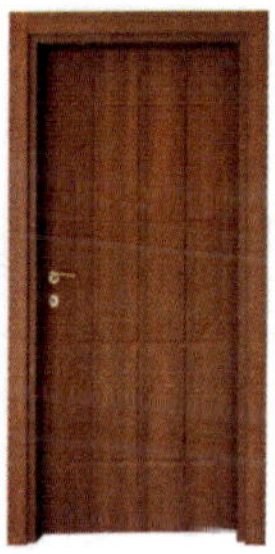
SAFAKCAKIR SHUTTERSTOCK/GLOW IMAGES

RETÂNGULO

2 PINTE AS FIGURAS GEOMÉTRICAS ABAIXO DE ACORDO COM A LEGENDA.

RETÂNGULOS: (amarelo) CÍRCULOS: (verde) TRIÂNGULOS: (azul)

MEDIDA DE TEMPO: CALENDÁRIO

PARA REGISTRAR O ANO, OS MESES E OS DIAS DO MÊS E DA SEMANA, PODEMOS UTILIZAR UM **CALENDÁRIO**. VEJA ABAIXO O CALENDÁRIO DE 2018.

JANEIRO

D	S	T	Q	Q	S	S
	1	2	3	4	5	6
7	8	9	10	11	12	13
14	15	16	17	18	19	20
21	22	23	24	25	26	27
28	29	30	31			

FEVEREIRO

D	S	T	Q	Q	S	S
				1	2	3
4	5	6	7	8	9	10
11	12	13	14	15	16	17
18	19	20	21	22	23	24
25	26	27	28			

MARÇO

D	S	T	Q	Q	S	S
				1	2	3
4	5	6	7	8	9	10
11	12	13	14	15	16	17
18	19	20	21	22	23	24
25	26	27	28	29	30	31

ABRIL

D	S	T	Q	Q	S	S
1	2	3	4	5	6	7
8	9	10	11	12	13	14
15	16	17	18	19	20	21
22	23	24	25	26	27	28
29	30					

MAIO

D	S	T	Q	Q	S	S
		1	2	3	4	5
6	7	8	9	10	11	12
13	14	15	16	17	18	19
20	21	22	23	24	25	26
27	28	29	30	31		

JUNHO

D	S	T	Q	Q	S	S
					1	2
3	4	5	6	7	8	9
10	11	12	13	14	15	16
17	18	19	20	21	22	23
24	25	26	27	28	29	30

JULHO

D	S	T	Q	Q	S	S
1	2	3	4	5	6	7
8	9	10	11	12	13	14
15	16	17	18	19	20	21
22	23	24	25	26	27	28
29	30	31				

AGOSTO

D	S	T	Q	Q	S	S
			1	2	3	4
5	6	7	8	9	10	11
12	13	14	15	16	17	18
19	20	21	22	23	24	25
26	27	28	29	30	31	

SETEMBRO

D	S	T	Q	Q	S	S
						1
2	3	4	5	6	7	8
9	10	11	12	13	14	15
16	17	18	19	20	21	22
23	24	25	26	27	28	29
30						

OUTUBRO

D	S	T	Q	Q	S	S
	1	2	3	4	5	6
7	8	9	10	11	12	13
14	15	16	17	18	19	20
21	22	23	24	25	26	27
28	29	30	31			

NOVEMBRO

D	S	T	Q	Q	S	S
				1	2	3
4	5	6	7	8	9	10
14	12	13	14	15	16	17
21	19	20	21	22	23	24
28	26	27	28	29	30	

DEZEMBRO

D	S	T	Q	Q	S	S
						1
2	3	4	5	6	7	8
9	10	11	12	13	14	15
16	17	18	19	20	21	22
23	24	25	26	27	28	29
30	31					

ILUSTRAÇÕES: EDDE/ ARQUIVO DA EDITORA

1 OBSERVE OS MESES DO CALENDÁRIO ACIMA.

A) QUANTOS MESES TEM O ANO? ▭

B) QUAL É O PRIMEIRO MÊS DO ANO? ______________________

C) QUAL É O ÚLTIMO MÊS DO ANO? ______________________

D) QUAL É O NOME DO MÊS DEPOIS DE ABRIL? ______________

E) EM QUAIS MESES DO ANO VOCÊ TEM FÉRIAS ESCOLARES?

____

2 OBSERVE AGORA O DESTAQUE PARA O MÊS DE ABRIL DE 2018.

ABRIL						
DOMINGO	SEGUNDA--FEIRA	TERÇA--FEIRA	QUARTA--FEIRA	QUINTA--FEIRA	SEXTA--FEIRA	SÁBADO
1	2	3	4	5	6	7
8	9	10	11	12	13	14
15	16	17	18	19	20	21
22	23	24	25	26	27	28
29	30					

A) QUANTOS DIAS HÁ NO MÊS DE ABRIL? ☐

B) EM QUAL DIA DA SEMANA ESSE MÊS COMEÇOU? ____________

C) EM QUAL DIA DA SEMANA COMEÇA O PRÓXIMO MÊS? ____________

D) QUANTOS ALUNOS DE SUA TURMA FAZEM ANIVERSÁRIO NESSE MÊS? ☐

E) POR QUE O DIA 21 DE ABRIL ESTÁ DESTACADO NESSE CALENDÁRIO?

F) QUANTOS FINS DE SEMANA COMPLETOS (COM SÁBADO E DOMINGO) TEM ESSE MÊS DE ABRIL? ☐

G) EM QUE DIAS DA SEMANA VOCÊ NÃO VAI À ESCOLA?

____

3 RESOLVA OS PROBLEMAS ABAIXO CONSIDERANDO O CALENDÁRIO DE 2018 DA PÁGINA ANTERIOR.

A) LÚCIA FAZ ANIVERSÁRIO NA ÚLTIMA SEGUNDA-FEIRA DE JUNHO. MARQUE UM **X** NESSE DIA.

B) A MÃE DE LÚCIA FAZ ANIVERSÁRIO NO DIA 31, UMA QUARTA-FEIRA. O MÊS DE SEU ANIVERSÁRIO NÃO É O PRIMEIRO MÊS DO ANO. CONTORNE O DIA DO ANIVERSÁRIO DA MÃE DE LÚCIA.

ATIVIDADES DO CAPÍTULO

1. COMPLETE O QUADRO ABAIXO COM A SEQUÊNCIA NUMÉRICA DE 1 A 30.

1	2	3			6	7			
	12			15	16		18	19	20

2. ESCREVA POR EXTENSO OS NÚMEROS ABAIXO. OS DOIS PRIMEIROS NÚMEROS JÁ ESTÃO ESCRITOS.

3 – Três.

5 – Cinco.

8 – ______________________

10 – ______________________

15 – ______________________

18 – ______________________

24 – ______________________

7 – ______________________

3. COMPLETE A LISTA ABAIXO COM O NOME DOS 12 MESES DO ANO.

JANEIRO			ABRIL
MAIO		JULHO	
SETEMBRO			

RESOLVENDO PROBLEMAS

1. OBSERVE A CENA ABAIXO.

EDDE/ARQUIVO DA EDITORA

A) QUANTOS ANOS O ANIVERSARIANTE ESTÁ FAZENDO? COMO VOCÊ SABE?

B) QUANTOS ANOS O ANIVERSARIANTE FARÁ NO PRÓXIMO ANO?

C) QUAL É O TEMA DA FESTA? ______________________

2. BIA VAI À ESCOLA TODAS AS MANHÃS. EM ALGUMAS TARDES, ELA FAZ ATIVIDADES NA ESCOLA. ACOMPANHE A LEITURA DAS ATIVIDADES QUE BIA FAZ À TARDE.

- NAS SEGUNDAS-FEIRAS BIA FAZ AULA DE TEATRO.
- NAS SEXTAS-FEIRAS BIA TREINA CAPOEIRA.
- BIA TEM AULA DE VIOLÃO NAS QUINTAS-FEIRAS.
- NAS TERÇAS-FEIRAS BIA JOGA FUTEBOL DE SALÃO.

EM QUE DIA DA SEMANA BIA NÃO FAZ ATIVIDADES NA ESCOLA À TARDE? ______________________

TRABALHANDO COM JOGOS

JOGO DOS PONTINHOS

MATERIAL NECESSÁRIO

- 2 LÁPIS DE CORES DIFERENTES
- TABULEIRO DO **MATERIAL COMPLEMENTAR**

NÚMERO DE JOGADORES: 2

COMO JOGAR

- UM DOS JOGADORES DESTACA O TABULEIRO DO **MATERIAL COMPLEMENTAR**.
- CADA JOGADOR DEVE ESCOLHER UMA COR DIFERENTE DE LÁPIS.
- COM O LÁPIS, O PRIMEIRO JOGADOR DEVE FAZER UM TRACINHO NO TABULEIRO E LIGAR DOIS PONTINHOS NA HORIZONTAL OU NA VERTICAL. VEJA AO LADO UM MODELO.

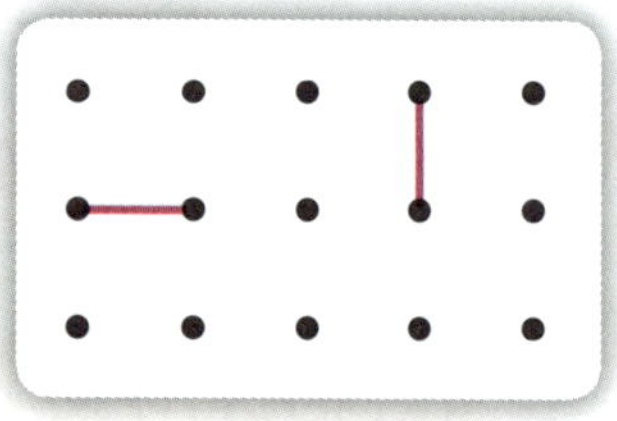

- EM SEGUIDA, O OUTRO JOGADOR FAZ A MESMA COISA.
- CADA VEZ QUE UM JOGADOR FORMAR UM QUADRADO, ELE COLOCA A LETRA INICIAL DE SEU NOME DENTRO DESSE QUADRADO. VEJA AO LADO COMO ANA FEZ.

ILUSTRAÇÕES: ALÊ MATOS/ARQUIVO DA EDITORA

- O JOGADOR QUE FORMAR UM QUADRADO DEVE JOGAR NOVAMENTE.
- A PARTIDA TERMINA QUANDO O TABULEIRO ESTIVER COMPLETO. CADA QUADRADO FORMADO VALE 1 PONTO PARA O JOGADOR.
- VENCE A PARTIDA QUEM TIVER MAIS PONTOS.

PENSANDO SOBRE O JOGO

1. CAIO E ANA ESTÃO BRINCANDO DE **JOGO DOS PONTINHOS**. VEJA AO LADO UM MOMENTO DA PARTIDA.

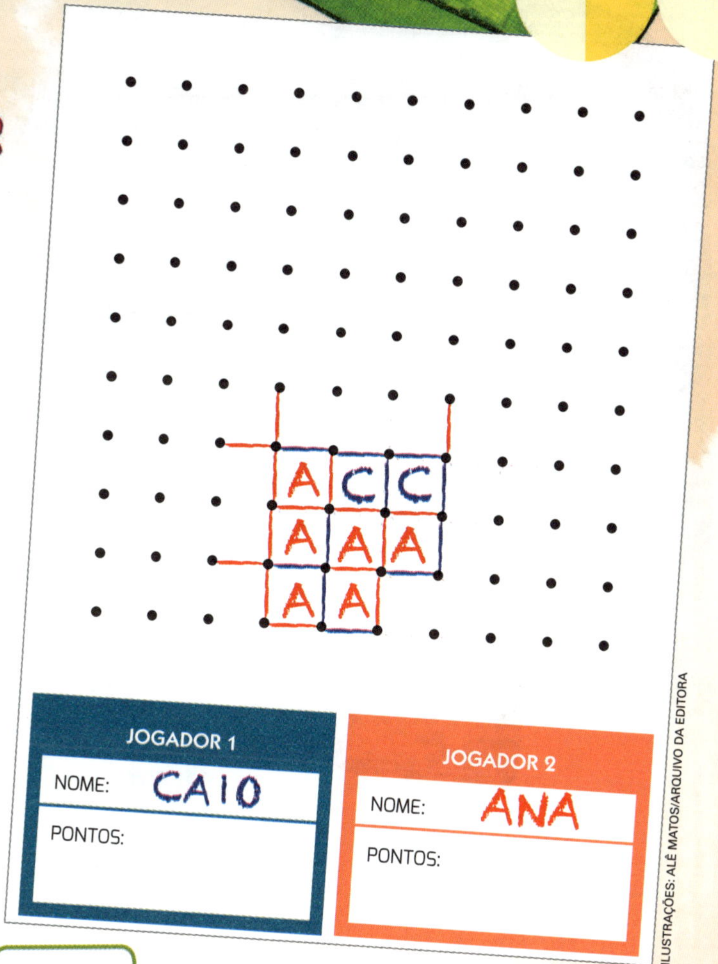

ILUSTRAÇÕES: ALÉ MATOS/ARQUIVO DA EDITORA

A) QUANTOS TRACINHOS SÃO NECESSÁRIOS PARA FORMAR UM QUADRADO? [ ]

B) QUANTOS PONTOS CAIO JÁ FEZ? [ ]

C) QUANTOS PONTOS ANA JÁ FEZ? [ ]

D) QUEM ESTÁ GANHANDO O JOGO NESSE MOMENTO? ______________

2. FAÇA O **JOGO DOS PONTINHOS** COM UM COLEGA.

A) ANOTE ABAIXO OS PONTOS DA PARTIDA.

JOGADOR 1	JOGADOR 2
NOME: ______________	NOME: ______________
PONTOS: ______________	PONTOS: ______________

B) QUEM GANHOU O JOGO? ______________

LEITURA DE IMAGEM

LIMPEZA E SAÚDE

NAS FOTOGRAFIAS ABAIXO HÁ 5 PRODUTOS DE LIMPEZA E 5 PRODUTOS DE HIGIENE PESSOAL.

AS IMAGENS DESTA PÁGINA NÃO ESTÃO REPRESENTADAS EM PROPORÇÃO.

OBSERVE

SHUTTERSTOCK/GLOW IMAGES; UNDREY/SHUTTERSTOCK/GLOW IMAGES; GRAPHIC DESIGN/SHUTTERSTOCK/GLOW IMAGES; JAIMIE DUPLASS/SHUTTERSTOCK/GLOW IMAGES; ANDREI KUZMIK/SHUTTERSTOCK/GLOW IMAGES; LIU, CHIN-CHENG/SHUTTERSTOCK/GLOW IMAGES; LANA LANGLOIS/SHUTTERSTOCK/GLOW IMAGES; AFRICA STUDIO/SHUTTERSTOCK/GLOW IMAGES; NELIA SAPRONOVA/SHUTTERSTOCK/GLOW IMAGES; TIMMARY/SHUTTERSTOCK/GLOW IMAGES

1. COMPLETE O QUADRO ABAIXO COPIANDO O NOME DE CADA PRODUTO QUE APARECE NAS FOTOGRAFIAS ACIMA.

PRODUTOS DE LIMPEZA	PRODUTOS DE HIGIENE PESSOAL

ANALISE

2. COMPLETE.

NO QUADRO, A COLUNA "PRODUTOS DE LIMPEZA" TEM [   ] PRODUTOS. A COLUNA "PRODUTOS DE HIGIENE PESSOAL" TEM [   ] PRODUTOS. ENTÃO, AS DUAS COLUNAS DO QUADRO TÊM JUNTAS [   ] PRODUTOS.

3. PESQUISE EM SUA CASA OS PRODUTOS DE HIGIENE PESSOAL E OS PRODUTOS DE LIMPEZA QUE SUA FAMÍLIA COSTUMA COMPRAR. DEPOIS, FAÇA ABAIXO UMA LISTA COM OS PRODUTOS QUE VOCÊ ENCONTROU.

______________________ ______________________

______________________ ______________________

______________________ ______________________

RELACIONE

4. CONVERSE COM OS COLEGAS SOBRE QUAIS PRODUTOS DE HIGIENE PESSOAL VOCÊ USA PARA MANTER SEU CORPO LIMPO.

5. QUANTAS VEZES POR DIA UMA PESSOA DEVE ESCOVAR OS DENTES?

6. DEVEMOS MANTER A TORNEIRA SEMPRE FECHADA ENQUANTO ESCOVAMOS OS DENTES. A TORNEIRA DEVE SER ABERTA APENAS NO MOMENTO DE ENXAGUAR A BOCA PARA RETIRAR O CREME DENTAL. AGINDO ASSIM, ESTAMOS ECONOMIZANDO ÁGUA. CONVERSE COM OS COLEGAS E O PROFESSOR SOBRE OUTRAS MANEIRAS DE ECONOMIZAR ÁGUA.

CAPÍTULO 6

TABELAS, GRÁFICOS E MEDIDAS DE COMPRIMENTO

TABELAS E GRÁFICOS

CADA ALUNO DE UMA TURMA DO 1º ANO ESCREVEU O NOME DE SUA SOBREMESA PREFERIDA EM UM CARTÃO. PARA FACILITAR A LEITURA DOS RESULTADOS, O PROFESSOR AGRUPOU AS PREFERÊNCIAS EM UMA TABELA. OBSERVE.

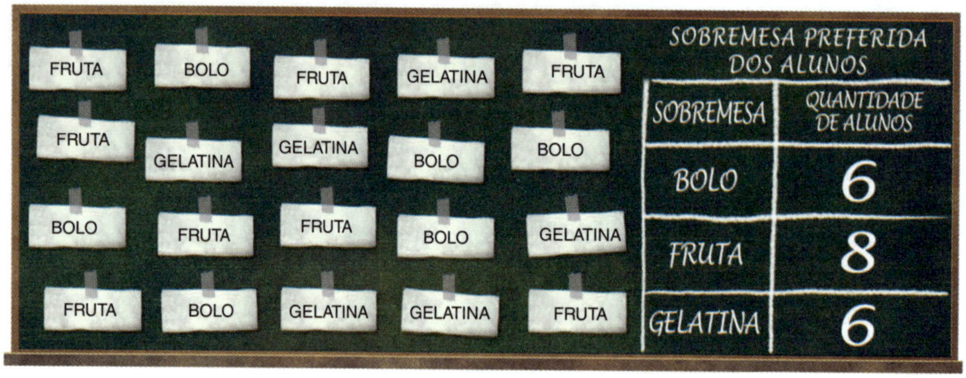

ILUSTRAÇÕES: AL STEFANO/ ARQUIVO DA EDITORA

PODEMOS ORGANIZAR AS INFORMAÇÕES DA TABELA EM UM GRÁFICO COMO ESTE ABAIXO.

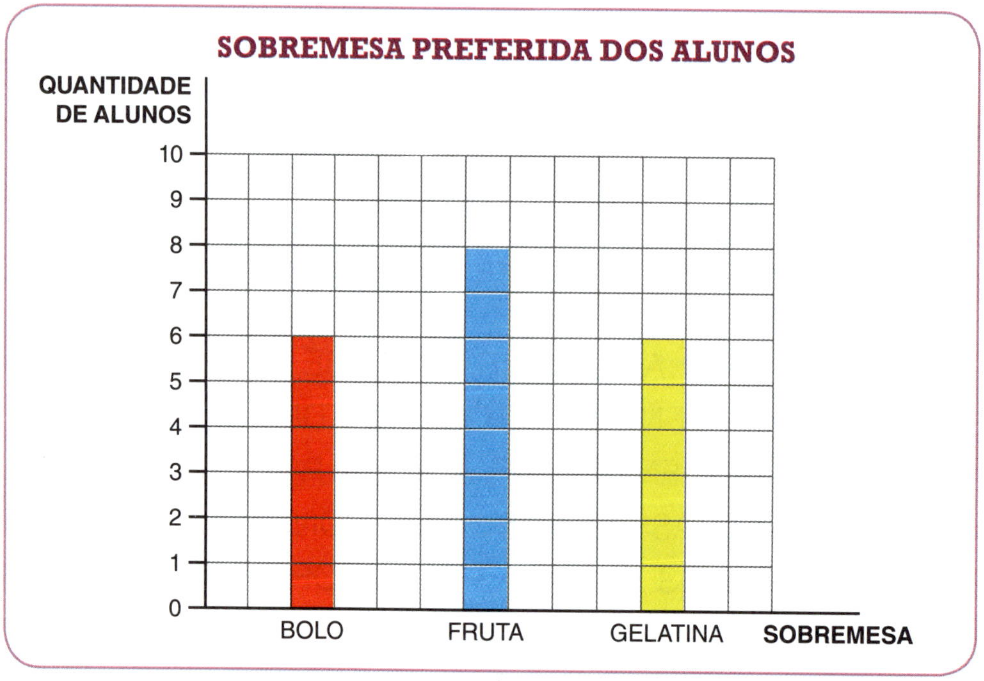

GRÁFICO ELABORADO PARA FINS DIDÁTICOS.

- AGORA, COM A AJUDA DO PROFESSOR, VOCÊ VAI PESQUISAR A SOBREMESA PREFERIDA DOS ALUNOS DE SUA TURMA.

1º PASSO: UM A UM, OS ALUNOS VÃO FALAR QUAL DAS SOBREMESAS PREFEREM.

2º PASSO: TODA VEZ QUE UMA SOBREMESA FOR FALADA, MARQUE UM SINAL NA TABELA, DIANTE DE SEU NOME.

SOBREMESA PREFERIDA DOS ALUNOS

SOBREMESA	QUANTIDADE DE ALUNOS
BOLO	
FRUTA	
GELATINA	

TABELA ELABORADA PARA FINS DIDÁTICOS.

3º PASSO: COM OS DADOS DA TABELA, COMPLETE O GRÁFICO ABAIXO.

- ESCREVA O TÍTULO DO GRÁFICO.
- ESCOLHA UMA COR PARA CADA SOBREMESA.
- PINTE 1 QUADRADINHO PARA CADA VOTO QUE CADA SOBREMESA RECEBEU.

TÍTULO: ____________________

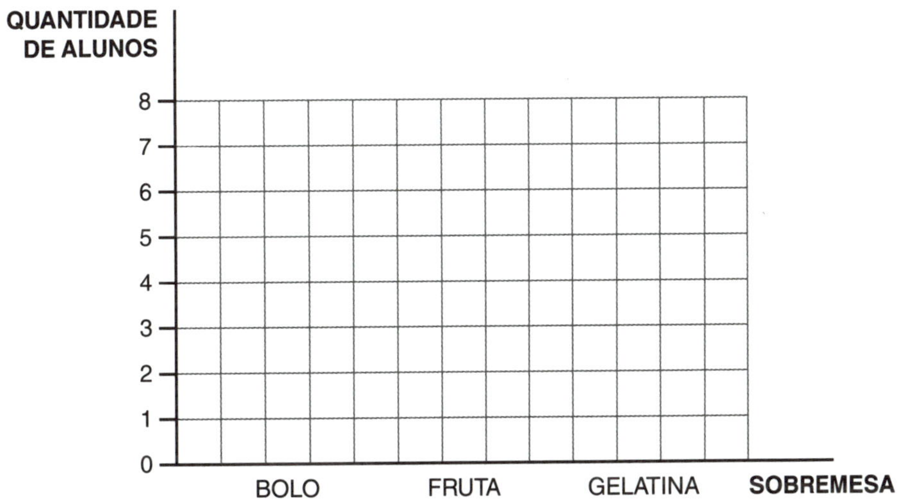

GRÁFICO ELABORADO PARA FINS DIDÁTICOS.

FOTOS: ROBYN MACKENZIE /SHUTTERSTOCK/GLOW IMAGES

MEDIDAS DE COMPRIMENTO

1 COM A AJUDA DO PROFESSOR, LEIA AS PERGUNTAS ABAIXO E RESPONDA O QUE É MAIS COMPRIDO:

A) A LOUSA OU A PAREDE ONDE ELA ESTÁ?

B) SUA CARTEIRA OU A MESA DO PROFESSOR?

C) A SALA DE AULA OU O PÁTIO DA ESCOLA?

D) SUA RÉGUA OU SEU LÁPIS?

E) SEU PÉ OU O PÉ DE UM JOGADOR ADULTO DE BASQUETE?

2 CONFIAR APENAS NA OBSERVAÇÃO NÃO BASTA PARA FAZER MEDIÇÕES. FAÇA AS MEDIÇÕES E REGISTRE OS RESULTADOS.

A) COMO NA FIGURA AO LADO, USE AS MÃOS ABERTAS PARA FAZER MEDIÇÕES.

- COMPRIMENTO DE SUA CARTEIRA:

  ☐ PALMOS.

- COMPRIMENTO DA MESA DO PROFESSOR:

  ☐ PALMOS.

- COMPRIMENTO DA PAREDE ONDE ESTÁ A LOUSA:

  ☐ PALMOS.

- COMPRIMENTO DA LOUSA:

  ☐ PALMOS.

ILUSTRAÇÕES: AL STEFANO/ARQUIVO DA EDITORA

B) COMO NA FIGURA AO LADO, USE SEUS PÉS PARA FAZER MEDIÇÕES.

- LARGURA DA PORTA DA SALA: ☐ PÉS.

- COMPRIMENTO DA PAREDE ONDE FICA A LOUSA: ☐ PÉS.

3 AGORA, A PROFESSORA VAI FAZER ALGUMAS MEDIÇÕES.

A) ANOTE ABAIXO O QUE A PROFESSORA DISSER.

- LARGURA DA PORTA DA SALA: ______ PÉS.
- COMPRIMENTO DA CARTEIRA DO ALUNO: ______ PALMOS.
- COMPRIMENTO DA PAREDE ONDE ESTÁ A LOUSA: ______ PALMOS.
- DISTÂNCIA DA PORTA ATÉ A LOUSA: ______ PÉS.

AL STEFANO/ARQUIVO DA EDITORA

B) AS MEDIDAS DA PROFESSORA FORAM DIFERENTES DAS SUAS? POR QUE VOCÊ ACHA QUE ISSO ACONTECEU?

4 TROQUE IDEIAS COM OS COLEGAS E O PROFESSOR. COMO PODEMOS FAZER PARA OBTER A MESMA MEDIDA DE COMPRIMENTO DE UM OBJETO?

5 COM A AJUDA DO PROFESSOR, FAÇA AS MEDIÇÕES USANDO AGORA UMA FITA MÉTRICA. DEPOIS, COMPLETE OS ITENS A SEGUIR.

A) COMPRIMENTO DE SUA CARTEIRA: ______ CENTÍMETROS.

B) ALTURA DA MESA DO PROFESSOR: ______ CENTÍMETROS.

C) COMPRIMENTO DA MESA DO PROFESSOR: ______ CENTÍMETROS.

D) LARGURA DA PORTA DA SALA: ______ CENTÍMETROS.

E) COMPRIMENTO DA LOUSA: ______ CENTÍMETROS.

F) DISTÂNCIA DA PORTA ATÉ A LOUSA: ______ CENTÍMETROS.

DECOMPOSIÇÃO DE FIGURAS GEOMÉTRICAS PLANAS

A PROFESSORA DE CAROLINA PROPÔS A ELA UM DESAFIO: POR MEIO DE DOBRADURA, DECOMPOR 1 QUADRADO DE PAPEL EM 2 TRIÂNGULOS.

VEJA COMO CAROLINA RESOLVEU ESSE DESAFIO: ELA DOBROU O QUADRADO DE PAPEL AO MEIO. DEPOIS DESDOBROU.

AL STEFANO/ARQUIVO DA EDITORA

- AGORA É SUA VEZ! DESTAQUE OS QUADRADOS DO **MATERIAL COMPLEMENTAR**. FAÇA O QUE SE PEDE A SEGUIR. EM CADA ITEM, FAÇA UM TRAÇO SOBRE A LINHA DA DOBRA E COLE A FIGURA OBTIDA.

A) DECOMPONHA 1 QUADRADO EM 2 RETÂNGULOS.

B) DECOMPONHA 1 QUADRADO EM 4 TRIÂNGULOS.

C) DECOMPONHA 1 QUADRADO EM 4 QUADRADOS MENORES.

MAIS SEQUÊNCIA NUMÉRICA

AMANDA OBSERVOU QUE HÁ UM QUADRO NUMÉRICO DE 0 A 49 DESENHADO NA LOUSA. VEJA:

AL STEFANO/ ARQUIVO DA EDITORA

0	1	2	3	4	5	6	7	8	
10	11	12	13	14	15	16	17		19
20	21	22		24		26	27	28	29
		32	33	34			37	38	39
	41	42	43	44	45	46		48	

1 COMPLETE O QUADRO NUMÉRICO ACIMA COM OS NÚMEROS QUE ESTÃO FALTANDO.

2 OBSERVE O QUADRO E RESPONDA:

A) QUAIS SÃO OS NÚMEROS DA PRIMEIRA COLUNA? O QUE SE REPETE NA FORMAÇÃO DESSES NÚMEROS?

B) NA TERCEIRA LINHA, O QUE SE REPETE NA FORMAÇÃO DE TODOS OS NÚMEROS?

C) NA QUARTA LINHA, O QUE SE REPETE NA FORMAÇÃO DE TODOS OS NÚMEROS?

D) AMANDA QUER AUMENTAR 1 LINHA NESSE QUADRO. QUAIS NÚMEROS ELA DEVE ESCREVER NESSA LINHA?

3 CONSULTE O QUADRO NUMÉRICO DA PÁGINA ANTERIOR E COMPLETE AS FRASES.

A) O PRIMEIRO NÚMERO DA TERCEIRA LINHA É O: ▭

B) NA TERCEIRA LINHA, O NÚMERO QUE ESTÁ LOGO DEPOIS DO 27 E ANTES DO 29 É O: ▭

C) O MAIOR NÚMERO DO QUADRO NUMÉRICO É O: ▭

4 ESCREVA COMO SE LÊ CADA NÚMERO A SEGUIR.

0 – ______________________ 22 – ______________________

20 – ______________________ 37 – ______________________

13 – ______________________ 31 – ______________________

5 AGORA, JUNTE-SE A UM COLEGA PARA ESTE JOGO. O NOME DO JOGO É **QUAL É O NÚMERO?**.

- CADA JOGADOR, EM SEU LIVRO, VAI ESCREVER OS NÚMEROS QUE FALTAM NOS QUADROS NUMÉRICOS ABAIXO.

4	5	6
14		16
24	25	26

10	11	12
20		22
30		32

0	1	
	11	12
20		22

	15	16
24	25	
34		36

17	18	
		29
	38	39

24		26
	35	
	45	46

- AGORA, OS JOGADORES TROCAM OS LIVROS E VERIFICAM SE OS NÚMEROS ESCRITOS PELO COLEGA ESTÃO CORRETOS.
- GANHA O JOGO QUEM ACERTAR MAIS NÚMEROS.

IDEIAS DE COMPLETAR E DE COMPARAR

1 RUBENS E MILENA DESENHARAM ALGUMAS FLORES. VEJA ABAIXO OS DESENHOS.

DESENHO DE RUBENS

AL STEFANO/ARQUIVO DA EDITORA

DESENHO DE MILENA

A) QUANTAS FLORES RUBENS DESENHOU? ☐

B) QUANTAS FLORES MILENA DESENHOU? ☐

C) VAMOS COMPLETAR O DESENHO DE RUBENS? ELE DEVE FICAR COM A MESMA QUANTIDADE DE FLORES DE MILENA. FAÇA OS DESENHOS ACIMA.

D) QUANTAS FLORES VOCÊ DESENHOU? ☐

E) QUANTAS FLORES MILENA DESENHOU A MAIS DO QUE RUBENS? ☐

2 RICARDO QUER GUARDAR 15 LIVROS EM CADA PRATELEIRA. VEJA OS LIVROS QUE ELE JÁ ORGANIZOU.

AS IMAGENS DESTAS PÁGINAS NÃO ESTÃO REPRESENTADAS EM PROPORÇÃO.

ILUSTRAÇÕES: AL STEFANO/ARQUIVO DA EDITORA

A) HÁ QUANTOS LIVROS NA PRATELEIRA DA ESQUERDA? ☐

B) QUANTOS LIVROS RICARDO AINDA DEVE GUARDAR NESSA PRATELEIRA? ☐

C) HÁ QUANTOS LIVROS NA PRATELEIRA DA DIREITA? ☐

D) QUANTOS LIVROS RICARDO AINDA DEVE GUARDAR NESSA PRATELEIRA? ☐

3 CONTE OS OBJETOS EM CADA QUADRO. DEPOIS, ESCREVA QUANTOS OBJETOS HÁ A MAIS NO QUADRO DA ESQUERDA.

A)  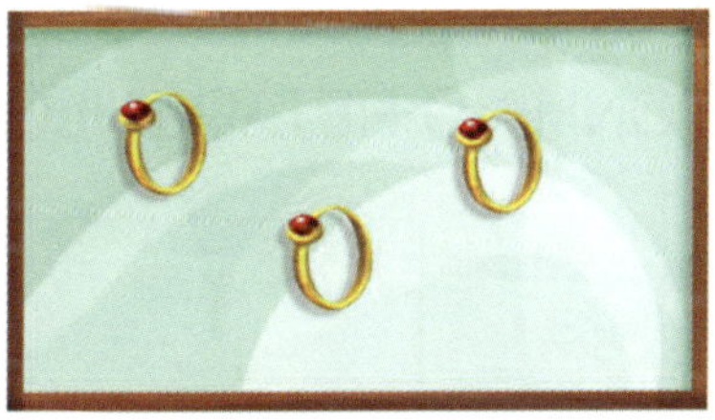 ☐

B) 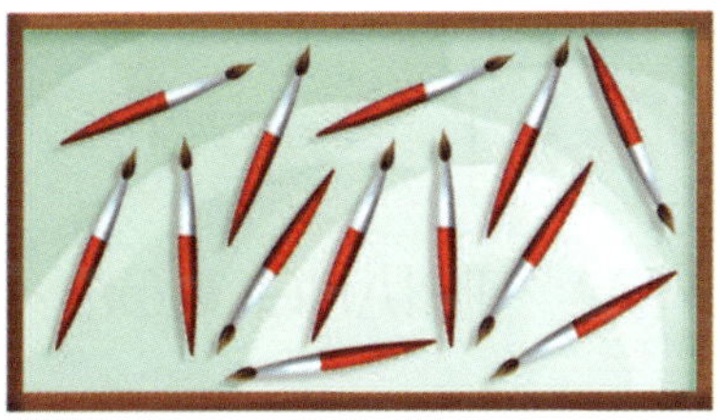  ☐

C)   ☐

ATIVIDADES DO CAPÍTULO

1. MARCOS E MATEUS MONTARAM CAMINHOS USANDO ALGUNS LÁPIS DE COR. TODOS OS LÁPIS TÊM O MESMO COMPRIMENTO.

MARCOS

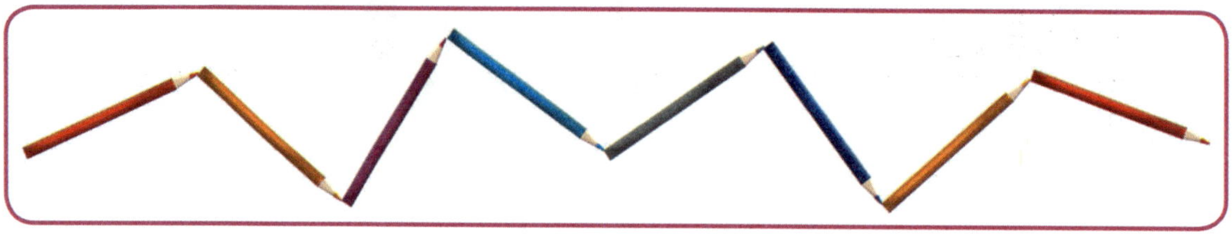

AL STEFANO/ARQUIVO DA EDITORA

MATEUS

A) QUEM CONSTRUIU O CAMINHO MAIS COMPRIDO? ______________

B) EXPLIQUE PARA UM COLEGA COMO VOCÊ DESCOBRIU QUAL É O CAMINHO MAIS COMPRIDO.

2. COM APENAS UM TRAÇO FAÇA O QUE SE PEDE.

A) DECOMPONHA O RETÂNGULO ABAIXO EM 2 TRIÂNGULOS.

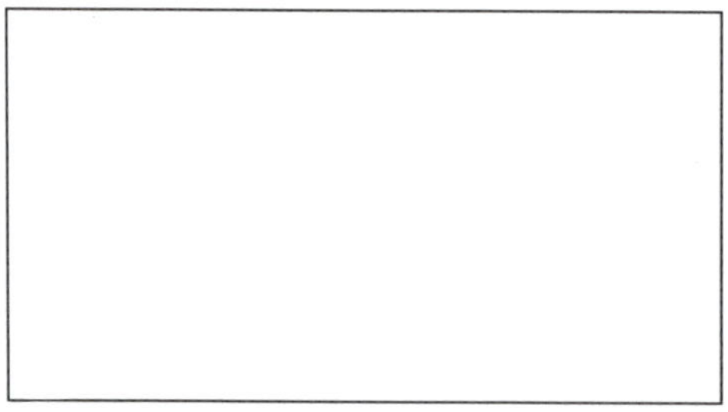

B) DECOMPONHA O TRIÂNGULO ABAIXO EM 2 TRIÂNGULOS.

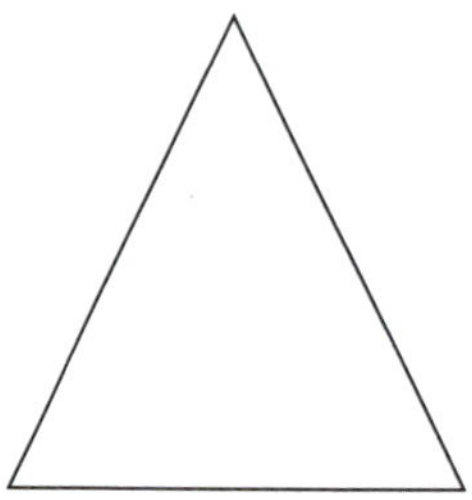

RESOLVENDO PROBLEMAS

RODRIGO COMPROU 20 PRODUTOS NA FEIRA.

1. CONTE A QUANTIDADE DE CADA PRODUTO E LIGUE-A AO NÚMERO CORRESPONDENTE. DEPOIS, DESENHE OS OVOS QUE ELE COMPROU.

AS IMAGENS DESTAS PÁGINAS NÃO ESTÃO REPRESENTADAS EM PROPORÇÃO.

TOMATE  7

CENOURA  5

BATATA 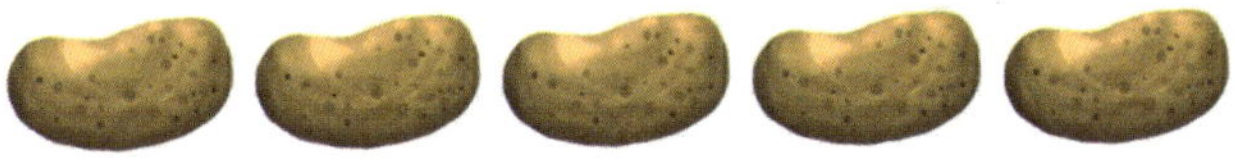 6

OVOS 2

ILUSTRAÇÕES: AL STEFANO/ARQUIVO DA EDITORA

2. EM SUA CASA, RODRIGO FEZ UMA SALADA E USOU 2 DOS TOMATES QUE COMPROU. QUANTOS TOMATES ELE GUARDOU NA GELADEIRA? COMPLETE:

ELE GUARDOU ☐ TOMATES NA GELADEIRA.

3. DEPOIS, RODRIGO RESOLVEU FAZER UM PURÊ DE BATATAS SEGUINDO A RECEITA AO LADO. MAS ELE TINHA SOMENTE 5 BATATAS. AJUDE-O A RESOLVER ESSE PROBLEMA.

PURÊ DE BATATAS

INGREDIENTES

- 10 BATATAS
- 1 XÍCARA DE LEITE
- 2 COLHERES (DE SOPA) DE MANTEIGA
- 2 PITADAS DE SAL

TRABALHANDO COM JOGOS

VARIAÇÃO DO JOGO DOS PONTINHOS

NÚMERO DE JOGADORES: 3

MATERIAL NECESSÁRIO

- 3 LÁPIS DE CORES DIFERENTES
- TABULEIRO DO **MATERIAL COMPLEMENTAR**

COMO JOGAR

- UM DOS JOGADORES DESTACA O TABULEIRO DO **MATERIAL COMPLEMENTAR**.
- CADA JOGADOR DEVE ESCOLHER UMA COR DIFERENTE DE LÁPIS.
- SIGAM AS MESMAS REGRAS DO **JOGO DOS PONTINHOS**.

ALÊ MATOS/ARQUIVO DA EDITORA

PENSANDO SOBRE O JOGO

1. FAÇA O **JOGO DOS PONTINHOS** COM 2 COLEGAS.

A) QUEM VENCEU O JOGO? ______________________

B) O VENCEDOR FEZ QUANTOS PONTOS? [ ]

C) O SEGUNDO COLOCADO FEZ QUANTOS PONTOS? [ ]

D) O SEGUNDO COLOCADO FEZ QUANTOS PONTOS A MENOS DO QUE O PRIMEIRO COLOCADO? [ ]

E) O TERCEIRO COLOCADO FEZ QUANTOS PONTOS? [ ]

F) QUANTOS PONTOS FALTARAM PARA O TERCEIRO COLOCADO EMPATAR COM O SEGUNDO COLOCADO? [ ]

2. ANDRÉ, DANILO E MARCELA JOGARAM UMA PARTIDA DE **JOGO DOS PONTINHOS**. OBSERVE ABAIXO OS PONTOS DE CADA UM.

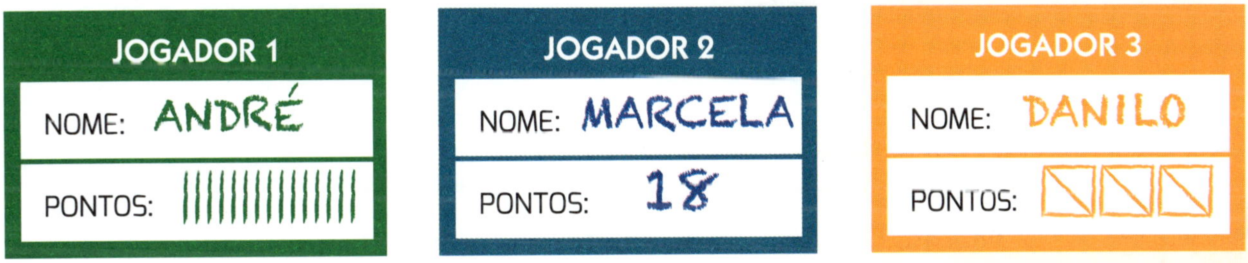

A) QUANTOS PONTOS ANDRÉ FEZ? [ ]

B) QUANTOS PONTOS DANILO FEZ? [ ]

C) QUEM VENCEU O JOGO? ______________________

D) QUAL É A DIFERENÇA DE PONTUAÇÃO ENTRE ANDRÉ E MARCELA?

E) QUAL É A DIFERENÇA DE PONTUAÇÃO ENTRE ANDRÉ E DANILO?

LER E ENTENDER

POEMAS SÃO TEXTOS QUE PODEM TER RIMAS. AS RIMAS SÃO FORMADAS POR PALAVRAS COM SONS QUE SE REPETEM E DÃO RITMO À LEITURA.

ACOMPANHE A LEITURA DO POEMA ABAIXO E DESCUBRA O PROBLEMA QUE ELE TRAZ.

COMIDA DE GATO

TINY BUNNY/SHUTTERSTOCK/ GLOW IMAGES

O TEO TEM UM GATO
QUE SE CHAMA CISSANINHO.
O MENINO COLOCOU EM SEU PRATO
8 CENOURAS E 1 PEIXINHO.
CISSANO COMEU METADE DAS CENOURAS E O PEIXE INTEIRINHO.
VOCÊ SABE QUANTO SOBROU EM SEU PRATINHO?

POEMAS PROBLEMAS, DE RENATA BUENO. SÃO PAULO: EDITORA DO BRASIL, 2012. P. 12-13.

ANALISE

1. QUAL É O TÍTULO DESSE POEMA? ________________

2. QUAL É O NOME DA AUTORA DESSE POEMA? ________________

3. VAMOS RESOLVER O PROBLEMA DESSE POEMA?

A) DESENHE AO LADO OS ALIMENTOS QUE TEO COLOCOU NO PRATO DE SEU GATO.

B) AGORA, RISQUE OS ALIMENTOS QUE O GATO COMEU.

C) O QUE SOBROU NO PRATO?

____

4. COMPLETE AS FRASES ABAIXO COM AS RIMAS DO POEMA.

A) GATO RIMA COM ______________________________.

B) CISSANINHO RIMA COM ______________________________.

RELACIONE

5. AGORA É A SUA VEZ DE CRIAR RIMAS! USE A CRIATIVIDADE E COMPLETE AS FRASES ABAIXO.

A) DOIS RIMA COM: ______________________________

B) TRÊS RIMA COM: ______________________________

6. ACOMPANHE A LEITURA DA PARLENDA A SEGUIR.

UM, ATUM.
DOIS, BOIS.
TRÊS, INÊS.
QUATRO, PATO.
CINCO, BRINCO.
SEIS, ANÉIS.
SETE, FILETE.
OITO, BISCOITO.
NOVE, CHOVE.
DEZ, LAVA OS PÉS.

ALÊ MATOS/ARQUIVO DA EDITORA

DISPONÍVEL EM: <WWW.ANGELFIRE.COM/805/TRAQUINAS/LINKS/LENGALENGAS.HTM>. ACESSO EM: 31 OUT. 2015.

A) JUNTE-SE COM ALGUNS COLEGAS E CRIEM UMA NOVA PARLENDA. MANTENHAM OS NÚMEROS DE 1 A 10 E TROQUEM AS OUTRAS PALAVRAS.

B) RECITEM PARA A TURMA A PARLENDA QUE CRIARAM.

O QUE APRENDI?

OBSERVE NOVAMENTE O QUADRO **O MAMOEIRO**, NA ABERTURA DESTA UNIDADE.

IMAGEM CEDIDA POR TARSILA EDUCAÇÃO/<WWW.TARSILADOAMARAL.COM.BR>/
COLEÇÃO DO INSTITUTO DE ESTUDOS BRASILEIROS DA USP, SÃO PAULO, SP.

O MAMOEIRO, DE TARSILA DO AMARAL, 1925. ÓLEO SOBRE TELA. 65 cm × 70 cm. COLEÇÃO DE ARTES VISUAIS DO INSTITUTO DE ESTUDOS BRASILEIROS DA UNIVERSIDADE DE SÃO PAULO (USP).

1. RESPONDA.

A) AS JANELAS E AS PORTAS DAS CASAS LEMBRAM QUAL FIGURA GEOMÉTRICA?

____

B) HÁ ELEMENTOS QUE LEMBRAM OUTRAS FIGURAS GEOMÉTRICAS? QUAIS?

____

C) QUANTAS PESSOAS PARECEM ESTAR CAMINHANDO? [ ]

D) QUANTAS PESSOAS PARECEM ESTAR PARADAS? [ ]

E) QUANTAS PESSOAS HÁ AO TODO NESSE QUADRO? [ ]

F) QUANTOS MAMÕES HÁ NO MAMOEIRO? [ ]

G) HÁ MAIS PESSOAS OU MAMÕES NO QUADRO? ________________

H) IMAGINE QUE CADA PESSOA DESSE QUADRO VÁ COLHER 1 MAMÃO. QUANTOS MAMÕES RESTARÃO NO MAMOEIRO? [ ]

2. QUAL DAS FRUTAS VOCÊ ACHA QUE É MAIS PESADA: MAMÃO OU MELANCIA? ________________

3. VAMOS FAZER UMA PESQUISA COM OS COLEGAS!

A) PERGUNTE QUAL DAS FRUTAS ABAIXO ELES PREFEREM E ANOTE NA TABELA.

FRUTA PREFERIDA DOS ALUNOS DA TURMA

FRUTA	QUANTIDADE DE ALUNOS
MAMÃO	
MELANCIA	
ABACAXI	

TABELA ELABORADA PARA FINS DIDÁTICOS.

B) AGORA, COMPLETE O GRÁFICO ABAIXO. PINTE 1 QUADRADINHO PARA CADA VOTO QUE A FRUTA TEVE.

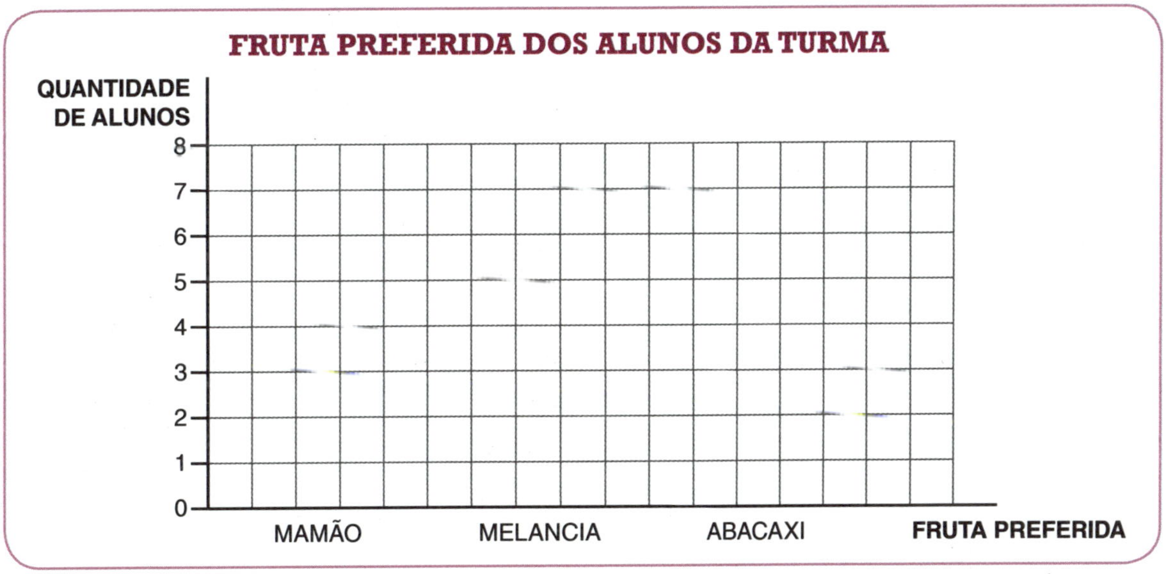

GRÁFICO ELABORADO PARA FINS DIDÁTICOS.

MINHA COLEÇÃO DE PALAVRAS

ESCREVA ABAIXO ALGUMAS PALAVRAS QUE VOCÊ APRENDEU NESTA UNIDADE.

UNIDADE 3

TRILHANDO NOVOS CAMINHOS

GIZ DE CERA/ARQUIVO DA EDITORA

- O QUE ESTA IMAGEM ESTÁ RETRATANDO?
- VOCÊ JÁ BRINCOU DE PESCARIA? CONVERSE COM UM COLEGA SOBRE ESSA BRINCADEIRA.

CAPÍTULO 7

VAMOS PREPARAR UMA FESTA

MULTIPLICAÇÃO E DIVISÃO

SÁBADO FOI ANIVERSÁRIO DE CAMILO. PARA AJUDAR NA PREPARAÇÃO DE SUA FESTA ELE FEZ O BRIGADEIRO.

VEJA A RECEITA QUE ELE USOU:

AS IMAGENS DESTAS PÁGINAS NÃO ESTÃO REPRESENTADAS EM PROPORÇÃO.

BRIGADEIRO SEM FOGÃO

INGREDIENTES

- 1 LATA OU CAIXINHA DE LEITE CONDENSADO
- 4 COLHERES (DE SOPA) DE CHOCOLATE EM PÓ
- 1 XÍCARA E MEIA DE LEITE EM PÓ (SEM PREPARAR, SÓ O PÓ)
- MANTEIGA OU MARGARINA PARA UNTAR AS MÃOS
- CHOCOLATE GRANULADO PARA ENFEITAR

MODO DE PREPARO

- COLOQUE EM UMA TIGELA O LEITE CONDENSADO, O LEITE EM PÓ E O CHOCOLATE EM PÓ. MEXA COM UMA COLHER DE PAU ATÉ FORMAR UMA MASSA POR IGUAL.
- DEIXE A MASSA NA GELADEIRA POR 1 HORA.
- EM SEGUIDA, UNTE AS MÃOS E ENROLE OS BRIGADEIROS NO TAMANHO QUE ACHAR MELHOR. DEPOIS, PASSE-OS NO CHOCOLATE GRANULADO.

RENDIMENTO

APROXIMADAMENTE 30 BRIGADEIROS.

RECEITA POPULAR.

ILUSTRAÇÕES: EDDE/ARQUIVO DA EDITORA

1 PARA FAZER 1 RECEITA DE BRIGADEIRO, CAMILO USOU 4 COLHERES (DE SOPA) DE CHOCOLATE EM PÓ. DESENHE AO LADO QUANTAS COLHERES (DE SOPA) DE CHOCOLATE EM PÓ ELE USARIA PARA FAZER 2 RECEITAS.

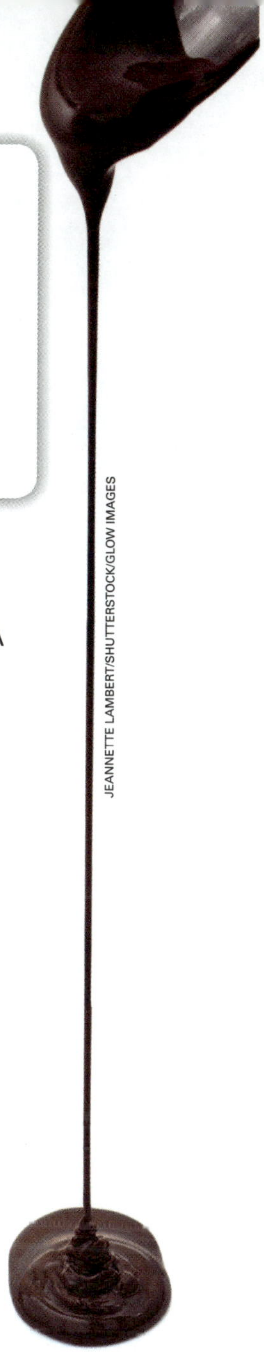

JEANNETTE LAMBERT/SHUTTERSTOCK/GLOW IMAGES

2 CAMILO DISTRIBUIU 30 BRIGADEIROS EM 2 BANDEJAS. ELE COLOCOU A MESMA QUANTIDADE DE BRIGADEIROS EM CADA BANDEJA. DESENHE ABAIXO QUANTOS BRIGADEIROS ELE COLOCOU EM CADA UMA DELAS.

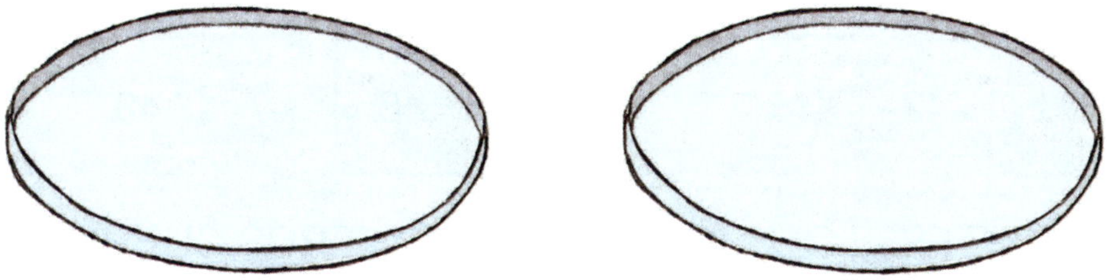

ILUSTRAÇÕES: EDDE/ ARQUIVO DA EDITORA

3 NA FESTA DE CAMILO HAVIA 15 PESSOAS E 30 BRIGADEIROS. TODAS AS PESSOAS COMERAM A MESMA QUANTIDADE DE BRIGADEIROS.

A) QUANTOS BRIGADEIROS CADA PESSOA COMEU?

B) EXPLIQUE PARA OS COLEGAS COMO VOCÊ CHEGOU À RESPOSTA.

4 NO DIA SEGUINTE, CAMILO FEZ MAIS ALGUNS BRIGADEIROS PARA DAR AOS AMIGOS QUE NÃO PUDERAM IR À FESTA. VEJA ABAIXO OS BRIGADEIROS QUE ELE VAI DISTRIBUIR.

CAMILO VAI COLOCAR 3 BRIGADEIROS EM CADA CAIXINHA. ELE VAI DAR 1 CAIXINHA A CADA AMIGO. QUANTOS AMIGOS ELE PODE PRESENTEAR?

RECONHECIMENTO DE NÚMEROS

1 VEJA ABAIXO PARTE DO QUADRO NUMÉRICO DE 0 A 49.

0	1	2	3		5	6	7	8	9
10	11	12	13		15	16	17	18	19
20	21	22	23		25	26	27	28	29
30	31	32	33		35	36	37	38	39
40	41	42	43		45	46	47	48	49

A) COMPLETE ESSE QUADRO COM OS NÚMEROS QUE FALTAM.

B) PINTE DE **VERDE** O NÚMERO MAIOR DO QUE 10 E MENOR DO QUE 12.

C) PINTE DE **AZUL** O MAIOR NÚMERO DESSE QUADRO NUMÉRICO.

D) AGORA, RESPONDA: DEPOIS DO MAIOR NÚMERO DESSE QUADRO, QUAL É O PRÓXIMO NÚMERO? ______

2 ESCREVA POR EXTENSO OS NÚMEROS DESSE QUADRO QUE TERMINAM EM 4.

______

______

______

______

______

3 O PROFESSOR VAI FAZER UM DITADO DE NÚMEROS.

A) JUNTE-SE A UM COLEGA E REGISTREM ABAIXO UM NÚMERO EM CADA QUADRO.

CRISTOVAO/SHUTTERSTOCK/GLOW IMAGES

B) AGORA, ESCREVAM ABAIXO ESSES NÚMEROS, DO MENOR PARA O MAIOR.

RECORTANDO EMBALAGENS

CAMILO DESMONTOU UMA CAIXA DE PRESENTE. VEJA:

ILUSTRAÇÕES: EDDE/ARQUIVO DA EDITORA

1 TRAGA DE CASA UMA CAIXA DE PAPELÃO PEQUENA, QUE POSSA SER DESMONTADA. VOCÊ PODE TRAZER UMA CAIXA DE PALITOS DE DENTES, POR EXEMPLO.

A) DESMONTE A CAIXA E RECORTE AS PARTES PELAS DOBRAS. NENHUMA PARTE DA CAIXA DEVE FICAR EMENDADA EM OUTRA PARTE. DEPOIS, CONTORNE NO ESPAÇO ABAIXO AS PARTES DA CAIXA.

B) QUAIS FIGURAS GEOMÉTRICAS VOCÊ ENCONTROU NOS CONTORNOS QUE VOCÊ DESENHOU?

2 VEJA AO LADO A CAIXA QUE VÍTOR LEVOU PARA A SALA DE AULA. A FORMA DESSA CAIXA LEMBRA UM **CUBO**. NO DESENHO VOCÊ CONSEGUE VER 3 FACES DO CUBO. QUAL É O NOME DA FIGURA GEOMÉTRICA QUE CADA FACE LEMBRA?

____

ILUSTRAÇÕES: EDDE/ARQUIVO DA EDITORA

3 CRISTIANE LEVOU UMA CAIXINHA DE SABONETE. VEJA:

A FORMA DESSA CAIXA LEMBRA UM **PARALELEPÍPEDO**.
NO DESENHO VOCÊ CONSEGUE VER 3 FACES DO PARALELEPÍPEDO. QUAL É O NOME DA FIGURA GEOMÉTRICA QUE CADA FACE LEMBRA?

____

4 MODELE UM CUBO E UM PARALELEPÍPEDO COM MASSINHA OU ARGILA.

ATIVIDADES DO CAPÍTULO

1. AS PALAVRAS ABAIXO REPRESENTAM **UNIDADES DE MEDIDA**. CONTORNE AS UNIDADES DE MEDIDA QUE APARECEM NA RECEITA **BRIGADEIRO SEM FOGÃO**.

XÍCARA	PASSOS	COLHER
HORAS	METRO	MINUTOS

2. MARQUE UM **X** NOS NÚMEROS ABAIXO QUE SÃO MAIORES DO QUE 20 E MENORES DO QUE 50.

24	12	2	54	31	49
19	39	25	30	37	16
21	8	48	20	58	40

3. OBSERVE AS FIGURAS GEOMÉTRICAS ABAIXO. CONTORNE OS CUBOS.

4. OBSERVE O TABULEIRO AO LADO.

A) COMPLETE OS ESPAÇOS EM BRANCO DESSE TABULEIRO COM AS FIGURAS GEOMÉTRICAS ADEQUADAS.

B) EXPLIQUE PARA ALGUNS COLEGAS POR QUE VOCÊ FEZ ESSAS ESCOLHAS.

RESOLVENDO PROBLEMAS

AS IMAGENS DESTA PÁGINA NÃO ESTÃO REPRESENTADAS EM PROPORÇÃO.

ILUSTRAÇÕES: EDDE/ARQUIVO DA EDITORA

1. CADA CAIXA DE SUCO COMO ESTA AO LADO SERVE 4 COPOS CHEIOS.
QUANTAS CAIXAS DE SUCO SÃO NECESSÁRIAS PARA SERVIR 12 COPOS? ☐

2. UMA TORNEIRA DA CASA DE CAMILO COMEÇOU A PINGAR. O ENCANADOR FOI CHAMADO E DISSE QUE CHEGARIA EM 1 HORA.

A) QUAL DOS RECIPIENTES ABAIXO É O MAIS ADEQUADO PARA GUARDAR A ÁGUA QUE ESTÁ CAINDO ATÉ QUE O ENCANADOR CHEGUE? CONTORNE ESSE RECIPIENTE.

B) EXPLIQUE PARA ALGUNS COLEGAS O PORQUÊ DE SUA ESCOLHA.

3. TROQUE IDEIAS COM A TURMA E RESPONDA ÀS PERGUNTAS:

A) POR QUE É PRECISO CONSERTAR RAPIDAMENTE UMA TORNEIRA QUE ESTÁ PINGANDO?

B) COMO CAMILO PODE UTILIZAR A ÁGUA DA TORNEIRA QUE ESTAVA PINGANDO?

TRABALHANDO COM JOGOS

TRILHA

ALÊ MATTOS/ARQUIVO DA EDITORA

NÚMERO DE JOGADORES: 2 OU MAIS

VOCÊ JÁ BRINCOU COM ALGUM JOGO DE TRILHA?

OBSERVE O TABULEIRO ABAIXO E CONVERSE COM OS COLEGAS E O PROFESSOR SOBRE COMO SE JOGA **TRILHA**.

PABLO MAYER/ARQUIVO DA EDITORA

ILUSTRAÇÕES: ALÊ MATTOS/ ARQUIVO DA EDITORA

AGORA, MONTEM UM TABULEIRO PARA JOGAR.

- UM DOS JOGADORES DESTACA OS CARTÕES DO **MATERIAL COMPLEMENTAR**.
- CRIEM 8 MENSAGENS PARA AVANÇAR E RETORNAR CASAS, JOGAR NOVAMENTE OS DADOS OU PASSAR A VEZ.
- ESCREVAM OU DESENHEM AS MENSAGENS NOS CARTÕES.
- FAÇAM NA CARTOLINA UMA TRILHA COM 40 CASAS GRANDES. NUMEREM AS CASAS DE 1 A 40.
- ESCREVAM **PARTIDA** NO INÍCIO DA TRILHA E **CHEGADA** NO FINAL.
- ESCOLHAM 8 CASAS DA TRILHA E COLEM OS CARTÕES NELAS.
- CADA JOGADOR DEVE TER SEU PEÃO OU MARCADOR.

MATERIAL NECESSÁRIO

- 8 CARTÕES QUADRADOS DO **MATERIAL COMPLEMENTAR**
- 1 CARTOLINA OU FOLHAS DE PAPEL
- COLA
- LÁPIS COLORIDOS
- 2 DADOS DE PONTOS
- PEÕES OU MARCADORES

COMO JOGAR

- O PRIMEIRO JOGADOR LANÇA OS 2 DADOS. ENTÃO, JUNTA OS PONTOS OBTIDOS E ANDA A QUANTIDADE DE CASAS CORRESPONDENTE.
- O PRÓXIMO JOGADOR FAZ A MESMA COISA.
- VENCE QUEM CHEGAR PRIMEIRO AO FINAL DA TRILHA, OU SEJA, À CASA **CHEGADA**.

PENSANDO SOBRE O JOGO

1. UM JOGADOR ESTÁ NA **CASA 1** DA TRILHA DA PÁGINA AO LADO. QUANTOS PONTOS ELE PRECISA TIRAR EM CADA DADO PARA CAIR NA PRIMEIRA CASA QUE TEM MENSAGEM? ☐ E ☐

2. E NA SUA TRILHA, QUANTOS PONTOS O JOGADOR PRECISA TIRAR EM CADA DADO PARA CAIR NA PRIMEIRA CASA QUE TEM MENSAGEM?

☐ E ☐

CAPÍTULO 8

INVESTIGANDO A TRILHA

ADIÇÃO E SUBTRAÇÃO

NO JOGO **TRILHA** USAMOS 2 DADOS E JUNTAMOS OS PONTOS PARA SABER QUANTAS CASAS ANDAR. OU SEJA, **ADICIONAMOS** OS PONTOS DOS DADOS PARA SABER QUANTAS CASAS ANDAR.

ILUSTRAÇÕES: CAMILA DE GODOY/ARQUIVO DA EDITORA

1 IMAGINE QUE VOCÊ ESTÁ JOGANDO COM OS DADOS ABAIXO. OBSERVE OS DADOS E ESCREVA O TOTAL DE PONTOS OBTIDOS EM CADA JOGADA.

AS IMAGENS DESTAS PÁGINAS NÃO ESTÃO REPRESENTADAS EM PROPORÇÃO.

A) 

D) 

B) 

E) 

C) 

F) 

2 AGORA, IMAGINE QUE SEU MARCADOR ESTÁ NA CASA 30 DE UM TABULEIRO COM 40 CASAS. AO LANÇAR OS DADOS, VOCÊ CONSEGUE OS PONTOS INDICADOS AO LADO.

A) EM QUAL CASA VOCÊ VAI COLOCAR SEU MARCADOR?

B) QUANTAS CASAS VÃO FALTAR ATÉ A **CHEGADA**?

3 SE EM UMA PARTIDA DE **TRILHA** QUERO CHEGAR À CASA 20 E:

A) ESTOU NA CASA 16, ENTÃO FALTAM ☐ CASAS.

B) ESTOU NA CASA 14, ENTÃO FALTAM ☐ CASAS.

C) ESTOU NA CASA 10, ENTÃO FALTAM ☐ CASAS.

4 COMPLETE OS DADOS ABAIXO COM OS PONTOS QUE FALTAM PARA CHEGAR AO TOTAL INDICADO.

A)

3

D)

8

B)

7

E)

5

C)

10

F)

11

ILUSTRAÇÕES: CAMILA DE GODOY/ ARQUIVO DA EDITORA

GRÁFICO DE COLUNAS

OBSERVE O GRÁFICO A SEGUIR.

CAMILA DE GODOY/ ARQUIVO DA EDITORA

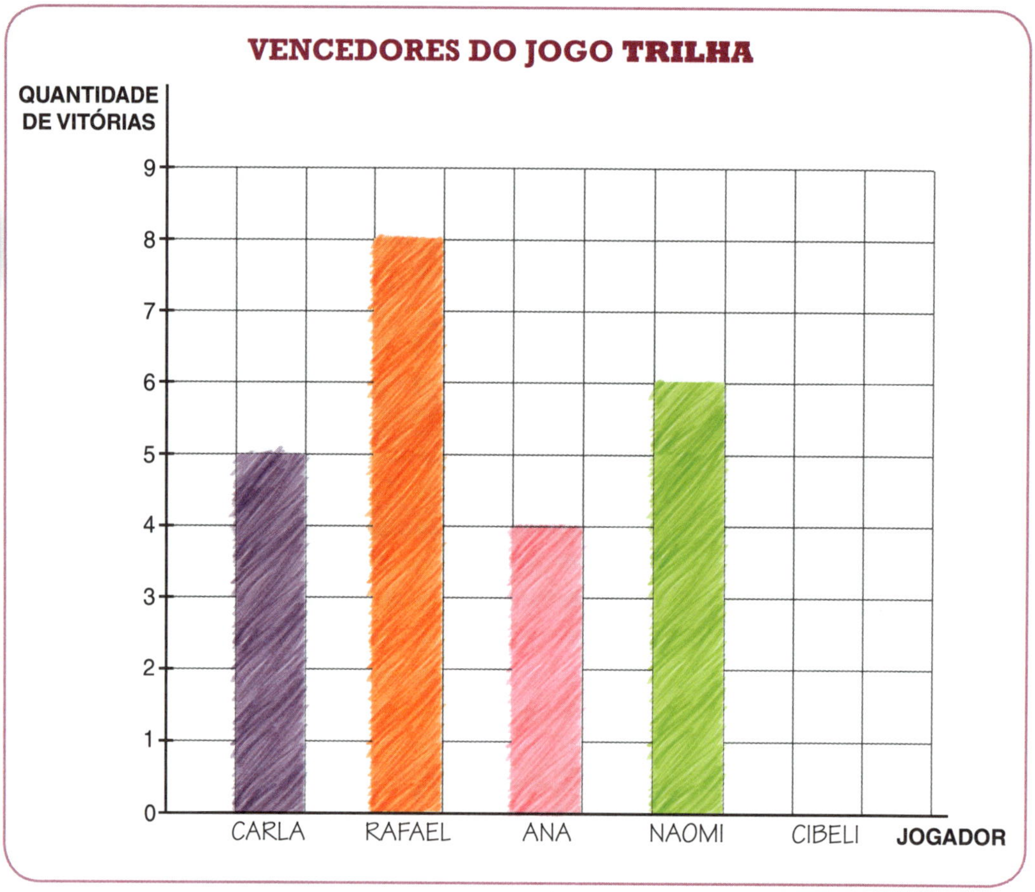

GRÁFICO ELABORADO PARA FINS DIDÁTICOS.

1 QUAL É O TÍTULO DESSE GRÁFICO?

____

2 QUAIS JOGADORES ESTÃO REPRESENTADOS NESSE GRÁFICO?

____

3 QUAL JOGADOR TEVE MAIS VITÓRIAS?

____

4 QUAL JOGADOR NÃO TEVE VITÓRIAS NESSAS PARTIDAS?

____

5 ESCREVA ABAIXO O NÚMERO DE VITÓRIAS DE CADA JOGADOR.

CARLA: ______ ANA: ______ CIBELI: ______

RAFAEL: ______ NAOMI: ______

6 OBSERVE A QUANTIDADE DE VITÓRIAS DE NAOMI E DE CARLA.

A) QUEM TEVE MAIS VITÓRIAS: NAOMI OU CARLA? ______

B) ELA TEVE QUANTAS VITÓRIAS A MAIS? ______

7 NA TABELA AO LADO ESTÃO INDICADAS AS VITÓRIAS DOS JOGADORES DE OUTRO GRUPO.

A) PINTE O GRÁFICO ABAIXO DE ACORDO COM OS DADOS DESSA TABELA.

VENCEDORES DO JOGO TRILHA

JOGADOR	QUANTIDADE DE VITÓRIAS
ANDRÉ	3
PAULA	4
BIANCA	1

TABELA ELABORADA PARA FINS DIDÁTICOS.

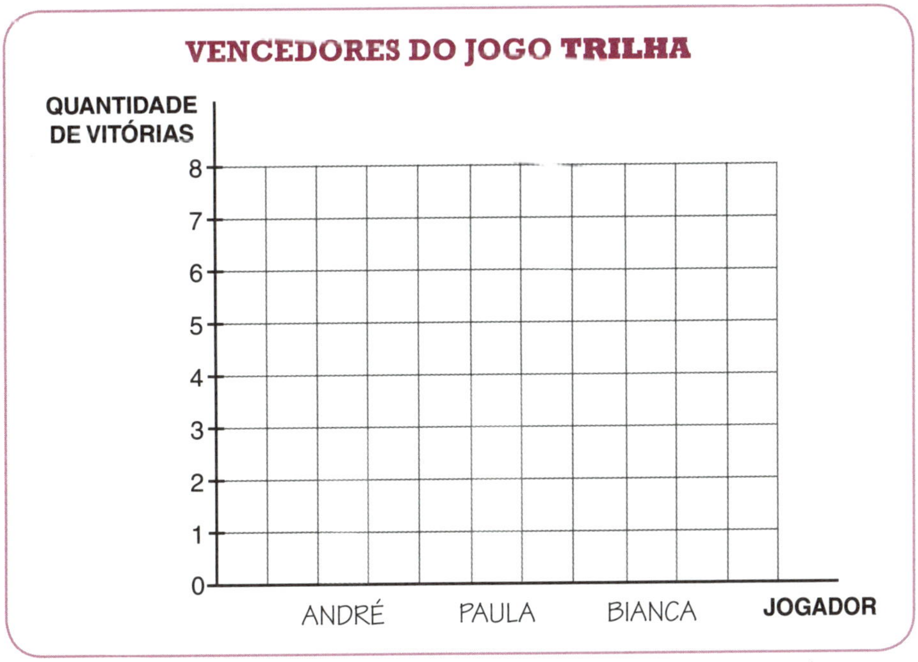

GRÁFICO ELABORADO PARA FINS DIDÁTICOS.

B) QUEM VENCEU MAIS VEZES? ______

DINHEIRO EM MOEDAS

OBSERVE A IMAGEM DAS MOEDAS EXISTENTES NO BRASIL.

CAMILA DE GODOY/ARQUIVO DA EDITORA

REPRODUÇÃO/CASA DA MOEDA DO BRASIL/MINISTÉRIO DA FAZENDA

AS IMAGENS DESTAS PÁGINAS NÃO ESTÃO REPRESENTADAS EM PROPORÇÃO.

1 QUAL É O NOME DO DINHEIRO UTILIZADO NO BRASIL?

____

2 QUAL DESSAS MOEDAS TEM O MENOR VALOR?

____

3 QUAL DESSAS MOEDAS TEM O MAIOR VALOR?

____

4 QUAIS MOEDAS TÊM 2 MODELOS DIFERENTES?

____

5 10 MOEDAS DE 1 CENTAVO TÊM VALOR IGUAL AO DE QUAL MOEDA? ______________________________

6 QUANTAS MOEDAS DE 1 CENTAVO TÊM VALOR IGUAL AO DA MOEDA DE 5 CENTAVOS? ______________________________

7 MARIA TEM AS MOEDAS DE 1 REAL AO LADO.

REPRODUÇÃO/CASA DA MOEDA DO BRASIL/ MINISTÉRIO DA FAZENDA

A) COMPLETE: MARIA TEM ☐ REAIS.

B) QUAIS DOS CHAVEIROS ABAIXO MARIA PODE COMPRAR COM ESSE DINHEIRO? MARQUE UM **X** NOS QUADRINHOS CORRESPONDENTES.

ILUSTRAÇÕES: CAMILA DE GODOY/ ARQUIVO DA EDITORA

C) MARIA QUER COMPRAR 2 DOS CHAVEIROS ACIMA. QUAIS CHAVEIROS ELA PODE ESCOLHER?

____

ATIVIDADES DO CAPÍTULO

1. SAMARA E ROBERTO ESTÃO JOGANDO **TRILHA** EM UM TABULEIRO COM 40 CASAS.

A) SAMARA ESTAVA NA CASA 19. ELA TIROU 2 E 3 PONTOS NOS DADOS. PARA QUAL CASA ELA DEVE IR?

B) QUANDO SAMARA CHEGOU À CASA 31, ELA TEVE DE VOLTAR 3 CASAS. PARA QUAL CASA ELA FOI?

C) ROBERTO JÁ ESTÁ NA CASA 29. DESENHE NOS DADOS AO LADO OS PONTOS QUE ELE PRECISA OBTER PARA VENCER.

CAMILA DE GODOY/ARQUIVO DA EDITORA

2. LIGUE CADA MOEDA ABAIXO A SEU VALOR.

AS IMAGENS DESTAS PÁGINAS NÃO ESTÃO REPRESENTADAS EM PROPORÇÃO.

REPRODUÇÃO/CASA DA MOEDA DO BRASIL/MINISTÉRIO DA FAZENDA

1 CENTAVO

5 CENTAVOS

10 CENTAVOS

25 CENTAVOS

50 CENTAVOS

1 REAL

RESOLVENDO PROBLEMAS

COFRE: LJUPCO SMOKOVSKI/SHUTTERSTOCK/GLOW IMAGES
MOEDA: REPRODUÇÃO/CASA DA MOEDA DO BRASIL/
MINISTÉRIO DA FAZENDA

1. TALITA TEM 10 MOEDAS DE 1 REAL EM SEU COFRE. ELA GANHOU MAIS 5 MOEDAS DE 1 REAL.

A) DESENHE ABAIXO AS MOEDAS QUE ELA TEM AGORA.

B) COMPLETE: TALITA TEM ____ REAIS.

CAMILA DE GODOY/ARQUIVO DA EDITORA

2. TALITA E SUA MÃE ESTAVAM JOGANDO **TRILHA**.

A) TALITA LANÇOU OS 2 DADOS AO LADO E ANDOU 4 CASAS. DESENHE OS PONTOS DO OUTRO DADO.

B) A MÃE DE TALITA LANÇOU OS DADOS E ANDOU 7 CASAS. TROQUE IDEIAS COM UM COLEGA E RESPONDAM: QUANTOS PONTOS ELA PODE TER OBTIDO NOS DADOS?

TRABALHANDO COM JOGOS

VOLTANDO NA TRILHA

NÚMERO DE JOGADORES: 2 OU MAIS

MATERIAL NECESSÁRIO

- TABULEIRO DO JOGO **TRILHA**
- 2 DADOS DE PONTOS
- PEÕES OU MARCADORES

COMO JOGAR

- JUNTE-SE AOS COLEGAS COM QUEM VOCÊ JOGOU **TRILHA**.
- PEGUEM A TRILHA QUE VOCÊS PRODUZIRAM, OS DADOS E OS PEÕES OU MARCADORES.
- AGORA VOCÊS VÃO JOGAR ANDANDO DE TRÁS PARA A FRENTE. OU SEJA, O COMEÇO DA TRILHA SERÁ A **CHEGADA** DO TABULEIRO, E O FINAL DA TRILHA SERÁ A CASA 1.
- VENCE QUEM CHEGAR PRIMEIRO À CASA **PARTIDA**.

ILUSTRAÇÕES: ALÊ MATTOS/ARQUIVO DA EDITORA

PENSANDO SOBRE O JOGO

1. OBSERVE O TABULEIRO E OS DADOS AO LADO.

A) PARA QUAL CASA DEVE IR O MARCADOR VERMELHO AO ANDAR OS PONTOS DOS DADOS? ☐

B) AO FINAL DESSA JOGADA, O MARCADOR DEVE RETORNAR 2 CASAS. PARA QUAL CASA ELE DEVE IR? ☐

C) UM JOGADOR ESTÁ COM O MARCADOR NA CASA 12. QUANTOS PONTOS ELE DEVE TIRAR EM CADA DADO PARA CHEGAR À CASA 6? DESENHE OS PONTOS NOS DADOS AO LADO.

2. VEJA AO LADO UM MOMENTO DA PARTIDA DE PLÍNIO E CECÍLIA. O **P** INDICA A POSIÇÃO DO MARCADOR DE PLÍNIO. O **C** INDICA A POSIÇÃO DO MARCADOR DE CECÍLIA.

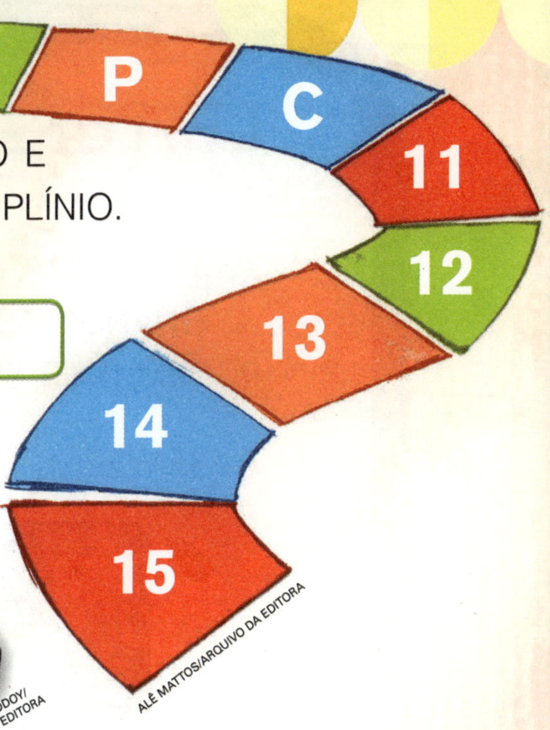

ALÊ MATTOS/ARQUIVO DA EDITORA

A) EM QUAL CASA ESTÁ O MARCADOR DE CECÍLIA?

B) EM QUAL CASA ESTÁ O MARCADOR DE PLÍNIO?

C) PLÍNIO VENCEU O JOGO NA RODADA SEGUINTE. DESENHE NOS DADOS AO LADO OS PONTOS QUE ELE TIROU.

CAMILA DE GODOY/ ARQUIVO DA EDITORA

3. JULIANA E CARLA ESTÃO JOGANDO **TRILHA** DE TRÁS PARA A FRENTE. JULIANA ESTÁ NA CASA 23, E CARLA ESTÁ NA CASA 32. QUEM ESTÁ MAIS PRÓXIMA DE VENCER O JOGO?

____

4. COMPLETE AS TRILHAS ABAIXO COM OS NÚMEROS QUE ESTÃO FALTANDO.

A) 7 6 5 4 3 2 ___

B) 12 13 ___ ___ 16 17 18

C) 37 ___ 35 34 33 ___ 31

LEITURA DE IMAGEM

ACROBACIA

QUANDO AS PESSOAS DE UM GRUPO TÊM O MESMO OBJETIVO, PODEM UNIR SEUS ESFORÇOS PARA ALCANÇAR UM BOM RESULTADO.

OBSERVE

NELIA SAPRONOVA/SHUTTERSTOCK/GLOW IMAGES

ESPETÁCULO DE ACROBACIA NO TEATRO CHAOYANG, EM PEQUIM, CAPITAL DA CHINA. FOTO DE 2012.

1. CONVERSE COM ALGUNS COLEGAS.

A) O QUE AS PESSOAS DA FOTOGRAFIA ESTÃO FAZENDO?

B) DE QUE VOCÊS MAIS GOSTARAM NESSA IMAGEM?

ANALISE

2. QUANTOS ARTISTAS FORMAM A ACROBACIA APRESENTADA NA FOTOGRAFIA? [ ]

3. IMAGINE QUE OS ARTISTAS SEJAM PEÇAS DE UM QUEBRA-CABEÇA. SE UMA DELAS FOR RETIRADA, ENTÃO COMO FICARÁ A FIGURA? DESENHE ABAIXO PARA MOSTRAR.

4. ALGUM ACROBATA TEM RESPONSABILIDADE MENOR DO QUE OUTRO NA REALIZAÇÃO DESSE ESPETÁCULO?

RELACIONE

5. VOCÊ COSTUMA COLABORAR COM AS PESSOAS NAS TAREFAS DIÁRIAS? DÊ UM EXEMPLO PARA CADA SITUAÇÃO A SEGUIR.

A) ATITUDE DE COLABORAÇÃO NA ESCOLA.

B) ATITUDE DE COLABORAÇÃO EM CASA.

CAPÍTULO 9

SIMETRIA, DOBRADURA E NÚMEROS

SIMETRIA

OBSERVE ABAIXO O DESENHO QUE EUNICE FEZ. ESTÁ FALTANDO UMA PARTE DESSE DESENHO.

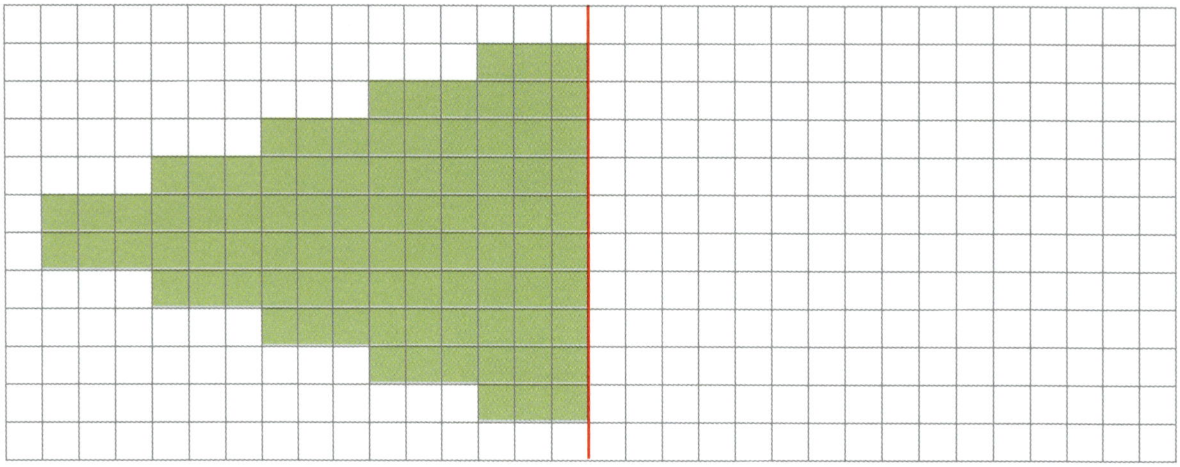

EDDE/ARQUIVO DA EDITORA

1 COMPLETE CADA FIGURA A SEGUIR PARA QUE FIQUE SIMÉTRICA AO TRAÇO VERMELHO.

A) 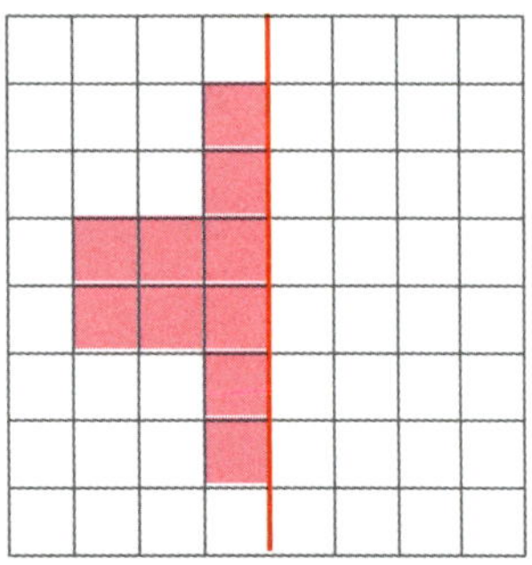

B) 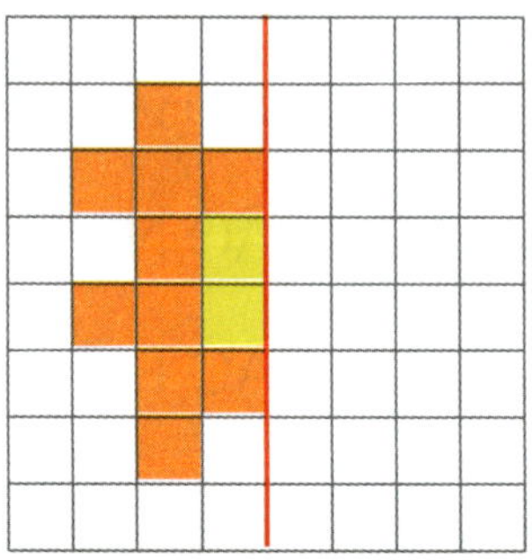

C) 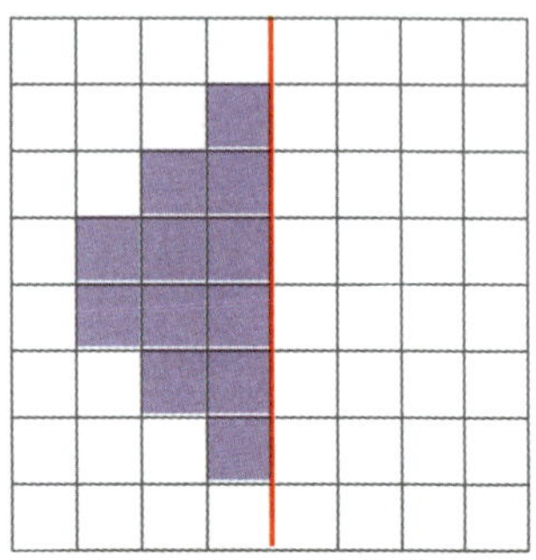

2 PINTE A OUTRA METADE DE CADA FIGURA ABAIXO PARA QUE FIQUE SIMÉTRICA AO TRAÇO VERMELHO.

A)

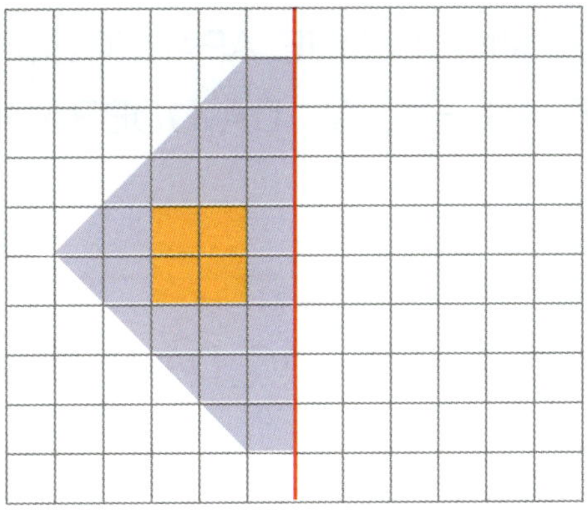

B)

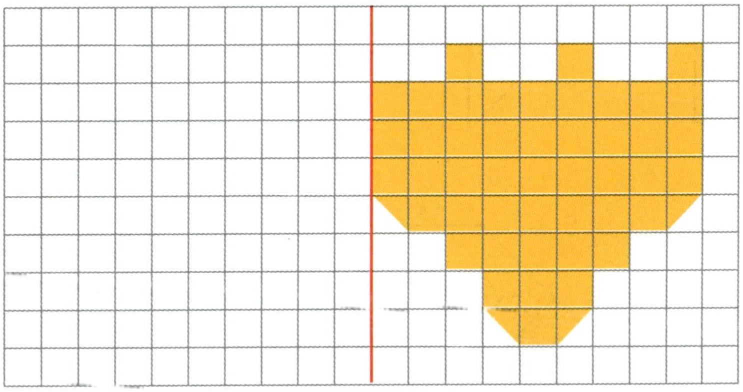

3 DESENHE PARTE DE UMA FIGURA DO LADO ESQUERDO DO TRAÇO VERMELHO ABAIXO. DEPOIS, COMPLETE A FIGURA PARA QUE FIQUE SIMÉTRICA AO TRAÇO VERMELHO.

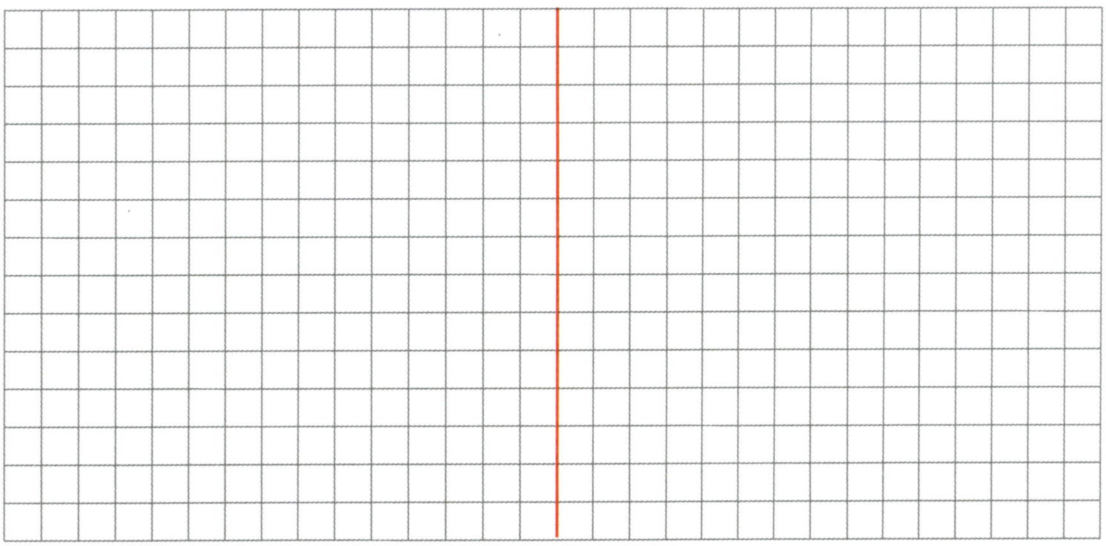

DOBRADURAS

VOCÊ SABE FAZER A DOBRADURA DE UM AVIÃO?

VEJA O SIGNIFICADO DE ALGUNS SINAIS QUE APARECEM NAS DOBRADURAS. DEPOIS, ACOMPANHE AS ETAPAS DA DOBRADURA DE UM AVIÃO.

---------- DOBRAR	⟶ DIREÇÃO DA DOBRA

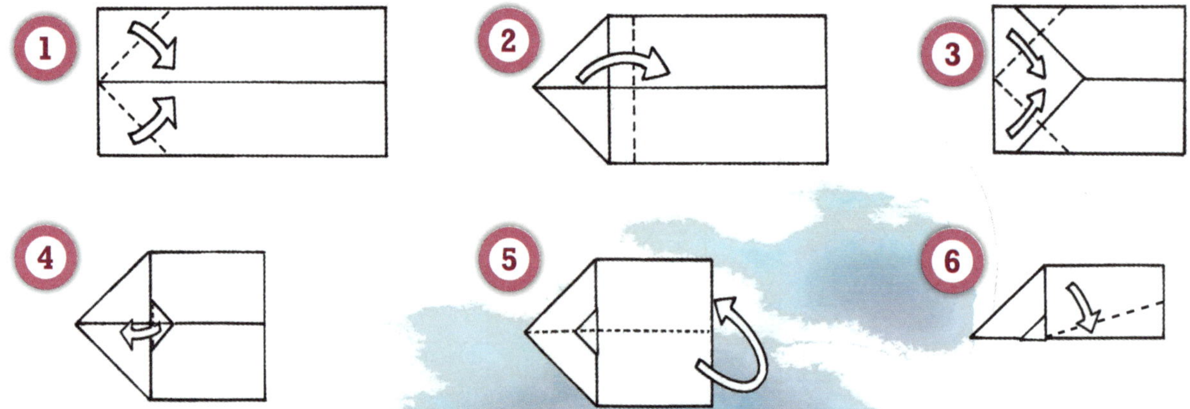

EDDE/ARQUIVO DA EDITORA

1 AGORA É SUA VEZ! PEGUE UMA FOLHA DE PAPEL, SIGA AS ETAPAS ACIMA E FAÇA A DOBRADURA DE UM AVIÃO.

2 AGORA VOCÊ VAI APRENDER A FAZER A DOBRADURA DE UM CHAPÉU.

A) PEGUE UMA FOLHA DE JORNAL OU REVISTA E FAÇA A DOBRADURA.

1

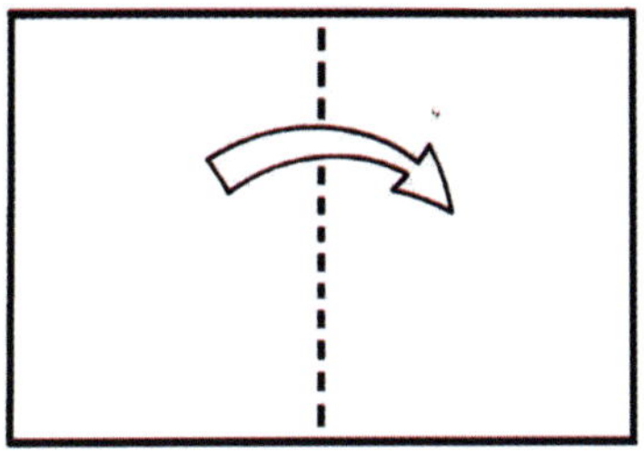

2 DOBRE E DESDOBRE.

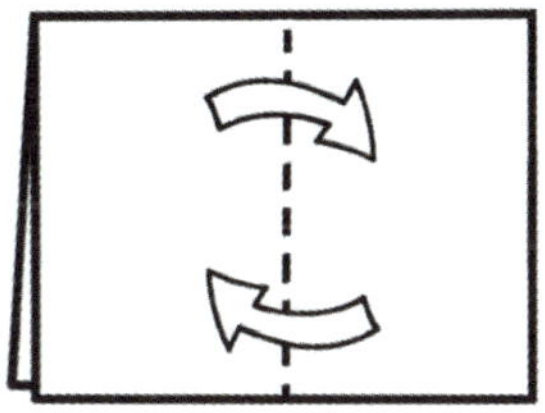

3

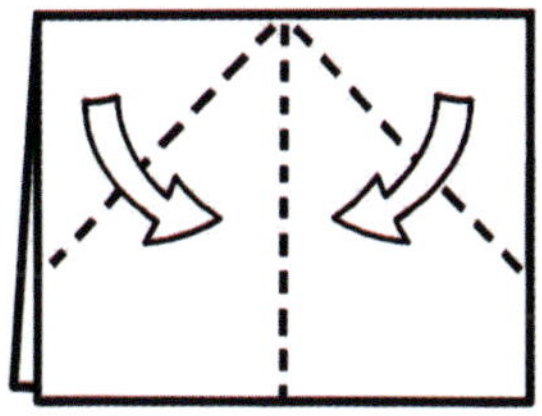

4 DOBRE PARA A FRENTE.

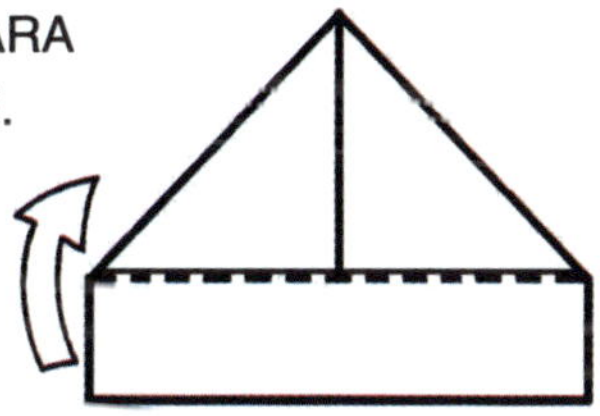

5

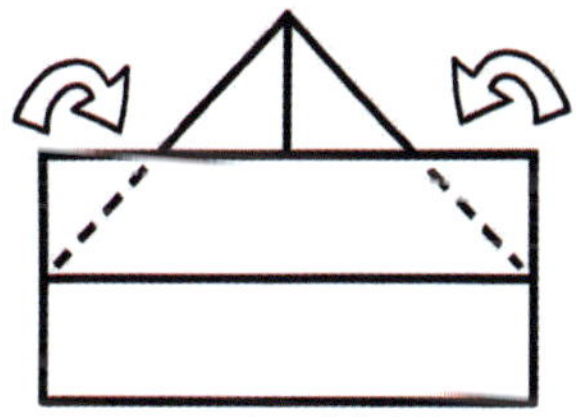

6 DOBRE PARA TRÁS.

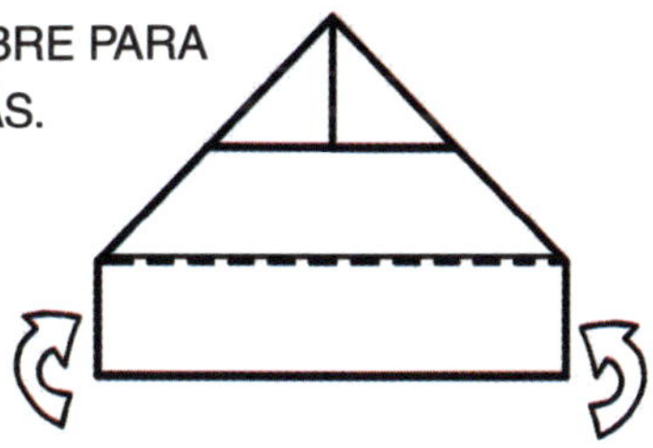

7

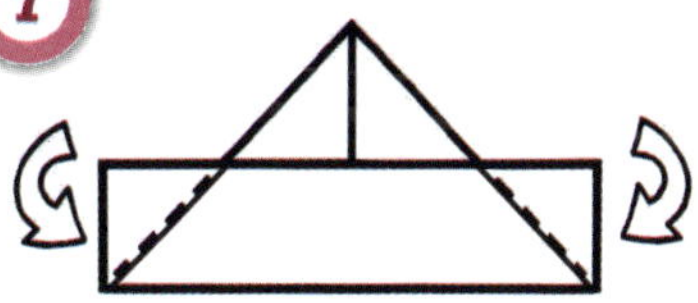

EDDE/ARQUIVO DA EDITORA

8 COLOQUE O DEDO POR DENTRO DA DOBRADURA PARA ABRIR O CHAPÉU.

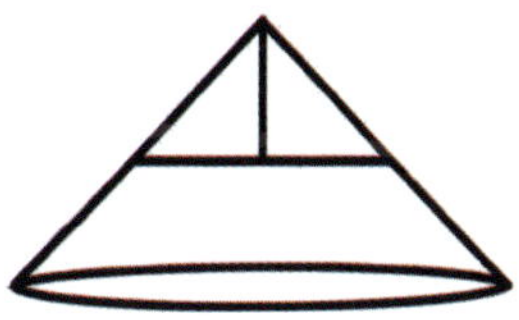

B) QUE FIGURAS GEOMÉTRICAS VOCÊ IDENTIFICA NAS ETAPAS DA DOBRADURA DO CHAPÉU?

____

NÚMEROS DE 1 A 70

O **LIGA-PONTOS** É UMA BRINCADEIRA DIVERTIDA. AO LIGARMOS OS PONTOS, SEGUINDO A SEQUÊNCIA NUMÉRICA, DESCOBRIMOS UM DESENHO.

1 COMPLETE O LIGA-PONTOS DE 1 A 70 ABAIXO. DEPOIS, PINTE O DESENHO QUE FORMAR.

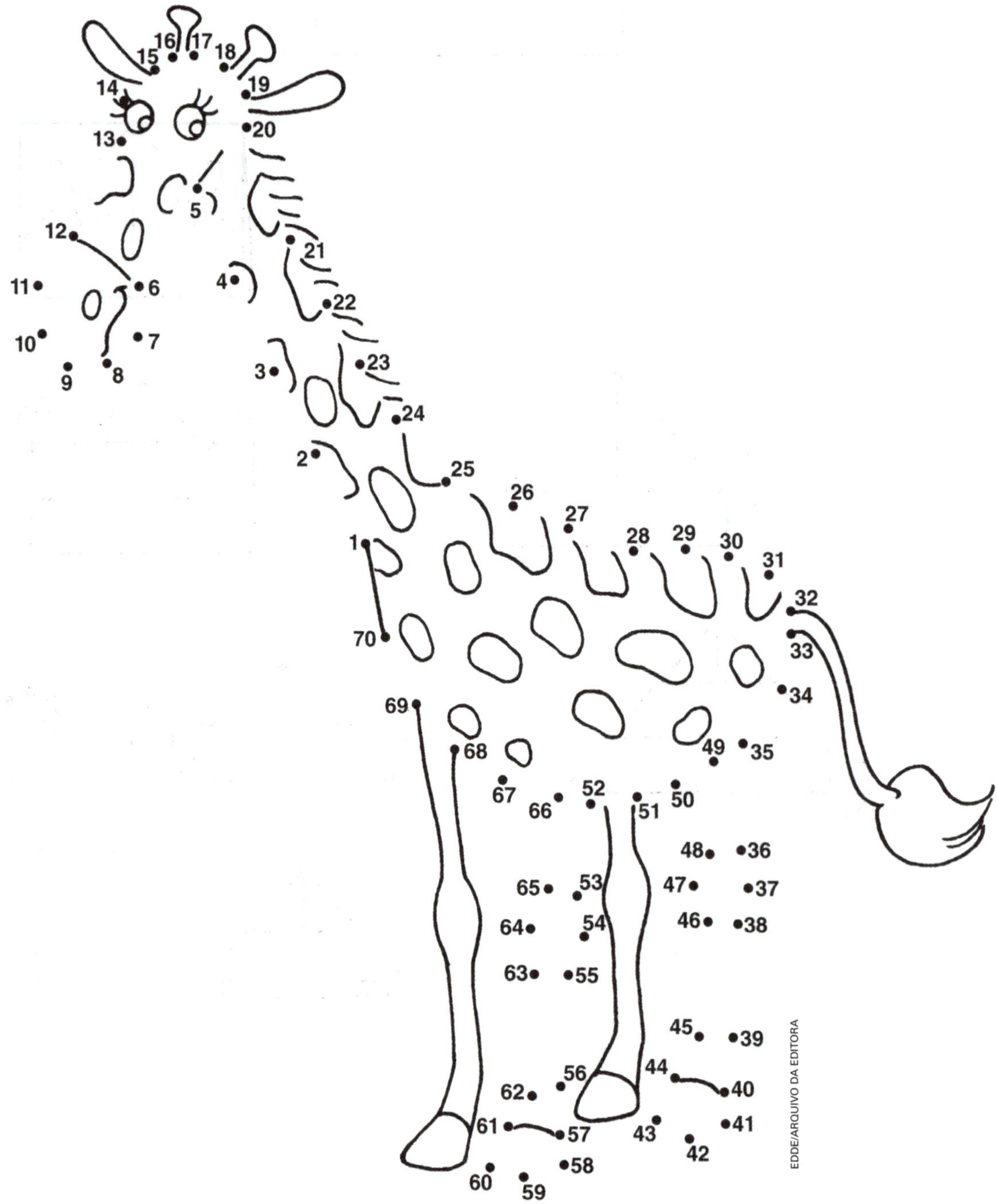

EDDE/ARQUIVO DA EDITORA

2 OBSERVANDO O LIGA-PONTOS DA PÁGINA ANTERIOR, ESCREVA OS NÚMEROS QUE SE PEDE.

A) O MENOR NÚMERO: ☐ B) O MAIOR NÚMERO: ☐

C) TODOS OS NÚMEROS QUE ESTÃO ENTRE O 50 E O 70:

____

____

D) 3 NÚMEROS MENORES DO QUE O 30:

____

E) 3 NÚMEROS MAIORES DO QUE O 10.

____

F) TODOS OS NÚMEROS TERMINADOS EM 5.

____

____

3 ACOMPANHE A LEITURA DOS ENIGMAS ABAIXO. DESCUBRA OS NÚMEROS SECRETOS E ESCREVA-OS NOS QUADRINHOS.

A) SOU MAIOR DO QUE O 15 E MENOR DO QUE O 20.
MEU NOME RIMA COM BISCOITO. EU SOU O NÚMERO:

☐

B) SOU MAIOR DO QUE O 20 E MENOR DO QUE O 30.
MEU NOME RIMA COM BRINCO. EU SOU O NÚMERO:

☐

C) SOU MAIOR DO QUE O 30 E MENOR DO QUE O 40.
MEU NOME RIMA COM CHINÊS. EU SOU O NÚMERO:

☐

ATIVIDADES DO CAPÍTULO

1. COMPLETE OS LIGA-PONTOS ABAIXO DE 20 A 40 E DE 50 A 70. O SEGUNDO LIGA-PONTOS TEM UM DESAFIO: VOCÊ DEVE LIGAR OS NÚMEROS DO MAIOR PARA O MENOR!

ILUSTRAÇÕES: EDDE/ARQUIVO DA EDITORA

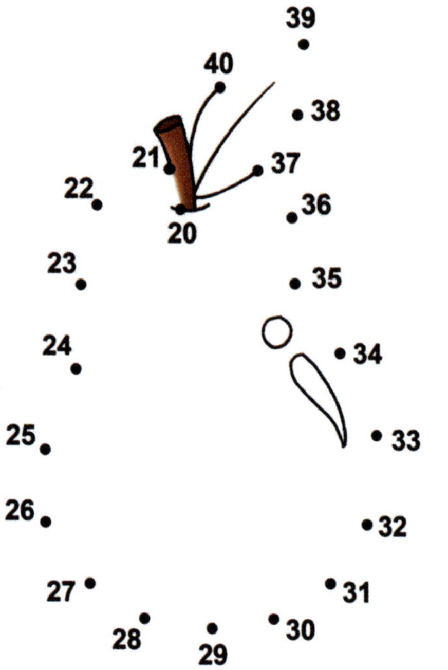

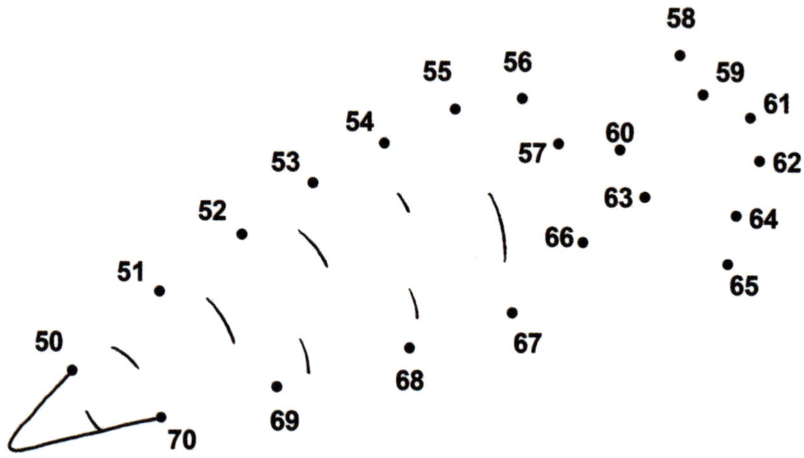

2. COMPLETE A FIGURA ABAIXO PARA QUE FIQUE SIMÉTRICA AO TRAÇO VERMELHO.

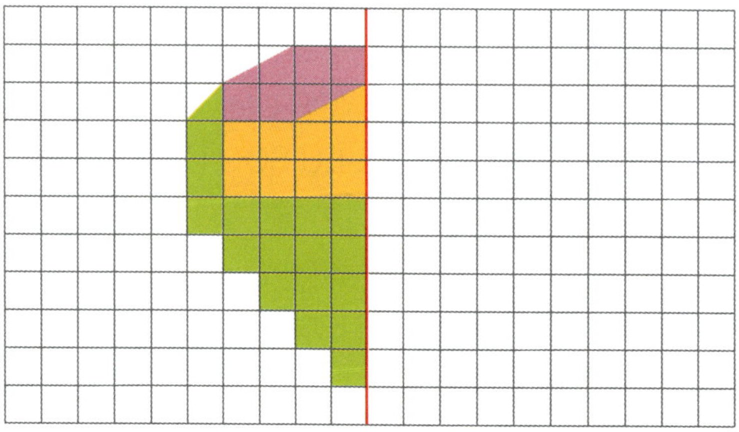

RESOLVENDO PROBLEMAS

UM GRUPO DE 9 ALUNOS DO 1º ANO VAI FAZER UM PASSEIO. ELES TÊM AS SEGUINTES OPÇÕES DE ATRAÇÕES:

EDDE/ARQUIVO DA EDITORA

O PROFESSOR E OS ALUNOS SE REUNIRAM PARA DECIDIR A QUAL ATRAÇÃO A MAIORIA DOS ALUNOS GOSTARIA DE IR. DEPOIS DA ESCOLHA, O PROFESSOR CALCULOU QUANTO ELES GASTARÃO NO PASSEIO. ELE CONCLUIU QUE CADA PESSOA VAI GASTAR 18 REAIS COM O INGRESSO, A PIPOCA E O SUCO.

1. OBSERVE OS VALORES DAS ATRAÇÕES E O VALOR QUE CADA PESSOA VAI GASTAR.

A) QUAL ATRAÇÃO A MAIORIA DOS ALUNOS ESCOLHEU?

____

B) EXPLIQUE PARA UM COLEGA COMO VOCÊ CHEGOU A ESSA RESPOSTA.

2. O PROFESSOR LANÇOU UM DESAFIO À TURMA: COMO ARRECADAR O DINHEIRO PARA O PASSEIO SEM PEDIR AOS FAMILIARES? TROQUE IDEIAS COM OS COLEGAS E O PROFESSOR.

TRABALHANDO COM JOGOS

70 CASAS

NÚMERO DE JOGADORES: 2 OU MAIS

MATERIAL NECESSÁRIO

- 3 DADOS DE PONTOS
- TABULEIRO DO **MATERIAL COMPLEMENTAR**
- LÁPIS GRAFITE

COMO JOGAR

- CADA JOGADOR DEVE DESTACAR SEU TABULEIRO DO **MATERIAL COMPLEMENTAR**.
- O PRIMEIRO JOGADOR LANÇA OS 3 DADOS E ADICIONA OS PONTOS OBTIDOS. DEPOIS, MARCA A QUANTIDADE DE CASAS CORRESPONDENTES COM UM **X** EM SEU TABULEIRO.

POR EXEMPLO, SE FOREM OBTIDOS 12 PONTOS NOS DADOS, ENTÃO O JOGADOR DEVE MARCAR UM **X** EM 12 CASAS DO TABULEIRO.

- O PRÓXIMO JOGADOR FAZ O MESMO.
- VENCE A PARTIDA QUEM PREENCHER PRIMEIRO TODAS AS CASAS DE SEU TABULEIRO.

ALÊ MATTOS/ARQUIVO DA EDITORA

PENSANDO SOBRE O JOGO

1. EM CADA JOGADA ABAIXO, QUANTAS CASAS SERÃO MARCADAS COM UM **X** NO TABULEIRO? REGISTRE O NÚMERO DE CASAS NOS QUADRINHOS.

A)

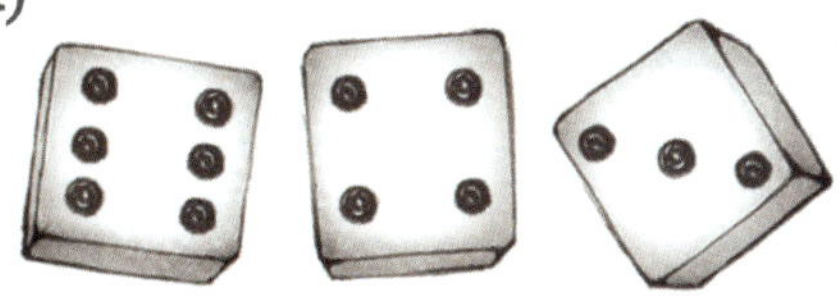

B)

C)

D)

E)

AS IMAGENS DESTAS PÁGINAS NÃO ESTÃO REPRESENTADAS EM PROPORÇÃO.

2. FALTAM 10 CASAS PARA AMÉLIA COMPLETAR SEU TABULEIRO. DESENHE NOS DADOS ABAIXO OS PONTOS QUE ELA DEVE TIRAR PARA VENCER.

LER E ENTENDER

VOCÊ PRESTOU ATENÇÃO NA ESTRUTURA DA RECEITA DE BRIGADEIRO APRESENTADA NESTA UNIDADE? A RECEITA TRAZ A MEDIDA DE CADA INGREDIENTE, AS INSTRUÇÕES DE PREPARO E O RENDIMENTO.

AGORA VOCÊ VAI CONHECER OUTRA RECEITA DELICIOSA.

PIZZA DE PÃO DE FORMA

ATENÇÃO:
ESTA RECEITA DEVE SER PREPARADA COM A AJUDA E SUPERVISÃO DE UM ADULTO.

INGREDIENTES

- 8 FATIAS DE PÃO DE FORMA
- 8 FATIAS DE MUÇARELA OU QUEIJO PRATO
- 8 FATIAS DE PRESUNTO OU APRESUNTADO
- 2 TOMATES
- ORÉGANO A GOSTO
- MANTEIGA OU MARGARINA

SHUTTERSTOCK/GLOW IMAGES

MODO DE PREPARO

- UM ADULTO DEVE PRÉ-AQUECER O FORNO E CORTAR OS TOMATES EM RODELAS.
- PASSE MANTEIGA OU MARGARINA EM 1 FATIA DE PÃO DE FORMA. EM SEGUIDA, CUBRA O PÃO COM 1 FATIA DE QUEIJO E 1 FATIA DE PRESUNTO OU APRESUNTADO.
- COLOQUE 1 RODELA DE TOMATE POR CIMA DE CADA FATIA DE PÃO.
- REPITA OS PASSOS COM AS OUTRAS FATIAS DE PÃO DE FORMA.
- COLOQUE TODAS AS FATIAS EM UMA ASSADEIRA E SALPIQUE ORÉGANO A GOSTO.
- PEÇA PARA UM ADULTO LEVAR A ASSADEIRA AO FORNO ATÉ O QUEIJO DERRETER. QUANDO ESTIVER PRONTO, PEÇA PARA ELE CORTAR CADA FATIA EM 2 PARTES E SIRVA.

RENDIMENTO

16 PEDAÇOS

ANALISE

1. A RECEITA QUE VOCÊ LEU ENSINA A FAZER O QUÊ?

____

2. PINTE DE **VERDE** O QUADRINHO QUE COMPLETA CADA FRASE CORRETAMENTE.

A) COM BASE NOS INGREDIENTES, ESSA RECEITA É:

☐ SALGADA ☐ DOCE

B) ESSA RECEITA DEVE SER CONSUMIDA:

☐ GELADA ☐ QUENTE

3. VAMOS OBSERVAR NOVAMENTE A RECEITA.

A) EM QUANTAS PARTES ESSA RECEITA ESTÁ ORGANIZADA? ☐

B) QUAIS SÃO ESSAS PARTES?

____

C) PRECISAMOS DE QUANTOS INGREDIENTES DIFERENTES PARA FAZER ESSA RECEITA? ☐

D) ESSA RECEITA RENDE QUANTOS PEDAÇOS? ☐

RELACIONE

4. RETOME A RECEITA DE BRIGADEIRO APRESENTADA NESTA UNIDADE. ELA ESTÁ ORGANIZADA COM AS MESMAS PARTES DA RECEITA DE *PIZZA* DE PÃO DE FORMA? ______________________

O QUE APRENDI?

OBSERVE NOVAMENTE A CENA DA FESTA NA ESCOLA APRESENTADA NA ABERTURA DESTA UNIDADE.

ILUSTRAÇÕES: GIZ DE CERA/ARQUIVO DA EDITORA

1. MARIANA E JULIANO ESTÃO NA BARRACA DO LANCHE.

A) MARIANA VAI COMPRAR 2 PIPOCAS. ELA PRECISA DE QUANTAS MOEDAS DE 1 REAL? ☐

B) JULIANO TEM 6 MOEDAS DE 1 REAL. O QUE ELE PODE COMPRAR COM ESSE VALOR?

____

2. ÍGOR ESTÁ BRINCANDO NA BARRACA DA PESCARIA.

ELE PESCOU 3  E 2 .

A) QUANTOS PONTOS ÍGOR FEZ? ☐

B) QUAIS PRÊMIOS ELE PODE ESCOLHER?

____

3. AS CAIXAS DA BARRACA DA PESCARIA FORAM DESMONTADAS. LIGUE ABAIXO AS CAIXAS CORRESPONDENTES.

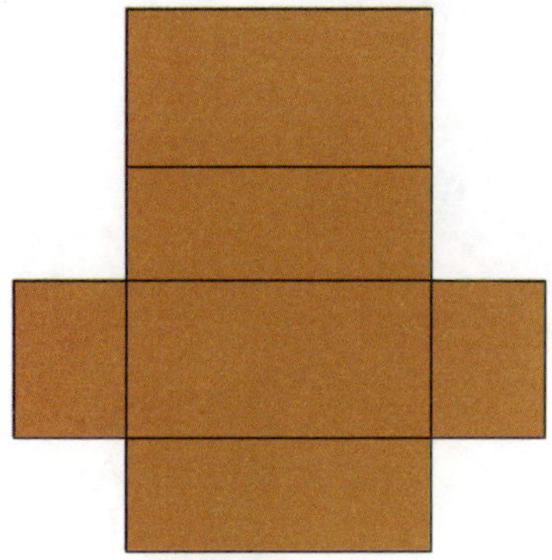

4. COMPLETE A FIGURA AO LADO COM A OUTRA METADE PARA QUE FIQUE SIMÉTRICA AO TRAÇO VERMELHO.

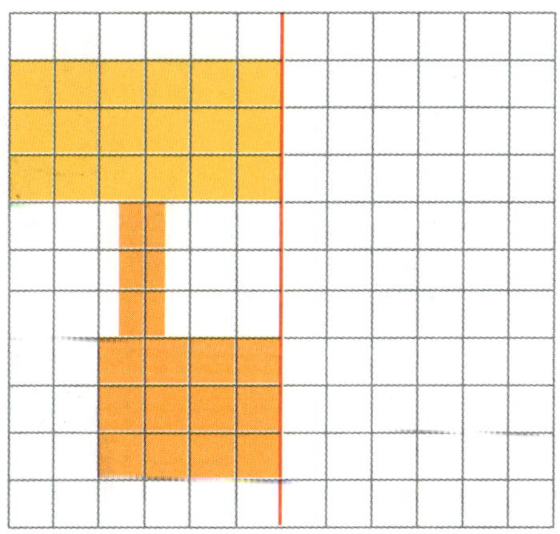

MINHA COLEÇÃO DE PALAVRAS

ESCREVA ABAIXO ALGUMAS PALAVRAS QUE VOCÊ APRENDEU NESTA UNIDADE.

___

___

___

UNIDADE

4 NOVOS DESAFIOS

GIZ DE CERA/ARQUIVO DA EDITORA

- QUE LUGAR É MOSTRADO NESTA IMAGEM?
- QUAIS DOS PRODUTOS NO CAIXA VOCÊ E SEUS FAMILIARES COSTUMAM COMPRAR?
- COMO PODEMOS REALIZAR O PAGAMENTO DE UMA COMPRA?

CAPÍTULO 10

FIGURAS, MAIS NÚMEROS E LOCALIZAÇÃO NO ESPAÇO

COMPOSIÇÃO DE FIGURAS GEOMÉTRICAS PLANAS

ACOMPANHE A LEITURA DO TEXTO A SEGUIR.

AS TRÊS PARTES

ERA UMA VEZ UMA CASA

QUE ESTAVA COM VONTADE

DE SER OUTRAS COISAS ALÉM DE SER UMA CASA.

POR CAUSA DISSO ELA SE DESMONTOU EM TRÊS PARTES.

AS TRÊS PARTES FICARAM PENSANDO JUNTAS O QUE ELAS PODERIAM FORMAR.

ENQUANTO ISSO, ALGUNS PÁSSAROS PASSARAM VOANDO E AS TRÊS PARTES GOSTARAM MUITO DA IDEIA... E FORAM SER PÁSSARO TAMBÉM.

[...]

AS TRÊS PARTES, DE EDSON LUIZ KOZMINSKI. SÃO PAULO: ÁTICA, 1994.

ILUSTRAÇÕES: ZORANA MATIJASEVIC/SHUTTERSTOCK

1 OBSERVE O PÁSSARO FORMADO PELAS 3 PARTES EM QUE A CASA SE DIVIDIU. AS 2 PARTES QUE REPRESENTAM AS ASAS SÃO IGUAIS. QUAL FIGURA GEOMÉTRICA ESSAS PARTES LEMBRAM?

____

AGORA, OBSERVE A OUTRA PARTE QUE COMPLETA O PÁSSARO. VOCÊ CONHECE A FIGURA GEOMÉTRICA QUE ESSA PARTE LEMBRA? VEJA ESTA FIGURA GEOMÉTRICA:

O NOME DESSA FIGURA GEOMÉTRICA É **TRAPÉZIO**.

2 QUE DIFERENÇAS VOCÊ OBSERVA ENTRE ESSE TRAPÉZIO E UM TRIÂNGULO? CONTE PARA OS COLEGAS E PARA O PROFESSOR.

3 DESTAQUE AS 3 PARTES DO **MATERIAL COMPLEMENTAR**. O QUE PODEMOS FORMAR COM ESSAS PARTES? COLE SUA MONTAGEM NO ESPAÇO ABAIXO.

NÚMEROS DE 0 A 100

OBSERVE ABAIXO PARTE DO QUADRO NUMÉRICO DE 0 A 100.

FABIANA SHIZUE/ARQUIVO DA EDITORA

0	1	2	3	4		6		8	9
10	11	12	13	14		16		18	19
20	21	22	23	24		26		28	29
30	31	32	33	34		36		38	39
40									
50	51	52	53	54		56		58	59
60	61	62	63	64		66		68	69
70	71	72	73	74		76		78	79
80	81	82	83	84		86		88	89
90	91	92	93	94		96		98	99
100									

1 COMPLETE ESSE QUADRO COM OS NÚMEROS QUE FALTAM.

2 PINTE DE **AZUL** TODOS OS NÚMEROS QUE TERMINAM EM 9.

3 COPIE ABAIXO OS NÚMEROS DO QUADRO QUE TERMINAM EM 6.

____

4 ESCREVA O NÚMERO QUE VEM IMEDIATAMENTE DEPOIS DE:

A) 58 ☐ B) 78 ☐ C) 99 ☐

5 ESCREVA POR EXTENSO CADA NÚMERO ABAIXO.

11 – ___

23 – ___

40 – ___

55 – ___

68 – ___

79 – ___

96 – ___

100 – ___

6 NUMERE OS VAGÕES DO TRENZINHO DE 1 EM 1 COMEÇANDO PELO NÚMERO 27.

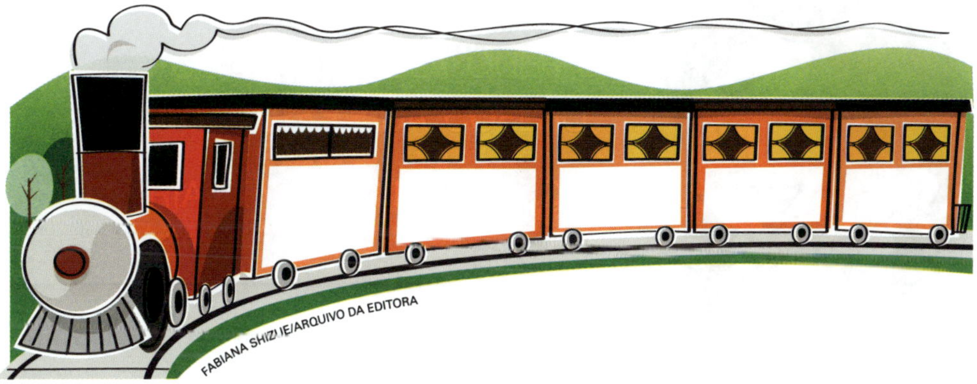

AS IMAGENS DESTAS PÁGINAS NÃO ESTÃO REPRESENTADAS EM PROPORÇÃO.

7 CADA VAGÃO DESSE TRENZINHO PODE TRANSPORTAR 10 PASSAGEIROS. QUANTOS PASSAGEIROS ELE PODE TRANSPORTAR AO TODO? [ ]

8 EM UMA VIAGEM DESSE TRENZINHO, 2 VAGÕES FICARAM VAZIOS E OS DEMAIS TOTALMENTE CHEIOS. QUANTOS PASSAGEIROS FORAM TRANSPORTADOS NESSA VIAGEM? [ ]

9 CADA VAGÃO DESSE TRENZINHO TEM 4 RODAS. COMPLETE:

A) 2 VAGÕES DESSE TREM TÊM [ ] RODAS AO TODO.

B) 3 VAGÕES DESSE TREM TÊM [ ] RODAS AO TODO.

DINHEIRO EM CÉDULAS

ALÉM DAS MOEDAS, O DINHEIRO BRASILEIRO TAMBÉM É COMPOSTO DE CÉDULAS. VEJA:

AS IMAGENS DESTAS PÁGINAS NÃO ESTÃO REPRESENTADAS EM PROPORÇÃO.

EDDE/ARQUIVO DA EDITORA

REPRODUÇÃO/CASA DA MOEDA DO BRASIL/ MINISTÉRIO DA FAZENDA

1 OBSERVE AS IMAGENS DAS CÉDULAS. LIGUE A FRENTE DE CADA CÉDULA A SEU VERSO.

2 QUAL É A CÉDULA DE MAIOR VALOR? ______________________

3 QUAL É A CÉDULA DE MENOR VALOR? ______________________

4 TERESA FOI À FEIRA COM 20 REAIS.

A) ELA COMPROU 1 DÚZIA DE BANANAS PELO PREÇO INDICADO AO LADO. QUANTOS REAIS ELA GASTOU NESSA COMPRA?

ILUSTRAÇÕES: EDDE/ARQUIVO DA EDITORA

____

B) DEPOIS, TERESA COMPROU O PASTEL MAIS CARO DA BARRACA AO LADO. QUAL FOI O SABOR DO PASTEL QUE ELA COMPROU?

____

C) QUANTOS REAIS TERESA JÁ GASTOU COM A COMPRA DAS BANANAS E DO PASTEL?

____

D) QUANTOS REAIS ELA AINDA TEM PARA GASTAR NA FEIRA?

____

E) TERESA VAI GASTAR O DINHEIRO RESTANTE NA BARRACA DE LEGUMES E VERDURAS ABAIXO. PINTE OS ALIMENTOS QUE ELA PODE COMPRAR ATÉ ATINGIR O VALOR QUE SOBROU.

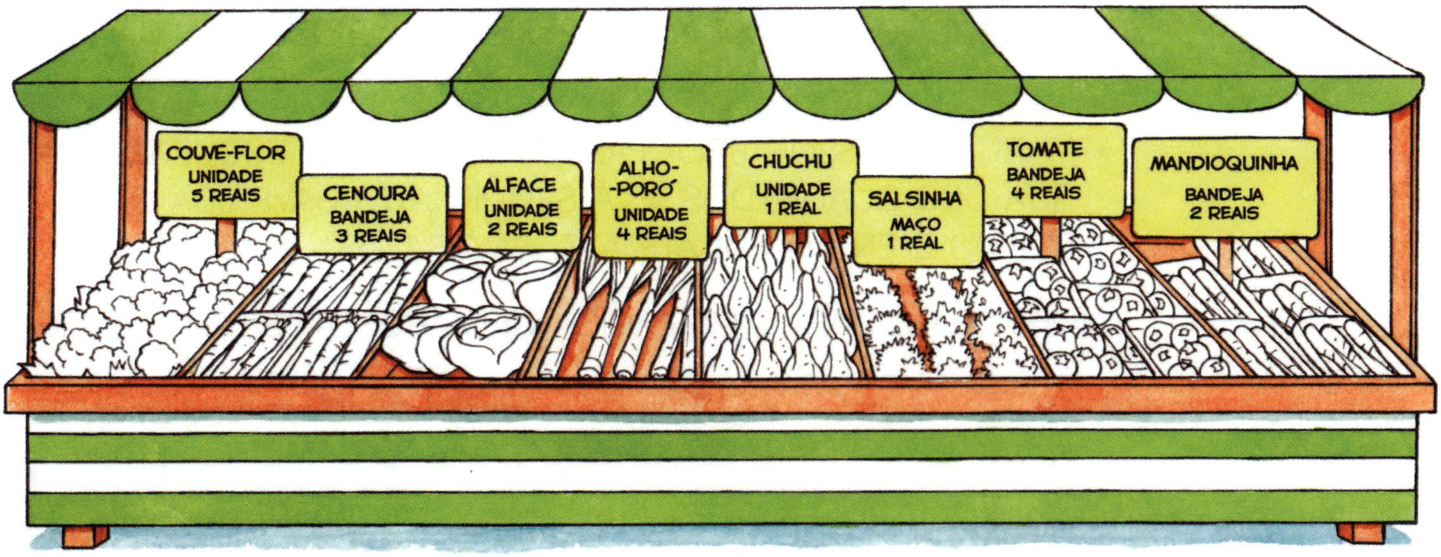

LOCALIZAÇÃO NO ESPAÇO

ENZO DESENHOU O TRAJETO QUE FAZ PARA IR DE SUA CASA ATÉ A ESCOLA. ELE DESENHOU AS RUAS POR ONDE PASSA E ALGUNS PONTOS DE REFERÊNCIA. VEJA:

ILUSTRAÇÕES: FABIANA SHIZUE/ARQUIVO DA EDITORA

1 ESCREVA O NOME DE 2 PONTOS DE REFERÊNCIA QUE ENZO DESENHOU.

____

2 MARCELA FOI DE SUA CASA ATÉ A CASA DE LUÍS. ACOMPANHE A LEITURA DAS DICAS DO CAMINHO QUE ELA FEZ ENQUANTO OBSERVA O MAPA DA PÁGINA AO LADO.

- MARCELA SAIU DE SUA CASA, SEGUIU PELA AVENIDA DO SABER E PASSOU PELA FARMÁCIA. DEPOIS, VIROU À DIREITA.
- ELA ANDOU 2 QUADRAS, ENTROU NA AVENIDA DAS CORES E FOI ATÉ A PADARIA.
- MARCELA PASSOU PELA PADARIA E VIROU À ESQUERDA NA RUA DOS QUADRADOS. ELA SEGUIU ATÉ A AVENIDA DAS LETRAS E ENTÃO FOI ATÉ A CASA DE LUÍS.

A) TRACE NO MAPA O CAMINHO QUE MARCELA FEZ PARA IR ATÉ A CASA DE LUÍS.

B) EM QUE RUA MARCELA CHEGOU APÓS O CAMINHO FEITO NA PRIMEIRA DICA? ______________________________

FABIANA SHIZUE/ARQUIVO DA EDITORA

ATIVIDADES DO CAPÍTULO

1. PINTE NO QUADRO NUMÉRICO ABAIXO O QUE SE PEDE.

1	2	3	4	5	6	7	8	9	10
11	12	13	14	15	16	17	18	19	20
21	22	23	24	25	26	27	28	29	30
31	32	33	34	35	36	37	38	39	40
41	42	43	44	45	46	47	48	49	50

A) DE **VERMELHO**, O NÚMERO QUE CORRESPONDE À SUA IDADE.

B) DE **AZUL**, O NÚMERO DE ALUNOS DE SUA TURMA.

C) DE **VERDE**, O NÚMERO DO SEU CALÇADO.

D) DE **AMARELO**, A QUANTIDADE DE MESES DO ANO.

2. OBSERVE AS FIGURAS GEOMÉTRICAS A SEGUIR. CONTORNE A QUE ESTÁ À DIREITA DO TRAPÉZIO. MARQUE UM **X** NA FIGURA QUE ESTÁ À ESQUERDA DO TRAPÉZIO.

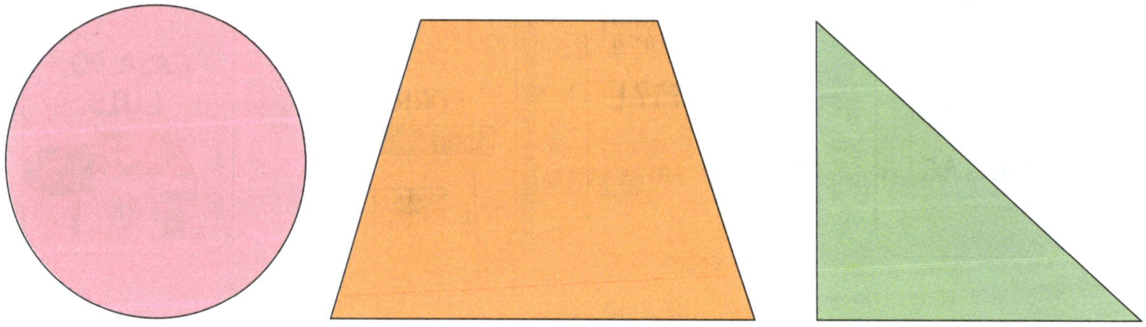

RESOLVENDO PROBLEMAS

1. TODA VEZ QUE RAUL LEVA O CACHORRO DE SEU VIZINHO PARA PASSEAR, GANHA 5 REAIS. O PASSEIO ACONTECE 1 VEZ AO DIA. DEPOIS DE PASSEAR 3 DIAS COM O CACHORRO, QUANTOS REAIS RAUL GANHOU?

____

2. DURANTE AS FÉRIAS, RITA FOI COM OS AMIGOS EDU, CAROL E NICOLE ALUGAR BICICLETAS PARA PASSEAR EM UM PARQUE. MAS HAVIA SOMENTE 3 BICICLETAS DISPONÍVEIS.

ILUSTRAÇÕES: EDDE/ARQUIVO DA EDITORA

A) COMPLETE: SÃO ☐ PESSOAS E ☐ BICICLETAS DISPONÍVEIS.

B) PARA QUE NENHUM DOS AMIGOS FIQUE SOZINHO, ELES RESOLVERAM ALUGAR 2 BICICLETAS E REVEZÁ-LAS. ENQUANTO 2 PESSOAS PEDALAM, AS OUTRAS 2 PESSOAS AGUARDAM. DE QUANTOS MODOS ELES PODEM FORMAR ESSAS DUPLAS? ☐

C) EXPLIQUE PARA UM COLEGA COMO VOCÊ PENSOU.

TRABALHANDO COM JOGOS

O MAIOR LEVA

NÚMERO DE JOGADORES: 2

MATERIAL NECESSÁRIO

- CARTAS NUMERADAS DO **MATERIAL COMPLEMENTAR**

COMO JOGAR

- CADA JOGADOR DEVE DESTACAR SUAS CARTAS DO **MATERIAL COMPLEMENTAR**.
- COLOQUEM TODAS AS CARTAS NA MESA, COM OS NÚMEROS VIRADOS PARA BAIXO. EM SEGUIDA, EMBARALHEM AS CARTAS.
- CADA JOGADOR PEGA 2 CARTAS E TENTA FORMAR O MAIOR NÚMERO COM ELAS. DEPOIS, COLOCA ESSAS CARTAS EM CIMA DA MESA, NA ORDEM EM QUE FORMAM O MAIOR NÚMERO. POR EXEMPLO, COM AS CARTAS 2 E 5, O JOGADOR PODE FORMAR 25 OU 52. NESSE CASO, O MAIOR NÚMERO É 52.
- GANHA A RODADA QUEM FORMAR O MAIOR NÚMERO.

ILUSTRAÇÕES: ALÉ MATOS/ARQUIVO DA EDITORA

PENSANDO SOBRE O JOGO

1. ESCREVA O MAIOR NÚMERO QUE VOCÊ PODE FORMAR AO SORTEAR AS CARTAS A SEGUIR.

A) 3 E 5 ☐

B) 6 E 1 ☐

C) 3 E 4 ☐

D) 9 E 8 ☐

ILUSTRAÇÕES: ALÊ MATOS/ARQUIVO DA EDITORA

2. OBSERVE ABAIXO AS CARTAS QUE VALÉRIA E LETÍCIA SORTEARAM EM CADA RODADA DO JOGO **O MAIOR LEVA**. FORME O MAIOR NÚMERO COM CADA PAR DE CARTAS E ASSINALE COM UM **X** A VENCEDORA DA RODADA.

A) 2 1 VALÉRIA ☐ 4 2 LETÍCIA ☐

B) 7 2 VALÉRIA ☐ 5 6 LETÍCIA ☐

C) 1 9 VALÉRIA ☐ 3 2 LETÍCIA ☐

D) 4 7 VALÉRIA ☐ 3 3 LETÍCIA ☐

CAPÍTULO 11

DIVERSÃO NAS FÉRIAS

BRINQUEDOS QUE PODEM ROLAR

DURANTE AS FÉRIAS, AS CRIANÇAS COSTUMAM BRINCAR MUITO.

ILUSTRAÇÕES: FABIANA SHIZUE/ARQUIVO DA EDITORA

OBSERVE O CHAPÉU DE ANIVERSÁRIO, A EMBALAGEM DO PEGA-VARETAS E A BOLA DE FUTEBOL NAS IMAGENS ACIMA. ESSES OBJETOS TÊM A FORMA PARECIDA COM SÓLIDOS GEOMÉTRICOS CHAMADOS **CORPOS REDONDOS**. VEJA ABAIXO ESSES CORPOS REDONDOS.

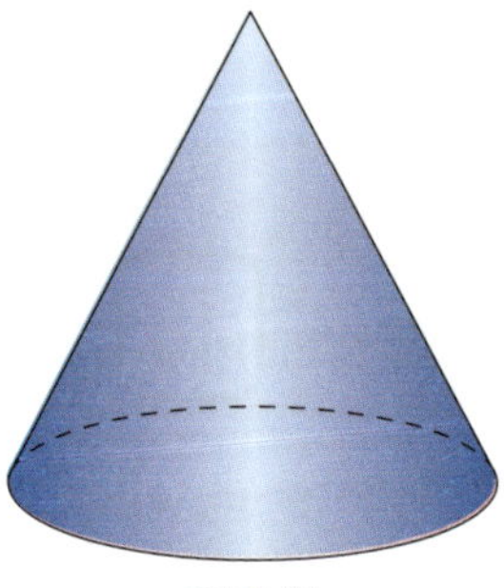

CONE

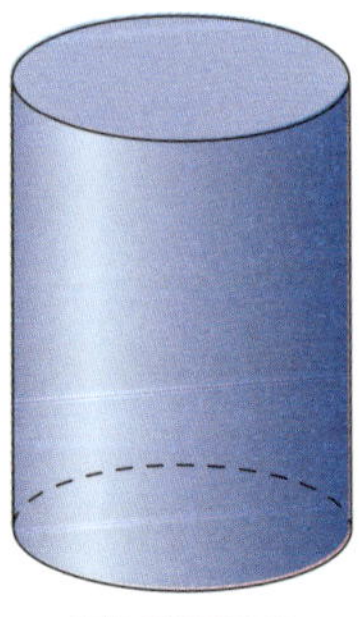

CILINDRO

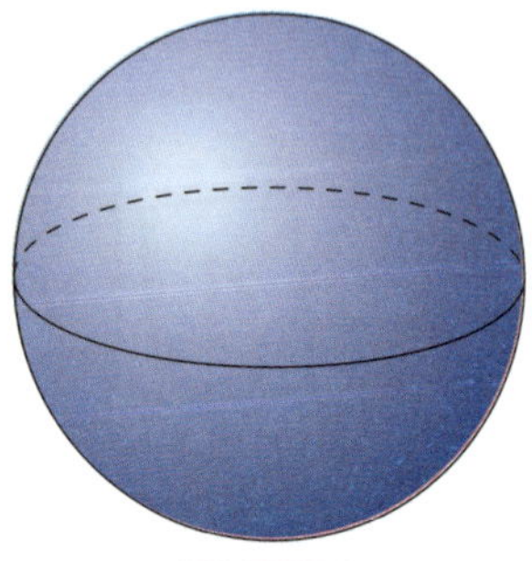

ESFERA

1 IMAGINE QUE VOCÊ VAI COLOCAR NO CHÃO UMA BOLA E UMA CAIXA DE SAPATOS NA HORIZONTAL (DEITADA). SE VOCÊ DER UM IMPULSO NOS 2 OBJETOS, O QUE ACONTECERÁ COM ELES? EXPLIQUE PARA OS COLEGAS.

2 PROCURE SE LEMBRAR DE OUTROS OBJETOS QUE TENHAM FORMAS PARECIDAS COM O CILINDRO E O CONE. DESENHE ESSES OBJETOS ABAIXO.

3 ANTÔNIO PEGOU 3 CAIXAS E PASSOU TINTA VERDE EM UMA DAS LATERAIS DE CADA CAIXA. DEPOIS, ELE CARIMBOU AS LATERAIS PINTADAS EM UMA FOLHA DE PAPEL. LIGUE CADA CAIXA ABAIXO AO CARIMBO CORRESPONDENTE.

ILUSTRAÇÕES: FABIANA SHIZUE/ARQUIVO DA EDITORA

SEQUÊNCIA NUMÉRICA

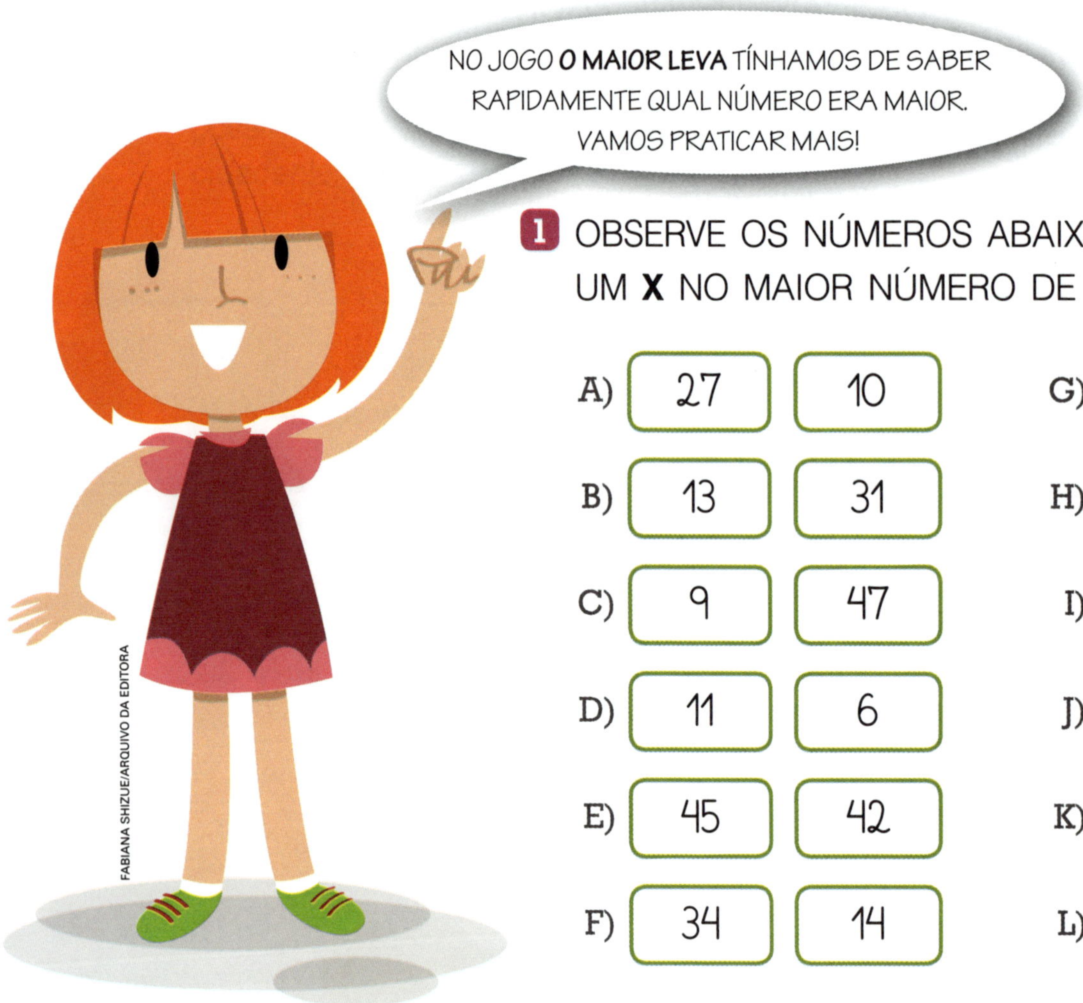

FABIANA SHIZUE/ARQUIVO DA EDITORA

1 OBSERVE OS NÚMEROS ABAIXO E MARQUE UM **X** NO MAIOR NÚMERO DE CADA ITEM.

A) 27 | 10

B) 13 | 31

C) 9 | 47

D) 11 | 6

E) 45 | 42

F) 34 | 14

G) 5 | 50

H) 15 | 4

I) 3 | 12

J) 40 | 30

K) 22 | 21

L) 2 | 20

2 PINTE NO QUADRO NUMÉRICO A SEGUIR OS NÚMEROS QUE VOCÊ MARCOU NA ATIVIDADE ACIMA.

1	2	3	4	5	6	7	8	9	10
11	12	13	14	15	16	17	18	19	20
21	22	23	24	25	26	27	28	29	30
31	32	33	34	35	36	37	38	39	40
41	42	43	44	45	46	47	48	49	50

3 ESCREVA O NÚMERO QUE VEM IMEDIATAMENTE DEPOIS DE CADA NÚMERO A SEGUIR.

A)	27		H)	25	
B)	13		I)	10	
C)	34		J)	3	
D)	51		K)	69	
E)	45		L)	16	
F)	71		M)	92	
G)	85		N)	59	

4 AGORA, ESCREVA O NÚMERO QUE VEM IMEDIATAMENTE ANTES DE CADA NÚMERO A SEGUIR.

A)		21	H)		58
B)		10	I)		11
C)		46	J)		2
D)		37	K)		85
E)		63	L)		99
F)		74	M)		3
G)		22	N)		66

LOCALIZAÇÃO NO CINEMA

JAQUELINE E ALGUNS COLEGAS COMBINARAM COM A PROFESSORA DE IREM JUNTOS AO CINEMA DURANTE AS FÉRIAS. VEJA COMO A SALA DO CINEMA FICOU LOTADA!

FABIANA SHIZUE/ARQUIVO DA EDITORA

1 ALICE ESTÁ USANDO CHAPÉU AMARELO. DESCREVA PARA UM COLEGA A LOCALIZAÇÃO DELA NA SALA DO CINEMA.

2 ACOMPANHE A LEITURA DAS DICAS ABAIXO E ENCONTRE CADA PESSOA NA SALA DO CINEMA.

A) LAURA TEM CABELOS PRETOS. ELA ESTÁ SENTADA MAIS PERTO DO EXTINTOR DE INCÊNDIO, NA FILEIRA MAIS ALTA DA SALA. FAÇA UM **X** **MARROM** PERTO DELA.

B) JAQUELINE É QUEM SENTOU MAIS PERTO DA PORTA DE ENTRADA. CONTORNE-A DE **VERMELHO**.

C) A PRIMEIRA COLUNA DE CADEIRAS É A QUE FICA DO LADO DA PORTA DE ENTRADA. VÁLTER ESTÁ SENTADO NA ÚLTIMA CADEIRA DESSA COLUNA. FAÇA UM **X** **AZUL** PERTO DELE.

D) MANOELA ESTÁ NA CADEIRA QUE FICA BEM NO MEIO DA SALA. ELA TEM CABELOS PRETOS E COME PIPOCAS. CONTORNE-A DE **LARANJA**.

E) SÉRGIO SENTOU NA TERCEIRA CADEIRA DA COLUNA MAIS PRÓXIMA DA SAÍDA DE EMERGÊNCIA. CONTORNE-O DE **VERDE**.

F) A PROFESSORA SENTOU BEM PERTO DOS LUGARES RESERVADOS PARA PESSOAS EM CADEIRAS DE RODAS. NÃO HÁ NINGUÉM SENTADO AO LADO DELA. CONTORNE-A DE **ROXO**.

ILUSTRAÇÕES: FABIANA SHIZUE/ ARQUIVO DA EDITORA

3 SEMPRE QUE TATIANA CHEGA A UM AUDITÓRIO, ELA OBSERVA ONDE É A PORTA DE SAÍDA, A PORTA DE EMERGÊNCIA E O EXTINTOR DE INCÊNDIO. POR QUE ELA FAZ ISSO? TROQUE IDEIAS COM OS COLEGAS E O PROFESSOR.

ATIVIDADES DO CAPÍTULO

1. OBSERVE OS CORPOS REDONDOS ABAIXO.

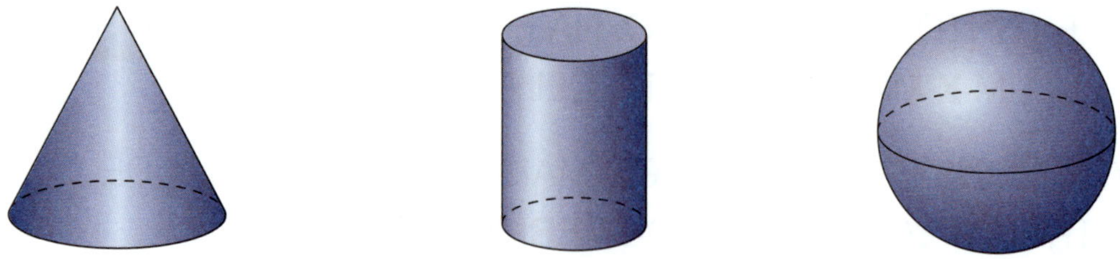

A) ESCREVA O NOME DE CADA CORPO REDONDO.

B) CITE PARA OS COLEGAS ALGUMAS CARACTERÍSTICAS COMUNS E ALGUMAS DIFERENÇAS DESSAS FIGURAS.

2. LIGUE OS PONTOS DO 50 AO 100 E DESCUBRA O DESENHO.

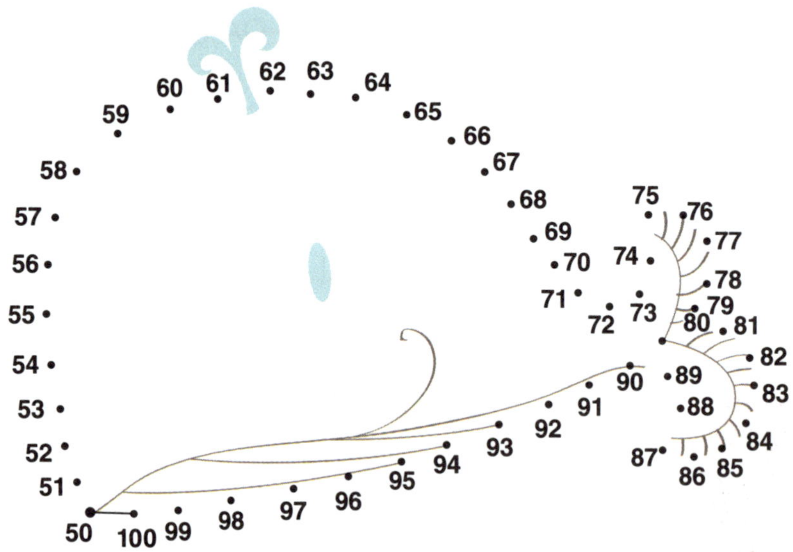

FABIANA SHIZUE/ARQUIVO DA EDITORA

3. QUAIS DOS NÚMEROS ACIMA ESTÃO ENTRE O 79 E O 85?

4. QUAL É O SEGUNDO MAIOR NÚMERO DESSE LIGA-PONTOS?

5. DESCREVA A LOCALIZAÇÃO DE SUA CARTEIRA NA SALA DE AULA.

RESOLVENDO PROBLEMAS

1. LEO QUER GUARDAR SEUS 12 CARTÕES EM 3 ENVELOPES. PARA AJUDAR LEO, LIGUE CADA CARTÃO A 1 ENVELOPE.

OHISHIAPPLY/SHUTTERSTOCK/GLOW IMAGES

2. VALQUÍRIA TEM 2 COELHOS E 8 CENOURAS. ELA QUER DAR A MESMA QUANTIDADE DE CENOURA PARA CADA COELHO.

A) QUANTAS CENOURAS VALQUÍRIA DEVE DAR PARA CADA COELHO? DESENHE ABAIXO SUA RESPOSTA.

B) JUNTE-SE A UM COLEGA E VEJA COMO ELE FEZ SEU DESENHO.

CAMEILIA/SHUTTERSTOCK/GLOW IMAGES

TRABALHANDO COM JOGOS

DESAFIOS DE CONTAGEM

NÚMERO DE JOGADORES: GRUPOS DE 4 ALUNOS

COMO JOGAR

- ACOMPANHE A LEITURA DE CADA DESAFIO ABAIXO. DEPOIS, CADA GRUPO DEVE FORMAR UMA RODA E RESOLVER OS DESAFIOS.
- EM CADA DESAFIO, VENCE QUEM NÃO FOR ELIMINADO.

DESAFIO 1: QUEM VAI MAIS LONGE

- UM DOS JOGADORES INICIA A CONTAGEM COM O NÚMERO 1.
- COMEÇANDO DO JOGADOR À SUA ESQUERDA, CADA JOGADOR CONTINUA A SEQUÊNCIA NUMÉRICA DE 1 EM 1. O DESAFIO É CONTAR ATÉ O MAIOR NÚMERO POSSÍVEL.
- QUEM ERRAR A CONTAGEM, SAI DO JOGO. OS DEMAIS JOGADORES REINICIAM O DESAFIO.

DESAFIO 2: NÚMERO-ALVO

- UM DOS JOGADORES ESCOLHE UM NÚMERO PARA SER O ALVO.
- JUNTOS, OS OUTROS JOGADORES DEVEM RAPIDAMENTE RECITAR A SEQUÊNCIA NUMÉRICA DE 1 EM 1. A CONTAGEM DEVE COMEÇAR PELO 1 E PARAR NO NÚMERO IMEDIATAMENTE ANTES DO NÚMERO-ALVO. POR EXEMPLO, SE O NÚMERO-ALVO FOR 18, ENTÃO OS JOGADORES DEVEM PARAR A CONTAGEM NO 17.
- QUEM FALAR O NÚMERO-ALVO É ELIMINADO. SE OS 3 ALUNOS CONSEGUIREM VENCER O DESAFIO, O JOGADOR QUE ESCOLHEU O NÚMERO-ALVO É ELIMINADO.

DESAFIO 3: SEQUÊNCIA NUMÉRICA MISTERIOSA

- UM JOGADOR FALA UMA SEQUÊNCIA DE 10 NÚMEROS, DE 1 EM 1. EM CERTO MOMENTO ELE ERRA DE PROPÓSITO A CONTAGEM. OS OUTROS JOGADORES DEVEM DESCOBRIR O ERRO.
- GANHA O DESAFIO QUEM ACERTAR PRIMEIRO O ERRO.

PENSANDO SOBRE O JOGO

1. DALVA FALOU O NÚMERO 39 NO DESAFIO **QUEM VAI MAIS LONGE**. QUAL NÚMERO O PRÓXIMO JOGADOR PRECISA FALAR?

2. ROBERTO ESCOLHEU O NÚMERO 30 NO DESAFIO **NÚMERO-ALVO**. QUAL É O NÚMERO IMEDIATAMENTE ANTES DO NÚMERO-ALVO?

ALÊ MATOS/ARQUIVO DA EDITORA

3. NO DESAFIO **SEQUÊNCIA MISTERIOSA** FORAM FALADAS AS SEQUÊNCIAS NUMÉRICAS ABAIXO. QUAIS SÃO OS ERROS? CONTORNE-OS.

1	2	3	4	5	6	2	8	9	10
21	22	23	34	25	26	27	28	29	30
41	42	43	44	45	46	47	48	49	10
11	10	13	14	15	16	17	18	19	20

LEITURA DE IMAGEM

PASSEANDO NO CIRCO

O CIRCO FAZ PARTE DA CULTURA POPULAR E ESTÁ PRESENTE EM VÁRIOS LUGARES DO MUNDO. SEUS PALHAÇOS, ACROBATAS E EQUILIBRISTAS PROPORCIONAM DIVERSÃO PARA TODA A FAMÍLIA.

OBSERVE

1

O CIRCO, DE ARACY, 2009. PINTURA. 70 cm X 50 cm.

2

CIRCO BRASIL, DE AGNALDO, 2010. PINTURA A ÓLEO. 50 cm X 40 cm.

1. FAÇA AS CONTAGENS E COMPLETE AS FRASES A SEGUIR.

A) NA PRIMEIRA IMAGEM HÁ [ ] PRÉDIOS AO FUNDO.

B) AO FUNDO DA SEGUNDA IMAGEM HÁ [ ] CASAS.

2. COMPARE AS 2 IMAGENS DA PÁGINA ANTERIOR E RESPONDA.

A) O QUE HÁ EM COMUM ENTRE OS CIRCOS REPRESENTADOS?

____

____

____

B) O QUE VOCÊ VÊ EM UM CIRCO E NÃO VÊ NO OUTRO?

____

____

____

ANALISE

3. QUAL FIGURA GEOMÉTRICA UTILIZADA PELOS ARTISTAS NAS IMAGENS LEMBRA A PALAVRA CIRCO?

____

RELACIONE

4. CONVERSE COM OS COLEGAS E DESCUBRA QUANTOS ALUNOS DE SUA TURMA JÁ FORAM AO CIRCO. COM A AJUDA DO PROFESSOR, FAÇAM NA LOUSA UMA LISTA DAS ATRAÇÕES QUE VIRAM NO CIRCO.

5. VOCÊ ACHA QUE OS ANIMAIS SÃO BEM TRATADOS NO CIRCO?

CAPÍTULO 12

QUE HORAS SÃO?

MEDIDA DE TEMPO: HORA

SOFIA E SUA FILHA, ÍRIS, MORAM NA CIDADE DE BENTO GONÇALVES, NO RIO GRANDE DO SUL. ELAS QUEREM PASSEAR NA MARIA-FUMAÇA QUE EXISTE NESSA CIDADE. PARA ISSO, ELAS PRECISAM SABER QUAIS SÃO OS DIAS E OS HORÁRIOS EM QUE ESSE TREM FUNCIONA.

GERSON GERLOFF/PULSAR IMAGENS

ESTAÇÃO DE TRENS TURÍSTICOS NA CIDADE DE BENTO GONÇALVES, NO RIO GRANDE DO SUL. FOTO DE 2013.

1 CONTORNE OS OBJETOS ABAIXO QUE MARCAM A PASSAGEM DO TEMPO.

AS IMAGENS DESTAS PÁGINAS NÃO ESTÃO REPRESENTADAS EM PROPORÇÃO.

BEN BRYANT/SHUTTERSTOCK/GLOW IMAGES

BALANÇA

AFRICA STUDIO/SHUTTERSTOCK/GLOW IMAGES

AMPULHETA

VENUS ANGEL/SHUTTERSTOCK/GLOW IMAGES

RELÓGIO DIGITAL

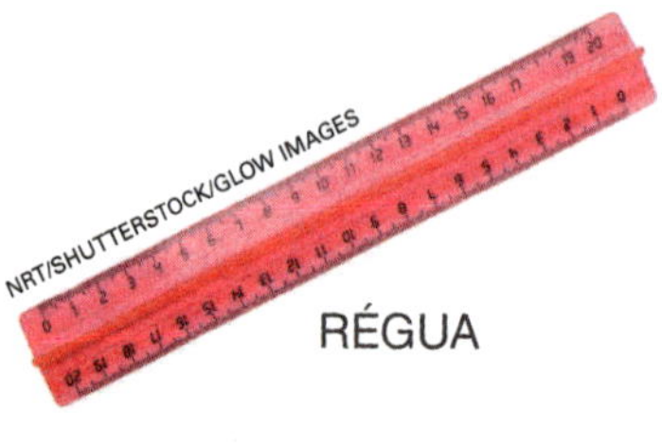

NRT/SHUTTERSTOCK/GLOW IMAGES

RÉGUA

PAINTDOOR/SHUTTERSTOCK/GLOW IMAGES

RELÓGIO DE PONTEIROS

2 SOFIA DESCOBRIU QUE O TREM PARTE DIARIAMENTE ÀS 8 HORAS. ASSINALE O RELÓGIO ABAIXO QUE ESTÁ MARCANDO ESSE HORÁRIO.

☐

☐

☐

3 OBSERVE A AGENDA DO DIA EM QUE ÍRIS VAI FAZER O PASSEIO DE MARIA-FUMAÇA.

7:00	CAFÉ DA MANHÃ
8:00	PASSEIO DE MARIA-FUMAÇA
9:00	PASSEIO DE MARIA-FUMAÇA
10:00	LANCHE DA MANHÃ
11:00	PASSEIO NA PRAÇA
12:00	ALMOÇO
13:00	IR PARA A ESCOLA
14:00	ESCOLA
15:00	ESCOLA
16:00	ESCOLA
17:00	ESCOLA
18:00	JANTAR
19:00	FAZER LIÇÃO DE CASA
20:00	DORMIR

A) ORDENE AS IMAGENS A SEGUIR DE ACORDO COM A AGENDA.

☐

1ª

☐

ILUSTRAÇÕES: AL STEFANO
ARQUIVO DA EDITORA

B) A QUE HORAS ÍRIS VAI FAZER O PASSEIO NA PRAÇA? REGISTRE NO RELÓGIO AO LADO.

C) QUAL É O COMPROMISSO DE ÍRIS NO PERÍODO DA TARDE?

____

ESTIMATIVA DE QUANTIDADE

DURANTE O PASSEIO DE MARIA-FUMAÇA, SOFIA E ÍRIS FORAM PRESENTEADAS COM CACHOS DE UVA.

ILUSTRAÇÕES: AL STEFANO/ARQUIVO DA EDITORA

1 VOCÊ ACHA QUE SOFIA ESTÁ CERTA?

2 DEPOIS DESSA CONVERSA, SOFIA CONTOU SUAS UVAS.

A) DESCUBRA QUANTAS UVAS ELA CONTOU NO CACHO DE UVA DESENHADO À DIREITA.

SOFIA TEM ☐ UVAS.

B) SOFIA ACERTOU EM SUA ESTIMATIVA? ______________

ELENASHOW/SHUTTERSTOCK/GLOW IMAGES

3 AGORA SEU PROFESSOR VAI PEGAR UM POTE TRANSPARENTE COM BOLINHAS DE GUDE. DEPOIS, ELE VAI MOSTRAR OUTRAS 10 BOLINHAS A VOCÊ E TAMBÉM VAI COLOCAR ESSAS BOLINHAS NO POTE.

A) COMPLETE AS FRASES A SEGUIR.

EU ESTIMO QUE TENHA ☐ BOLINHAS NO POTE.

DEPOIS DE CONTAR, DESCOBRIMOS QUE HÁ ☐ BOLINHAS NO POTE.

B) VOCÊ ACERTOU SUA ESTIMATIVA? ______________________

4 IMAGINE QUE O PROFESSOR VÁ COLOCAR MAIS OUTRAS 10 BOLINHAS NO POTE. QUAL SERÁ A QUANTIDADE TOTAL DE BOLINHAS? DESENHE ABAIXO ESSA SITUAÇÃO.

5 AGORA, IMAGINE QUE O PROFESSOR VÁ TIRAR 10 BOLINHAS DO POTE. QUAL SERÁ A QUANTIDADE TOTAL DE BOLINHAS?

☐

6 EM CADA POTE AO LADO HÁ 30 BOLINHAS. QUANTAS BOLINHAS HÁ NOS 3 POTES JUNTOS? ☐

KELLIS/SHUTTERSTOCK

TABELA E GRÁFICO DE COLUNAS

INÊS FEZ UMA PESQUISA COM SEUS COLEGAS. ELA PERGUNTOU A QUAIS LUGARES OS COLEGAS GOSTAM DE IR PARA PASSEAR. DEPOIS, ELA REPRESENTOU OS DADOS OBTIDOS EM UMA TABELA. VEJA:

AL STEFANO/ARQUIVO DA EDITORA

ANDRESR/SHUTTERSTOCK/GLOW IMAGES

1 FAÇA ESSA PESQUISA EM SUA TURMA. CADA ALUNO PODE ESCOLHER APENAS 1 DOS LUGARES DE PASSEIO ABAIXO. DEPOIS, COMPLETE A TABELA COM AS INFORMAÇÕES QUE VOCÊ OBTEVE.

PASSEIOS PREFERIDOS

LUGAR DO PASSEIO	QUANTIDADE DE PESSOAS
PRAIA	
CAMPO	
CIDADE (CINEMA, PARQUE, ETC.)	

TABELA ELABORADA PARA FINS DIDÁTICOS.

2 ESCREVA O TÍTULO DA PESQUISA NO GRÁFICO ABAIXO. DEPOIS, PINTE 1 QUADRADINHO PARA CADA VEZ QUE UM LUGAR DE PASSEIO FOI ESCOLHIDO. USE UMA COR DIFERENTE PARA CADA LUGAR DE PASSEIO.

TÍTULO: ______________________________

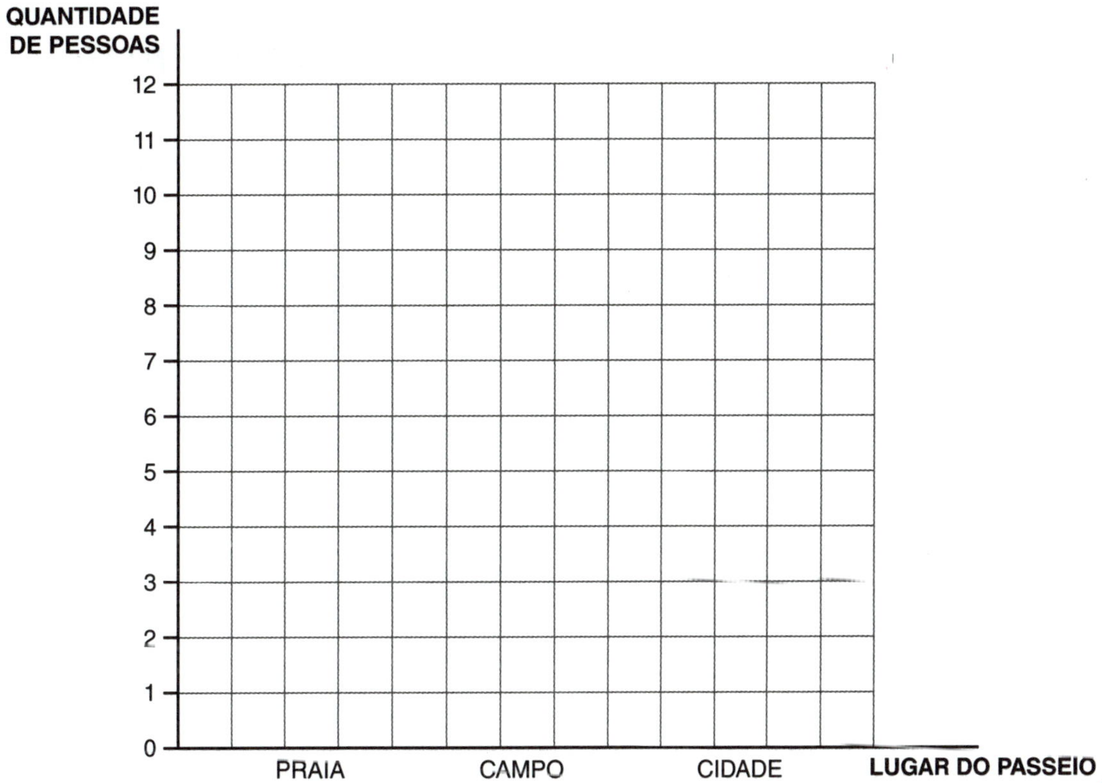

GRÁFICO ELABORADO PARA FINS DIDÁTICOS.

3 AGORA, RESPONDA.

A) PARA QUAL LUGAR A MAIORIA DOS ALUNOS DE SUA TURMA GOSTA DE IR PARA PASSEAR?

____

B) NO GRÁFICO ACIMA, COMO É A COLUNA FORMADA PELOS QUADRADINHOS DESSE LUGAR DE PASSEIO?

C) QUAL FOI O LUGAR MENOS ESCOLHIDO NESSA PESQUISA?

____

LORELYN MEDINA/SHUTTERSTOCK

ROTINA

NAS FÉRIAS PODEMOS PASSEAR BASTANTE, MAS NO RESTANTE DO ANO SEGUIMOS UMA ROTINA. TER UMA ROTINA SIGNIFICA, EM GERAL, REPETIR AS MESMAS ATIVIDADES DIARIAMENTE E NOS MESMOS HORÁRIOS.

1 DESTAQUE OS CARTÕES DO **MATERIAL COMPLEMENTAR**. OBSERVE A CENA DE CADA CARTÃO. DEPOIS, COLE-OS NOS ESPAÇOS ABAIXO, SEGUINDO A SEQUÊNCIA DE HORÁRIOS MARCADOS.

PABLO MAYER/ARQUIVO DA EDITORA

2 COMO É SUA ROTINA? A QUE HORAS VOCÊ DORME? O QUE VOCÊ FAZ QUANDO NÃO ESTÁ NA ESCOLA? ESCOLHA UM DIA DE SUA SEMANA, DE SEGUNDA-FEIRA A SEXTA-FEIRA, E ESCREVA O QUE VOCÊ FAZ A CADA HORA INDICADA A SEGUIR.

PERÍODO DA MANHÃ	
6 HORAS	
7 HORAS	
8 HORAS	
9 HORAS	
10 HORAS	
11 HORAS	

PERÍODO DA TARDE	
12 HORAS	
1 HORA	
2 HORAS	
3 HORAS	
4 HORAS	
5 HORAS	

PERÍODO DA NOITE	
6 HORAS	
7 HORAS	
8 HORAS	

ATIVIDADES DO CAPÍTULO

1. A QUE HORAS COMEÇAM SUAS AULAS? REGISTRE NO RELÓGIO ABAIXO.

2. DESENHE ABAIXO 2 OBJETOS QUE PODEMOS USAR PARA MARCAR O TEMPO.

ILUSTRAÇÕES: AL STEFANO/ARQUIVO DA EDITORA

3. NO CACHO DE UVAS À ESQUERDA HÁ 15 UVAS.

A) ESTIME QUANTAS UVAS HÁ NO CACHO À DIREITA. ☐

B) CONTE QUANTAS UVAS HÁ NO CACHO À DIREITA E VERIFIQUE SE SUA ESTIMATIVA FOI ADEQUADA. ______________________

RESOLVENDO PROBLEMAS

1. RAFAELA, SAMUEL E AUGUSTO TÊM 21 INGRESSOS PARA OS BRINQUEDOS DE UM PARQUE.

AL STEFANO/ARQUIVO DA EDITORA

REPARTA IGUALMENTE OS INGRESSOS ENTRE ELES DE MODO QUE TODOS POSSAM BRINCAR. MAS ATENÇÃO: TERÁ DE SOBRAR PELO MENOS 1 INGRESSO PARA O AVÔ DE SAMUEL BRINCAR NA RODA-GIGANTE.

2. MELISSA VAI DISTRIBUIR 12 LEMBRANCINHAS ENTRE SUAS 4 MELHORES AMIGAS. TODAS AS AMIGAS GANHARÃO A MESMA QUANTIDADE DE LEMBRANCINHAS. QUANTAS LEMBRANCINHAS CADA AMIGA VAI GANHAR?

TRABALHANDO COM JOGOS

TAPÃO CERTO: JOGO COM FIGURAS GEOMÉTRICAS

MATERIAL NECESSÁRIO

- FIGURAS GEOMÉTRICAS DO **MATERIAL COMPLEMENTAR**

NÚMERO DE JOGADORES:

GRUPOS DE 4 ALUNOS

COMO JOGAR

- ESTE JOGO É UMA COMPETIÇÃO ENTRE GRUPOS.
- CADA JOGADOR DEVE DESTACAR SUAS FIGURAS GEOMÉTRICAS DO **MATERIAL COMPLEMENTAR**. DEPOIS, DEVEM COLOCAR AS FIGURAS SOBRE A MESA, À SUA FRENTE.
- A CADA RODADA, O PROFESSOR VAI DIZER AS CARACTERÍSTICAS DE UMA FIGURA GEOMÉTRICA.
- OS JOGADORES DEVEM PRESTAR ATENÇÃO ÀS DICAS. QUEM DESCOBRIR QUAL É A FIGURA DESCRITA DEVE COLOCAR A MÃO SOBRE ELA.
- CADA JOGADOR QUE ACERTAR A FIGURA DESCRITA MARCA 1 PONTO PARA SEU GRUPO.
- VENCE O JOGO O GRUPO QUE TIVER MAIS PONTOS AO FINAL DAS RODADAS.

ALÊ MATOS/ARQUIVO DA EDITORA

PENSANDO SOBRE O JOGO

- SE VOCÊ ESTIVESSE NO LUGAR DO PROFESSOR, QUE DICAS DARIA PARA DESCREVER CADA FIGURA GEOMÉTRICA ABAIXO?

A) 

B) 

C) 

D) 

ILUSTRAÇÕES: ALÊ MATOS/ARQUIVO DA EDITORA

LER E ENTENDER

TRAVA-LÍNGUA É UM TEXTO DIFÍCIL DE PRONUNCIAR RAPIDAMENTE SEM ERRAR NENHUMA PALAVRA.

ACOMPANHE A LEITURA DO TRAVA-LÍNGUA ABAIXO. DEPOIS, TENTE RECITÁ-LO JUNTO COM OS COLEGAS.

KOOSEN/SHUTTERSTOCK/GLOW IMAGES

O TEMPO PERGUNTOU AO TEMPO
QUANTO TEMPO O TEMPO TEM
O TEMPO RESPONDEU AO TEMPO
QUE O TEMPO TEM TANTO TEMPO
QUANTO TEMPO O TEMPO TEM.

TRAVA-LÍNGUA POPULAR.

KOOSEN/SHUTTERSTOCK/GLOW IMAGES

SASHKIN/SHUTTERSTOCK/GLOW IMAGES

AMPULHETAS

ANALISE

1. QUANTAS VEZES A PALAVRA **TEMPO** APARECE NESSE TRAVA-LÍNGUA?

2. A PRIMEIRA LINHA DESSE TRAVA-LÍNGUA TEM 22 LETRAS.

A) ESTIME QUANTAS LETRAS TEM A ÚLTIMA LINHA DO TRAVA-LÍNGUA.

B) CONTE AS LETRAS DA ÚLTIMA LINHA E CONFIRA SE SUA ESTIMATIVA FOI BOA.

3. COMPLETE OS ESPAÇOS VAZIOS ABAIXO COM AS PALAVRAS QUE FALTAM. USE SUA MEMÓRIA E TENTE NÃO COPIAR O TRAVA-LÍNGUA.

O ______________ PERGUNTOU AO TEMPO ________________ TEMPO

O ______________ TEM. O TEMPO RESPONDEU AO ______________

QUE O TEMPO __________ TANTO ______________

________________ TEMPO O ________________ TEM.

4. MARQUE UM **X** NA ÚNICA FRASE ABAIXO QUE NÃO É UM TRAVA-LÍNGUA.

- [ ] A ARANHA ARRANHA A JARRA.
- [ ] O TEMPO PASSA RAPIDAMENTE.
- [ ] TRÊS PRATOS DE TRIGO PARA TRÊS TIGRES TRISTES.

RELACIONE

5. QUANTO TEMPO HÁ ENTRE O CAFÉ DA MANHÃ, ÀS 7 HORAS, E O ALMOÇO, ÀS 12 HORAS? ______________________________

6. QUANTO TEMPO HÁ ENTRE O ALMOÇO, ÀS 12 HORAS, E A HORA DE DORMIR, ÀS 20 HORAS? ________________________

7. QUANTO TEMPO DO SEU DIA VOCÊ USA EM CADA ATIVIDADE ABAIXO?

A) TOMAR BANHO: ______________________________

B) FAZER A LIÇÃO DE CASA: ______________________

C) ESTUDAR NA ESCOLA: __________________________

DIRK WIEDEWILT/SHUTTERSTOCK/GLOW IMAGES

O QUE APRENDI?

OBSERVE NOVAMENTE A IMAGEM DA ABERTURA DESTA UNIDADE.

GIZ DE CERA/ARQUIVO DA EDITORA

1. O NÚMERO INDICADO NO VISOR DO CAIXA REPRESENTA O VALOR TOTAL DA COMPRA.

A) ESCREVA POR EXTENSO ESSE NÚMERO.

____

B) QUAL NÚMERO VEM IMEDIATAMENTE ANTES DESSE NÚMERO? [ ]

C) E IMEDIATAMENTE DEPOIS DESSE NÚMERO? [ ]

D) QUAL É O VALOR DA CÉDULA QUE ESTÁ NA MÃO DA PERSONAGEM?

____

E) ESSE VALOR É SUFICIENTE PARA REALIZAR O PAGAMENTO DA COMPRA? _______________________

2. OBSERVE OS PRODUTOS NO CAIXA.

A) QUAL PRODUTO ESTÁ MAIS PERTO DA LATA DE ALIMENTO PARA GATOS? ______

B) QUAL PRODUTO ESTÁ MAIS LONGE DO PACOTE DE PAPEL HIGIÊNICO?

______

C) CADA PRODUTO LEMBRA QUAL SÓLIDO GEOMÉTRICO?

ILUSTRAÇÕES: GIZ DE CERA/ ARQUIVO DA EDITORA

______ ______ ______ ______ ______

3. QUE HORAS O RELÓGIO DA IMAGEM ESTÁ MARCANDO? ______

4. APÓS SAIR DO MERCADO, OS 3 PERSONAGENS FORAM ATÉ SUA CASA. TRACE ABAIXO O CAMINHO QUE ELAS PODEM TER FEITO. DEPOIS, COMPARE COM O CAMINHO TRAÇADO PELOS COLEGAS.

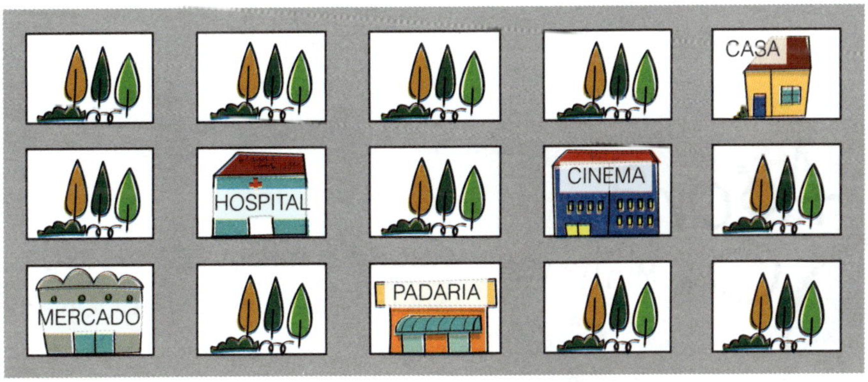

FABIANA SHIZUE/ARQUIVO DA EDITORA

MINHA COLEÇÃO DE PALAVRAS

ESCREVA ABAIXO ALGUMAS PALAVRAS QUE VOCÊ APRENDEU NESTA UNIDADE.

______

______

PARA SABER MAIS

LIVROS

A CASA DA JOANINHA, DE NORMA FREIRE.
SÃO PAULO: BERLENDIS & VERTECCHIA, 1998.

UM TEXTO CHEIO DE POESIA DESCREVE O ENCONTRO DE UM MENINO E UMA JOANINHA. O LIVRO APRESENTA AS NOÇÕES DE EMBAIXO, EM CIMA, ENTRE, NO COMEÇO, NO MEIO, NO FIM, À DIREITA, À ESQUERDA, ATRÁS, À FRENTE.

AGORA É MINHA VEZ, DE ZECA SAMPAIO.
SÃO PAULO: BRINQUE-BOOK, 2003.

TEXTOS, DESENHOS E CORES SE UNEM E FORMAM POESIAS. COM UMA DELICIOSA MELODIA, ESTE LIVRO MOSTRA AO LEITOR MUITAS BRINCADEIRAS DE CRIANÇA. ESSAS BRINCADEIRAS ENVOLVEM OS MESES DO ANO, PARLENDAS, ANIMAIS E MUITO MAIS!

CLACT... CLACT... CLACT..., DE LILIANA IACOCCA & MICHELE IACOCCA. SÃO PAULO: ÁTICA, 1999.

UMA TESOURA MANDONA ENCONTRA VÁRIOS PAPEIZINHOS COLORIDOS PICADOS E FICA HORRORIZADA COM A BAGUNÇA. BEM QUE A TESOURA TENTA COLOCAR ORDEM ALI, MAS ELA NÃO FICA SATISFEITA COM A ARRUMAÇÃO.

É O BICHO!, DE JEAN-CLAUDE RAMOS ALPHEN. SÃO PAULO: COMPANHIA DAS LETRINHAS, 2009.

FIGURAS GEOMÉTRICAS E LINDAS CORES TRANSFORMAM-SE EM PASSARINHOS, SAPOS E OUTROS ANIMAIS. ESSES ANIMAIS MOSTRARÃO DE ONDE SURGEM OS DESENHOS, ENSINANDO UMA BRINCADEIRA MUITO CRIATIVA.

ENQUANTO A MAMÃE GALINHA NÃO ESTAVA, DE YU YEONG-SO. SÃO PAULO: CALLIS, 2006.

DEPOIS DE MUITO TEMPO CUIDANDO DE SEUS OVOS, MAMÃE GALINHA RESOLVEU SAIR PARA ESTICAR AS PERNAS. ENQUANTO ISSO, SEUS OVINHOS CORREM MUITO PERIGO! AJUDE-A, CONTANDO E CUIDANDO DOS OVOS DO NINHO. TENTE DEIXAR LONGE DOS OVOS DUAS CRIANÇAS CURIOSAS, O PAPAI GALO, A TIA PATA E ATÉ MESMO O LOBO MAU!

FORMAS E PADRÕES NA NATUREZA, DE LAURE MAJ. SÃO PAULO: SM, 2012.

JÁ REPAROU QUE EXISTEM VÁRIOS PADRÕES E FORMAS NA NATUREZA? ESTE LIVRO APRESENTA A APARÊNCIA DAS PLANTAS E DOS ANIMAIS, E O FORMATO DAS ROCHAS. O LIVRO MOSTRA TAMBÉM COMO ESSES PADRÕES E FORMAS SE REPETEM DE MODO SURPREENDENTE. ALÉM DISSO, VOCÊ VERÁ AS ESTRANHAS COMBINAÇÕES ENTRE O ORNITORRINCO E O CASTOR, O GIRASSOL E A CARAMBOLA, E MUITO MAIS.

O QUE CABE NA MOCHILA?, DE YOO YOUNG-SO. SÃO PAULO: CALLIS, 2008.

O PERSONAGEM DA HISTÓRIA QUER GUARDAR MUITAS COISAS EM UMA MOCHILA. SERÁ QUE VAI CABER? AO COMPARAR COMPRIMENTOS, VOLUMES E PESOS, ELE ENCONTRARÁ UMA SOLUÇÃO.

VAMOS PRA COZINHA?, DE BETTY KÖVESI. SÃO PAULO: DBA ARTES GRÁFICAS, 2011.

COM ESTE LIVRO VOCÊ FARÁ UM INCRÍVEL EXERCÍCIO PARA A CRIATIVIDADE! AO COZINHAR, VOCÊ FARÁ MUITAS DESCOBERTAS E VERÁ QUE PODE FAZER ESCOLHAS MAIS CONSCIENTES PARA SUA ALIMENTAÇÃO.

BIBLIOGRAFIA

ASCHENBACH, LENA. *A ARTE-MAGIA DAS DOBRADURAS:* HISTÓRIAS E ATIVIDADES PEDAGÓGICAS COM ORIGAMI. SÃO PAULO: SCIPIONE, 1990.

BORIN, JÚLIA. *JOGOS E RESOLUÇÃO DE PROBLEMAS:* UMA ESTRATÉGIA PARA AS AULAS DE MATEMÁTICA. SÃO PAULO: CAEM/IME-USP, 2002.

BRASIL. *ELEMENTOS CONCEITUAIS E METODOLÓGICOS PARA A DEFINIÇÃO DOS DIREITOS DA APRENDIZAGEM E DESENVOLVIMENTO DO CICLO DE ALFABETIZAÇÃO (1º, 2º E 3º ANOS) DO ENSINO FUNDAMENTAL*. BRASÍLIA: DICEI/COEF, 2012.

______. *LEI DE DIRETRIZES E BASES DA EDUCAÇÃO NACIONAL (LDB):* LEI N. 9 394, DE 20 DE DEZEMBRO DE 1996, QUE ESTABELECE AS DIRETRIZES E BASES DA EDUCAÇÃO NACIONAL. BRASÍLIA: CÂMARA DOS DEPUTADOS, EDIÇÕES CÂMARA, 2011.

______. MINISTÉRIO DA EDUCAÇÃO. SECRETARIA DE EDUCAÇÃO BÁSICA. FUNDO NACIONAL DE DESENVOLVIMENTO DA EDUCAÇÃO. *ENSINO FUNDAMENTAL DE NOVE ANOS:* ORIENTAÇÕES PARA A INCLUSÃO DA CRIANÇA DE SEIS ANOS DE IDADE. BRASÍLIA, 2006.

______. MINISTÉRIO DA EDUCAÇÃO. SECRETARIA DE EDUCAÇÃO BÁSICA. FUNDO NACIONAL DE DESENVOLVIMENTO DA EDUCAÇÃO. *PRÓ-LETRAMENTO:* PROGRAMA DE FORMAÇÃO CONTINUADA DE PROFESSORES DAS SÉRIES INICIAIS DO ENSINO FUNDAMENTAL: MATEMÁTICA. BRASÍLIA, 2006.

______. MINISTÉRIO DA EDUCAÇÃO. SECRETARIA DE EDUCAÇÃO FUNDAMENTAL. *PARÂMETROS CURRICULARES NACIONAIS:* MATEMÁTICA. BRASÍLIA, 1997.

______. MINISTÉRIO DA EDUCAÇÃO. SECRETARIA DE EDUCAÇÃO FUNDAMENTAL. *PARÂMETROS CURRICULARES NACIONAIS:* TEMAS TRANSVERSAIS – ÉTICA, PLURALIDADE CULTURAL, ORIENTAÇÃO SEXUAL. BRASÍLIA, 1997.

______. *PACTO NACIONAL PELA ALFABETIZAÇÃO NA IDADE CERTA (PNAIC)*. DISPONÍVEL EM: <PACTO.MEC.GOV.BR/COMPONENT/CONTENT/ARTICLE/2-UNCATEGORISED/53-ENTENDENDO-O-PACTO>. ACESSO EM: 16 SET. 2015.

CENTURIÓN, MARÍLIA. *NÚMEROS E OPERAÇÕES:* CONTEÚDO E METODOLOGIA DA MATEMÁTICA. SÃO PAULO: SCIPIONE, 1995.

COLL, CÉSAR; TEBEROSKY, ANA. *APRENDENDO MATEMÁTICA:* CONTEÚDOS PARA O ENSINO FUNDAMENTAL DE 1ª A 4ª SÉRIE. SÃO PAULO: ÁTICA, 2000.

D'AMBROSIO, UBIRATAN. *DA REALIDADE À AÇÃO:* REFLEXÕES SOBRE EDUCAÇÃO E MATEMÁTICA. CAMPINAS: SUMMUS/ED. DA UNICAMP, 1986.

DUVAL, RAYMOND; MACHADO, SÍLVIA DIAS ALCÂNTARA (ORG.). REGISTROS DE REPRESENTAÇÃO SEMIÓTICA E FUNCIONAMENTO COGNITIVO DA COMPREENSÃO EM MATEMÁTICA. IN: *APRENDIZAGEM EM MATEMÁTICA*. CAMPINAS: PAPIRUS, 2007.

FRIEDMANN, ADRIANA. *BRINCAR:* CRESCER É APRENDER. O RESGATE DO JOGO INFANTIL. SÃO PAULO: MODERNA, 1996.

HAYDT, REGINA CÉLIA. *AVALIAÇÃO DO PROCESSO ENSINO-APRENDIZAGEM.* SÃO PAULO: ÁTICA, 2000.

ISAACS, GEOFF. *BLOOM'S TAXONOMY OF EDUCATIONAL OBJECTIVES.* TEACHING AND EDUCATIONAL DEVELOPMENT INSTITUTE. AUSTRALIA: UNIVERSITY OF QUEENSLAND, 1996.

KAMII, CONSTANCE. *A CRIANÇA E O NÚMERO.* CAMPINAS: PAPIRUS, 2003.

______; DEVRIES, RHETA. *JOGOS EM GRUPO NA EDUCAÇÃO INFANTIL:* IMPLICAÇÕES DA TEORIA DE PIAGET. SÃO PAULO: TRAJETÓRIA CULTURAL, 1991.

KISHIMOTO, TIZUKO MORCHIDA. *O JOGO E A EDUCAÇÃO INFANTIL.* SÃO PAULO: PIONEIRA, 1994.

LERNER, DELIA. *DIDÁTICA DA MATEMÁTICA:* REFLEXÕES PSICOPEDAGÓGICAS. PORTO ALEGRE: ARTMED, 1996.

______. *LER E ESCREVER NA ESCOLA:* O REAL, O POSSÍVEL E O NECESSÁRIO. PORTO ALEGRE: ARTMED, 2002.

MACHADO, NÍLSON JOSÉ. *CONHECIMENTO E VALOR.* SÃO PAULO: MODERNA, 2004.

______. *EDUCAÇÃO:* PROJETOS E VALORES. SÃO PAULO: ESCRITURAS, 2004.

______. *EDUCAÇÃO E AUTORIDADE.* PETRÓPOLIS: VOZES, 2008.

NUNES, TEREZINHA ET AL. *EDUCAÇÃO MATEMÁTICA:* NÚMEROS E OPERAÇÕES NUMÉRICAS. SÃO PAULO: CORTEZ, 2005. V. 1.

PANIZZA, MABEL. *ENSINAR MATEMÁTICA NA EDUCAÇÃO INFANTIL E NAS SÉRIES INICIAIS.* PORTO ALEGRE: ARTMED, 2006.

PERRENOUD, PHILIPPE. *CONSTRUIR AS COMPETÊNCIAS DESDE A ESCOLA.* PORTO ALEGRE: ARTMED, 1999.

SACRISTÁN, JOSÉ GIMENO. *O CURRÍCULO:* UMA REFLEXÃO SOBRE A PRÁTICA. PORTO ALEGRE: ARTMED, 2000.

SMOLE, KÁTIA STOCCO; DINIZ, MARIA. IGNEZ; CÂNDIDO, PATRÍCIA. *BRINCADEIRAS INFANTIS NAS AULAS DE MATEMÁTICA.* PORTO ALEGRE: ARTMED, 2000.

______. *RESOLUÇÃO DE PROBLEMAS.* PORTO ALEGRE: ARTMED, 2000.

ZABALA, ANTONI. *A PRÁTICA EDUCATIVA:* COMO ENSINAR. PORTO ALEGRE: ARTMED, 1998.